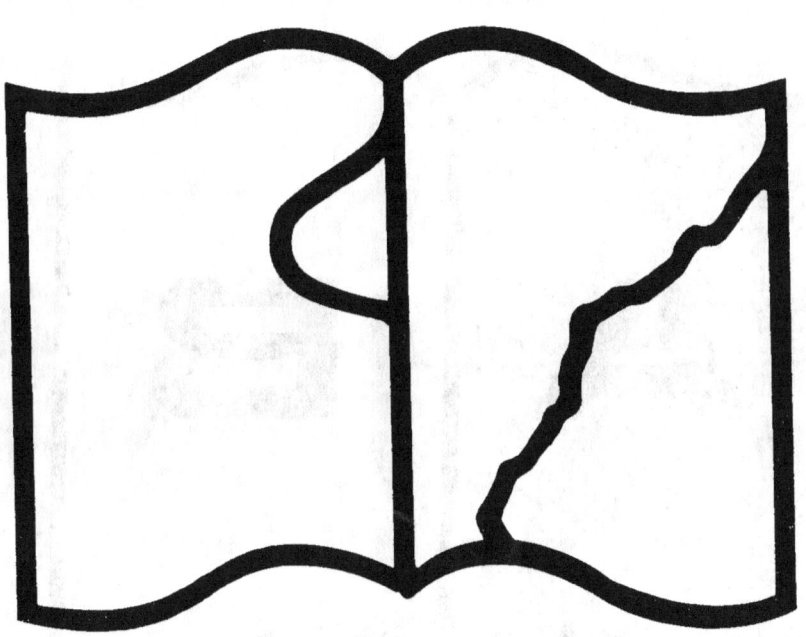

Texte détérioré — reliure défectueuse

NF Z 43-120-11

Contraste insuffisant

NF Z 43-120-14

MÉMOIRES

SUR

LES CONTRÉES OCCIDENTALES,

TRADUITS DU SANSCRIT EN CHINOIS, EN L'AN 648.

PAR HIOUEN-THSANG.

ET DU CHINOIS EN FRANÇAIS

PAR M. STANISLAS JULIEN,

MEMBRE DE L'INSTITUT,
PROFESSEUR DE LANGUE ET DE LITTÉRATURE CHINOISE,
ADMINISTRATEUR DU COLLÉGE IMPÉRIAL DE FRANCE, OFFICIER DE LA LÉGION D'HONNEUR,
ET DES ORDRES DE L'AIGLE ROUGE ET DU SAUVEUR,
CHEVALIER DE L'ORDRE DE SAINT STANISLAS, 2ᵉ CLASSE, ET DE L'ORDRE DES SS. MAURICE ET LAZARE,
ETC. ETC.

TOME PREMIER.

CONTENANT LES LIVRES I À VIII, ET UNE CARTE DE L'ASIE CENTRALE.

PARIS.

IMPRIMÉ PAR AUTORISATION DE L'EMPEREUR
A L'IMPRIMERIE IMPÉRIALE.

M DCCC LVII.

VOYAGES
DES
PÈLERINS BOUDDHISTES.
II.

A PARIS,

CHEZ BENJAMIN DUPRAT,

LIBRAIRE DE L'INSTITUT, DE LA BIBLIOTHÈQUE IMPÉRIALE, ETC.

RUE DU CLOÎTRE SAINT-BENOÎT, N° 7,

ET CHEZ AUGUSTE DURAND,

LIBRAIRE,

RUE DES GRÈS, N° 7.

On trouve chez les mêmes libraires :

Le premier volume des Voyages des Pèlerins bouddhistes, qui a paru sous le titre de : HISTOIRE DE LA VIE DE HIOUEN-THSANG ET DE SES VOYAGES DANS L'INDE, entre les années 629 et 645; 1 vol. in-8° de LXXXV et 472 pages.

Les MÉMOIRES DE HIOUEN-THSANG SUR LES CONTRÉES OCCIDENTALES formeront les volumes II et III de cette Collection de Voyages. Les volumes suivants contiendront les relations des autres Pèlerins bouddhistes, annoncées à la fin de la préface du premier volume.

MÉMOIRES

SUR

LES CONTRÉES OCCIDENTALES,

TRADUITS DU SANSCRIT EN CHINOIS, EN L'AN 648,

PAR HIOUEN-THSANG,

ET DU CHINOIS EN FRANÇAIS

PAR M. STANISLAS JULIEN,

MEMBRE DE L'INSTITUT,
PROFESSEUR DE LANGUE ET DE LITTÉRATURE CHINOISE,
ADMINISTRATEUR DU COLLÈGE IMPÉRIAL DE FRANCE, OFFICIER DE LA LÉGION D'HONNEUR,
ET DES ORDRES DE L'AIGLE ROUGE ET DU SAUVEUR,
CHEVALIER DE L'ORDRE DE SAINT STANISLAS, 2ᵉ CLASSE, ET DE L'ORDRE DES SS. MAURICE ET LAZARE,
ETC. ETC.

TOME PREMIER,

CONTENANT LES LIVRES I À VIII, ET UNE CARTE DE L'ASIE CENTRALE.

PARIS.

IMPRIMÉ PAR AUTORISATION DE L'EMPEREUR

A L'IMPRIMERIE IMPÉRIALE.

M DCCC LVII.

A L'HONORABLE COUR

DES

DIRECTEURS DE LA COMPAGNIE DES INDES

HOMMAGE RESPECTUEUX ET RECONNAISSANT

DU TRADUCTEUR.

TABLE DES MATIÈRES.

	Pages.
AVERTISSEMENT du traducteur	v
NOTICE BIBLIOGRAPHIQUE sur le *Si-yu-ki*	XXIII
PRÉFACE du *Si-yu-ki*. — Avis au lecteur	XXIX
TEXTE CHINOIS de la Préface du *Si-yu-ki*	XXXII
TRADUCTION de la Préface du *Si-yu-ki*	XXXIII
NOTES sur la Préface chinoise du *Si-yu-ki*	XLII
INTRODUCTION au *Si-yu-ki*	LXIX

MÉMOIRES DE HIOUEN-THSANG.

LIVRE PREMIER. (Trente-quatre royaumes.)

I.	Royaume de *'O-ki-ni* (Akni ou Agni)	1
II.	—— de *K'iu-tchi* (Koutche)	3
III.	—— de *Pa-lou-kia* (Bâloukâ?)	10
IV.	—— de *Nou-tch'i-kien* (Nouchidjan)	15
V.	—— de *Tche-chi* (Tchadj)	16
VI.	—— de *Feï-han* (Fergana)	Ibid.
VII.	—— de *Sou-tou-li-se-na* (Soutrichna)	17
VIII.	—— de *Sa-mo-kien* (Samarkand)	18
IX.	—— de *Mi-mo-kia* (Mimakha)	19
X.	—— de *K'io-pou-ta-na* (Kapôtana?)	20
XI.	—— de *K'iu-choang-ni-kia* (Kouçannika?)	Ibid.
XII.	—— de *Ho-han* (Gahan?)	Ibid.
XIII.	—— de *Pou-ho* (Pouga?)	21
XIV.	—— de *Fa-ti* (Vadi)	Ibid.

TABLE DES MATIÈRES.

		Pages.
XV.	Royaume de *Ho-li-si-mi-kia* (Kharizm)	22
XVI.	—— de *Kie-choung-na* (Kaçanna)	Ibid.
XVII.	—— de *Ta-mi* (Termed)	25
XVIII.	—— de *Tch'i-'go-yen-na* (Tchagayana)	Ibid.
XIX.	—— de *Ho-lou-mo* (Kolom)	Ibid.
XX.	—— de *Sou-man* (Chouman)	26
XXI.	—— de *Kio-ho-yen-na* (Kouvayana?)	Ibid.
XXII.	—— de *Hou-cha* (Och)	Ibid.
XXIII.	—— de *Kho-tou-lo* (Kotol)	27
XXIV.	—— de *Kiu-mi-tho* (Koumidha)	Ibid.
XXV.	—— de *Po-kia-lang* (Baglan)	28
XXVI.	—— de *He-lou-si-min-kien* (Hrosminkan?)	29
XXVII.	—— de *Ho-lin* (Khorin?)	Ibid.
XXVIII.	—— de *Po-ho* ou *Po-ho-lo* (Balkh)	Ibid.
XXIX.	—— de *Jouï-mo-tho* (Djoumadha?)	34
XXX.	—— de *Hou-chi-kien* (Houdjikan)	Ibid.
XXXI.	—— de *Ta-la-kien* (Talkan)	35
XXXII.	—— de *Kie-tchi* (Gatchi)	Ibid.
XXXIII.	—— de *Fan-yen-na* (Bamian)	36
XXXIV.	—— de *Kia-pi-che* (Kapiça)	40

LIVRE DEUXIÈME. (Trois royaumes.)

	Notice sur l'Inde	57
XXXV.	Royaume de *Lan-po* (Lampâ)	95
XXXVI.	—— de *Na-kie-lo* (Nagarahâra)	96
XXXVII.	—— de *Kien-t'o-lo* (Gândhâra)	104

LIVRE TROISIÈME. (Huit royaumes.)

XXXVIII.	Royaume de *Ou-tchang-na* (Oudyâna)	131
XXXIX.	—— de *Po-lou-lo* (Bolor)	150
XL.	—— de *Ta-tch'a-chi-lo* (Takchaçilâ)	151
XLI.	—— de *Seng-ho-pou-lo* (Siñhapoura)	162
XLII.	—— de *Ou-la-chi* (Ouraçî)	166
XLIII.	—— de *Kia-chi-mi-lo* (Kâçmîra)	167

TABLE DES MATIÈRES.

		Pages.
XLIV.	Royaume de *Pouan-nou-tso* (Pounatcha).	187
XLV.	—— de *Ko-lo-che-pou-lo* (Râdjapoura).	188

LIVRE QUATRIÈME. (Quinze royaumes.)

XLVI.	Royaume de *Tse-kia* (Tchêka).	189
XLVII.	—— de *Tchi-na-po-ti* (Tchînapati).	199
XLVIII.	—— de *Che-lan-t'o-lo* (Djâlandhara).	202
XLIX.	—— de *K'iu-lou-to* (Koulouta).	203
L.	—— de *Che-to-t'ou-lou* (Çatadrou).	205
LI.	—— de *Po-li-ye-to-lo* (Pâryâtra).	206
LII.	—— de *Mo-thou-lo* (Mathourâ).	207
LIII.	—— de *Sa-t'a-ni-chi-fa-lo* (Sthânêçvara).	211
LIV.	—— de *Sou-lo-k'in-na* (Sroughna).	215
LV.	—— de *Mo-ti-pou-lo* (Matipoura).	219
LVI.	—— de *P'o-lo-ki-mo-pou-lo* (Brahmapoura).	231
LVII.	—— de *Kiu-pi-choang-na* (Gôviçana?).	233
LVIII.	—— de *'O-hi-tchi-ta-lo* (Ahikchêtra).	234
LIX.	—— de *Pi-lo-chan-na* (Viraçâṇa?).	235
LX.	—— de *Kie-pi-tha* (Kapitha).	237

LIVRE CINQUIÈME. (Six royaumes.)

LXI.	Royaume de *Kie-jo-kio-che* (Kanyâkoubdja).	243
LXII.	—— de *'O-yu-t'o* (Ayôdhyâ).	267
LXIII.	—— de *'O-ye-mou-khie* (Hayamoukha).	274
LXIV.	—— de *Po-lo-ye-kia* (Prayâga).	276
LXV.	—— de *Kiao-chang-mi* (Kâuçâmbî).	283
LXVI.	—— de *Pi-so-kia* (Vâisaka).	290

LIVRE SIXIÈME. (Quatre royaumes.)

LXVII.	Royaume de *Che-lo-fa-si-ti* (Çrâvastî).	293
LXVIII.	—— de *Kie-pi-lo-fa-sou-tou* (Kapilavastou).	309
LXIX.	—— de *Lan-mo* (Râmagrâma).	325
LXX.	—— de *Keou-chi-na-kie-lo* (Kouçinagara).	333

A.

TABLE DES MATIÈRES.

LIVRE SEPTIÈME. (Cinq royaumes.)

		Pages.
LXXI.	Royaume de *P'o-lo-ni-sse* (Vârânaçî)............	353
LXXII.	—— de *Tchen-tchou* (Yôdhapatipoura ?).......	377
LXXIII.	—— de *Feï-che-li* (Vâiçâlî)................	384
LXXIV.	—— de *Fo-li-chi* (Vṛidji).................	402
LXXV.	—— de *Ni-po-lo* (Nipala).................	407

LIVRE HUITIÈME.

LXXVI. Royaume de *Mo-kie-t'o* (Magadha). Première partie.. 409

AVERTISSEMENT DU TRADUCTEUR.

J'avais formé, il y a bien longtemps, le projet de publier, en français, les relations des pèlerins chinois qui ont voyagé, du IVe au Xe siècle, à l'occident de leur pays, et particulièrement dans l'Inde, pour visiter les monuments bouddhiques, étudier la doctrine de Çâkyamouni, et rapporter dans leur patrie les manuscrits originaux qui en contenaient les textes et les commentaires. J'aurais commencé par le *Fo-koue-ki* (Mémoire sur les royaumes de *Fo*) de *Fa-hien*, s'il n'eût pas été déjà traduit et publié par deux savants renommés, auxquels avait manqué une connaissance indispensable, l'intelligence de la langue sanscrite. Je ferai entrer plus tard ce petit ouvrage dans mon Recueil, après y avoir inséré plusieurs relations jusqu'ici inédites. Parmi ces dernières, il en était une d'une haute valeur, et à laquelle je devais me consacrer avant tout, je veux dire le *Si-yu-ki* (Mémoires sur les contrées occidentales) de *Hiouen-thsang*, qui avait passé dix-sept ans hors de son pays, au milieu des intéressantes et pénibles excursions où l'entraînaient le désir ardent de s'instruire, et surtout son zèle et son enthousiasme religieux.

A la sollicitation pressante de mon illustre ami, M. le baron Alex. de Humboldt, j'avais d'abord ébauché la traduction du commencement du *Si-yu-ki*, que beaucoup de savants avaient considéré jusqu'ici comme la relation originale et personnelle de *Hiouen-thsang*, mais qui, ainsi qu'on va le voir par la notice du grand catalogue de la Bibliothèque de l'empereur *Khien-long*, a été rédigé par un écrivain distingué du nom de *Pien-ki*, à l'aide de nombreux documents traduits du sanscrit par l'illustre voyageur, et tirés, pour la plupart, d'ouvrages statistiques et historiques, tels qu'on pouvait les faire dans l'Inde, et qui n'existent plus aujourd'hui. C'est là ce qui a fait dire, à bon droit, par les éditeurs, que l'ouvrage était traduit des langues de l'Inde, quoique l'on ne puisse, en raison des détails de l'itinéraire que l'on rencontre à chaque page, le considérer comme la traduction littérale et continue d'un texte sanscrit.

Avant d'aborder la traduction du *Si-yu-ki*, je l'avais d'abord lu en entier, d'une manière suffisante pour en comprendre le sens général et en embrasser le contenu. Mais, à cette époque éloignée, j'ignorais la langue sanscrite, dont la connaissance m'était indispensable, soit pour trans-

AVERTISSEMENT DU TRADUCTEUR.

crire les mots indiens, représentés phonétiquement, soit pour restituer ceux qui restaient cachés sous une forme chinoise, et dont l'auteur avait négligé d'indiquer la prononciation au moyen de signes dépourvus de leur signification habituelle, et destinés à suppléer un alphabet qui n'existe pas [1].

Après avoir consulté sans fruit plusieurs indianistes de mes confrères, je me vis dans la nécessité d'apprendre moi-même et tout exprès le sanscrit, du moins autant que j'en avais besoin pour atteindre le but que je me proposais. J'ai déjà énoncé ces faits, d'une manière plus complète, dans la préface de mon premier volume, et c'est uniquement en vue des personnes qui ne le posséderaient pas, que je crois devoir les rappeler sommairement.

Lorsque j'allais me remettre à l'œuvre, un peu mieux préparé qu'auparavant, je fus assez heureux pour obtenir de Russie, à titre de prêt, un ouvrage dont le titre abrégé est *Hiouen-thsang-tch'ouen*, ou *Histoire de Hiouen-thsang* [2], et qui ren-

---

[1] J'ai recueilli jusqu'ici, pour mon usage, plus de douze cents signes phonétiques. Je me propose de les communiquer au public, d'abord dans l'ordre des prononciations chinoises, en les faisant suivre de leur valeur alphabétique, et ensuite avec tous leurs homophones, dans des paradigmes disposés suivant la méthode des Indiens.

[2] Le titre complet est : *Ta-thse-ngen-sse-san-thsang-fa-se-tch'ouen*, ou « Histoire du Maître de la loi, du couvent de la Grande Bienveillance, versé dans la connaissance des trois Recueils sacrés (Tripiṭaka) ».

fermait sa biographie et le résumé de son voyage, augmenté d'une multitude d'épisodes et d'événements personnels, ainsi que de détails littéraires, neufs et pleins d'intérêt, qui manquaient dans le *Si-yu-ki*. Je pensai que si je commençais par l'ouvrage principal, renfermant la relation complète, je ne pourrais plus en donner ensuite l'abrégé, qui, d'ailleurs, me semblait plus animé et plus attachant que la rédaction grave et sévère du *Si-yu-ki*, où, chose étrange, on ne voit apparaître qu'une seule fois la grande et imposante figure du voyageur. J'adoptai, en conséquence, pour inaugurer mon entreprise, l'ouvrage composé par *Hoeï-li* et complété par *Tsong-yun*, lesquels avaient été tous deux les disciples, et, plus tard, les collaborateurs de *Hiouen-thsang*, et je le publiai, en avril 1853, sous le titre de : *Histoire de la vie de Hiouen-thsang et de ses voyages dans l'Inde, entre les années 629 et 645*, etc.[1]. C'est la tête de la collection commencée, et à laquelle je donne, à partir d'aujourd'hui, un titre général qui en indique nettement l'objet et la portée. Le *Si-yu-ki*, dont j'offre aux lecteurs huit livres sur douze, en formera les deuxième et troisième volumes. J'ai même l'intention de le compléter par un qua-

---

[1] Un volume in-8° de LXXXV et 472 pages. A Paris, chez B. Duprat, n° 7, rue du Cloître-Saint-Benoît, et chez A. Durand, n° 7, rue des Grès.

AVERTISSEMENT DU TRADUCTEUR.

trième volume, composé de documents d'un grand intérêt, qui se rattacheraient intimement au même sujet. Le troisième volume contiendra les quatre derniers livres du texte, des notes, trois index et les paradigmes des signes phonétiques. Je donne dès à présent une grande carte de l'Asie centrale et de l'Inde, rédigée par M. Vivien de Saint-Martin, pour l'intelligence des voyages de *Hiouen-thsang*.

Après l'achèvement du *Si-yu-ki*, je publierai les autres relations de voyages indiquées à la fin de la préface de mon premier volume. Je donnerai une plus grande étendue à ce Recueil, si je réussis à obtenir plusieurs autres voyages dont on trouve des extraits dans diverses encyclopédies récentes, et que je crois exister encore en Chine.

Le choix raisonné que j'avais fait, pour mon début, de l'*Histoire de la vie de Hiouen-thsang et de ses voyages dans l'Inde*, a été blâmé sans ménagements et sans égards dans une critique passionnée, par un sinologue russe[1] qui, malheureusement, avait un intérêt trop personnel dans la question pour être impartial et juste. Ce n'est pas tout. Lorsque j'ai traduit l'*Histoire de la vie et des voyages de Hiouen-*

---

[1] Voyez le *Bulletin de l'Académie des sciences de Saint-Pétersbourg*, année 1854, n° 22, p. 250 et suiv.; voyez aussi *Bericht über die wissenschaftliche Thätigkeit des H. Prof. W***., von A. Schiefner*, 27 Januar = 8 Februar 1854.

thsang, j'avais passé, en avertissant le lecteur, une multitude de rapports, de décrets, de lettres et de requêtes dont sont remplis les livres VI à X, par la raison que ces pièces, où règne constamment un style ampoulé et prétentieux, me paraissaient ne point contenir le moindre fait, ni la moindre observation propres à ajouter de nouvelles notions de quelque valeur sur l'histoire, la géographie, la littérature et les doctrines de l'Inde ancienne. J'ai relu depuis ces mêmes pièces, et j'en ai communiqué plusieurs à des juges compétents qui m'ont félicité sans réserve du parti que j'avais adopté.

L'omission volontaire de ces pièces est devenue un crime aux yeux de mon critique, et, pour s'en rendre compte, il ne craint pas d'avancer que j'avais dû les trouver inintelligibles (*unverständlich*). Il ajoute, pour justifier une telle conjecture (*eine solche Vermuthung*), qu'il n'ignore pas que « précisément de tels morceaux littéraires présentent le plus grand nombre de difficultés que puisse rencontrer un traducteur [1] ».

Pour montrer ce qu'on doit penser de cette imputation aussi injuste que malveillante, je donne ci-après le texte chinois et la traduction annotée de

---

[1] « .... Weil es uns nicht unbekannt ist, dass gerade solche Stücke « die meisten Schwierigkeiten, bei der Uebersetzung, darbieten. »

AVERTISSEMENT DU TRADUCTEUR.

la Préface du *Si-yu-ki*, qui, soit pour les allusions historiques, soit pour l'emploi des métaphores et des termes techniques dont la signification manque dans tous les dictionnaires, offre infiniment plus de difficultés que les pièces que j'ai omises à bon escient, et qui peut être considérée comme un des morceaux les plus obscurs de la littérature chinoise, et, en particulier, comme un échantillon remarquable du style bouddhique le plus subtil et le plus raffiné.

Mais admettons un instant que j'aie omis les pièces en question par la seule raison qu'elles étaient inintelligibles (*unverständlich*) pour moi, je suis, ce semble, autorisé à dire (sans manquer aux égards qu'on doit même aux personnes notoirement hostiles) que ce philologue, si sévère pour autrui, qui est à peine connu en dehors de son pays, et dont les travaux, complaisamment annoncés par lui-même, ne donnent encore que de vagues espérances, n'avait pas le droit de parler bien haut. En effet, lorsqu'il s'est permis de censurer un confrère qui, loin de la Chine, avait constamment lutté, seul et sans le secours d'aucun lettré [1], contre les difficultés d'un

---

[1] On sait que les orientalistes qui ont l'avantage de résider dans l'Inde, ne se font pas faute (et je les trouve dignes d'approbation et d'envie) de se faire aider par des pandits ou des brâhmanes dans l'inter-

des textes les plus ardus de la littérature chinoise, il ne s'est pas aperçu qu'on pouvait lui répondre que si, dans l'interprétation du *Si-yu-ki,* il n'avait jamais rencontré d'obstacles (comme il le dit avec une naïveté qui étonne), c'était uniquement grâce à l'assistance puissante et assidue d'hommes qui, dans un genre d'érudition qui lui manquait, sont les plus savants et les plus profonds qui existent au monde.

Mais si, comme on vient de le voir, la préférence momentanée que j'avais donnée à l'ouvrage de *Hoeï-li* et de *Tsong-yun,* m'a attiré des critiques peu mesurées auxquelles j'étais loin de m'attendre, elle a été non-seulement approuvée, mais encore hautement justifiée, par un membre de

prétation des textes sanscrits; mais on ignore généralement que chaque sinologue d'Europe ou des États-Unis, établi en Chine, emploie habituellement, dans l'intérêt de ses études et de ses travaux, un ou plusieurs lettrés chinois, qu'on appelle *Sien-seng* « maîtres ». Nous en avons connu un à Paris, M. *Wang-khi-ye,* natif de *Péking,* que l'interprète du consul français à *Chang-haï* occupait à lui expliquer ou rédiger des pièces chinoises, moyennant un traitement annuel de 2,000 francs. C'est avec le secours de ces savants indigènes, que Morrison père, et ses successeurs, ont composé leurs excellents dictionnaires et tous leurs travaux littéraires. Sir Francis Davis nous a appris qu'il avait fait corriger par son *Sien-seng* (son maître chinois) le texte du *Hao-khieou-tch'ouen,* qu'il a traduit et publié sous le titre de *The fortunate Union,* et que, sans l'aide de plusieurs lettrés fort habiles, il n'aurait pu comprendre les vers du drame *Lao-seng-eul* (*An heir in his old age*), dont nous lui devons la traduction. Cette déclaration fait honneur à la

l'Institut[1], qui a publié dans le Journal des Savants un magnifique travail sur le Bouddhisme indien au viie siècle de notre ère, en puisant surtout dans l'*Histoire de la vie et des voyages de Hiouen-thsang* les riches matériaux de son Mémoire, remarquable à la fois par l'élégance du style, la profondeur des vues et la solidité de l'érudition. Le plaidoyer éloquent de mon savant confrère est trop honorable et trop flatteur pour que je le rapporte ici. Qu'il me suffise d'avoir opposé son approbation formelle, et d'une grande autorité, à des critiques dont j'ai assez indiqué l'origine et l'esprit.

Non contente de blâmer amèrement le choix que j'avais fait, la même personne a prétendu

---

modestie et à la loyauté de Sir Davis. Je pourrais citer un ouvrage fort étendu, qui, d'après l'aveu que m'en a fait le traducteur, lui avait été expliqué mot à mot par son *Sien-seng*, jusqu'à ce que les pages, accumulées jour par jour pendant un certain nombre d'années, lui eussent suffi pour achever son entreprise. Mais, il faut bien le dire, à la louange des sinologues établis en Chine, ces honorables orientalistes, tout en profitant, avec autant d'habileté que de bonheur, des avantages de leur position, ont eu le bon esprit de ne jamais jeter la pierre à leurs confrères d'Europe qui en sont privés, et qui sont réduits à faire leurs livres eux-mêmes et sans le secours d'aucun lettré chinois. Bien plus, ils leur ont constamment rendu justice, et ont souvent encouragé et récompensé leurs efforts par les éloges les plus flatteurs et les plus chaleureux.

[1] M. Barthélemy Saint-Hilaire. Voyez le *Journal des savants* de mars, août, septembre, novembre 1855; février, mars, juin et juillet 1856.

l'expliquer en insinuant que, si je n'avais pas commencé par la traduction du *Si-yu-ki*, c'était, sans doute, parce que les difficultés peu communes de ce texte chinois m'avaient forcé de renoncer à mon projet et de manquer à mes promesses (*seinem Unternehmen untreu zu werden*) !

Je réponds à mon critique, en publiant, du premier coup, les deux tiers du *Si-yu-ki*. La force de cet argument n'échappera à personne, si l'on veut bien remarquer que, sans avoir eu, comme lui, le secours de plusieurs *Lamas*, et sous l'impulsion d'un sentiment que sa censure n'a fait que raviver davantage, j'ai traduit, dans un espace de temps excessivement court[1], les cinq cent quatre-vingt-cinq pages in-4° dont se compose le *Si-yu-ki*. Les quatre derniers livres sont traduits depuis un an et paraîtront prochainement.

[1] Les six premiers livres ont été traduits du 15 septembre au 30 octobre 1854, et les six derniers du 1er septembre au 30 octobre 1855, ainsi que peuvent l'attester MM. Vivien de Saint-Martin et Barthélemy Saint-Hilaire, qui ont pris la peine, à ces deux époques, de lire l'un après l'autre ces douze livres, au fur et à mesure de leur achèvement. Pour cela faire, il m'a suffi de m'imposer et d'exécuter régulièrement, chaque jour, la tâche de traduire cinq pages in-4°, renfermant ensemble mille caractères chinois. Quelquefois, je suis allé jusqu'à deux mille caractères.

J'aurais continué, à la fin de 1854, la traduction de la seconde partie, si, faute de pouvoir faire imprimer mon premier volume, je ne m'étais décidé à consacrer mon temps et mes soins à l'impression de l'ouvrage que j'ai fait paraître le 1er février 1856, sous le titre

AVERTISSEMENT DU TRADUCTEUR.

Ce n'est point que je conteste les difficultés du *Si-yu-ki*; bien au contraire, je les trouve d'une telle gravité, que nul lettré chinois ne saurait les surmonter seul, s'il était, comme le plus grand nombre, de l'école de Confucius, et, par conséquent, hostile aux idées bouddhiques et étranger aux expressions obscures qui servent à les rendre. Sans parler des mots indiens, représentés par des signes phonétiques ou traduits en chinois[1], qu'il ne saurait rétablir en sanscrit correct, il rencontrerait presque autant d'énigmes dans une multitude de termes conventionnels dont le sens manque non-seulement dans les dictionnaires de Basile, Morrison et Medhurst, mais encore dans tous ceux qui ont été composés pour les Chinois eux-mêmes, dans leur propre langue[2].

On me demandera naturellement : quel secours

---

de : *Histoire et Fabrication de la porcelaine chinoise*, etc.; un volume in-8° de cxxiii et 320 pages, avec une carte de la géologie céramique de la Chine, et 14 planches relatives aux procédés de fabrication. A Paris, chez Mallet-Bachelier, n° 55, quai des Augustins.

[1] Quel est le lettré chinois, qui, avec *Chi-thsin* (siècle — parent), saurait remonter à *Vasoubandhou*; avec *Jou-i* (comme — pensée), à *Manôrhita*; avec *Kiaï-ji* (bonne conduite — soleil), à *Çîlâditya*? Voilà pour les mots traduits. Les mots phonétiques lui offriraient aussi des obstacles invincibles. Il lui serait, en effet, impossible de retrouver, par exemple, les Dharmagouptas dans *Than-wou-te*, les Sarvâstivâdas dans *Su-po-t'o*, les Kâçyapyas dans *Kia-ye-i*, les Mahîçâsakas dans *Mi-cha-sai*, les Vâtsipouttrîyas dans *P'o-tso-fou-lo*, etc.

[2] Le meilleur moyen de donner une juste idée des difficultés dont il

XVI AVERTISSEMENT DU TRADUCTEUR.

serait donc nécessaire pour entendre sans peine et sans erreur possible cette masse d'expressions s'agit, est d'en citer un certain nombre, en faisant suivre le premier sens, de l'explication qu'en donnent les auteurs. Les exemples suivants sont tirés de l'Encyclopédie *Youen-kien-louï-han,* liv. CCCXVI-CCCXVII.

晦影 *Hoeï-ing* « obscur — ombre », entrer dans le *Nirvâṇa* (en parlant du *Bouddha*).

歸眞 *Koueï-tchin* « revenir — pureté », même sens.

遷儀越世 *Thsien-i-youeï-chi* « transporter — figure — passer outre — siècle », même sens.

元門 *Youen-men* « origine — porte », pris pour 玄門 *Hiouen-men* « noire — porte », un couvent.

白法 *Pe-fa* « blanche — loi », et 元言 *Youen-yen* « origine — parole », pour 玄言 *Hiouen-yen* « noire — parole », l'étude de la méditation appelée *Dhyâna.*

蜂臺 *Fong-t'aï* « abeille — tour », la tour où le *Bouddha* lisait les livres sacrés.

梵輪 *Fan-lun* « pure — roue », la région du *Bouddha*.

恒沙 *Heng-cha* « éternel — sable », le monde, le siècle.

元津 *Youen-tsin* « origine — gué », pour 玄津 *Hiouen-tsin* « profond — gué », la profondeur de la doctrine bouddhique.

龍音 *Long-in* « dragon — son », la voix du *Bouddha*.

火龍 *Ho-long* « feu — dragon », l'image ou la statue du *Bouddha*.

紺馬 *Kan-ma* « violet — cheval », le cheval du *Bouddha*.

金粟影 *Kin-so-ing* « or — millet — ombre », l'ombre du *Bouddha*.

妙臺 *Miao-t'aï* « excellente — tour », la sublimité de la doctrine du *Bouddha*.

方便門 *Fang-pien-men* « la porte des expédients », la doctrine du *Bouddha*.

AVERTISSEMENT DU TRADUCTEUR.

difficiles, dont la connaissance usuelle de la langue chinoise ne saurait donner la clef?

慧殿 *Hoeï-tien* « intelligence — palais », même sens.

Les interprétations que je viens de donner sont tirées de l'Encyclopédie impériale intitulée *Youen-kien-louï-han*; elles sont, par conséquent, à l'abri de toute contestation. L'ouvrage de *Hiouen-thsang* fourmille d'expressions du même genre, que n'explique aucun dictionnaire chinois. J'aurais pu en rapporter un nombre considérable, si je n'avais craint de donner à cette note une étendue démesurée. Celles que je me borne à citer, donneront une idée suffisante des difficultés du *Si-yu-ki*. Je citerai d'abord, entre parenthèses, le premier sens qu'offrent les dictionnaires; je rapporterai ensuite celui qui résulte du contexte.

1° 聖迹 *Ching-tsi* (saints — vestiges) signifie à la fois les traces du *Bouddha*, les objets qui proviennent de lui (ses dents, ses cheveux, son balai, son vase, etc.), et des monuments sacrés, tels que des *Stoûpas*, des *Vihâras*;

2° 行道 *Hing-tao* (marcher — voie), tourner autour d'une personne ou d'un *Stoûpa*, en signe de respect;

3° 取無餘 *Wou-ts'iu-yu* (prendre — sans — reste), entrer dans le *Nirvâṇa* complet, définitif;

4° 相輪 *Siang-lun* (figure — roue), ou 輪相 *Lun-siang* (roue — figure), la coupole d'un *Stoûpa*;

5° 覆鉢 *Fo-po* (renversé — vase), même sens;

6° 經行 *King-hing* (passer — marcher), se promener, spécialement pour faire de l'exercice.

Pour désigner des prodiges, des miracles, l'auteur se sert d'une multitude d'expressions étranges, telles que :

7° 靈鑒 *Ling-kien* (esprit — miroir). La même expression signifie aussi « intelligence merveilleuse » (liv. V, fol. 5 v°, ligne 1);

靈應 *Ling-ing* (esprit — répondre);

神迹 *Chin-tsi* (esprit — vestiges);

奇迹 *Khi-tsi* (extraordinaires — traces);

XVIII AVERTISSEMENT DU TRADUCTEUR.

D'après ce que j'ai dit plus haut, on comprend qu'il faudrait un secours providentiel qui m'a manqué (et dont la privation sera ma meilleure excuse), le secours d'un ou de plusieurs docteurs bouddhistes, et, pour dire mieux, de *Lamas*, consommés dans l'intelligence des excentricités mystérieuses et souvent absurdes de la doctrine de *Çâkyamouni*. Un autre a profité largement et sans peine de cette assistance inappréciable, mais il a

神異 *Chi-i* (esprit — différent, ou extraordinaire).

Ajoutons, 8° 應眞 *Ing-tchin* (répondre — vrai), un *Arhat*;

9° 得一道 *Te-i-tao* (obtenir — une — voie), arriver au premier degré de la sainteté, celui de *Srôtâpanna*;

10° 五道 *Ou-tao* (cinq — voies), les cinq conditions où l'on peut renaître;

11° 得果 *Te-ko* (obtenir — fruit), arriver au *Nirvâna*; item, obtenir l'intelligence;

12° 雞林 *Khi-lin* (coq — bois), le couvent du Pied-du-Coq, ou Koukkouṭa pâda sañghârâma;

13° 旋繞 *Siouen-jao* (tourner — entourer), tourner autour de quelqu'un en signe de respect;

14° 流轉 *Lieou-tch'ouen* (couler — tourner), subir la loi de la transmigration;

15° 冥鑒 *Ming-kien* (obscur — miroir), les effets secrets de la puissance divine;

16° 證聖 *Tching-ching* (témoigner — saint), devenir *Bouddha*;

17° 入檀捨 *Ji-than-che* (entrer — santal — donner), être employé en aumône. *Than-che* est un mot hybride, dont la première syllabe est l'abrégé du mot sanscrit *dâna* « don »; *che* veut dire « donner »;

AVERTISSEMENT DU TRADUCTEUR. XIX

oublié de faire un retour sur lui-même, et de se demander, la main sur la conscience, si, se trouvant à ma place, et dépourvu, comme je l'étais, des lumières de religieux bouddhistes, il aurait traduit, par jour, mille et même deux mille caractères (de cinq à dix pages in-4°) du *Si-yu-ki*, sans jamais rencontrer aucune difficulté, sans jamais commettre aucune erreur!

Je n'ai pas besoin d'insister davantage; car, au

18° 外義 *Waï-i* (dehors — justice), les idées des hérétiques. Le mot 義 *i* «justice», veut dire quelquefois, comme ici, «sens, signification». De plus, dans cette expression, 外 *waï* «dehors» est l'abréviation de 外道 *Waï-tao* «hérétique»;

19° 靈基 *Ling-ki* (esprit — fondement), un *Stoûpa*;

20° 堅固之林 *Kien-kou-tchi-lin* (le bois du ferme et du solide), le bois des arbres *sâlas*. Ici l'auteur a confondu *sâla* (l'arbre *shorea robusta*) avec *sâra* «solide»;

21° 潛化 *Tsien-hoa* (passer à gué — transformer), entrer dans le *Nirvâṇa*;

22° 驟移灰管 *Tseou-i-hoeï-kouan* (courir — déplacer — cendre — roseau), passer rapidement du froid au chaud, de l'hiver à l'été, c'est-à-dire au bout de quelques années.

Je m'arrête ici, bien convaincu que j'ai démontré assez clairement les difficultés lexicographiques des *Mémoires de Hiouen-thsang* (sans parler de celles que présentent les idées religieuses, les faits mythologiques et les mots indiens défigurés par la transcription), difficultés qu'on ne peut comprendre qu'à force de lire des textes et de comparer les passages où elles se trouvent, car, ainsi que je l'ai dit, on n'en saurait trouver la clef dans les dictionnaires destinés aux Européens, ni même dans ceux qui ont été composés pour l'usage des Chinois.

point où est arrivé le débat, tout lecteur impartial peut prononcer en dernier ressort.

Après cette digression pénible, dont le soin de ma propre considération ne me permettait pas de m'affranchir, je reviens à la présente publication. J'ai peu de chose à dire du *Si-yu-ki* et des travaux dont il doit être l'objet de ma part, parce que j'ai déjà fait connaître, dans la préface de mon premier volume, 1° l'état de la question relative aux relations des voyageurs bouddhistes; 2° le système que j'ai imaginé moi-même et mis en usage le premier, tant pour la transcription correcte des mots indiens exprimés phonétiquement, que pour la restitution de ceux qui n'étaient donnés qu'en chinois; 3° l'itinéraire complet du voyageur, et, 4° enfin, les divers ouvrages et mémoires composés en chinois, qu'en 1853 je me proposais de publier, mais qui, par suite de l'agrandissement de mon cadre, seront suivis d'autres documents, et, peut-être, d'autres relations, que j'espère recevoir de la Chine au premier jour.

Afin de donner à la Carte de l'Asie centrale et de l'Inde toute l'utilité qu'elle doit avoir pour l'intelligence de l'ouvrage, et d'éclaircir les points difficiles que peut présenter l'itinéraire de *Hiouenthsang*, M. Vivien de Saint-Martin (lauréat de l'Académie des Inscriptions et Belles-lettres) a composé un mémoire géographique d'une grande étendue, qu'il a bien voulu mettre à ma disposition pour qu'il fût publié à la fin du troisième volume, ou d'un quatrième volume, si l'abondance des matériaux m'obligeait d'aller jusque-là.

Je ne terminerai pas cet Avertissement, sans témoigner ma profonde reconnaissance à l'honorable Cour des Directeurs de la Compagnie des Indes, et au Comité des traductions orientales, qui, pleins de confiance dans les recommandations puissantes de l'illustre indianiste, M. H. H. Wilson, ont bien voulu concourir de la manière la plus gracieuse à la publication du présent ouvrage, en allégeant, par une souscription libérale, les frais d'impression et de gravure qui devaient rester à la charge du traducteur de *Hiouen-thsang*.

Il me reste un dernier devoir à remplir, c'est d'annoncer, avec l'expression de la plus vive gratitude, que Son Excellence M. de Norow, ministre de l'Instruction publique en Russie, vient de me rendre un service littéraire des plus éminents, en daignant mettre à ma disposition une copie du *Mahâvyoutpatti*, sanscrit-thibétain-chinois-mongol (vaste Recueil de phrases et d'expressions tirées des livres bouddhiques), dont je pourrai profiter et faire profiter le public, toutes les fois qu'il s'agira de donner, avec autorité, les syno-

XXII AVERTISSEMENT DU TRADUCTEUR.

nymies sinico-indiennes qui me paraîtront nécessaires, tant dans le second volume des *Mémoires de Hiouen-thsang*, que dans les publications du même genre que j'aurai l'occasion d'entreprendre à l'avenir.

1ᵉʳ octobre 1856.

NOTICE BIBLIOGRAPHIQUE

SUR

LE SI-YU-KI[1].

大唐西域記十二卷。 Ta-thang-si-yu-ki-chi-eul-kiouen. — Mémoires sur les contrées occidentales, publiés sous la grande dynastie des Thang; douze livres [2].

Cet ouvrage a été traduit du sanscrit par 元奘 Youen-thsang[3], et rédigé par 辯機 Pien-ki, sous la dynastie des Thang. La vie de Youen-thsang se trouve dans la partie biographique des anciennes annales des Thang. Tch'ao-kong-wou cite ce livre dans son ouvrage intitulé 讀書志 To-chou-tchi, et lui donne pour auteur Youen-thsang; mais il ne fait point men-

[1] Extraite du grand catalogue de la Bibliothèque de l'empereur Khien-long, Sse-kou-ts'iouen-chou-tsong-mo, liv. LXXI, fol. 7.

[2] Voici le titre complet de notre édition : 大唐西域記。三藏法帥玄奘奉詔譯。大總持寺沙門辯機撰。 C'est-à-dire : «Mémoires sur les contrées occidentales, publiés sous les grands Thang, traduits du sanscrit, en vertu d'un décret impérial, par Hiouen-thsang, Maître de la loi (la doctrine) des trois Recueils, et rédigés par Pien-ki, religieux du couvent Ta-tsong-tchi.

[3] Le nom du voyageur s'écrit ordinairement : 玄奘 Hiouen-thsang. Comme le petit nom de l'empereur était 玄 Hiouen, on a évité, par respect, l'emploi de ce mot, et on l'a remplacé par 元 Youen.

tion de *Pien-ki*. *Tching-tsiao*, dans son encyclopédie intitulée 通志 *Thong-tchi*, section *I-wen-lio*, écrit : « Mémoires sur les contrées occidentales, composés sous les grands *Thang*, par *Youen-thsang*, en douze livres » ; et, ensuite : « Mémoires sur les contrées occidentales, composés par *Pien-ki*, en douze livres ». De cette manière, il en fait deux ouvrages distincts. Mais *Tchin-tchin-sun*, dans son ouvrage intitulé 書錄解題 *Chou-lou-kiaï-thi* « Explication des titres des livres des catalogues », écrit : « Traduit du sanscrit, 譯, sous la grande dynastie des *Thang*, par *Youen-thsang*, Maître de la loi des *Trois Recueils*; rédigé 撰 par *Pien-ki*, religieux du couvent *Ta-tsong-tchi* ». Ce titre est conforme à celui de la présente édition. Si l'on examine la préface de *Pien-ki*, placée (sous le titre de « *Ki-tsan* Éloge des Mémoires ») à la suite de cet ouvrage, on y voit, en résumé, que, « dans la troisième année de la période *Tching-kouan* (629), le Maître de la loi, *Youen-thsang*, releva ses vêtements et se mit en route, prit son bâton de pèlerin et partit pour les contrées lointaines. A son retour, il alla visiter l'empereur à *Lo-yang*, et reçut avec respect un décret qui lui ordonnait de traduire 譯 des textes indiens, et qui chargeait *Pien-ki*, disciple du couvent *Ta-tsong-tchi*, de rédiger cette description géographique, 撰斯方志 ». On voit par là que le titre donné par *Tchin-tchin-sun* est parfaitement exact.

Jadis, sous les *Song*, 法顯 *Fa-hien* composa le 佛國記 *Fo-koue-ki*, ou « Mémoire sur les royaumes du *Bouddha* » ; ce livre est fort abrégé.

Les renseignements géographiques que donnent les annales des *Thang*, dans les notices sur les contrées occidentales, sont, comparativement, plus détaillés et plus complets.

SUR LE SI-YU-KI.

Parmi les royaumes que décrit notre ouvrage (le *Si-yu-ki*), il y en a beaucoup qui ne se trouvent point dans les annales des *Thang*. Cela vient de ce que l'historien officiel n'a mentionné que les États qui payaient le tribut à la Chine. Les pays décrits dans ce livre sont ceux qu'a parcourus *Youen-thsang*[1]. Le *To-chou-tchi* (de *Tch'ao-kong-wou*) nous apprend qu'il existait une préface écrite par *Youen-thsang*, mais elle manque dans l'édition actuelle. On voit seulement en tête une préface de 張說 *Tchang-choue*, président d'un ministère (*Chang-chou*), ministre de la gauche (*Tso-po-che*) et duc du royaume de *Yen* (*Yen-koue-kong*).

A la suite de l'ouvrage, on voit une préface composée par *Pien-ki* (et intitulée *Ki-tsan* «Éloge des Mémoires»).

Dans le texte du *Si-yu-ki*, on remarque au bas de certains passages, des annotations comme celles-ci : « En chinois, ce mot veut dire telle ou telle chose », ou bien « ce pays appartient à telle ou telle partie de l'Inde ». Je soupçonne que ce sont des notes originales[2]. On y trouve aussi des observations où l'on corrige (l'orthographe des) mots traduits[3]. Par exemple : « Anciennement, on écrivait ce mot de telle manière. Cette leçon est incorrecte[4] ». A la fin de chaque

---

[1] Les rédacteurs du Catalogue impérial ne s'expriment pas ici d'une manière tout à fait exacte; car, depuis la publication de mon premier volume, il est parfaitement établi que, sur cent trente-huit royaumes, décrits dans le *Si-yu-ki*, *Hiouen-thsang* n'en a visité que cent dix. (Voy. tome I, Préface, page xxxvi, et Appendice, page 463.)

[2] C'est-à-dire, des notes émanées de *Hiouen-thsang*, traducteur des extraits dont se compose la plus grande partie de l'ouvrage.

[3] C'est-à-dire, l'orthographe des mots indiens figurés par des signes phonétiques, et dont la signification est donnée en chinois.

[4] Les formes incorrectes de ces noms seront reproduites dans l'Index, avec l'indication de leur orthographe exacte.

livre de l'ouvrage, on a ajouté *le son* et *le sens* (de certains mots)¹. Je suis porté à croire que ces additions sont dues à quelque éditeur des siècles suivants.

Dans le livre XI, au milieu de la notice sur le royaume de *Seng-kia-lo* (Siñhala — Ceylan), on lit l'histoire de l'ambassade de l'eunuque *Tching-ho*, que l'empereur de la Chine envoya au roi de ce royaume, nommé 阿烈苦奈兒 *'O-lie-k'ou-naï-eul*, dans la troisième année de la période *Yong-lo* des *Ming* (1405). Ce pays est le 錫蘭山 *Si-lan-chan* d'aujourd'hui, la montagne, c'est-à-dire, l'île actuelle de *Si-lan* (Ceylan), qui est précisément le royaume de 僧伽羅 *Seng-kia-lo* (Siñhala) des anciens. Les trois cent soixante et dix (lisez trois cent un) mots (depuis 大明 *Ta-ming* jusqu'à 祈福民庶作無量功德 *Khi-fou-ming-chou-tso-wou-liang-kong-te* « les hommes du peuple qui demandent le bonheur, font une infinité de bonnes œuvres ») ont été ajoutés (interpolés) par quelque éditeur. C'est donc par erreur que *Ou-chi*, qui a fait graver la présente édition, les a incorporés dans le texte original.

Parmi les cent trente-huit royaumes décrits (dans le *Si-yu-ki*), il en est un, celui de *Mo-kie-t'o* (Magadha), qui occupe les deux livres VIII et IX. Ce royaume est le seul qui ait reçu de grands développements. On y rapporte beaucoup de faits relatifs *aux causes et aux effets*², puisés dans les livres de *Fo* (du *Bouddha*); pour les confirmer, on cite les lieux où ils se sont passés.

¹ Dans notre édition, il n'y a que le premier livre qui soit terminé par cette espèce de supplément; les onze autres n'offrent que le titre : « Examen des incorrections ». Le reste de la page est vide.

² C'est-à-dire, beaucoup de passages où l'on expose les actions de certains personnages célèbres et les résultats qu'elles ont produits.

Tch'ao-kong-wou, dans son ouvrage intitulé *To-chou-tchi*, dit que *Youen-thsang* se rendit dans le 天竺 *Thien-tchou* (l'Inde) dans le but de chercher des livres bouddhiques, et qu'il prit de là occasion pour décrire les royaumes qu'il avait parcourus. Suivant lui, ce voyageur a présenté, dans un résumé substantiel, tous les renseignements propres à faire connaître les mœurs et coutumes, la forme des vêtements, l'étendue, grande ou médiocre, des royaumes, l'abondance ou la rareté des produits du sol. Mais comme nous n'avons pas examiné cet ouvrage dans tous ses détails, nous avons dû nous en rapporter au témoignage de *Tch'ao-kong-wou*.

Notre auguste empereur, après avoir ouvert les contrées du ciel d'occident et les avoir soumises à sa puissance, a publié l'ouvrage intitulé : 欽定西域圖志 *Khin-ting-si-yu-thou-tchi* « Description et cartes des contrées occidentales, édition impériale », dans lequel on a rectifié, l'un après l'autre, tous les récits que les générations précédentes ont puisés dans les livres ou dans le témoignage oral des hommes.

Le *Si-yu-ki* cite surabondamment des faits surnaturels et des prodiges qui ne méritent pas un examen sérieux, mais tout ce qui se rapporte aux montagnes, aux rivières et aux distances itinéraires, est susceptible d'être clairement vérifié. C'est pourquoi nous avons fait entrer ce livre dans notre catalogue, et nous l'avons conservé dans l'espoir qu'il pourra servir à compléter les études comparées des savants.

PRÉFACE DU SI-YU-KI[1].

AVIS AU LECTEUR[2].

Un auteur chinois écrit rarement la préface de son ouvrage. Pour se dispenser de parler de lui-même, il aime mieux confier le soin de sa réputation à un ami dévoué, ou à un grand personnage dont l'estime lui est acquise d'avance et lui répond de celle du public. Mais, en général, ces sortes de préfaces ne nous apprennent presque rien de ce qui pourrait nous intéresser. Un Européen, qui aimerait à y trouver la vie intime de l'auteur, les principes qui ont présidé à la composition de son livre, et les sources où il a puisé, n'y voit souvent qu'un panégyrique ampoulé, plein de métaphores ambitieuses, d'allusions obscures, et de figures de langage qui ressemblent aussi peu au style ordinaire des livres que la nuit ressemble au jour. Le morceau qu'on va lire offre un *spécimen* bien caractérisé de ces éloges pompeux et vides, et présente, par conséquent, les plus grandes

[1] On a vu, par la Notice bibliographique, que cette préface a pour auteur *Tchang-choue*.

[2] Les personnes étrangères à l'étude du chinois ne considéreront, sans doute, la traduction de cette préface et son commentaire, que comme un objet de curiosité philologique; mais le traducteur espère que tous les sinologues, frappés de la situation que lui avait faite une critique inqualifiable, sauront en apprécier la valeur et la portée.

difficultés, non-seulement à un traducteur de l'Occident, mais encore à tout lettré chinois qui ne connaîtrait que les idées et la langue de l'école de Confucius.

J'ai traduit ce morceau aussi fidèlement que possible, sans me flatter de l'avoir compris d'un bout à l'autre. Je me suis efforcé de reproduire les expressions figurées ou d'une difficulté particulière, en me réservant de les expliquer de mon mieux dans des notes perpétuelles. Si je n'avais craint d'être aussi obscur que le texte chinois, j'en aurais constamment donné le sens littéral, sans ajouter les transitions et les sous-entendus nécessaires. Le lecteur se serait fait ainsi une juste idée des difficultés prodigieuses que de telles compositions présentent à un sinologue européen, qui n'a sous la main aucun dictionnaire où il puisse trouver le sens des mots, aucun docteur bouddhiste qui lui apprenne l'acception cachée et conventionnelle des expressions figurées. Si je publie ce morceau, quoiqu'il n'ajoute pas le moindre intérêt au *Si-yu-ki*, c'est uniquement pour que son omission ne donne pas lieu, de nouveau, à des suppositions malveillantes, et pour empêcher que les personnes, à qui ce pathos de mauvais goût est heureusement inconnu, ne s'imaginent que je les aurais privées, en supprimant cette préface, de la pièce la plus belle et la plus importante du *Si-yu-ki*. Pour venir à bout de ces logographes littéraires, il faudrait, comme ce sinologue russe, qui a résidé dix ans à Péking, avoir pu profiter (sans grand mérite, il est vrai) des lumières et presque de la collaboration de ces *Lamas*, qui ne peuvent rien ignorer des idées creuses, des tropes ambitieux et des expressions techniques qu'a inventés le pédantisme des écrivains bouddhistes.

L'introduction du *Si-yu-ki*, également composée par *Tchang-choue*, affiche les mêmes prétentions littéraires, et pèche, quoique à un moindre degré, par l'emphase et l'obscurité du style. Cependant, comme les idées et les faits qui y sont exposés me sont un peu plus familiers, j'ose garantir, avec une certaine assurance, l'exactitude de ma traduction.

Les notes perpétuelles, destinées à éclaircir les mots et les phrases de la préface, qui avaient besoin d'une courte explication ou d'un commentaire développé, réduiront à leur juste valeur les opinions tranchantes de l'orientaliste russe, qui était à la fois juge et partie dans la question. Elles montreront, en outre, aux personnes compétentes que si, dans la seconde partie de mon premier volume, j'ai passé, après en avoir averti le lecteur, les rapports, les lettres et les décrets dont elle abonde, ce n'était point, comme il l'a dit d'un ton malveillant, faute d'avoir pu les comprendre, car aucun de ces morceaux n'était aussi difficile que la préface de *Tchang-choue*. J'ai dit mes raisons et je les justifierais sans peine. Si j'ai omis ces pièces ampoulées de rhétorique chinoise, où l'auteur s'est étudié à être obscur pour arriver au sublime du genre, c'était, je le répète, parce qu'elles ne contenaient aucun fait de quelque valeur qui fût propre à faire connaître la géographie de l'Inde, ou la littérature et les doctrines bouddhiques.

TEXTE CHINOIS DE LA PRÉFACE DU SI-YU-KI.

三恪照于姬載六奇光于漢祀書奏而承朗月。
提象控轡渚而開源大舜賓門基歷山而登構。
藏法師諱玄奘俗姓陳氏其先潁川人也帝軒
東歸帝猷宏闡大章之步西極有慈恩道場三
四表式標域中之大是以慧日淪影像化之跡
彼于有截故知示現三界奧稱天下之尊光宅
若夫玉毫流照甘露灑于大千金鏡揚暉薰風

大唐西域記敍　尚書左僕射燕國公張説製

TRADUCTION

DE LA PRÉFACE DU SI-YU-KI.

Jadis, les *poils de jade* firent *couler* leurs rayons (1), la douce rosée (2) humecta le *grand mille* (3), le *miroir d'or* (4) lança son éclat, et un vent parfumé se répandit sur (la terre) bien gouvernée (5). Par là, on reconnut qu'*il* s'était manifesté dans les *trois mondes* (6). Depuis les temps anciens, on l'a surnommé l'Honorable de l'univers (7). Il s'est établi avec éclat aux *quatre limites* (8), il a brillé, comme un modèle sublime, sur la vaste étendue de la terre. C'est pourquoi, après que le *soleil de l'Intelligence* eut noyé son ombre (9), les traces de la *doctrine des images* se dirigèrent vers l'Orient (10). Les grandes vues de l'empereur se sont répandues au loin, et ses lois imposantes (11) sont parvenues jusqu'aux extrémités de l'Occident (12).

On vit paraître, dans le couvent de la grande Bienveillance, un Maître de la loi des *trois Recueils* (13). On l'appelait *Hiouen-thsang;* son nom séculier était *Tch'in-chi* (l'homme de la famille de *Tch'in*). Ses ancêtres étaient originaires de *Ing-tch'ouen* (14). L'empereur *Hien* (15) *éleva l'image* (16); il régna sur l'île fleurie (*Hoa-tchou*), et ouvrit *la source* (17).

Le grand *Chun* (reçut) *les hôtes aux portes* (18); il jeta sur le mont *Li-chan* les fondements d'un grand édifice (19). Les *trois Vénérables* (20) se distinguèrent dans les années de *Ki* (21). *Les six* (stratagèmes) *extraordinaires* (22) brillèrent sous les *Han*. L'un écrivit des rapports et *imita la lune brillante* (23);

中外羨其聲彩。既而情淡友愛。道睦天倫。法師服勤
者也。擅龍象于身世。挺鷲鷟于當年。朝野挹其風猷。
是擯落塵滓。言歸閑曠。令兄長捷法師釋門之棟幹
紱紫纓誠有界之徽網。寶車丹枕。寔出世之津途。由
眞假。威照慈慧鏡眞筌而延佇。顧生涯而永息。而朱
消乎成立。藝殫墳素。九皐載響。五府交辟。以夫早悟
浚而靈長奇開之歲。霞軒月舉聚沙之年。蘭薰桂馥。
景胄。法帥籍慶誕生。含和降德。結根淡而葳茂。道源
遊道而聚德星。縱壑駢鱗。培風齊翼。世濟之美鬱爲

l'autre marcha dans la droite voie et rassembla des *astres* (24) *lumineux* (25). (On eût dit) des poissons qui se réunissent en foule au sein des eaux (26), *ou* des oiseaux portés ensemble par un vent favorable (27). La beauté des services qu'ils rendirent au siècle, se concentra (28) et forma un illustre descendant. Grâce à ce bonheur (29), le Maître de la loi vint au monde. Il était doué de douceur et de vertu. (Ces qualités avaient) de profondes racines; leurs premiers germes se développèrent rapidement. La source de sa sagesse était profonde, et elle s'étendit d'une manière merveilleuse. Dans l'année où *s'ouvre l'impair* (30), c'était une *vapeur rouge* qui monte (31) et *une lune* qui s'élève. A l'âge où l'*on amasse du sable* (32), il avait l'odeur du cannellier et le parfum de l'*Epidendrum* (33). Arrivé à l'âge adulte, il approfondit les *Fen* (34) et les *Sou* (35). *Les neuf îles* (36) retentirent de sa renommée, et *les cinq palais* (37) l'appelèrent tous ensemble.

Comme il avait, de bonne heure, distingué le vrai du faux, et fait briller en lui la bonté et l'intelligence, il vit clairement la *vraie nasse* (38) et s'y arrêta longtemps; il considéra les bornes de la vie, et se calma (39) pour toujours. *Le ruban de soie rouge* (40) et *les cordons violets* (41) sont un brillant filet (42) qui nous retient dans le siècle; mais le *char précieux* et l'*oreiller rouge* (43) sont *le gué et la route* pour échapper au monde. C'est pourquoi il repoussa loin de lui la *poussière et la lie* (44), et parla de se réfugier dans le calme de la retraite. Son noble frère aîné, le Maître de la loi, *Tch'ang-tsi*, était *la poutre et le tronc* de la porte de *Chi* (45). Il posséda (la vertu du) *dragon et de l'éléphant* (46) dans son propre siècle, et s'élança comme *la grue et le cormoran* (47) au-dessus de son époque. La cour et les champs vantèrent sa brillante renommée; au dedans comme au dehors, on exalta l'éclat de sa réputation. Comme il était plein de bienveillance et d'affection, il chérit ses frères et fit régner la bonne harmonie dans *les relations du ciel* (48).

今見陳門雙驥。妝頴多奇士。誠哉此言。法師自幼迄
邐表浮栖之異。遐迴宗挹為之語曰。昔聞荀氏八龍。
舟而獨遠。迺于轅轍之地。先摧鏶腹之誇。幷絡之鄉。
若會斷輪之旨。猶知拜瑟之微。以瀉瓶之多聞。泛虛
金文暫啓。佇秋駕而雲趨。玉柄纔搖。披霧市而波屬。
至于泰初日月。燭曜靈臺。子雲鏗悅。發揮神府。于是
小魯自茲徧遊談肆。載移涼燠。功旣成矣。能亦畢矣。
蘭室抗策平道。包九部而吞夢。鼓栧玄津。俯四韋而
講盆。分陰靡棄。業光上首。擢秀檀林。德契中庸。騰芬

ET TRADUCTION DE LA PRÉFACE.

Le Maître de la loi (*Hiouen-thsang*) étudia avec ardeur (49) et lui demanda des leçons (50); il ne perdit pas un pouce de temps. Par ses études, il fit briller les *têtes supérieures* (51) et *poussa des fleurs* (fleurit) dans la *forêt de Santal* (52). Sa vertu fut d'accord avec le juste milieu : il (exhala et) fit monter des parfums dans la maison des *Epidendrum*. Il prit un fouet en main et se mit en route. Il embrassa *les neuf sections* (53) et avala *Mong* (54). *Il agita ses rames dans le gué mystérieux* (55); il abaissa ses regards sur les quatre *Weï*, et trouva *Lou* petit (56).

Dès ce moment, il fréquenta toutes les salles de conférences (57), et *passa du froid au chaud* (58). Ses (nobles) travaux, une fois achevés, ses talents (et ses connaissances) se trouvèrent complets. On eût dit que *le soleil et la lune de la haute antiquité illuminaient la tour de l'intelligence* (59). (Semblable à) *Tscu-yun* (60), avec son mouchoir de ceinture, il mit en lumière *le palais de l'esprit* (61). Alors *les textes d'or* (62) s'ouvrirent par degrés. Il adopta le *char d'automne* (63), et voyagea (avec la vitesse des) nuages. Il agita un instant le *manche de jade* (64), et dispersa le *marché des brouillards* (65) qui étaient *amoncelés comme les flots* (66). Il semblait comprendre *les vues* (habiles) *du carrossier* (67) et savait encore apprécier (*l'harmonie*) *délicate du Se* (68).

Possédant une riche instruction versée à grands *seaux* (69), il vogua sur un bateau vide et s'éloigna tout seul. Dans le pays de *Hoan-youen*, il brisa *la jactance du ventre de fer* (70). Dans le village de *Ping-lo*, il montra *la merveille de la coupe flottante* (71). Les hommes des pays éloignés, comme ceux des contrées voisines, le regardaient avec admiration. Aussi disaient-ils entre eux : « Jadis nous avons entendu parler des *huit dragons* (72) de « la famille *Sian*; aujourd'hui nous voyons que *la porte* (la mai- « son) de *Tch'in* (possède) deux *Ki* (73). » C'est avec vérité qu'on a dit que les pays de *Jou* et de *Ing* ont produit des hommes extraordinaires (74). Le Maître de la loi, depuis sa jeunesse jus-

尊載佇風徽召見青蒲之上遹瞻通識前膝黃屋之
傳貝葉聿歸振旦。太宗文皇帝金輪纂御寶位居
言鐫求幽賾妙窮津會于是詞發雌黃英飛天竺文
嶮陋博望之非遠嗤法顯之爲局遊踐之處畢究方
是背玄灞而延望指葱山而矯迹川陸綿長備嘗艱
目以絕倫之德屬會昌之期杖錫拂衣第如遄境于
恐傳譯踳駁未能筌究欲窮香象之文將罄龍宮之
實遂有南北異學是非紛糾永言于此良用憮然或
長遊心玄理名流先達部執交馳趣末忘本擯華捐

ET TRADUCTION DE LA PRÉFACE.

qu'à l'âge mûr, voyagea en esprit dans les *principes mysté-rieux* (75), et son nom se répandit parmi les maîtres de la science (76). (A cette époque,) les écoles philosophiques lut-taient ensemble; on courait après l'accessoire et l'on oubliait le principal; on cueillait le fruit et l'on jetait la fleur (77). Bientôt on vit surgir les systèmes différents du midi et du nord, et la vérité fut confondue avec l'erreur. Il (*Hiouen-thsang*) en par-lait sans cesse et s'en tourmentait vivement. Craignant que les méprises des traducteurs ne l'empêchassent de pénétrer complétement (la doctrine), il voulut approfondir les textes de *l'éléphant parfumé* (78) et épuiser *la liste du palais des dra-gons* (79).

Doué d'une vertu sans pareille, et favorisé par l'éclat d'un règne florissant, il prit le bâton de religieux, épousseta ses ha-bits, et partit pour les pays lointains. Là-dessus, il laissa der-rière lui les eaux azurées de (la rivière) *Pa* (80) et porta au loin ses regards; puis il marcha tout droit vers les (monts) *Tsong-ling*. En suivant de grands fleuves et en traversant des plaines im-menses, il fut exposé aux fatigues et aux dangers. Il fit peu de cas de *Po-wang* (81), qui n'avait pas été bien loin, et se moqua de la courte excursion de *Fa-hien* (82). Dans tous les pays qu'il parcourut, il étudia complétement les dialectes locaux; il sonda les choses obscures et cachées, et pénétra subtilement jusqu'à la *réunion du gué* (83). Là-dessus, il répandit du *jaune femelle* (de *l'orpiment*) (84) *sur les paroles, et fit voler la fleur* dans le *Thien-tchou* (85). Quand les textes eurent été transportés sur *des feuilles d'arbre* (86), il revint dans le *Tchin-tan* (87).

L'empereur *Thaï-tsong*, surnommé *Wen-hoang-ti*, qui régnait (en faisant tourner) *la roue d'or* (88), et siégeait au faîte des honneurs sur un trône précieux, était impatient de voir cet homme éminent (89). Il l'appela et l'admit près de lui sur le *jonc vert* (90); plein d'admiration pour son vaste savoir, il s'age-nouilla devant lui (91) dans *la maison jaune* (92).

兹焉。勒成一十二卷編錄典奧。綜覈明審立言不朽。其在之宜人備之序正朝所暨聲教所單著大唐西域記。本凡六百五十七部具覽遐方異俗絕壞殊風土著譽光鷲嶽豈能緬降神藻以旌時秀奉詔翻譯梵七十九言啓玄妙之津書揄揚之旨蓋非道映鷄林序。凡七百八十言今上昔在春闈裁述聖記。凡五百間。手詔綢繆中使繼路俯摛睿思乃製三藏聖教

ET TRADUCTION DE LA PRÉFACE.

Il écrivit de sa main des décrets pleins de sentiments affectueux ; les employés de l'intérieur *se succédaient sur la route* (93). Daignant épancher ses pensées lumineuses, il composa, sur la sainte doctrine des trois Recueils, une préface de sept cent quatre-vingts mots (94). L'empereur actuel (95), lorsqu'il était autrefois dans le *palais du printemps* (96), avait composé, en cinq cent soixante-dix-neuf mots, un mémoire sur le Saint (le *Bouddha*), dans lequel il *ouvrait le gué* (97) des choses subtiles et profondes, et répandait ses sentiments en louanges pompeuses. Or, si sa vertu n'avait pas brillé dans le *bois du Coq* (98), si ses louanges n'avaient pas retenti sur la *montagne du Vautour* (99), l'empereur aurait-il pu abaisser son *élégance divine* (100) pour exalter la *fleur* du temps (101) ?

En vertu d'un décret impérial, il traduisit six cent cinquante-sept ouvrages dont le texte était en langue *Fan* (102). Après avoir examiné, d'une manière complète, les mœurs différentes des contrées lointaines, les coutumes diverses des pays étrangers, les produits variés du sol et les classes distinctes des hommes, les régions où parvient le calendrier (103) et où pénètrent les instructions morales (104), il a composé, en douze livres, le *Ta-thang-si-yu-ki,* c'est-à-dire, les « Mémoires sur les contrées occidentales (publiés sous) les grands *Thang* ». Il a recueilli et rapporté les principes les plus profonds de la doctrine, et les a présentés dans un style clair et précis. C'est de lui qu'on peut dire qu'il a fait un ouvrage qui ne périra pas.

NOTES
SUR
LA PRÉFACE CHINOISE DU SI-YU-KI.

(1) L'expression 玉毫 *Iu-hao* « poils de jade », dont le synonyme est 白毫 *Pe-hao* « poils blancs », désigne un des trente-deux signes qui caractérisent un grand homme, et que l'on reconnaît dans le *Bouddha*. Burnouf (*Lotus*, page 543) dit, suivant une des quatre listes de Ceylan : « Dans l'intervalle qui sépare ses sourcils, est poussé un cercle de poils blancs (en sanscrit, *ourṇa*), semblables à du coton doux. Ce cercle de poils joue, comme on sait, un rôle très-important dans les légendes et dans les *Soûtras* du nord. C'est de sa partie centrale que s'échappent les rayons miraculeux qui vont éclairer les mondes à de prodigieuses distances. Nous en avons un exemple au commencement du *Lotus de la bonne loi* : « En ce moment, il s'élança un rayon de lumière du cercle de poils qui croissaient dans l'intervalle des sourcils de Bhagavat. Ce rayon se dirigea vers les dix-huit mille terres de *Bouddha*, situées à l'orient, et toutes ces terres de *Bouddha*, jusqu'au grand enfer *Avîtchi* et jusqu'aux limites de l'existence, parurent entièrement illuminées par son éclat. » (Conf. *Vocab. pentaglotte*, liv. I, fol. 12; Dictionnaire *P'ing-tseu-louï-pien*, liv. LXVIII, fol. 14; *Peï-wen-yun-fou*, liv. XIX, fol. 5, et le *Lalita vistâra*, trad. par M. Foucaux, page 286.)

(2) Dans les livres bouddhiques, les mots 甘露 *Kan-lou* « douce rosée », répondent à l'expression indienne *amrita* « ambroisie ». Ainsi le roi 甘露飯王 *Kan-lou-fan-wang*, l'un des oncles du *Bouddha*, s'appelle, en sanscrit, *Amritôdanarâdja* « le roi dont le riz est de l'ambroisie ».

NOTES SUR LA PRÉFACE DU SI-YU-KI.   XLIII

(3) 大千 *Ta-thsien* « le grand mille », c'est-à-dire, le grand millier de mondes, le grand *Chiliocosme* des Bouddhistes. Voyez Rémusat, *Mélanges posthumes*, page 94.

(4) L'expression *Kin-king* « miroir d'or », a plusieurs acceptions : 1° miroir d'or, ou orné d'or (*P'ing-tseu-louï-pien*, liv. LXII, fol. 8); 2° l'intelligence de la droite voie, la science du gouvernement (*ibid.*); 3° ces deux mots 金鏡 *Kin-king* désignent la lune lorsqu'elle paraît arrondie. *P'ing-tseu-louï-pien*, liv. LXVII, fol. 44 : la lune, au haut des arbres lointains, suspend son *miroir d'or. Ibid.* liv. LXVI, fol. 18 : au haut du ciel, on distingue le *miroir d'or*. J'ai adopté ce dernier sens.

(5) En chinois, 于有截 *Iu-yeou-tsie*. Si l'on consulte les dictionnaires de Basile, Morrison, Gonçalvez, et même le dictionnaire impérial de *Khang-hi*, le mot à mot donnera : *dans — avoir — couper*; ce qui n'a pas de sens. Mais, dans le livre des vers, on trouve 截 *tsie vulgo* « couper », avec la signification de « régler, mettre en ordre » : 九有有截 *Khieou-yeou-yeou-tsie* « les neuf provinces de l'empire sont bien gouvernées »; en mandchou : *ouyoun ba gemou teksin ombi*. (Conf. *Peï-wen-yun-fou*, liv. XCVIII, fol. 197, et *King-tsie-tsouan-kou*, liv. XCVIII, fol. 23.)

(6) Le *Bouddha* apparut dans le monde des désirs (*Kâmadhâtou*), le monde des formes (*Roûpadhâtou*), le monde sans formes (*Aroûpadhâtou*). Dictionnaire *San-thsang-fa-sou*, liv. XI, fol. 15.

(7) Littéralement : l'Honorable du *dessous du ciel*, expression qui veut dire ordinairement l'*empire*. L'expression la plus usitée est 世尊 *Chi-ts'un* « l'Honorable du siècle », en sanscrit, *Lôkadjyêchṭha* « le meilleur, le plus éminent du monde ».

(8) C'est-à-dire, il a porté l'éclat de sa gloire jusqu'aux quatre points cardinaux.

(9) 日影 *Ji-ing* « l'ombre du soleil »; c'est la ligne d'ombre que

projette, au soleil, l'aiguille d'un gnomon. Mais ici les mots 慧日 渝影 *Hoeï-ji-lun-ing* (intelligence — soleil — noyer — ombre) signifient « le Bouddha est entré dans le *Nirvâṇa* ».

(10) C'est-à-dire, la doctrine bouddhique pénétra en Chine. L'auteur ne tient pas grand compte de l'exactitude historique, car il ne pouvait ignorer qu'il s'était écoulé plus de six cents ans depuis la mort du *Bouddha* jusqu'à l'introduction de sa doctrine en Chine.

Suivant le *Manuel des Çramaṇas*, fol. 29, le bouddhisme s'appelle 像教 *Siang-kiao* (la doctrine des images ou des statues), parce qu'après le *Nirvâṇa* du *Bouddha*, on éleva des statues d'or du *Bouddha* pour instruire la multitude des hommes : 設金像以教眾生。

(11) Suivant Morrison, 大章 *ta-tchang* signifie : « The great « rules laid down by ancestors », et 皇章 *hoang-tchang* « imperial « laws and regulations ». Cette phrase et la précédente forment un de ces parallélismes qui plaisent aux Chinois, et où l'auteur répète à peu près les mêmes idées en termes différents.

L'expression 大章 *ta-tchang* se rencontre une fois dans l'histoire, pour un nom propre d'homme. On lit dans le *Ou-youeï-tch'an-thsieou* : « L'empereur *Yu* ordonna à *Ta-tchang* d'aller de l'est à l'ouest, et à *Jou-haï*, de traverser la Chine du midi au nord (*Peï-wen-yun-fou*, liv. XXII, A, fol. 126) ». Mais l'espèce de parallélisme dont j'ai parlé plus haut, détermine trop bien l'acception de *magnæ leges*, pour qu'on puisse voir, dans l'expression *ta-tchang*, le personnage en question. Ajoutons que *Ta-tchang*, qui vivait vers l'an 2205 avant Jésus-Christ, ne saurait figurer ici sous l'empereur *Thaï-tsong*, dans une période de temps qui embrasse les années 627-648.

(12) C'est-à-dire : dans les contrées les plus éloignées à l'occident de la Chine et surtout dans l'Inde. L'empereur mentionné ici est *Thaï-tsong*, de la dynastie des *Thang*, dont le règne a duré de 627 à 649 de J. C.

(13) En sanscrit *Tripiṭaka*; ils contiennent les *soûtras* (les livres

NOTES SUR LA PRÉFACE DU SI-YU-KI.

sacrés), les çâstras (les traités philosophiques) et la *vinaya* (les règles de la discipline).

(14) *Ing-tch'ouen* répond aujourd'hui à *Yu-tcheou*, arrondissement dépendant du département de *Khaï-fong-fou*, dans la province du *Honan*. (*Li-taï-ti-li-tchi-yun-pien-kin-chi*, liv. VI, fol. 13.)

(15) 軒 *Hien* est l'abréviation de 軒轅 *Hien-youen*, surnom que reçut l'empereur *Hoang-ti* (2698-2599 avant J. C.), parce qu'il avait demeuré sur une colline appelée *Hien-youen* (*Sse-ki*, liv. I, fol. 2). On voit que *Tchang-choue*, dont l'admiration ne connaît point de bornes, fait remonter jusqu'à *Hoang-ti* la famille de *Tch'in*, d'où sortait *Hiouen-thsang*. De cette manière, et comme on le dit plus bas, il aurait compté parmi ses ancêtres l'empereur *Chun* (2255 ans avant J. C.), et un grand nombre d'illustres personnages des dynasties des *Tcheou* et des *Han*.

(16) Voici un des passages les plus difficiles de la préface. Pour le bien comprendre, il faut connaître l'acception rare des mots 提像 *t'i-siang* « élever l'image », qu'on écrit aussi, comme dans notre texte, 提象 *t'i-siang*, expression qui, à la première vue, paraîtrait signifier « élever en haut un éléphant », si l'on ne savait que 象 *siang* (*vulgo* éléphant) se prend souvent pour 像 *siang* « image ».

Les Chinois ont beaucoup d'expressions élégantes pour dire *régner, gouverner*; par exemple : 1° 操斗極 *Thsao-teou-ki* « tenir, dans sa main, l'extrémité du boisseau (les étoiles de l'extrémité de la constellation *Pe-teou* — la Grande Ourse) »; 2° 把鉤陳 *Pa-keou-tch'in* « tenir les (six) étoiles *Keou-tch'in* (de l'*Ursa Minor*) »; 3° 振機 *Tchin-ki* « faire mouvoir les ressorts »; 4° 握機 *Ouo-ki* « tenir les ressorts »; 5° 執象 *Tchi-siang* « tenir l'image » (*vulgo* éléphant — tenir en main les lois). Cf. *Sse-wen-yu-sie*, liv. VIII, fol. 8 et 9. Ajoutons notre expression 提象 ou 提像 *T'i-siang* « élever en haut l'image (les lois) », c'est-à-dire : « gouverner à l'aide des lois ». Cette expression se trouve, avec le même sens, dans l'édition des treize livres canoniques (*Chi-san-king-tchou-sou*, liv. XLVIII, fol. 5), à l'occasion d'un passage du *Tso-tch'ouen*. On lit dans les anciennes annales des *Thang* (Mém. sur les Rites) : « l'empereur en tenant en main les lois », littéralement « en élevant l'image » 提像 « supplée à l'œuvre des dieux et gouverne toutes choses » 代神功而理物 *Taï-chin-kong-eul-li-wou*.

Les Chinois emploient souvent deux expressions synonymes pour rendre la même idée. Par exemple : 唐提像握機 *Thang-t'i-siang-ouo-ki* « l'empereur des *Thang* élève l'image (a le maniement des lois) et tient les ressorts (de l'administration). C'est pourquoi il s'associe à l'élément de la terre et dirige le gouvernail (de l'état) ». *Peï-wen-yun-fou*, liv. LII, fol. 14.

(17) Je passe à la seconde partie de la phrase : 控華渚而開源 *Khong-hoa-tchou-eul-khaï-youen*, littéralement : « gouverna *Hoa-tchou* et ouvrit la source ». Pour bien comprendre ce passage, il faut connaître l'histoire de *Chao-hao*, fils de *Hoang-ti*, que sa mère conçut, dit une légende, d'une manière miraculeuse, après avoir vu un météore semblable à un arc-en-ciel, qui tombait sur l'île appelée *Hoa-tchou*. (Voyez *Fong-tcheou-kang-kien*, liv. I, fol. 28.) Voici, d'après le *Sse-ki*, le même fait un peu plus développé. La mère de *Chao-hao* s'appelait *Niu-tsie*. Sous le règne de *Hoang-ti*, il y eut une grande étoile (*sic*), de la forme d'un arc-en-ciel, qui descendit sur *Hoa-tchou*. *Niu-tsie* rêva qu'elle la recevait. Elle éprouva une vive émotion, et mit au monde *Chao-hao*.

Hoa-tchou était une île du royaume de *Hoa-siu*, où *Fo-hi* avait établi sa cour. (*I-sse*, liv. III, fol. 1.)

Il *ouvrit la source* (de la famille de *Tch'in*, c'est-à-dire de *Hiouen-thsang*).

(18) Il y a, en chinois : 大舜賓門 *Ta-chun-p'in-men*, mot à mot : « grand — *Chun* — hôte — porte », phrase inintelligible si l'on ne connaissait le passage du *Chun-tien* (le second chapitre du *Chou-king*), où il est dit, suivant les commentaires, que *Chun* recevait, comme des hôtes, les princes feudataires, aux portes du palais qui correspondaient aux quatre côtés de l'empire. Le mot 賓 *p'in* « hôte » a

NOTES SUR LA PRÉFACE DU SI-YU-KI.

ici un sens verbal et signifie « recevoir un hôte »; en mandchou : *boïgodsilaboumbi*.

Chun, l'un des ancêtres de *Hiouen-thsang*, descendait de *Houng-ti* à la huitième génération.

(19) En chinois : 基歷山而甞構 *Ki-li-chan-eul-tsong-keou*, mot à mot : « fondement — *Li-chan* — et — haut — poser un toit ». Nous dirions en français : « il jeta sur le mont *Li-chan* les fondements de sa grandeur ». On sait que *Chun* demeurait sur le mont *Li-chan*, et qu'il était occupé à y labourer la terre, lorsque *Yao* l'envoya chercher pour l'appeler à l'empire.

(20) Par 三恪 *San-ko*, « les trois (classes d'hommes) vénérables », on entend les descendants des empereurs *Chun*, *Yu* et *Tching-thang*. (*Peï-wen-yun-fou*, liv. XCIX, B, fol. 167.) Ces personnages, et ceux des trois phrases suivantes, étaient des ancêtres de *Hiouen-thsang*, mais l'auteur se garde bien de les désigner nettement; il craindrait de manquer son but, qui est constamment de mettre à l'épreuve l'érudition ou la sagacité des lecteurs.

(21) C'est-à-dire, sous le règne des *Tcheou*, dont le nom de famille était 姬 *Ki*. Il eût été plus simple de dire les *Tcheou*; mais la phrase eût été trop claire. C'est d'après le même principe que, plus bas, au lieu d'employer les mots 年 *nien* et 歲 *souï* pour dire « année », on s'est servi des mots 載 *tsaï* « contenir » et 祀 *sse* « sacrifice », qui se prennent, quoique rarement, dans le sens de « année ».

(22) En chinois, il n'y a que 六奇 *lou-khi* « six — extraordinaires ». J'avais pensé d'abord qu'il s'agissait ici de six personnages d'un mérite extraordinaire. Des recherches persévérantes m'ont conduit à un grand nombre de passages où l'expression *lou-khi* « six — extraordinaires » désigne uniquement les six merveilleux stratagèmes de guerre que *Tch'in-p'ing* présenta au premier empereur des *Han* (l'an 193 avant J. C.), et à l'aide desquels ce dernier soumit tous les princes feudataires qui se partageaient l'empire. (Cf. *P'ing-tseu-louï-pien*, liv. C, fol. 35, et *Peï-wen-yun-fou*, liv. XXIII, A, fol. 40.) On se demanderait à bon

NOTES SUR LA PRÉFACE DU SI-YU-KI.

droit quel rôle peuvent jouer ces *six stratagèmes* dans la généalogie de *Hiouen-thsang*, si l'on ne savait d'avance que *Tch'in-p'ing*, qui en fut l'auteur, était un des ancêtres de notre voyageur. *Tchang-choue* paraît supposer qu'il suffit de citer les deux mots *lou-khi* « six — extraordinaires », pour qu'on devine immédiatement le nom de *Tch'in-p'ing* et ses *six stratagèmes*, qui sont le trait le plus saillant de sa biographie.

(23) *Tch'in-kien*, surnommé *Tchang-wen*, et un grand nombre d'autres lettrés ou hommes d'État, se sont distingués par leurs rapports élégants et lumineux (*Youen-kien-louï-han*, liv. CXCVII, fol. 18); mais quoique j'aie lu la valeur de plusieurs volumes en parcourant les grandes biographies *Sing-chi-tso-pou* et *Wan-sing-tong-pou*, ainsi que la collection des rapports officiels (*Li-taï-tseou-i*), il m'a été impossible de trouver le personnage de la famille *Tch'in*, qui, à cause de la clarté de ses rapports, fut surnommé *Lang-youeï* « lune brillante ».

Le mot 承 *tching* a le sens de « succéder à » (en mandchou, *sirame*) et de « suivre et imiter » (en mandchou *dakhame, doursouleme*).

(24) C'est-à-dire : par l'influence de sa vertu, on vit apparaître une multitude d'étoiles d'heureux augure. Dans ce passage, écrit à mots couverts, comme les trois précédents, l'auteur a eu en vue *Tch'in-chi*, surnommé *Tchong-kong*, qui s'était rendu célèbre par sa vertu. Un soir, il alla avec ses deux fils et ses petits-fils dans la maison de *Siun-chou*, pour conférer ensemble sur des questions de morale et de philosophie. Cette nuit-là, on vit paraître une multitude d'étoiles brillantes. Le lendemain, l'historien officiel présenta à l'empereur un rapport où il disait : « Dans un espace de cinq cents *li*, il a paru une multitude d'étoiles brillantes. Cela annonce qu'on verra réunis un grand nombre de sages. » *Tchong-kong* fit construire une salle qu'il appela 德星堂 *Te-sing-thang* « la salle des étoiles brillantes » (*ouldengge ousikha*). Il y a en chinois 德星 *Te-sing* (littéralement : « vertu — étoiles »). J'ai traduit « astres lumineux », parce que tel est le sens de 景星 *King-sing*, qu'on donne comme synonyme de 德星 *Te-sing*.

(25) Pour lier cette phrase aux précédentes, il est nécessaire d'a-

jouter : « La famille de *Tch'in* a produit une multitude d'hommes éminents. » (On eût dit), etc.

(26) Il y a, en chinois : 縱壑駢鱗 *Tsong-ho-p'ing-lin* « lâcher — vallée (où il y a de l'eau) — associer — écailles ».

(27) Cette phrase, comme la précédente, ne pourrait être traduite clairement d'une manière littérale. Le texte dit seulement : 培風齊翼 « aider — vent — disposer en ordre — ailes ».
Cette double comparaison, tirée des poissons et des oiseaux, s'emploie souvent pour féliciter l'empereur de ce qu'il a trouvé des hommes d'un grand mérite ou d'une vertu distinguée : 朝有得賢之頌. S'il était permis d'en faire ici l'application, elle signifierait (au figuré) que la famille de *Tch'in* avait fourni aux empereurs un grand nombre de fonctionnaires d'un mérite éminent, qui se trouvaient à la cour dans leur élément, comme les poissons dans l'eau et les oiseaux dans l'air. (Cf. *Peï-wen-yun-fou*, liv. XCIX, B, fol. 13.)

(28) L'auteur du *Hao-khieou-tch'ouen* dit, à peu près dans le même sens, que l'essence la plus pure des montagnes et des rivières se concentra pour former *Thie-kong-tseu*, le héros du roman.

(29) C'est-à-dire : grâce à ces heureuses influences. Je remarque une faute dans le texte : 籍 *tsi* « livre, registre », au lieu de 藉 *thsie* « profiter de ».

(30) Il y a ici une curieuse observation à faire. Quand les écrivains chinois veulent exprimer l'âge d'une personne, ils se contentent, en général, d'indiquer les habitudes, les occupations, les qualités qui leur paraissent caractériser l'époque de la vie qu'ils ont en vue. Voici, par exemple, six locutions usitées dans le style relevé, et qu'on a tirées du chapitre II du *Lun-yu* : 1° 志學之年 *Tchi-hio-tchi-nien* « l'année où l'on s'applique à l'étude (quinze ans) »; 2° 自立之年 *Tseu-li-tchi-nien* « l'année où l'on s'est fermement posé, où l'esprit est devenu solide, inébranlable (trente ans) »; 3° 不惑之年

NOTES SUR LA PRÉFACE DU SI-YU-KI.

Pou-hoe-tchi-nien « l'année où l'on n'a plus de doutes, où l'on connaît clairement ses devoirs (quarante ans) ». A l'époque, déjà bien ancienne, où je commençai l'étude du chinois (janvier 1823), M. Abel-Rémusat avait placé sur une tablette, au haut de la porte de son cabinet, l'inscription : 不咸齋 *Pou-hoe-tchaï* « le cabinet de celui qui n'a plus de doutes, c'est-à-dire du lettré qui a quarante ans ». 4° 知命之年 *Tchi-ming-tchi-nien* « l'année où l'on connaît les ordres du ciel, la raison des devoirs qu'il nous impose (cinquante ans) »; 5° 耳順之年 *Eul-chun-tchi-nien* « l'âge où l'esprit suit sans résistance les avis qu'il perçoit par l'ouïe (soixante ans) »; 6° 從心之年 *Tsong-sin-tchi-nien* « l'âge où l'on suit l'impulsion de son cœur, sans violer les règles du devoir (soixante et dix ans) ».

On lit dans l'ouvrage *Sse-wen-louï-fou*, liv. XX, fol. 6 : « Quand un enfant a cinq ans, on dit qu'il est dans l'année *du char à colombe* : 鳩車之歲 *Khieou-tch'e-tchi-souï*; s'il a sept ans, on dit qu'il se promène sur un cheval de bambou 竹馬之遊 *Tchou-ma-tchi-yeou (equitat in arundine longa).* »

Je reviens maintenant à notre texte. Il y a en chinois : 奇開之年 *Ki-khaï-tchi-nien*. Le mot 奇 *khi* signifie « extraordinaire »; prononcé *ki*, il veut dire « un, impair (opposé à pair) »; si l'on adopte, avec moi, le second sens, on aura « l'année dont le chiffre commence les nombres impairs, c'est-à-dire « la première année de son âge ».

Plus bas se trouve une locution du même genre, et plus difficile encore : 聚沙之年 *Tsiu-cha-tchi-nien*, mot à mot : « l'année où l'on amasse du sable ». Ce passage me paraît désigner l'âge de huit à quinze ans, que comporte le nom de 童 *thong*, vulgo « jeune garçon » (Dictionn. *King-tsi-tsouan-kou*, liv. I, fol. 3). Je déduis ce sens d'un passage un peu obscur, que cite le *Peï-wen-yun-fou*, livre XXI, fol. 108 : « Après une longue suite de *kalpas*, il (l'homme) sortit de la terre primitive. Quand il fut devenu 童 *thong* (garçon de huit à quinze ans), il songea à *amasser du sable* 聚沙 *tsiu-cha*. » La phrase s'arrête ici, de sorte qu'on ne sait pas dans quel but lui vint cette idée.

Voici un autre passage analogue, où 沙 *cha* « sable » est remplacé par le mot 土 *thou* «terre», et qui pourrait bien avoir suggéré aux Chinois l'expression 聚土之年 *Tsiu-thou-tchi-nien* «l'année où l'on amasse de la terre», pour désigner l'âge de douze ans. On lit dans l'Encyclopédie *T'seu-sse-thsing-hoa*, liv. CI, fol. 14 : « Le cinquième fils de *Tchin-king* (qui vivait sous les *Liang*), s'appelait *Hin*; son surnom était *Kiun-tchang*. A l'âge de sept ans, il savait monter à cheval. A douze ans, il suivit son père à *Lo-yang*; mais il tomba malade en route, et revint à la capitale. Il se rendit auprès d'un magistrat nommé *Tchou-i*. Celui-ci l'ayant interrogé sur la physionomie des pays du nord, il *amassa de la terre*, et dessina des villes, 聚土畫城 *Tsiu-thou-hoa-tch'ing*.

L'exemple suivant confirme tout à fait l'opinion que j'ai émise plus haut, en disant que les mots 聚沙之年 *Tsiu-cha-tchi-nien* « les années où l'on amasse du sable », désignaient l'âge de huit à quinze ans, que comporte l'expression 童 *Thong*, suivant le Dictionnaire *King-tsi-tsouan-kou* 聚沙童子戲者 : même les jeunes garçons (*thong-tseu*), qui *s'amusaient à amasser du sable* (regardaient *Amita Bouddha* comme un personnage d'un ordre supérieur). *P'ing-tseu-loui-pien*, liv. CXXII, fol. 63.

(31) En chinois : 霞軒月舉 *Hia-hien-youeï-kiu*, mot à mot : « vapeur rougeâtre — monter — lune — s'élever », c'est-à-dire : «il avait une figure colorée, arrondie, et d'une beauté imposante».

Le mot 軒 *hien* a une multitude de significations, telles que : « côtés d'un char, saillie d'un toit, char d'un magistrat, mépriser, etc. ». Mais ici il se prend dans un sens qui manque dans tous les dictionnaires classiques, le sens de « s'élever en haut », 舉 *kiu*, ou 起 *khi*. On lit dans le Recueil *Wen-siouen*, ode *Hoeï-fou*, 霧連軒 *Wou-lien-hien* « les nuages s'élèvent ensemble ». Cette définition et cet exemple me sont fournis par le Dictionnaire *King-tsi-tsouan-kou*, liv. XIII, fol. 12. L'expression 月舉 *Youeï-kiu* « la lune s'élève », correspondant à 霞軒 *Hia-hien*, m'a mis sur la voie de ce sens rare, qui m'avait longtemps échappé. L'auteur compare la figure de l'enfant au disque

NOTES SUR LA PRÉFACE DU SI-YU-KI.

de la lune qui s'élève au ciel, et ses couleurs aux vapeurs rouges qui apparaissent avec le soleil levant.

Les auteurs chinois offrent une foule de passages, où les couleurs roses du visage sont comparées aux vapeurs rouges du matin, et sa forme arrondie au disque de la lune. Voyez l'Encyclopédie *Fen-loui-tsea-kin*, liv. XIV, fol. 9 et 13.

(32) Voyez la fin de la note 30, page LI, lignes 12-19.

(33) Cette même locution « odorant comme le *lan* (epidendrum), et parfumé comme le cannellier », se trouve dans une phrase à la louange du comte de *Po-wang* (le général *Tchang-kien*, qui vivait sous le règne de *Wou-ti* des *Han*). « *Wang* de *Tch'ang-chan* était poli comme le jade, et sa voix avait le son de l'or ; le comte de *Po-wang* était odorant comme l'epidendrum, et parfumé comme le cannellier ».

Cette double comparaison fait évidemment allusion aux brillantes qualités de *Hiouen-thsang*.

(34) On appelle ainsi les livres des trois anciens empereurs *Fo-hi*, *Chin-nong* et *Hoang-ti*. (Dictionn. de *Khang-hi*.)

(35) En chinois, 素 *sou, vulgo* « blanc, pur », est employé ici pour 索, *vulgo* « corde ». De plus, 素 *sou,* est l'abréviation de 八素 (pour 八索), expression qui signifie : « l'explication des huit *koua* (figures symboliques) de *Fo-hi* ». (Dictionnaire *King-tsi-tsouan-kou*, liv. XCIX, fol. 14.)

(36) En chinois : 九皋載音 *Khieou-kao-tsaï-in* « neuf — îles — porter — son ». L'expression *Khieou-kao* « les neuf îles » est empruntée au *Chi-king*, sect. *Siao-ya*, ode *Ho-ming* : « Ciconia cantat in novem insulis, quæ in medio lacu positæ sunt ; ejus vox in campestribus locis longe lateque auditur ». (Trad. du P. Lacharme.)

Les quatre mots ci-dessus veulent dire, au figuré, que la réputation de *Hiouen-thsang* se répandit au loin.

(37) C'est-à-dire : les grands personnages qui habitaient les *cinq palais*, l'appelaient à l'envi, auprès de l'empereur. Le philosophe *Lie-tseu*

nous apprend que ce fut *Mou-wang*, de la dynastie des *Tcheou*, qui, le premier, fit construire *cinq palais* à l'usage de l'empereur. (*Peï-wen yun-fou*, liv. XXXVII, A, fol. 71.)

L'expression 交辟 *Kiao-pi* a besoin d'être expliquée par des exemples. *Peï-wen-yun-fou*, liv. C, B, fol. 169 : « Sous la dynastie des *Han*, lorsqu'on cherchait des lettrés, on ne manquait jamais d'examiner leur conduite. C'est pourquoi ils tâchaient de se perfectionner eux-mêmes pour être recommandés par les gens de leur village. Après cela, les magistrats les appelaient d'une voix unanime 交辟, pour les présenter à l'empereur. »

Dans ce passage, 辟 *pi* a le sens de 徵辟 *tching-pi*, expression qui s'applique au souverain lorsqu'il appelle auprès de lui des hommes doués de talents et de vertus, pour leur confier des emplois. Souvent on dédouble cette expression, pour exprimer la même idée : 三徵七辟 *San-tching-thsi-pi* « il fut appelé trois fois, il fut mandé sept fois (et refusa de se rendre auprès de l'empereur) ». *Peï-wen-yun-fou*, liv. C, B, fol. 168.

(38) C'est-à-dire : il vit clairement les moyens d'arriver à la vérité et les médita longtemps. L'expression composée 延佇 *Yen-tchou* s'explique en mandchou par *elkhecheme taokandchame*, en anglais, *to delay, to procrastinate*.

(39) Je crois que *Yong-si* « se reposer, s'arrêter pour toujours », signifie ici : « renoncer pour toujours aux agitations de la vie, calmer son cœur et refréner ses passions. »

(40) Le ruban de soie rouge auquel est suspendu le sceau des magistrats.

(41) Les cordons violets du bonnet de cérémonie, qui se lient sous le menton.

(42) C'est-à-dire : nous retiennent et nous attachent à la vie, comme un brillant filet, qui nous envelopperait de toutes parts.

(43) L'*oreiller rouge* et le *char précieux* sont souvent cités dans les

livres bouddhiques. L'un procure le repos réservé aux *dêvas*; l'autre, par lequel on entend l'intelligence accomplie (*parama bôdhi*), peut conduire l'homme au *nirvâṇa*. (*P'ing-tseu-louï-pien*, liv. LXXVI, fol. 34.) J'ignore quelle allusion est cachée sous l'expression « oreiller rouge ». C'est, sans doute, une des qualités intellectuelles ou des perfections morales que les Bouddhistes croient nécessaires pour échapper à la vie et à la mort, c'est-à-dire à la loi de la transmigration.

Ce passage veut dire qu'il préféra les joies pures de la religion à l'éclat des emplois et des honneurs.

(44) C'est-à-dire : il s'éloigna de la corruption du siècle et voulut entrer dans un couvent.

(45) C'est-à-dire : il était la colonne et le soutien de l'école de Çâkyamouni.

(46) La même expression, *Long-siang* « dragon — éléphant » se trouve dans l'Encyclopédie *Fen-louï-tseu-kin*, liv. XLVI, fol. 64 : « *Hoeï-nien* fut appelé le *dragon* parmi les hommes (人龍 *Jin-long*) et l'*éléphant* parmi les religieux (僧象 *Seng-siang*) ».

L'auteur veut dire que *Hiouen-thsang* était, à la fois, un homme éminent et un illustre religieux.

(47) Suivant le Dictionnaire *Fan-i-ming-i-tsi*, l'oiseau *thsieou* est la grue de l'Inde (*çârî*); cette double comparaison signifie qu'il avait pris un essor élevé, et qu'il l'emportait sur les hommes de son siècle.

(48) C'est-à-dire dans les relations sociales que le ciel a établies entre les frères.

(49) L'expression chinoise *Fo-k'in* signifie « supporter la fatigue »; en mandchou, *souilatchoun be alire*.

(50) En chinois : 請益 *Thsing-i* « demander — augmenter », c'est-à-dire : « demander à son maître un supplément d'explication ». Cette expression, empruntée au livre I du *Li-ki*, s'emploie dans le sens de : étudier sous un maître, lui demander des leçons.

NOTES SUR LA PRÉFACE DU SI-YU-KI.

(51) Littéralement : « études — éclat — en haut — tête »; c'est-à-dire, par ses progrès dans les études bouddhiques, il fit honneur à ses maîtres, à ses précepteurs spirituels.

Dans ce passage, le mot 光 *Kouang* « éclat », a un sens verbal, et signifie « jeter, répandre de l'éclat sur ». L'expression 上首 *Chang-cheou* « têtes d'en haut, têtes supérieures », désigne les religieux placés à la tête d'un couvent, ou les religieux chargés d'instruire les novices, les maîtres, les précepteurs spirituels (en sanscrit, *Átcháryyas*, *Oupádhyáyas*). Le mot *nie* « études », me fait préférer cette dernière acception. Voici un excellent exemple de 上首 *Chang-cheou*. 出家爲上首。 *Tch'ou-kia-weï-chang-cheou*. « S'il quitte la famille, il deviendra le supérieur ou le maître des religieux »; 入仕作梁棟 *Ji-sse-tso-liang-tong* « s'il entre en charge, il deviendra une poutre et une colonne », c'est-à-dire, le pilier de l'État (un ministre éminent). *P'ing-tseu-louï-pien*, liv. CXXII, fol. 63.

(52) C'est-à-dire, il se distingua parmi les religieux. Les expressions *forêt de santal*, *maison des Epidendrum*, paraissent signifier *un couvent*.

(53) Il embrassa et comprit les neuf sections des livres sacrés, savoir (suivant le Dict. *San-thsang-fa-sou*, liv. XXXIII, fol. 26) : 1° les *Soûtras*; 2° les *Gêyas*; 3° les *Gâthâs*; 4° les *Ityouktas*; 5° les *Djâtakas*; 6° les *Adbhoûtadharmas*; 7° les *Oudânas*; 8° les *Vâipoulyas*; 9° les *Vyâkaranas*. (Voyez Burnouf, *Introduction au Bouddhisme*, pages 58 et suivantes.)

(54) On lit dans la vie de *Hiouen-thsang*, liv. X, fol. 12 : « Il n'oubliait rien de ce qu'il avait appris de ses maîtres. On aurait pu le comparer à *Mong-sse* qui absorbe tous les fleuves, ou à *Mong-tchou* qui avale (reçoit) *Yun* et *Mong*.

Mong-sse est, suivant la mythologie chinoise, un lieu (une mer) où se couche le soleil; *Mong-tchou* est un grand lac qui reçoit les deux lacs appelés *Yun* et *Mong*. (Voyez le *Chou-king* de Gaubil, pag. 48 note 5 et pag. 49, note 1.) L'expression *Mong* de notre texte est donc l'abréviation de 雲夢 *Yun-mong*. La locution avaler *Yun* et *Mong* se dit, proverbialement, d'un homme qui a acquis une vaste érudition, ou qui forme, au point de vue littéraire, des projets gigantesques. *P'ing-tseu-louï-pien*, liv. X, fol. 31 : « Ceux qui étudient songent continuellement ; dans leur sein, ils avalent *Yun* et *Mong* ; la pointe de leur pinceau s'élance comme le torrent appelé *Ye-khi*. Quand ils ont tout embrassé dans leur esprit, leur style s'élève comme les flots de la mer. » *Ibidem* : « Dans son sein, il avale *Yun* et *Mong*, et boit les cinq lacs. »

(55) En chinois : 鼓枻玄津 *Kou-i-hiouen-tsin*, mot à mot : tambour (ici *agiter*) — rames — profond — gué, c'est-à-dire « il se plongea dans l'étude de la doctrine bouddhique ».

(56) Mot à mot : baisser la tête — quatre — *Weï* — et — petit — *Lou* ; c'est-à-dire : « il descendit jusqu'à l'étude des quatre *Védas* (que les Bouddhistes placent au-dessous des livres du *Bouddha*), et les trouva médiocres et sans mérite ; de même que Confucius trouva que le royaume de *Lou* était bien petit ». L'expression *Siao-lou* (trouver *Lou* petit) est une allusion à ce passage de *Meng-tseu* : « Confucius monta sur la montagne de l'est et trouva que le royaume de *Lou* (sa patrie) était bien petit. » Voy. *Peï-wen-yun-fou*, liv. XXXVII A, fol. 20.

(57) En chinois : 徧遊談肆。載移涼燠。 *Pien-yeou-tan-i-tsaï-i-liang-youe*. Pour comprendre les quatre premiers mots, il faut savoir que 肆 *sse*, *vulgo* « boutique » se prononce *i* et se prend souvent pour 肄 « étudier, lire ». Ainsi l'on dit : 講肄 *Kiang-i* (*Peï-wen-yun-fou*, liv. LXIII, fol. 82) et 講肄 « expliquer et lire » (*ibidem*, liv. LXIII, fol. 113). Le mot à mot est : partout — se promener — expliquer — lire. 講肄 *Kiang-i* « expliquer — étudier » signifie souvent (comme ici) un lieu où l'on se livre à des discussions littéraires. *Peï-wen-yun-fou*, liv. LXIII, fol. 82 : « Quand il était arrivé dans la salle des conférences, 就講肄, il citait les auteurs anciens et moder. »

(58) Le second membre de phrase, *Tsaï-i-liang-youe*, dont le sens littéral est : porter — déplacer — froid — chaleur, signifie qu'il passa ainsi plusieurs années successives.

NOTES SUR LA PRÉFACE DU SI-YU-KI.   LVII

(59) En chinois : 靈臺 *Ling-thaï*. Dans le premier chapitre de *Meng-tseu*, cette expression désigne un observatoire que *Wen-wang* avait fait construire par son peuple, et qui fut achevé avec une promptitude extrême, comme si c'eût été l'œuvre des esprits. Et, pour cette raison, on l'appela la *tour des esprits* (*Ling-t'aï*). Dans le philosophe *Tchoang-tseu*, la même expression désigne la tête (l'esprit) de l'homme (Dict. *Peï-wen-yun-fou*, liv. X, fol. 72). Voici, je crois, le sens de ce passage difficile : Son esprit était lucide, comme s'il eût reçu les brillantes clartés du soleil et de la lune qui illuminèrent le monde au sortir du cahos.

(60) En chinois : 子雲肇悦 *Tseu-yun-p'an-youe*. Il y a une faute dans le texte; au lieu de 悦 *Youe* « se réjouir », il faut lire 帨 *Chouï* « mouchoir qu'on suspend à sa ceinture ». On connaît un lettré des *Tsin*, nommé *Yang-tseu*; mais *Tchang-choue*, qui affecte d'employer des expressions rares et recherchées, ne le désigne que par le surnom de 子雲 *Tseu-yun*, qui, si l'on n'était pas au courant de l'histoire de cet écrivain, signifierait mot à mot : fils — nuage. On lit, dans son ouvrage intitulé : 法言 *Fa-yen* : « Les lettrés de l'antiquité labouraient la terre pour se nourrir. Au bout de trois ans, ils comprenaient un *king* (un des cinq livres canoniques). Mais les lettrés d'aujourd'hui, non-seulement n'ont pas cette noble simplicité, mais ils vont jusqu'à broder (faire broder) le mouchoir qui est suspendu à leur ceinture, 绣其肇悦. » (Cf. *Peï-wen-yun-fou*, liv. LXVII, fol. B 192.) La même expression *p'an-chouï* (mouchoir suspendu à la ceinture) se trouve dans le passage suivant, où l'on blâme la légèreté et le luxe des lettrés : « Comme nous sommes bien éloignés du Saint (de l'époque de Confucius), la belle littérature s'affaiblit de jour en jour. Les écrivains aiment les expressions extraordinaires et attachent du prix aux choses vaines et trompeuses. Ils se parent de plumes peintes et font broder l'essuie-main suspendu à leur ceinture. »

Suivant le commentaire du *Li-ki*, chap. *Neï-tse*, *p'an* signifie un petit sac (suspendu à la ceinture) dans lequel on mettait un petit essuie-main. Plus tard, ce mot a été pris pour *mouchoir*, expression que j'ai préférée pour éviter le mot *essuie-main* qui ne peut guère figurer dans le style élevé.

LVIII NOTES SUR LA PRÉFACE DU SI-YU-KI.

(61) C'est-à-dire : il déploya les ressources merveilleuses de son esprit. L'expression *fa-hoeï*, en mandchou *badaramboume toutsiboume* et *badaramboume iletouleme*, veut dire : « étendre et faire voir, développer et mettre en lumière ».

(62) C'est-à-dire : il acquit peu à peu l'intelligence des textes bouddhiques, que l'on écrit quelquefois avec de l'encre d'or.

(63) On lit, dans le philosophe *Hoaï-nan-tseu* : *I-tsiu* étudia, pendant trois ans, l'art de conduire un char et ne put y réussir. Au fond de son cœur, il en était vivement affligé. Il y songeait constamment lorsqu'il était au lit. Une fois, au milieu de la nuit, il rêva qu'il avait reçu de son maître un 秋駕 *Thsieou-kia* « char d'automne », expression qui implique, dit un commentateur, l'art de bien diriger un char 善御之術 (*Peï-wen-yun-fou*, liv. LXXXI, fol. 4).
Notre passage paraît signifier que *Hiouen-thsang*, possédant l'art de voyager, parcourut rapidement le monde pour s'instruire dans la doctrine du *Bouddha*.

(64) 玉柄 *Yu-ping* « manche de jade », désigne un chasse-mouche qui a un tel manche. L'auteur compare *Hiouen-thsang* à un orateur qui parle dans une assemblée, en tenant à la main un chasse-mouche à manche de jade.

(65) Suivant moi, ce passage veut dire que lorsqu'il discourait avec des docteurs dissidents, ses paroles, abondantes comme les flots, dissipaient le mirage de l'erreur. Les Chinois ont une singulière expression, 海市 *Haï-chi*, littéralement : « le marché de la mer », pour dire les effets de ce que nous appelons le mirage, et où, suivant le Dictionn. *P'in-tseu-tsien*, on croit voir s'élever, du milieu de la mer, des villes, des tours, des cavaliers, etc., qui bientôt disparaissent en un clin d'œil. Ces effets de mirage s'appellent aussi 蜃市 *Chin-chi*. Je crois qu'ici l'expression 霧市 *Wou-chi* « le marché des brouillards », se prend au figuré dans un sens analogue.

(66) La seconde partie de la phrase n'est pas moins difficile, à cause de

l'omission du mot 詞 *Thse* « paroles », que nous trouvons dans le passage suivant : 聯詞波屬雲委 *Lien-thse-po-tcho-yun-weï* « ses paroles, bien enchaînées, *s'amassaient comme les flots* et s'entassaient comme les nuages. » *P'ing-tseu-louï-pien*, liv. LVI, fol. 35.

Je trouve un passage analogue dans la Vie de *Hiouen-thsang*, liv. X, fol. 12 : « Les hommes les plus distingués venaient le consulter. Lorsqu'ils discutaient ensemble, leurs paroles s'amassaient comme les nuages et arrivaient comme la pluie : 其詞雲屯雨至. Le maître de la loi expliquait les points difficiles, et dissipait tous les doutes avec une parfaite aisance. »

Voici une seconde explication, qui est peut-être préférable, en ce qu'elle nous dispense de supposer l'omission du mot 詞 *thse* « paroles ». Il s'agirait de rapporter les mots 波屬 *Po-tcho* « flots — amasser » à 霧市 *Wou-chi* (qu'on traduirait comme dans les deux passages ci-dessous) et de dire (au figuré) : « il dissipa la *masse des brouillards*, qui étaient amoncelés comme les flots. »

Le Dictionnaire *P'ing-tseu-louï-pien* offre (liv. XIV, fol. 47) deux passages où l'expression 霧市 *Wou-chi* paraît signifier, au propre, un *amas de brouillards* : « Les lutins font surgir un amas de brouillards, 妖興霧市; les voleurs sifflent dans l'épaisseur du bois. » Voici le second exemple : « Le matin, je me promène au milieu des épais brouillards, 朝遊霧市; puis j'ouvre les cartes et les livres de l'école. Le soir, je sors par la rue *Hiang-hiaï* ou la rue des Parfums, et j'entends la cloche et le tambour de la ville bien gardée. »

Quoi qu'il en soit des exemples précédents, je persiste à croire que 霧市 *Wou-chi* « le marché des brouillards » ou « l'amas des brouillards », signifie ici, au figuré, la masse d'erreurs confuses que *Hiouen-thsang* dissipait dans les conférences publiques.

(67) Allusion à ce passage du philosophe *Tchoang-tseu* (chap. *Thien-tao*) : Un jour, le roi *Houan-kong* lisait dans la salle élevée de son palais; *Lun-pien* taillait une roue au bas de cette salle. Laissant son marteau et son ciseau, il monta et dit au roi : Si votre sujet frappe lentement, le bois se trouve doux (mou) et l'instrument entre; s'il frappe à coups précipités, le bois se trouve dur et l'instrument n'entre pas. Ne frapper

ni lentement ni vite, cela dépend de la main qui obéit à la volonté. Il y a là-dedans un art secret que la bouche ne peut expliquer. Je ne puis l'enseigner à mon fils, et mon fils ne peut non plus l'apprendre de moi. Voilà pourquoi, bien qu'arrivé à l'âge de soixante et dix ans, je suis obligé de tailler encore des roues. (*Peï-wen-yun-fou*, liv. XI, B, fol. 82.)

Le commentaire de *Tchoang-tseu* dit que l'auteur a introduit ce carrossier pour montrer que la science du *Tao* ne peut se transmettre par la parole. La phrase de notre texte paraît donc signifier que *Hiouen-thsang* avait un talent inimitable dont la parole humaine ne pouvait communiquer le secret.

(68) En chinois : 猶知拜瑟之微 *Yeou-tchi-paï-se-tchi-weï*. Le troisième mot 拜 *Paï*, vulgo « saluer », est corrompu et inintelligible, suivant l'éditeur du *Si-yu-ki*, liv. I, fol. 24, ligne 1. Je ne puis, par conséquent, garantir le sens que j'ai adopté. Peut-être y a-t-il ici une allusion historique qui m'a échappé, malgré les recherches longues et minutieuses que j'ai faites pour la découvrir.

On lit dans *Sou-kao-seng-tch'ouen*, liv. IV, fol. 3 : « Le religieux *Hiouen-hoeï* lui ayant expliqué le *Ni-pan-king*, en corrigeant et augmentant les commentaires, il (*Hiouen-thsang*) tendit encore les cordes des instruments *Kin* et *Se*, 張琴瑟, et acquit cette belle réputation. Il se plaçait à l'extrémité de la natte, interrogeait son maître, et lui soumettait tous ses doutes. »

Je serais tenté de remplacer 拜 *Paï* par 琴 *Kin* (luth à sept cordes), associé souvent (comme dans le passage précité) à l'instrument 瑟 *Se* (luth à vingt-cinq cordes).

S'il était permis de chercher dans la citation précédente le sens de ce passage difficile et presque désespéré, je dirais que *Hiouen-thsang* savait apprécier les explications fines et profondes de ses maîtres, comme un artiste apprécie les sons gracieux et délicats d'un instrument de musique, et qu'il tendait lui-même les cordes du *Kin* et du *Se*, c'est-à-dire qu'il redoublait d'attention, pour se mettre à leur unisson, les comprendre et les imiter.

(69) En chinois : 瀉瓶之多聞 « les nombreuses (choses) entendues (apprises) par le *seau qu'on verse*. L'auteur semble dire :

les nombreuses connaissances qu'on lui avait communiquées, comme lorsqu'on verse le liquide d'un vase dans un autre. C'est précisément l'idée qu'on trouve dans le passage suivant, que j'emprunte à l'Histoire de *Hiouen-thsang*, liv. I, fol. 1 : « le saint homme *Ânanda* pouvait réciter le Recueil de la loi fondée par *Jou-laï* (le Tathâgata), comme lorsque l'on verse l'eau d'un seau dans un autre vase 如瓶瀉之水置之異器. »

(70) C'est-à-dire : d'un homme dont le ventre était couvert d'une feuille de fer. On lit dans le *Si-yu-ki*, liv. X, fol. 9 (Notice sur le royaume de *Karṇasouvarṇa*) : « Il y avait un hérétique dont le ventre était cuirassé avec du cuivre et du fer. Il portait sur la tête un flambeau allumé, était armé d'un bâton et marchait à grands pas. Quand il fut entré dans cette ville, il *battit le tambour* de la discussion, et chercha à ouvrir des conférences. » Si c'est à ce passage du *Si-yu-ki* que notre phrase fait allusion, il est surprenant que l'auteur rapporte ce fait comme ayant eu lieu dans le pays de *Hoan-youen*, qui était un district de Chine, dépendant de *Hiu-tcheou*, dans la province du *Ho-nan*. (Conf. *Khang-hi-tseu-tien*.) Mais nul passage du *Si-yu-ki* ni de l'Histoire de *Hiouen-thsang* ne pourrait justifier la mention de cette localité. D'ailleurs, dans le passage précité, ce n'est point *Hiouen-thsang*, mais un religieux de l'Inde du midi, qui réfute l'hérétique dont le ventre était couvert de feuilles de fer et de cuivre.

(71) C'est-à-dire : il imita l'exemple merveilleux de celui qui naviguait dans une coupe (*sic*) ; pour dire : il vogua courageusement sur une frêle nacelle. Allusion à un religieux surnommé *Peï-tou-ho-chang*, qui, suivant une légende, traversait constamment le fleuve Jaune, monté sur une coupe de bois (*sic*). (Voyez l'Encyclopédie chinoise *Youen-kien-louï-han*, liv. CCCLXXXIV, fol. 18.)

(72) *Siun-cho* vivait sous les *Han* orientaux ; il était originaire de *Ing-tch'ouen*. Il avait huit fils doués de grands talents. Ses contemporains les surnommèrent les huit dragons. (*Peï-wen-yun-fou*, liv. II, fol. 22.)

(73) 驥 Le mot *Ki* désigne, suivant les Chinois, un cheval ex-

NOTES SUR LA PRÉFACE DU SI-YU-KI.

traordinaire qui pouvait faire mille li (cent lieues) en un jour. Au figuré, on se sert de ce mot pour dire « un homme éminent ». Dictionn. *Thsing-han-wen-haï*, liv. XXV, fol. 17 : *Ki, gebouwgge niyalma*, « *Ki*, un homme célèbre ».

(74) Les mots *Jou* et *Ing* sont des noms de rivières, qui sont pris ici pour les pays d'où elles sortent; savoir, pour *Jou-tcheou* et *Ing-tch'ouen*, lesquels sont pareillement situés dans la province de *Ho-nan*. Cette exclamation a été prononcée par *Tcheou-i*, qui vivait sous la dynastie des *Tsin*. (*Peï-wen-yun-fou*, liv. LIII, fol. 95.) Nous la trouvons, à une époque plus ancienne, dans une lettre adressée à *Siun-yu*, qui vivait sous les *Han* orientaux : « Depuis que *Youen-thsaï* est mort, il n'y a plus personne avec qui l'empereur puisse traiter des affaires de l'empire. En vérité, les pays de *Jou* et de *Ing* ont produit beaucoup d'hommes d'un talent extraordinaire ! »

(75) C'est-à-dire : il étudia les principes les plus profonds et les plus subtils de la doctrine bouddhique.

(76) En chinois : 先達 *Sien-ta*, c'est-à-dire : « parmi ceux qui avaient pénétré (la doctrine) avant lui ». En mandchou : *Nememe khafoukhangge*. Dans la Vie de *Hiouen-thsang*, liv. X, fol. 12, cette même expression est synonyme de 英傑 *Ing-kie*, en anglais, « eminent « men for virtue and talents ».

(77) Cette pensée est tirée du philosophe *Lao-tseu*, livre II, chapitre XXXVIII.

(78) C'est-à-dire : les textes du *Bouddha*. C'est peut-être une allusion à l'éléphant blanc sur lequel le prince royal arriva, au milieu des airs, pour entrer dans le sein de sa mère *Mâyâ dêvî*.

L'expression *Hiang-siang* « l'éléphant parfumé », se rencontre souvent dans les livres bouddhiques. *Peï-wen-yun-fou*, liv. LII, fol. 30 : « Par la force de la méditation, on devance l'*éléphant parfumé*; par des paroles magiques, on dompte les dragons venimeux. » Ibidem : « Les célèbres religieux du pic du Vautour (*Grĭdhrakoûṭa*) empruntent les forces de l'*éléphant parfumé*, pour transporter la collection des livres sacrés. »

NOTES SUR LA PRÉFACE DU SI-YU-KI. LXIII

(79) C'est-à-dire la liste, le catalogue des livres renfermés dans le palais des dragons. On lit dans l'ouvrage intitulé : *Kouang-kouang-sse-louï-fou*, liv. VI, fol. 9 : « L'oiseau aux ailes d'or (*Garouḍa*) suivit le fils du dragon et se rendit dans le palais du dragon, situé au fond de la mer. Là, il y avait sept tours précieuses, où étaient renfermés tous les livres qu'ont expliqués les *Bouddhas*. »

Voici un autre passage, tiré de la Biographie *Sou-kao-seng-tch'ouen*, liv. V, fol. 13 : « Ce religieux fouilla et mit en lumière les trois Recueils ; il épuisa (lut entièrement) tout ce qui était amassé dans *le palais des dragons*, c'est-à-dire tous les livres bouddhiques. »

(80) Cette rivière prend sa source dans le district de *Lan-thien*, dépendant du département de *Si-'gan-fou* (province du *Chen-si*).

(81) Le général *Tchang-kien*, célèbre par son expédition contre les *Hiong-nou*, avait le titre de *Po-wang-heou*, comte de *Po-wang*.

(82) *Fa-hien*, voyageur bouddhiste, dont la relation, intitulée : *Fo-koue-ki* « Mémoire sur les royaumes de *Fo* », a été traduite par M. Abel Rémusat.

(83) En chinois, 妙窮津會 *Miao-khiong-tsin-hoeï*, mot à mot : il pénétra subtilement jusqu'à la *réunion du gué*. L'expression *tsin-hoeï* signifie, au propre, un endroit où l'on se réunit, où l'on se rassemble pour passer une rivière. On lit dans les Annales des *Thang* (Mémoire sur les vivres et les marchandises) : « Dans toutes les provinces, aux endroits où l'on se rassemblait pour passer les rivières, (*Tsin-hoeï*), il plaçait des employés qui examinaient l'argent que portaient les marchands, et qui en prélevaient le vingtième ; sur le bambou, le thé, le vernis, ils prélevaient le dixième de la valeur. Cet impôt était destiné à former un capital pour maintenir constamment le prix des grains à un taux modéré. »

Les Chinois emploient souvent les mots 津 *Tsin* « gué » et 梁 *Liang* « pont », pour dire un moyen de s'instruire, d'acquérir des connaissances. On trouve, par exemple, cette locution : tel ouvrage est le *gué* et le *pont* des étudiants 學者津梁, en mandchou : *Ta-tsire oursei dogon daokhan*.

NOTES SUR LA PRÉFACE DU SI-YU-KI.

D'après les passages et les explications qui précèdent, l'auteur veut dire évidemment que *Hiouen-thsang* acquit les moyens de comprendre à fond la doctrine bouddhique. Le mot 津 *Tsin* « gué », c'est-à-dire : moyen d'arriver, précédé de 玄 *Hiouen* « profond », se prend pour la doctrine elle-même dans ce qu'elle a de plus abstrait et de plus mystérieux. Nous avons vu (note 55) : il agita ses rames dans le *gué profond* ou *mystérieux*, 玄津, pour dire « qu'il se plongea dans l'étude de la doctrine bouddhique »; on écrit aussi : 元津 *Youen-tsin*, que l'Encyclopédie *Youen-kien-louï-han*, liv. CCCXVI; fol. 7, explique par : 佛法之妙境 *Fo-fa-tchi-miao-king* « les régions abstruses de la loi du *Bouddha* ».

L'empereur *Thaï-tsong*, parlant de *Hiouen-thsang*, dans la préface que nous indiquons (note 94), dit exactement la même chose, en d'autres termes : 探賾妙門 « il explora la porte des choses cachées et abstraites »; 精窮奧業 « il approfondit avec subtilité les études profondes ».

(84) En chinois, 發語雌黃 *Fa-yu-thse-hoang*, mot à mot : « émettre — paroles — femelle — jaune ». L'expression *Thse-hoang*, « jaune femelle », désigne une matière appelée par les minéralogistes *orpiment laminaire*. Les anciens, dit l'Encyclopédie *Yeou-hio-kou-se-tsin-youen*, liv. V, fol. 10, écrivaient sur du papier jaune. Quand ils avaient fait une faute, ils la faisaient disparaître en couvrant le caractère incorrect avec une légère couche d'orpiment. De là est venue l'expression proverbiale : 口中雌黃 *Keou-tchong-thse-hoang* « avoir de l'orpiment dans la bouche ». On l'a appliquée, pour la première fois, à *Wang-hien*, qui vivait sous les *Tsin*. Il excellait à traiter les questions les plus abstraites. Quand il trouvait que ses expressions avaient mal rendu sa pensée, il se reprenait et les corrigeait sur-le-champ. (Même ouvrage.)

Notre passage paraît signifier que *Hiouen-thsang* corrigea les textes qu'il avait recueillis en parcourant l'Inde, et qu'il rapporta en Chine après les avoir écrits sur des feuilles de *tâla* (*borassus flabelliformis*).

(85) En chinois, 飛英天竺 *Feï-ing-thien-tchou*, mot à mot,

« voler (*volare*) — fleur — *Thien-tchou* (Inde) ». Dans la Vie de *Hiouen-thsang*, liv. VI, fol. 7, nous trouvons l'expression 飛英 *Feï-ing* « voler — fleurs », employée dans un sens un peu différent. *Hiouen-thsang*, dans les lettres et placets qu'il adresse à l'empereur, lui dit, de vingt manières différentes, qu'il l'emporte sur les souverains qui l'ont précédé. Ici il dit, dans le même sens : 飛英曩代 *Feï-ing-nang-taï*, mot à mot : « voler — fleur — autrefois — générations » (vous effacez, vous surpassez les empereurs des siècles précédents). Plus bas, *Hiouen-thsang* exprime un peu autrement la même pensée, en appliquant encore le verbe 飛 *Feï* « voler », à la réputation de l'empereur : « Vous l'emportez sur tous les hommes de l'antiquité; par votre renommée qui *vole*, 以飛聲, vous effacez les cent (tous les) rois. »

Quoi qu'il en soit de la citation ci-dessus, notre passage paraît signifier que *Hiouen-thsang* s'acquit, dans l'Inde, une brillante réputation. Ce passage n'était pas moins difficile que le précédent (note 84). Dans le *Peï-wen-yun-fou*, liv. XXIII A, fol. 29, l'expression *Feï-ing* « fleurs qui volent », désigne des fleurs qui tombent dans les coupes remplies de vin ; mais ici elle est prise au figuré (il fit *voler la fleur*, c'est-à-dire, il répandit sa réputation).

(86) En chinois, 貝葉 *Peï-ye*, mot hybride, dont chaque syllabe signifie « feuille ». On écrit plus souvent : 貝多葉 *Peï-to-ye*. On lit dans le traité de botanique *Kouang-kiun-fang-pou*, section des arbres, liv. XIV : « 貝多樹 *Peï-to-chou*. Cet arbre est originaire de *Magadha*; il s'élève à soixante ou soixante et dix pieds, et ne perd jamais ses feuilles en hiver. Il y en a trois espèces, dont la première est appelée *To-lo-po-li-cha* (en sanscrit, *Tâlavr̥kcha*); ses feuilles se nomment *To-lo-po-li-cha-peï-to* (en sanscrit, *Tâlavr̥kcha patra*). *Peï-to* est un mot indien (*Patra*) qu'on traduit en chinois par *feuille*. Les auteurs chinois écrivent tantôt 葉樹 *Ye-chou* (*Peï-to-po-li-cha*, en sanscrit, *Patravr̥kcha*, littéralement : arbre à feuilles); tantôt *Peï-to-chou*, mot hybride, composé de *patra* « feuille » et de *chou* « arbre ».

« Dans l'Inde, l'écorce et les feuilles de ces trois espèces d'arbres s'emploient (au lieu de papier) pour écrire les livres. »

On lit dans l'Histoire de *Hiouen-thsang*, liv. X, fol. 12 : « Lorsque

NOTES SUR LA PRÉFACE DU SI-YU-KI.

le Maître de la loi eut atteint le but qu'il s'était proposé, et que ses études se trouvèrent complètes, il se disposa à retourner dans sa patrie. Il copia alors les textes de la doctrine du grand et du petit *Véhicule*, formant environ six cents ouvrages.

(87) Les sons *Tchin-tan* sont la transcription abrégée du mot indien *Tchînasthâna* « la Chine ».

(88) Allusion aux anciens rois de l'Inde, qui, dans l'Introduction (page LXXIII, ligne 8), sont appelés 金輪王 *Kin-lun-wang* « rois à la roue d'or », et, ailleurs : « rois qui font tourner la roue d'or (*Souvarṇatchakravarttirâdjas*) ».

(89) En chinois, 載佇風徽 *Tsaï-tchou-fong-hoeï*. *Tsaï-tchou*, expression qui manque dans les dictionnaires, paraît signifier « attendre avec impatience ». Voici ce qu'on lit, dans un placet présenté à l'empereur pour demander une audience : « Je pense au palais de V. M. et je reste dans l'attente (*Tsaï-tchou*) ; je lève les yeux vers l'empyrée et je regarde en haut. » (*Peï-wen-yun-fou*, liv. XXXVI, fol. 38.) *Fong-hoeï* (*vulgo*, vent — beau) est une expression aussi difficile que *Tsaï-tchou*; elle a le sens de « beau modèle ». *Peï-wen-yun-fou*, liv. V, fol. 17 : 更將經世作風徽 *Keng-tsiang-king-chi-tso-fong-hoeï* « il voulait encore diriger le siècle et lui servir de modèle ».

Ici, le mot modèle signifie un homme éminent, qui peut être le modèle des autres.

(90) 青蒲之上 *Tsing-pou-tchi-chang*. Je suis obligé de traduire littéralement, parce que 蒲 *Pou* signifie d'ordinaire une espèce de jonc avec lequel on fait des nattes. Mais il ne s'agit point ici, dit un commentateur, de natte de jonc; on entend par *Tsing-pou*, un espace tracé circulairement (dans la salle d'audience) avec de la couleur verte, et où l'impératrice seule pouvait se placer près de l'empereur *Thaï-tsong* accordait donc un insigne honneur à *Hiouen-thsang*, en le recevant dans cet endroit réservé. (*Peï-wen-yun-fou*, liv. VII, fol. 167.)

(91) Il serait plus naturel que *Hiouen-thsang* s'agenouillât devant

NOTES SUR LA PRÉFACE DU SI-YU-KI. LXVII

l'empereur, mais ici l'expression « s'agenouiller » ne peut se rapporter qu'à *Thaï-tsong*, qui est le sujet des six verbes précédents.

(92) L'expression 黃屋 *Hoang-ouo* « maison jaune », désigne le palais impérial, dont les salles sont tendues de soie jaune.

(93) 中使續路 *Tchong-sse-khi-lou*, mot à mot : « milieu — employé — continuer — route ». Par les *employés du milieu*, de *l'intérieur*, on entend les eunuques, appelés aussi 中官 *Tchong-kouan* « fonctionnaires du milieu ». La même expression se trouve dans la Vie de *Hiouen-thsang*, liv. X, fol. 1 : « Comme l'empereur précédent avait eu une grande estime pour le Maître de la loi, quand il (*Kao-tsong*) eut succédé au trône, il lui témoigna encore plus d'égards et de respect. Les employés de l'intérieur, 中使 *Tchong-sse* (les eunuques), les officiers du palais qui allaient, de sa part, lui demander de ses nouvelles ou lui porter des compliments, se succédaient sans interruption. »

(94) Cette préface (que j'ai voulu lire, et qui est écrite dans un style fort ampoulé, mais moins obscur que celle de *Tchang-choue*,) se trouve dans l'Encyclopédie *Youen-kien-louï-han*, liv. CCCXVI, fol. 33-35. D'après l'Histoire de *Hiouen-thsang* (voy. le vol. I, p. 292 et 307), elle a été écrite, dans l'année 648, vingt-deuxième année du règne de *Thaï-tsong*.

(95) Les mots 今上 *Kin-chang* « l'empereur actuel », désignent *Kao-tsong*, le troisième empereur des *Thang*.

(96) L'expression 春闈 *Tch'un-weï* signifie ordinairement la salle où l'on examine ceux qui aspirent au grade de *Thsin-tsse* « docteur »; mais ici elle désigne le palais qu'habite le prince royal jusqu'au moment où il doit monter sur le trône. Ce palais s'appelle aussi 春宮 *Tch'un-kong* « le palais du printemps », expression employée dans cette même circonstance par l'auteur de la Vie de *Hiouen-thsang*, l. VII, fol. 1. Conf. *P'ing-tsen-louï-pien*, l. XXXII, fol. 32 et *Sse-wen-yn-sse*, l. X, fol. 27.

LXVIII NOTES SUR LA PRÉFACE DU SI-YU-KI.

Le mémoire dont il est question ici commence le livre VII de la Vie de *Hiouen-thsang*.

(97) C'est-à-dire, dans lequel il exposait avec clarté les principes les plus profonds et les plus abstraits de la doctrine bouddhique.

(98) Si la vertu de *Hiouen-thsang* n'avait pas brillé dans le *Couvent du Pied-du-Coq* (Koukkouṭa pâda sanghârâma). Ce couvent était situé dans le royaume de *Magadha*.

(99) Si les louanges de *Hiouen-thsang* n'avaient pas retenti (littéralement, brillé) sur le Pic-du-Vautour (Grïdhrakoûṭa). La montagne appelée *Grïdhrakoûṭa parvata* est un des lieux où le *Bouddha* prêcha sa doctrine. Elle est située dans le royaume de *Magadha*, et porte aujourd'hui, sur les cartes, le nom de *Giddore*. Voyez la note de Klaproth, dans le *Fo-koue-ki*, p. 260, lignes 1-10.

(100) C'est-à-dire, aurait-il daigné abaisser son pinceau, qui écrivait avec une élégance divine, pour...

(101) Pour exalter *Hiouen-thsang*, qui était le coryphée de son siècle.

(102) C'est-à-dire, qui étaient écrits dans la langue de *Fan-lan-mo* (Brahmâ).

(103) Cette locution désigne les pays qui sont soumis aux lois de la Chine, et où l'on suit le calendrier rédigé par ordre de l'empereur et distribué chaque année à tous ses sujets.

(104) L'auteur veut parler des pays étrangers qu'avait visités *Hiouenthsang* et où, suivant l'Histoire de sa vie et de ses voyages, il avait porté la connaissance des lois et des institutions de la Chine.

INTRODUCTION AU SI-YU-KI[1].

Si l'on parcourt, l'un après l'autre, les plans politiques des (trois) augustes[2] souverains; si, remontant dans l'antiquité, on examine l'histoire des (cinq) Empereurs[3], à l'époque où *P'ao-hi* (Fo-hi) commença à régner[4] et *Hien-youen* (Hoang-ti)

---

[1] Suivant les éditeurs du *Pien-i-tien* (liv. XLIV, fol. 37), cette Introduction a été composée par *Tchang-choue*, auteur de la préface du *Si-yu-ki*.

[2] On dit, en chinois, *San-hoang* (les trois Augustes, les trois Vénérables), pour désigner trois empereurs célèbres de la haute antiquité, qui, suivant *Kong-g'an-koue*, étaient *Fo-hi*, *Chin-nong* et *Hoang-ti*. Les livres qu'on leur attribue (les *San-fen*) sont perdus, et ceux qu'on donne comme tels sont apocryphes.

[3] Suivant *Hoang-fou-mi*, qui vivait sous les *Tsin*, les cinq *Ti* « empereurs » étaient : *Chao-hao*, *Tchouen-hio*, *Kao-sin*, *Yao* et *Chun*. L'histoire des cinq empereurs s'appelait *Ou-ti-pen-ki*; elle est citée dans l'Encyclopédie intitulée *Chin-i-tien*. (Conf. Goupil, *Chou-king*, p. 346.) Cet ouvrage est considéré comme apocryphe.

[4] Il y a, en chinois, 出震 *Tch'ou-tchin* « faire sortir dans *Tchin* », expression qui n'a pas de sens en français. Les mêmes mots se trouvent dans le *I-king*, et le P. Regis (tome II, page 570) les traduit par : « (Imperator) prodiit, seu manifestavit omnia movendo in *Tchin*. Glose : « Res omnes prodiere primum in *Tchin*, id est in plagâ orientali. » Dans notre passage, l'expression *Tch'ou-tchin* s'applique à la manière dont régnait *Fo-hi*, à qui le *I-king* semble attribuer une sorte de puissance créatrice. 震 *Tchin* est un caractère symbolique qui répond à 木

à laisser retomber ses vêtements[1], on voit par quels moyens ils gouvernaient le peuple et traçaient les limites de toutes les parties de l'empire.

Lorsque *Yao*, de la famille *Thang*, reçut le *mouvement du ciel* (le pouvoir suprême), sa gloire s'étendit jusqu'aux quatre limites (de l'empire); quand *Chun*, de la famille *Yu*, eut reçu la carte de la terre (c'est-à-dire, de ses domaines), sa vertu se répandit dans les neuf contrées[2]. Depuis cette époque jusqu'à nos jours, c'est en vain qu'on consulte les annales où sont consignés les événements, que l'on écoute les opinions émanées des anciens sages, que l'on interroge les historiens qui recueillaient les paroles mémorables. Il en est bien autrement lorsqu'on vit sous une dynastie vertueuse et qu'on est soumis à un prince qui pratique le *non-agir*[3]. Notre grande dynastie des *Thang* gouverne à l'instar du ciel; profitant des circonstances, elle tient dans sa main les rênes de l'État[4]. Elle a réduit à l'unité les six parties du monde[5],

---

Mou « bois », l'un des cinq éléments des Chinois (Dictionnaire *King-tsi-tsouan-kōu*, liv. LXXI, fol. 2). On lit dans le *Sse-ki*, Histoire des trois vénérables souverains : « *Thaï-hao* (*Fo-hi*) régna par la vertu du *bois*; il présidait aux règlements du printemps; voilà pourquoi le *I-king* dit que cet empereur *faisait sortir dans Tchin*, c'est-à-dire que, pour régner, il tirait son énergie et ses plans secrets de *Tchin* (de l'élément du bois) » (*sic*). Voyez *I-king-thi-tchou-ta-ts'iouen*, liv. IV, fol. 3.

[1] C'est-à-dire à gouverner, pour ainsi dire, *les bras croisés*, et sans avoir besoin de s'occuper des soins de l'administration.

[2] C'est-à-dire, les neuf arrondissements entre lesquels la Chine était partagée à cette époque.

[3] C'est-à-dire, qui soumet tous les peuples, sans aucun effort, et par l'influence seule de sa vertu.

[4] Il y a, en chinois, il tient la corde principale du filet.

[5] En chinois, 六合 *Lou-ho* « les six réunions », c'est-à-dire, les

et s'est établie avec éclat. Elle règne d'une manière brillante, à l'égal [1] des trois augustes souverains. Les influences mystérieuses (de sa vertu) se répandent rapidement; ses instructions salutaires [2] retentissent dans les pays éloignés; elle ressemble au Ciel et à la Terre qui couvrent et soutiennent (les hommes); elle est pareille au vent qui agite et à la pluie qui humecte. Les barbares de l'orient lui apportent leur tribut, et ceux de l'ouest sont rangés sous ses lois. En fondant sa puissance, et en transmettant l'empire, elle a apaisé les troubles et a ramené la paix [3]. Par là, elle l'emporte certainement sur les anciens rois; elle résume en elle-même les générations précédentes. Les peuples qui parlent la même langue sont réunis sous le même sceptre. Si les effets merveilleux de cette administration sublime n'étaient point consignés dans l'histoire, comment pourrait-on célébrer dignement les grandes vues (de l'empereur)? Si on ne les publiait pas avec éclat, comment pourrait-on mettre en lumière un règne aussi florissant?

Hiouen-thsang, partout où il a porté ses pas, a décrit la nature des différents climats. Quoiqu'il n'ait pas (toujours) examiné les pays et distingué les mœurs, il mérite une entière confiance. Notre empereur l'emporte sur les cinq (rois) et efface les trois (augustes souverains); toutes les créatures vivantes

---

quatre points cardinaux, le zénith et le nadir. L'auteur veut dire que l'empereur a réuni sous son sceptre unique toutes les parties de l'univers.

[1] Littéralement: *quatre — trois augustes*, c'est-à-dire, il fait le quatrième après les trois augustes souverains de l'antiquité.

[2] Littéralement: les vents d'heureux augure ventilent au loin.

[3] Allusion aux troubles des dernières années des *Souï*, auxquels succédèrent les *Thang*. Voyez le premier volume, pages 3-4.

éprouvent ses bienfaits; les êtres qui savent parler, proclament tous ses grandes œuvres. Depuis le département du ciel (depuis la capitale), jusqu'aux (cinq) Indes, les peuples de mœurs différentes qui habitent des contrées sauvages, les nations étrangères qu'une immense distance sépare de nous, ont tous reçu le calendrier[1]; tous sont pénétrés de ses instructions bienfaisantes; tous glorifient ses magnifiques victoires, et la splendeur de ses vertus, qu'ils exaltent sans cesse, est le principal objet de leurs louanges pompeuses. Tous ces faits sont racontés en détail dans les annales. Jusqu'à présent, le monde n'avait rien entendu de semblable. Je pense que, dans les livres de généalogie, on ne trouverait pas son pareil. Si l'on ne prenait soin de raconter ces faits, comment pourrait-on rappeler les heureux effets de sa vertu? Aujourd'hui, on va raconter dans ce livre des faits basés sur le témoignage des oreilles et des yeux.

Le monde *So-ho*[2] (Sahalôkadhâtou) et les trois mille grands *Chiliocosmes*, ont été convertis par l'unique *Bouddha*. Maintenant, les quatre mondes qu'éclairent le soleil et la lune, sont situés au centre des trois mille grands *Chiliocosmes*; tous les *Bouddhas*, tous les Honorables du siècle, y répandent l'influence de leurs vertus. Tantôt ils apparaissent, tantôt ils s'éteignent; ils conduisent les saints et dirigent le peuple.

Le mont *Sou-mi-lou* (Soumêrou) est formé de quatre choses précieuses; il est situé au milieu d'une grande mer et s'appuie sur une roue d'or. Autour de lui, le soleil et la lune accomplissent leurs révolutions; les *Dévas* s'y promènent et y demeurent. Sept montagnes s'élèvent et sept mers se déploient tout autour. L'eau des mers qui coulent entre

---

[1] C'est-à-dire, obéissent aux lois de l'empire.
[2] Le monde des êtres patients. Voy. Burnouf, *Introd.* p. 594.

ces montagnes, possède huit vertus. En dehors des sept montagnes d'or, se trouve une mer salée. En résumé, on compte, au milieu des mers, quatre îles habitables : à l'est, l'île de *Pi-t'i-ho* (Vidêha ou Poûrvavidêha); au midi, l'île de *Tchen-pou* (Djamboudvîpa); à l'ouest, l'île de *K'iu-t'o-ni* (Gôdhanya); au nord, l'île de *Keou-lou* (Outtarakourou).

Dans l'origine, un roi à la roue d'or avait étendu l'influence (de ses lois) sur les quatre continents. Après lui, un roi à la roue d'argent régna sur les trois continents de l'est, du sud et de l'ouest; puis, un roi à la roue de cuivre gouverna les deux continents de l'est et du midi; enfin, un roi à la roue de fer ne posséda que le continent du sud, savoir, le *Djamboudvîpa* [1].

Lorsqu'un de ces rois *Tchakravartins* devait monter sur le trône, une grande roue précieuse, dont la matière était en rapport avec les effets de sa vertu, se balançait dans les airs et descendait vers lui. La différence de l'or, de l'argent, du cuivre et du fer, était due à l'influence diverse de leur mérite. L'étendue de leurs domaines offrait une différence analogue, et allait en décroissant de quatre à trois, à deux et à un [2]. Chaque roi tirait son surnom du premier présage qui lui était apparu [3].

---

[1] Le texte chinois qui répond à cet alinéa étant en contradiction avec le passage que j'explique dans la note 2, j'ai dû, pour rétablir la concordance, suivre le Dictionnaire *Ching-kiao-fa-sou*, liv. IV, fol. 24.

[2] Il y a, en chinois : domaines, certes — de 4, 3, 2, 1, la différence. J'ai été obligé de développer la pensée de l'auteur, qui manquait de clarté. Il veut dire que, suivant le degré de leur vertu, ces rois possédèrent, le premier, quatre des continents précités; le deuxième, trois; le troisième, deux; le quatrième, un seul.

[3] C'est-à-dire, de la nature de la roue qui était descendue du ciel et qui avait été le premier présage de son règne.

L'île de *Tchen-pou* (Djamboudvîpa) a pour point central le lac *'O-na-p'o-ta-to* (Anavatapta), qui est situé au midi du mont *Hiang-chan* (Gandhamâdana), et au nord des grandes montagnes neigeuses (Himavat). Il a huit cents li de tour. L'or, l'argent, le *Licou-li* (Vâidoûryya — lapis-lazuli), le *Po-tchi* (Sphaṭika — cristal) embellissent ses rives. Ses eaux roulent des sables d'or, et sont pures et claires comme un miroir. Les *Pou-sa* (Bôdhisattvas) du grand univers, par l'énergie de leurs désirs, se sont transformés en rois des dragons (Nâgarâdjas), et y ont établi leur séjour. Ils en font sortir des eaux pures et fraîches, et les distribuent dans le *Tchen-pou-tcheou* (Djamboudvîpa). De là vient que, du côté oriental du lac, de la bouche d'un bœuf d'argent, sort le fleuve *King-kia* (le Gange). Il fait une fois le tour du lac et va se jeter dans la mer du sud-est.

Au midi du lac, de la bouche d'un éléphant d'or, sort le fleuve *Sin-tou* (le Sindh — Indus). Il fait une fois le tour du lac, et va se jeter dans la mer du sud-ouest.

A l'occident du lac, de la bouche d'un cheval de *Licou-li* (Vâidoûryya — lapis-lazuli), sort le fleuve *Po-tsou* (Vatch — Oxus). Il fait une fois le tour du lac et se jette dans la mer du nord-ouest.

Au nord du lac, de la bouche d'un lion de *Po-tchi* (Sphaṭika — cristal), sort le fleuve *Si-to* (Sîta); il fait une fois le tour du lac et se jette dans la mer du nord-est. Suivant quelques auteurs, il s'enfonce dans la terre et sort du mont *Tsi-chi-chan*. Le courant du fleuve *Si-to* (Sîta) donne naissance au fleuve (Jaune) du royaume du milieu.

A l'époque où il n'y avait point de roi *Tchakravartti* possédant le gouvernement (universel), le *Tchen-pou* (Djamboudvîpa) était partagé entre quatre maîtres.

Au midi, c'était le maître des éléphants (Gadjapati). Le pays est chaud et humide; il convient aux éléphants.

A l'ouest, c'était le maître des choses précieuses[1]. Le pays est voisin de la mer, et fournit beaucoup de choses précieuses.

Au nord, c'était le maître des chevaux (Açvapati). Le pays est froid; il convient aux chevaux.

A l'est, c'était le roi des hommes (Narapati). Le climat est doux et la population est très-nombreuse. C'est pourquoi, dans le royaume du *maître des éléphants*, les hommes sont vifs et bouillants et se livrent à l'étude avec ardeur. Ils s'appliquent particulièrement aux sciences occultes. Ils portent un bonnet posé en travers, et montrent à nu leur bras droit; ils conservent une crête de cheveux au milieu de la tête, et laissent retomber les autres de tous côtés. Ils habitent dans des villes, et leurs maisons ont plusieurs étages.

Dans le pays du *maître des choses précieuses*, les habitants n'observent ni la justice, ni les rites; ils font le plus grand cas des richesses; leurs vêtements sont courts, et ils en rejettent les pans du côté gauche. Ils coupent leurs cheveux et portent de longues moustaches. Ils habitent des villes murées, et montrent une avidité excessive pour le lucre.

Dans le pays du *maître des chevaux*, les hommes sont d'un naturel violent et féroce; ils sont insensibles à la pitié et tuent leurs semblables. Ils habitent des tentes de feutre, changent de place aussi souvent que les oiseaux, et mènent la vie de pasteurs.

Dans le pays du *maître des hommes*, les habitants se distinguent par leur intelligence, leur humanité et leur justice.

---

[1] Le mot sanscrit correspondant est *Tchhatrapati* « le roi des parasols ». Lassen, *Indisch. Alterthümskunde*, tome II, page 28.

Ils portent un bonnet et une ceinture, et rejettent à droite les pans de leur vêtement[1]. La forme des chars et des vêtements est en rapport avec la différence des rangs. Ils tiennent au sol et n'émigrent qu'avec peine. Chaque profession est classée à part.

Chez les peuples de trois de ces maîtres, le côté oriental est regardé comme supérieur aux autres. C'est pourquoi, dans leurs habitations, ils ouvrent la porte du côté de l'orient. Quand le soleil se lève, ils se tournent vers l'orient pour le saluer.

Dans le pays du *maître des hommes*, le côté du midi est considéré comme le plus honorable. Tel est le résumé des mœurs et coutumes des différents pays. Quant aux rites qui s'observent entre le prince et les sujets, entre les supérieurs et les inférieurs, et pour ce qui regarde les lois et la culture des lettres, nul pays ne l'emporte sur celui du *maître des hommes*. Les instructions qui ont pour objet d'épurer le cœur et de le dégager des liens du monde, et les doctrines qui apprennent à se délivrer de la vie et de la mort (c'est-à-dire, à échapper à la loi de la transmigration), brillent surtout dans le royaume du *maître des éléphants*. Toutes ces choses ont été exposées dans les livres sacrés et dans les décrets royaux. Il (le voyageur) a interrogé les indigènes, il a recherché avec soin les choses anciennes et modernes, et a examiné en détail les faits qui s'appuyaient sur le témoignage des oreilles et des yeux. Le *Bouddha* est né en occident, et sa loi s'est répandue comme un fleuve dans le royaume de l'est (en Chine). Les traducteurs peuvent se tromper sur les sons (la prononciation); les expressions locales peuvent être

---

[1] Ce qui, suivant les idées des Chinois, est la marque des peuples civilisés.

mal interprétées. Si le son d'un mot est faux, on perd sa signification; si une expression est erronée, elle blesse la raison. C'est pourquoi il est indispensable de bien déterminer les noms. Or, les hommes diffèrent entre eux par la force ou la faiblesse de leur nature, de sorte que leurs paroles et leur prononciation ne se ressemblent point. Cela tient à l'influence du climat, ou provient de la force des habitudes. Pour ce qui regarde les différences qu'offrent les montagnes, les rivières et les produits du sol, les mœurs et les caractères, dans le pays du *maître des hommes*, les annales du royaume en offrent l'exposition détaillée. Les mœurs du pays du *maître des chevaux* et du *maître des choses précieuses*, sont fidèlement décrites dans les histoires et les proclamations royales, de sorte qu'il est possible d'en donner le résumé. Quant au royaume du *maître des éléphants* (l'Inde), on ne connaît pas son histoire ancienne. Suivant quelques auteurs, le pays est en général humide et chaud; d'autres rapportent que les habitants sont doux et humains. Ces faits étant consignés dans des descriptions locales, il n'a pas été possible de les citer tous d'une manière complète. Cela vient-il de ce que la droite voie tantôt se répand, tantôt reste cachée, ou bien est-ce le résultat des révolutions des siècles? On voit par là que les peuples observent le temps pour faire leur soumission, et qu'après avoir reçu les bienfaits (de l'empereur), ils viennent lui offrir leurs hommages. Il est difficile de faire connaître toutes les nations qui, à travers mille obstacles, sont venues se prosterner devant la porte de jade [1], et celles qui, en offrant les produits rares de leur pays, ont salué avec respect la porte rouge. C'est

---

[1] Les expressions « porte de jade » et « porte rouge » désignent également la porte du palais impérial.

pourquoi, après avoir voyagé au loin pour chercher la loi, dans les moments de loisir que lui laissaient ses études, il a décrit les climats. A partir des montagnes noires, on ne rencontre que des mœurs sauvages. Quoique les peuples barbares aient été réunis ensemble, cependant leurs différentes races ont été nettement distinguées, et les limites de chaque pays ont été tracées avec soin. En général, ils sont sédentaires. Ils bâtissent des villes et se livrent à l'agriculture et à l'élève du bétail. Ils sont naturellement portés à estimer les richesses, et font peu de cas de l'humanité et de la justice. Dans les mariages, ils n'observent point les rites et ne mettent point les nobles et le bas peuple à leur place respective. Ce sont les paroles des femmes qu'on suit; les hommes sont placés au-dessous d'elles. Si quelqu'un meurt, on brûle son corps; la durée du deuil est indéterminée. Ils se font des incisions sur la figure et se mutilent les oreilles. Ils coupent leurs cheveux et déchirent leurs vêtements; ils immolent des animaux et les sacrifient aux âmes des morts. Dans les circonstances heureuses (dans les mariages), ils s'habillent de blanc; dans les circonstances malheureuses (dans le deuil), ils portent des vêtements noirs.

Les mœurs semblables et les coutumes analogues ont été exposées ensemble d'une manière abrégée. Les différences que présentaient l'administration et les lois, ont été décrites séparément dans la notice de chaque pays. Les mœurs et les coutumes de l'Inde proprement dite ont été dépeintes dans le récit qu'on va lire.

Après avoir quitté l'ancienne contrée de *Kao-tch'ang* (le royaume des Oïgours), *Hiouen-thsang* a commencé son voyage en se transportant au pays le plus voisin, qui s'appelait *Yen-ki* (Kharachar).

MÉMOIRES

DE

HIOUEN-THSANG.

MÉMOIRES

DE

HIOUEN-THSANG.

LIVRE PREMIER.

ROYAUME DE 'O-KI-NI.

(AKNI OU AGNI.)

Le royaume de *'O-ki-ni*[1] a environ six cents li de l'est à l'ouest et quatre cents li du sud au nord. La capitale a de six à sept li de tour. De quatre (c'est-à-dire de tous) côtés, il s'appuie sur des montagnes; les routes sont dangereuses et faciles à défendre. Une multitude

---

[1] Comme les noms de deux syllabes et au-dessus ne peuvent presque jamais être confondus avec d'autres, on a supprimé dans cette première partie les signes chinois qui les représentent. Les sinologues que l'orthographe chinoise peut seuls intéresser, la trouveront, à l'aide de la prononciation, dans les Index alphabétiques qui termineront la seconde partie. Les monosyllabes pouvant quelquefois causer quelque difficulté, nous en avons donné la figure chinoise, surtout lorsqu'il s'agissait de signaler des fautes dans le texte original, ou d'indiquer de légères différences d'orthographe.

Pour éviter des répétitions inutiles, nous donnerons à la fin du second volume, dans des tables spéciales consacrées aux mots indiens, chinois et français, tous les noms de lieux, de personnes et de choses, qui peuvent avoir besoin d'explication.

de courants, qui viennent se joindre ensemble, l'entourent comme une ceinture. On amène leurs eaux pour arroser les champs. La nature du sol est favorable au millet rouge, au blé tardif, aux jujubes odorantes, aux raisins, aux poires et aux prunes. Le climat est doux et tempéré; les mœurs sont droites et honnêtes. L'écriture est empruntée à l'Inde et n'a éprouvé que peu de modifications[1]. Les vêtements sont faits de coton ou de laine; les habitants coupent leurs cheveux ras et ne portent pas de bonnet. Dans le commerce, ils font usage de monnaies d'or et d'argent et de petites pièces de cuivre. Le roi est originaire de ce royaume. Il a du courage, mais peu de talents militaires; il aime à se vanter. Ce royaume ne possède point de code; l'ordre et la paix se maintiennent sans le secours des lois. Il y a une dizaine de couvents où l'on compte environ deux mille religieux de l'école *Choue-i-tsie-ycou-pou* (ou des Sarvâstivâdas), qui se rattache au *petit Véhicule*. La doctrine des livres sacrés et les règles de la discipline étant précisément celles des Indiens, c'est dans leurs livres mêmes que les étudiants les apprennent. Les religieux s'acquittent de leurs devoirs et observent les règles de la discipline avec une pureté sévère et un zèle persévérant. Ils se nourrissent de trois sortes[2] d'a-

---

[1] Littéralement: elle a eu peu d'additions et de retranchements.

[2] Au lieu de trois *aliments purs*, on en trouve cinq dans le Dictionnaire *San-thsang-fa-sou* (liv. XXIV, fol. 24) : 1° (les fruits) qui ont été épurés par le feu; 2° épurés avec le couteau, c'est-à-dire pelés et débarrassés des pepins; 3° épurés avec l'ongle (qui a enlevé l'écorce, la pelure, la capsule des graines, etc.); 4° les fruits qui se sont séchés

liments purs, et s'attachent surtout à la *doctrine graduelle*[1].

En partant de ce pays, il fit environ deux cents li au sud-ouest, franchit une petite montagne, et passa deux grands fleuves. A l'ouest, il rencontra une vallée unie. Après avoir fait environ sept cents li, il arriva au royaume de *K'iu-tchi*[2].

ROYAUME DE K'IU-TCHI.

Le royaume de *K'iu-tchi* (Koutche) a environ mille li de l'est à l'ouest, et environ six cents li du midi au nord. La circonférence de la capitale est de dix-sept à dix-huit li. Le sol est favorable au millet rouge et au froment. Il produit, en outre, du riz de l'espèce appelée *Keng-t'ao*[3], des raisins, des grenades, et une grande quantité de poires, de prunes, de pêches et d'amandes. On y trouve des mines d'or, de cuivre, de fer, de plomb[4]

d'eux-mêmes et qui ne sont plus bons à fournir des graines ; 5° les fruits qui ont été becquetés par les oiseaux.

[1] Lorsqu'en enseignant on passe du *petit* au *grand*, cela s'appelle *thsien-kiao*, la doctrine graduelle. (Dictionnaire *San-thsang-fa-sou*, liv. X, fol. 19.) C'est ce qu'a fait le *Bouddha*, depuis la *forêt des cerfs* (Bénarès) jusqu'aux *deux arbres*, c'est-à-dire depuis le commencement de son enseignement, jusqu'à l'époque où il entra dans le *Nirvâṇa*, entre deux arbres *Sâlas*.

[2] Anciennement, on écrivait *Kieou-tse* (aujourd'hui *Koutche*). D'après le Dictionnaire *Si-yu-thong-wen-tchi*, c'était le Bichbalik du temps des *Ming*.

[3] Riz qui n'est pas glutineux. (Dict. de *Khang-hi*.)

[4] Dans le texte, on lit 銘 *ming* « inscription », au lieu de 鉛 *youen* « plomb ».

et d'étain. Le climat est doux; les mœurs sont pures et honnêtes; l'écriture a été empruntée à l'Inde, mais avec quelques modifications. Les musiciens de ce pays effacent ceux des autres royaumes par leur talent sur la flûte et la guitare. Les habitants s'habillent d'étoffes de soie brochée ou de laine grossière. Ils coupent leurs cheveux ras et portent des bonnets. Dans le commerce, ils font usage de monnaies d'or et d'argent et de petites pièces de cuivre. Le roi actuel est de la race de *K'iu-tchi* [1]. Il a peu de prudence et de capacité, et se laisse dominer par des ministres puissants. Ordinairement, lorsqu'un enfant vient au monde, on lui aplatit la tête en la pressant avec une planchette [2].

Il y a une centaine de couvents où l'on compte environ cinq mille religieux de l'école *Chouc-i-tsie-yeou-pou* (ou des Sarvâstivâdas), qui se rattache au *petit Véhicule*. Ils ont emprunté à l'Inde les instructions sacrées et les règles de la discipline, et les lisent dans les textes originaux. Ils estiment surtout la *doctrine graduelle* et se nourrissent des *trois aliments purs* [3]. Ils tiennent une conduite chaste et sévère, et se livrent, à l'envi, à la pratique des œuvres méritoires.

Au nord d'une ville qui est située sur les frontières orientales du royaume, il y avait jadis, devant un temple des dieux, un grand lac de dragons (*Nâgahrada*). Les

---

[1] C'est-à-dire, est de la même race que les indigènes de *K'iu-tchi*.
[2] Voyez M. Reinaud, *Relation des voyageurs arabes dans l'Inde et la Chine*, t. I, p. 119, et t. II, p. 51.
[3] Voir plus haut, p. 2, note 2, et p. 3, note 1.

dragons se métamorphosèrent et s'accouplèrent avec des juments. Elles mirent bas des poulains qui tenaient de la nature du dragon. Ils étaient méchants, emportés et difficiles à dompter; mais les rejetons de ces poulains-dragons devinrent doux et dociles. C'est pourquoi ce royaume produit un grand nombre d'excellents chevaux. Si l'on consulte les anciennes descriptions de ce pays, on y lit ce qui suit: « Dans ces derniers temps, il y avait un roi surnommé *Fleur d'or,* qui montrait, dans ses lois, une rare pénétration. Il sut toucher les dragons et les atteler à son char. Quand il voulait se rendre invisible, il frappait leurs oreilles avec son fouet et disparaissait subitement. Depuis cette époque, jusqu'à ce jour, la ville ne possède point de puits, de sorte que les habitants vont prendre dans le lac l'eau dont ils ont besoin. Les dragons s'étant métamorphosés en hommes, s'unirent avec des femmes du pays, et ils en eurent des enfants forts et courageux, qui pouvaient atteindre, à la course, les chevaux les plus agiles. Ces relations s'étant étendues peu à peu, tous les hommes appartinrent bientôt à la race des dragons; mais, fiers de leur force, ils se livraient à la violence et méprisaient les ordres du roi. Alors le roi, ayant appelé à son aide les *Toukioue* (Turcs), massacra tous les habitants de cette ville, depuis les enfants jusqu'aux vieillards, et n'y laissa pas un homme vivant. Maintenant, la ville est complétement déserte, et l'on n'y aperçoit nulle habitation. »

A environ quarante li au nord de cette ville, sur les flancs de deux montagnes voisines que sépare une rivière, il y a deux couvents qu'on appelle également *Tchao-hou-li* et qu'on distingue par leur position à l'est et à l'ouest. (Dans chacun de ces couvents), on voit une statue du *Bouddha*, richement ornée, et dont l'exécution surpasse l'art des hommes. Les religieux ont des mœurs pures et sévères, et montrent un zèle infatigable. Dans la salle du *Bouddha* du couvent oriental de *Tchao-hou-li*, il y a une pierre de jade qui est large d'environ deux pieds et dont la couleur est d'un blanc jaunâtre; elle a la forme d'une grande coquille marine. Sur sa face supérieure, on voit la trace du pied du *Bouddha;* elle est longue de dix-huit pouces [1] et large d'environ huit pouces. Chaque jour de jeûne [2], elle répand une lumière éclatante.

En dehors de la porte occidentale de la capitale, on voit s'élever, à droite et à gauche de la route, deux statues du *Bouddha*, hautes chacune d'environ quatre-vingt-dix pieds. Devant ces statues, on a établi une place pour les grandes assemblées qui se tiennent une fois tous les cinq ans [3]. Chaque année, au milieu de l'au-

[1] Mot à mot : d'un pied huit pouces. J'ai écrit dix-huit pouces pour éviter la répétition du mot *pied*.

[2] On distingue neuf jours de jeûne, qui tombent : 1° dans le premier mois; 2° dans le cinquième mois; 3° dans le neuvième mois; 4° le huitième jour de chaque mois; 5° le quatorzième jour de chaque mois; 6° le quinzième jour de chaque mois; 7° le vingt-troisième jour de chaque mois; 8° le vingt-neuvième jour de chaque mois; 9° le trentième jour de chaque mois. (Dict. *San-thsang-fa-sou*, liv. XXXV, fol. 1.)

[3] L'assemblée quinquennale s'appelait *Pañtchavarcha*, et *Pañtcharchika*. Elle avait été fondée par le roi *Açôka*, cent ans après le *Nirvâṇa* du *Bouddha*. (Dict. *King-tsie-in-i*, liv. XVII, fol. 2 v°.)

tonne, pendant plusieurs dizaines de jours, les religieux de tous les royaumes viennent en cet endroit et s'y rassemblent. Depuis le roi jusqu'aux hommes du peuple, tout le monde quitte ses affaires, et observe fidèlement le jeûne et l'abstinence. Ils reçoivent les instructions sacrées, et entendent l'explication de la *loi*. Ils passent ainsi des jours entiers sans songer à la fatigue.

Dans tous les couvents, on pare richement la statue du *Bouddha*, on l'orne de pierres précieuses, on la couvre de vêtements de brocard, et on la promène sur un char. Cela s'appelle *faire marcher la statue*. Les religieux, réunis par milliers, se rendent en foule au lieu de l'assemblée. Ordinairement, le quinzième et le dernier jour de la lune, le roi et ses ministres délibèrent sur les affaires de l'état; ils consultent des religieux éminents et publient ensuite leurs décisions.

Au nord-ouest du lieu de l'assemblée, on passe un fleuve et l'on arrive au couvent *'O-che-li-ni*[1] (Açalini? sañghârâma), dont les salles sont hautes et spacieuses. La statue du *Bouddha* est travaillée avec art et richement parée; les religieux ont un maintien grave et respectueux, et s'acquittent de leurs devoirs avec un zèle infatigable. Tous sont des vieillards d'une vertu consommée, qui possèdent de vastes connaissances et des

---

[1] En chinois, *khi-te* « extraordinaire ». Je ne trouve, en sanscrit, aucun mot du même sens qui réponde à l'épithète *açalini*, dont, au reste, la terminaison féminine ne saurait s'accorder avec le mot *sañghârâma*. Cette transcription a lieu de surprendre dans *Hiouen-thsang*, qui, d'ordinaire, écrit correctement les mots indiens dont il donne le sens.

talents supérieurs. Les hommes les plus distingués des pays lointains, qu'attire leur mérite, se rendent à ce couvent et y fixent leur séjour. Le roi et ses ministres, les magistrats et les hommes puissants, les honorent en leur faisant les quatre offrandes. Le respect qu'on leur témoigne s'augmente de jour en jour.

Si l'on consulte les anciennes descriptions de ce pays, on y lit ce qui suit : « Jadis, le premier roi de ce royaume révérait les *trois Précieux*. Il voulut, un jour, voyager dans le monde pour voir et adorer les monuments sacrés. Il ordonna alors à son frère cadet du côté maternel de rester pour diriger à sa place les affaires du royaume.

« Dès que le frère cadet du roi eut reçu cet ordre, il se coupa lui-même les testicules pour prévenir tout soupçon, et les renferma dans une boîte d'or, soigneusement scellée, qu'il alla porter au roi.

« Le roi lui dit : « Que signifie ceci ? »

« Il répondit : « Ce n'est qu'au retour de Votre Ma-
« jesté que cette boîte devra être ouverte. » Le roi la remit à son intendant qui en confia la garde aux soldats de la suite. Quand le roi fut revenu de son voyage, il y eut des artisans de malheur qui lui dirent : « Celui
« que Votre Majesté avait chargé de veiller sur les af-
« faires du royaume a porté le désordre et la débauche
« dans le palais central[1]. » Le roi fut transporté de colère, et voulut lui faire subir un cruel supplice.

---

[1] *Tchong-kong*, palais habité par les favorites du roi, qui répond au *harem* des musulmans.

« Le frère cadet dit : « Je n'oserais fuir le châtiment ;
« mais je prie le roi d'ouvrir la boîte d'or. » Le roi l'ouvrit aussitôt et reconnut qu'elle contenait deux testicules que le fer avait retranchés. Le roi s'écria : « Quels
« sont ces objets extraordinaires ? Que voulez-vous me
« révéler par là ? » Il répondit : « Autrefois, lorsque le
« roi voulut voyager par le monde, il m'ordonna de
« rester pour gouverner à sa place le royaume. Crai« gnant d'être en butte à la calomnie, je me suis coupé
« ces organes virils, pour me justifier d'avance. Main« tenant, vous avez la preuve de mon innocence. Je
« désire que le roi daigne abaisser sur moi ses yeux
« éclairés. » Le roi fut pénétré pour lui de respect et
d'admiration, et lui voua une affection qui ne fit que
s'accroître de jour en jour. Il lui permit de fréquenter
librement le palais intérieur [1].

« Dans la suite, le frère cadet du roi rencontra sur
sa route un homme qui conduisait cinq cents taureaux
et qui voulait leur faire subir la castration. Le prince
réfléchit en lui-même ; il compara son état au sort qui
les menaçait, et s'intéressa vivement à eux. « Mainte« nant, dit-il, mon corps se trouve mutilé ; n'est-ce point
« à cause des péchés de ma vie antérieure ? »

« Aussitôt, il employa ses richesses et ses bijoux pour
racheter cette troupe de taureaux. Par la vertu de sa
tendre pitié, peu à peu ses organes virils revinrent com-

---

[1] Il y a, en chinois, *Heou-t'ing* « la salle de derrière », expression qui a le même sens que *Tchong-kong*, p. 8, note 1. *Heou-t'ing* s'emploie encore pour désigner les favorites du roi. (*Peï-wen-yun-fou*, liv. XXIV A, f. 100.)

plétement, et, pour ce motif, il cessa de fréquenter le palais intérieur[1].

« Le roi fut rempli d'admiration et lui demanda la cause d'un tel changement. Après avoir appris tous les détails de son aventure, le roi regarda ce fait comme un prodige[2]. Il bâtit aussitôt un couvent pour honorer sa belle conduite et transmettre sa réputation aux siècles futurs. »

Après avoir quitté ce pays, il fit environ six cents li à l'ouest, traversa un petit désert sablonneux et arriva au royaume de *Pa-lou-kia*.

ROYAUME DE PA-LOU-KIA.

Le royaume de *Pa-lou-kia* (Bâloukâ?) a six cents li de l'est à l'ouest, et trois cents li du midi au nord. La capitale a cinq ou six li de tour. Pour ce qui regarde les produits du sol, le climat, le caractère des hommes, les coutumes et le système d'écriture, ce pays ressemble au royaume de *K'iu-tchi* (aujourd'hui Koutché), mais il en diffère un peu par le langage. Il produit du coton et de la laine d'une finesse remarquable, qu'estiment beaucoup les royaumes voisins.

Il y a quelques dizaines de couvents, où l'on compte environ mille religieux de l'école *Choue-i-tsie-yeou* (ou des Sarvâstivâdas), qui se rattache au *petit Véhicule*.

---

[1] C'est-à-dire l'habitation des favorites du roi.
[2] En chinois, *khi-te* « extraordinaire ». C'est de cette idée qu'est venu le nom de *Açalini* (sic) donné par le roi au couvent qu'il bâtit à cette occasion. (Voyez page 7, note 1.)

Après avoir fait environ trois cents li au nord-ouest de ce royaume, il traversa un désert pierreux, et arriva à une montagne de glace[1], qui est située au nord des monts *Tsong-ling*[2]. Les eaux des plateaux coulent en général vers l'est. Les montagnes et les vallées sont couvertes de monceaux de neige; on y voit de la glace au printemps et en été. Quoiqu'elle fonde de temps à autre, elle ne tarde pas à se reformer de nouveau. Les chemins que l'on traverse sont difficiles et dangereux; un vent froid souffle avec violence, et l'on est souvent en butte à la férocité des dragons (*sic*) qui attaquent les voyageurs. Ceux qui suivent cette route ne doivent pas porter des vêtements rouges ou des calebasses, ni appeler à grands cris. Pour peu qu'on oublie cette précaution, on voit éclater les plus grands malheurs. Un vent violent s'élève tout à coup, fait voler des tourbillons de sable, et répand une pluie de pierres qui engloutissent les voyageurs. Il est bien difficile d'échapper à la mort.

Après avoir fait environ quatre cents li à travers les montagnes, il arriva à un grand lac appelé *Thsing-tchi*[3]. Il a environ mille li de tour. Il est allongé de l'est à l'ouest, et resserré du sud au nord. De tous côtés, il est entouré de montagnes; une multitude de rivières

---

[1] En chinois, *Ling-chan*; c'est le *Mousour-dabaghan* d'aujourd'hui. Cf. *Sin-kiang-tchi-lio*, liv. I, fol. 10.

[2] Le nom étranger de ces montagnes est *Tartachi daba*, suivant les éditeurs du *Pien-i-tien*, liv. LV, art. *K'iu-tchi* (Koutche).

[3] C'est le lac *Temourtou* ou *Issikoul*. On l'appelle aussi *Je-haï* « mer chaude », et *Hien-haï* « mer salée ».

viennent s'y jeter et s'y confondre. La couleur de l'eau est d'un noir verdâtre, et sa saveur est à la fois salée et amère. Tantôt ses vastes flots s'étendent en nappes immenses, tantôt ils s'enflent et roulent avec impétuosité. Les dragons et les poissons y habitent ensemble, et, de temps en temps, on en voit surgir des monstres extraordinaires. C'est pourquoi les voyageurs qui vont et viennent, adressent des prières (au Ciel) pour obtenir le bonheur. Quoique les hôtes du lac soient fort nombreux, personne n'ose les pêcher.

Après avoir fait environ cinq cents li au nord-ouest du lac *Thsing-tchi*, il arriva à la ville de la rivière *Sou-ye* [1]. Cette ville a de six à sept li de tour; c'est le rendez-vous des marchands des divers royaumes.

Le sol est favorable au millet rouge, au froment et aux raisins; les arbres des forêts y sont clair-semés. Comme le climat est froid et qu'il y règne un vent glacial, les habitants portent des vêtements de laine feutrée.

A l'ouest de *Sou-ye*, on voit quelques dizaines de villes isolées. Dans chaque ville, on a établi des chefs, qui sont indépendants les uns des autres; mais ils sont tous soumis aux *Tou-kioue* (Turcs).

Depuis la ville de la rivière *Sou-ye*, jusqu'au royaume de *Kie-choang-na* (Kaçanna), le pays s'appelle *Sou-li*, et les habitants portent le même nom. Cette dénomination s'applique aussi à l'écriture et au langage. Les

---

[1] Suivant Klaproth, cette rivière est la même que celle que les Chinois appellent *Na-mi*.

formes radicales des signes graphiques sont peu nombreuses; elles se réduisent à trente-deux lettres, qui, en se combinant ensemble, ont, peu à peu, donné naissance à un grand nombre de mots.

Les habitants possèdent à peine quelques mémoires historiques. Ils en lisent les textes de haut en bas, et se transmettent mutuellement l'intelligence des livres; de cette manière, l'enseignement littéraire se continue sans interruption. Ils portent des habits de coton, de laine et de peau, qui sont étroits et serrés. Ils réunissent leurs cheveux et laissent à découvert le sommet de leur tête; quelquefois même ils les rasent complétement. Ils enveloppent leur front avec une pièce de soie. Ils ont une haute stature, mais leur caractère est mou et pusillanime. La fourberie et le mensonge dominent dans leurs mœurs, et la plupart d'entre eux se livrent au dol et à la fraude. En général, ils sont d'une cupidité extrême. Le père et le fils ne rêvent que le lucre; les plus opulents sont les plus honorés; mais rien ne distingue le riche du pauvre. Lors même qu'un homme possède une fortune immense, il porte de vieux habits et se nourrit d'aliments grossiers. La moitié de la population cultive les champs, et l'autre se livre au négoce.

Après avoir fait environ quatre cents li à l'ouest de la rivière *Sou-ye*, il arriva aux *Mille sources*[1]. Le pays des *Mille sources* a environ deux cents li en carré. Au sud, il est borné par des montagnes neigeuses, et, des

[1] En mongol, *Ming boulak*. Cf. Dict. *Si-yu-thong-wen-tchi*, l. V, f° 37.

trois autres côtés, par des plaines unies. La terre est abondamment arrosée, et les arbres des forêts offrent la plus belle végétation. Dans le dernier mois du printemps, les fleurs les plus variées brillent sur la terre, comme une riche broderie. Il y a *mille* [1] bassins d'eau vive; de là est venu le nom de *Mille sources*. Le *Khan* des *Tou-kioue* (Turcs) vient, chaque année, dans ce lieu, pour éviter les chaleurs de l'été. On y voit une multitude de cerfs, ornés de petites clochettes et d'anneaux. Ils sont familiers avec les hommes, et ne fuient point à leur vue. Le *Khan* les aime et se plaît à les voir. Il a adressé à ses sujets un décret où il est dit que quiconque oserait en tuer un seul, serait puni de mort, sans rémission. C'est pourquoi tous ces cerfs peuvent finir tranquillement leurs jours.

Après avoir fait de cent quarante à cent cinquante li à l'ouest des *Mille sources*, il arriva à la ville de *Ta-lo-sse* (Taras), qui a de huit à neuf li de tour. Les marchands des différents pays y habitent pêle-mêle. Pour ce qui regarde les produits du sol et la nature du climat, ce pays ressemble à celui de *Sou-ye*.

Après avoir fait environ dix li au sud, il rencontra une ville isolée. Elle renfermait environ trois cents familles, qui étaient originaires de Chine. Anciennement, elles avaient été violemment enlevées par les *Tou-kioue* (Turcs). Dans la suite, ces Chinois réunirent un grand nombre de leurs compatriotes, pour veiller avec eux

---

[1] Ici *mille* est employé pour un nombre indéfini. Ce chiffre, dit le *Si-yu-thong-wen-tchi*, indique la grande multitude des sources.

à la défense de cette ville, et finirent par s'y fixer. Ils ont promptement adopté le costume et les goûts des *Tou-kioue* (Turcs), mais ils ont conservé la langue et les usages de leur patrie.

En partant de ce royaume, il fit environ deux cents li au sud-ouest, et arriva à la ville de *Pe-chouï*, ou de *l'Eau blanche*[1]. Cette ville a six ou sept li de tour. Sous le rapport des produits du sol et de la nature du climat, ce pays l'emporte de beaucoup sur celui de *Ta-lo-sse* (Taras).

Après avoir fait environ deux cents li au sud-ouest, il arriva à la ville de *Kong-yu*, qui avait cinq ou six li de tour; les plaines étaient grasses et fertiles; les vergers et les forêts offraient une magnifique végétation.

De là, il fit de quarante à cinquante li au sud, et arriva au royaume de *Nou-tch'i-kien*[2].

ROYAUME DE NOU-TCH'I-KIEN.

Ce royaume a environ mille li de tour. La terre est fertile et donne de riches moissons; les plantes et les arbres offrent la plus belle végétation, les fleurs et les fruits viennent en abondance. On recueille une grande quantité de raisins, qui sont fort estimés. Il y a une centaine de villes, qui obéissent chacune à un chef particulier. Ces chefs sont maîtres de leurs mouvements

---

[1] Suivant le Dictionnaire *Si-yu-thong-wen-tchi* (liv. VI, fol. 17), la rivière *Pe-chouï*, ou de *l'Eau blanche*, correspondait à celle qu'on appelle aujourd'hui *Aksou-gool*. *Aksou* signifie « blanc », en turc oriental.

[2] En arabe, *Nouchidjan*, suivant M. Reinaud.

16 VOYAGES DES PÈLERINS BOUDDHISTES.

et de leurs actions, et complétement indépendants les uns des autres. Mais, quoique leurs domaines aient une démarcation distincte, on les comprend tous sous le nom général de *Nou-tch'i-kien-koue*.

En partant de ce pays, il fit environ deux cents li à l'ouest, et arriva au royaume de *Tche-chi* (Tchadj).

ROYAUME DE TCHE-CHI.
(TCHADJ.)

Le royaume de *Tche-chi* (Tchadj) a environ mille li de tour. A l'ouest, il est voisin de la rivière *Ye*[1]. Il est resserré de l'est à l'ouest, et allongé du sud au nord. Pour ce qui regarde les produits du sol et la nature du climat, il ressemble au royaume de *Nou-tch'i-kien*. Il y a plusieurs dizaines de villes grandes et petites, qui ont chacune un chef particulier. Comme il n'existe pas de roi qui ait l'administration générale, elles sont soumises aux *Tou-kioue* (Turcs).

A environ mille li au sud-est de ce pays, on arrive au royaume de *Feï-han*[2].

ROYAUME DE FEÏ-HAN.

Le royaume de *Feï-han* a quatre mille li de tour. De tous côtés, il est environné de montagnes. La terre est

---

[1] *Ye-ho*, la rivière *Ye*, aujourd'hui *Sihoun* (l'Iaxartes des anciens).

[2] *Feï-han* répond au pays des *Fergana*. Sous les *Thang*, dit le Dict. *Si-yu-thong-wen-tchi*, liv. I, fol. 37, le royaume de *Feï-han* comprenait le pays actuel de *Bedelik*.

grasse et fertile; elle produit d'abondantes moissons, et une grande quantité de fleurs et de fruits. Ce pays est propre à l'éducation des moutons et des chevaux. Le climat est venteux et froid. Les hommes sont d'un naturel ferme et courageux; leur langage diffère de celui des autres peuples, leur figure est laide et ignoble. Depuis plusieurs dizaines d'années, ce pays n'a plus de chef suprême. Les hommes les plus puissants luttent entre eux à main armée, et restent indépendants les uns des autres. Se sentant protégés par des rivières et des obstacles naturels, ils ont tracé les limites de leur territoire, et occupent chacun une résidence séparée.

En partant de ce pays, dans la direction de l'ouest, il fit environ mille li, et arriva au royaume de *Sou-tou-li-se-na* (Soutrichna — Osrouchna).

ROYAUME DE SOU-TOU-LI-SE-NA.

(SOUTRICHNA.)

Le royaume de *Sou-tou-li-se-na* (Soutrichna) a de quatorze à quinze cents li de tour. A l'est, il est voisin du fleuve *Ye*[1]. Le fleuve *Ye* sort du plateau septentrional des monts *Tsong-ling*, et coule au nord-ouest. Tantôt il promène lentement ses eaux limoneuses, tantôt il les roule avec bruit et impétuosité. Sous le rapport des produits du sol et des mœurs, ce royaume ressemble à celui de *Tche-chi* (Tchadj). Depuis qu'il a

[1] Le *Sihoun* actuel, l'*Iaxartes* des anciens.

un roi, il s'est mis sous la dépendance des *Tou-kioue* (Turcs).

En partant de ce royaume, dans la direction du nord-ouest[1], on entre dans un grand désert sablonneux, où l'on ne voit ni eau, ni herbes. La route s'étend à perte de vue, et il est impossible d'en calculer les limites. Il faut regarder dans le lointain quelque haute montagne, et chercher des ossements abandonnés, pour savoir comment se diriger et reconnaître le chemin qu'on doit suivre.

Après avoir fait environ cinq cents li, il arriva au royaume de *Sa-mo-kien* (Samarkand).

ROYAUME DE SA-MO-KIEN.
(SAMARKAND.)

Le royaume de *Sa-mo-kien* (Samarkand) a une circonférence de seize à dix-sept cents li. Il est allongé de l'est à l'ouest, et resserré du sud au nord. La capitale a environ vingt li de tour. Il est protégé par des obstacles naturels et possède une nombreuse population. Les marchandises les plus précieuses des pays étrangers se trouvent réunies en quantité dans ce royaume. Le sol est gras et fertile, et donne d'abondantes moissons. Les arbres des forêts offrent une magnifique végétation, et les fleurs et les fruits viennent en abondance. Ce pays fournit beaucoup d'excellents chevaux. Les habitants se distinguent de ceux des

---

[1] M. Vivien de Saint-Martin est d'avis qu'il faut « sud-ouest ».

autres pays par une grande habileté dans les arts et métiers. Le climat est doux et tempéré, les mœurs respirent l'énergie et la bravoure. Ce royaume occupe le centre des pays barbares. Pour tout ce qui regarde la conduite morale et les règles de la bienséance, les peuples voisins et éloignés se modèlent sur lui. Le roi est plein de courage, et les royaumes voisins obéissent à ses ordres. Il a une forte armée et une nombreuse cavalerie. La plupart de ses soldats sont de la race des *Tche-kie* (Tchakas?). Les *Tche-kie* (Tchakas?) sont d'un naturel brave et impétueux, et affrontent la mort avec joie. Quand ils combattent, nul ennemi ne saurait tenir devant eux.

En partant de ce pays, au sud-est, on arrive au royaume de *Mi-mo-kia* (Mimakha)[1].

ROYAUME DE MI-MO-KIA.

(MIMAKHA.)

Le royaume de *Mi-mo-kia* (Mimakha) a de quatre à cinq cents li de tour. Il est situé au milieu d'une vallée; il est resserré de l'est à l'ouest, et allongé du sud au nord. Sous le rapport des produits du sol et des mœurs, il ressemble au royaume de *Sa-mo-kien* (Samarkand).

En partant de ce pays, dans la direction du nord[2], on arrive au royaume de *K'io-pou-ta-na* (Kapôtana?)[3].

---

[1] *Mi-mo-kia;* en chinois, *Mi-koue* « le royaume du riz ».

[2] Suivant M. Vivien de Saint-Martin : « Dans la direction du nord-ouest de *Samarkand*. »

[3] En chinois, *Tsao-koue* « le royaume de la multitude ».

ROYAUME DE K'IO-POU-TA-NA.

(KAPÒTANA?)

Le royaume de *K'io-pou-ta-na* (Kapôtana?) a de quatorze à quinze cents li de tour; il est allongé de l'est à l'ouest, et resserré du sud au nord. Sous le rapport des propriétés du sol et des mœurs, il ressemble au royaume de *Sa-mo-kien* (Samarkand).

En partant de ce royaume, il fit environ trois cents li à l'ouest, et arriva au royaume de *K'iu-choang-ni-kia* (Kouçannika?)[1].

ROYAUME DE K'IU-CHOANG-NI-KIA.

(KOUÇANNIKA?)

Le royaume de *K'iu-choang-ni-kia* (Kouçannika?) a de quatorze à quinze cents li de tour; il est resserré de l'est à l'ouest et allongé du sud au nord. Sous le rapport des produits du sol et des mœurs, il ressemble au royaume de *Sa-mo-kien* (Samarkand).

Quand on a quitté ce royaume, à une distance d'environ deux cents li à l'ouest, on arrive au royaume de *Ho-han*[2].

ROYAUME DE HO-HAN.

Le royaume de *Ho-han* (Gahan?) a environ mille li

---

[1] En chinois, *Ho-koue*. Littéralement « quel royaume? ».
[2] En chinois, *Tong-'an* « le repos de l'Orient ». Klaproth lit *Gahan*.

de tour. Sous le rapport des produits du sol et des mœurs, il ressemble au royaume de *Sa-mo-kien*.

Quand on a quitté ce royaume, à une distance d'environ quatre cents li à l'ouest, on arrive au royaume de *Pou-ho*[1].

ROYAUME DE POU-HO.

Le royaume de *Pou-ho*[2] (Pouga?) a de seize à dix-sept cents li de tour. Il est allongé de l'est à l'ouest, et resserré du sud au nord. Sous le rapport des produits du sol et des mœurs des habitants, il ressemble au royaume de *Sa-mo-kien* (Samarkand).

Quand on a quitté ce royaume, à une distance d'environ quatre cents li à l'ouest, on arrive au royaume de *Fa-ti* (Vadi ou Vati)[3].

ROYAUME DE FA-TI.

Le royaume de *Fa-ti* (Vadi ou Vati) a environ quatre cents li de tour. Sous le rapport des produits du sol et des mœurs des habitants, il ressemble au royaume de *Sa-mo-kien* (Samarkand).

Quand on a quitté ce royaume, à une distance d'environ cinq cents li au sud-ouest[4], on arrive au royaume de *Ho-li-si-mi-kia* (Kharismiga — Kharizm).

---

[1] Le Dict. *Fan-i-ming-i-tsi* (liv. VII, fol. 13) donne *Pou-kie* (*Pouga?*).
[2] En chinois, *Tchong-'an-koue* « le royaume du repos du centre ».
[3] En chinois, *Si-'an-koue* « le royaume du repos de l'occident ».
[4] Suivant M. Vivien de Saint-Martin, il faut « au nord-ouest ».

ROYAUME DE HO-LI-SI-MI-KIA.

(KHARISMIGA — KHARIZM.)

Le royaume de *Ho-li-si-mi-kia* (Kharizm) est situé sur les deux rives du fleuve *Po-tsou* (Vatch — Oxus). Il a de vingt à trente li de l'est à l'ouest, et cinq cents li du sud au nord. Sous le rapport des produits du sol et des mœurs des habitants, il ressemble au royaume de *Fa-ti* (Vadi ou Vati); mais la langue parlée est un peu différente.

Après avoir quitté le royaume de *Sa-mo-kien* (Samarkand), il fit environ trois cents li au sud-ouest et arriva au royaume de *Kie-choang-na* (Kaçanna)[1].

ROYAUME DE KIE-CHOANG-NA.

(KAÇANNA.)

Le royaume de *Kie-choang-na* (Kaçanna) a de quatorze à quinze cents li de tour. Sous le rapport des produits du sol et des mœurs des habitants, il ressemble au royaume de *Sa-mo-kien* (Samarkand).

En sortant de ce royaume, il fit environ deux cents li au sud-ouest, et entra dans des (gorges de) montagnes. La route des montagnes était rude et raboteuse, et les sentiers des ravins étaient bordés de précipices; on ne rencontrait aucun village, et l'on ne voyait ni eau ni herbes.

[1] En chinois, *Chi-kouc* « le royaume des historiens ».

Il fit environ trois cents li au sud-est, à travers les montagnes, et entra dans les *Portes de fer*. On appelle ainsi les gorges de deux montagnes parallèles, qui s'élèvent à droite et à gauche, et dont la hauteur est prodigieuse. Elles ne sont séparées que par un sentier qui est fort étroit, et, en outre, hérissé de précipices. Ces montagnes forment, des deux côtés, de grands murs de pierre dont la couleur ressemble à celle du fer. On y a établi des portes à deux battants, qu'on a consolidées avec du fer. On a suspendu aux battants une multitude de sonnettes en fer; et, comme ce passage est difficile et fortement défendu, on lui a donné le nom qu'il porte aujourd'hui.

Lorsqu'on est sorti des *Portes de fer,* on entre dans le royaume de *Tou-ho-lo* (Toukharâ). Le territoire de ce royaume a environ mille li du sud au nord, et trois mille li de l'est à l'ouest. A l'est, il est borné par les monts *Tsong-ling;* à l'ouest, il touche à la Perse. Au sud, il regarde de grandes montagnes neigeuses; au nord, il s'appuie sur les *Portes de fer.* Le grand fleuve *Po-tchou* (Vatch — Oxus) coule au milieu de ses frontières dans la direction de l'ouest. Depuis plusieurs centaines d'années, la race royale est éteinte. Des chefs puissants, après avoir lutté entre eux à main armée, se sont arrogé chacun le titre de prince; et, se sentant protégés par des rivières et des obstacles naturels, ils ont partagé le royaume de *Tou-ho-lo* (Toukharâ) en vingt-sept états. Mais, quoique leurs domaines soient nettement divisés, ils sont soumis, dans leur ensemble, aux *Tou-kioue* (Turcs). La température étant constamment tiède, les épidémies y sont très-fréquentes.

À la fin de l'hiver et au commencement du printemps, il tombe des pluies continuelles. C'est pourquoi au sud de ce pays et au nord de *Lan-po*, il règne beaucoup d'épidémies[1]. De là vient que tous les religieux entrent dans des demeures fixes le seizième jour du douzième mois, et en sortent le quinzième jour du troisième. Cet usage est fondé sur l'abondance des pluies. Les instructions qu'on leur donne sont subordonnées aux saisons. Les habitants sont d'un caractère mou et pusillanime; leur figure est commune et ignoble. Ils ont quelques notions de la bonne foi et de la justice, et ne se trompent guère les uns les autres. Quant à la langue parlée, elle diffère un peu de celle des autres royaumes. L'écriture se compose de vingt-cinq signes radicaux qui se combinent ensemble; ils servent à exprimer toutes choses. Les livres sont écrits en travers et se lisent de gauche à droite. Les compositions littéraires et les mémoires historiques se sont augmentés peu à peu, et sont, aujourd'hui, plus nombreux que ceux du pays de *Sou-li*[2].

Le plus grand nombre des habitants se revêt de coton, et il en est peu qui portent des étoffes de laine. Dans le commerce, ils font usage de monnaies d'or,

---

[1] En chinois, *ouen-tsi*, littéralement «maladies tièdes», c'est-à-dire maladies causées par une température tiède.

[2] Sur le pays de *Sou-li*, voyez, page 12, ce que dit l'auteur dans la notice relative au royaume de *Pa-lou-kia* (Bâloukâ?).

d'argent, etc., qui, par leur forme, diffèrent de celles des autres royaumes.

En suivant le cours du fleuve *Po-tsou* (Vatch—Oxus), qui descend vers le nord, on arrive au royaume de *Ta-mi* (Termed).

Le royaume de *Ta-mi* (Termed) a environ six cents li de l'est à l'ouest, et quatre cents li du sud au nord. La circonférence de la capitale est d'une vingtaine de li. Il est allongé de l'est à l'ouest, et resserré du sud au nord. Il possède une dizaine de *Kia-lan* (Sañghârâmas) où l'on compte environ mille religieux. Près des *Stoûpas* et des statues vénérables des *Bouddhas*, on voit éclater une multitude de prodiges.

A l'est, il s'étend jusqu'au royaume de *Tch'i-'go-yen-na*[1].

ROYAUME DE TCH'I-'GO-YEN-NA.

Le royaume de *Tch'i-'go-yen-na* (Tchagayana) a environ quatre cents li de l'est à l'ouest, et environ cinq cents li du sud au nord. La capitale a une dizaine de li de circonférence. Il y a cinq couvents qui ne renferment qu'un petit nombre de religieux.

A l'est, il s'étend jusqu'au royaume de *Ho-lou-mo* (Kolom)[2].

ROYAUME DE HO-LOU-MO.

Le royaume de *Ho-lou-mo* (Kolom) a environ cent li de l'est à l'ouest, et environ trois cents li du sud au

---

[1] *Tchâgânian*, suivant M. Alex. Cunningham.
[2] Le Kolom des Arabes, suivant M. Reinaud.

nord. La circonférence de la capitale est d'une dizaine de li. Le roi de ce pays est de la race des Turcs appelés *Hi-sou*. Il y a deux couvents qui renferment environ cent religieux.

A l'est, il s'étend jusqu'au royaume de *Sou-man* (Chouman) [1].

ROYAUME DE SOU-MAN.

Le royaume de *Sou-man* (Chouman) a environ quatre cents li de l'est à l'ouest, et environ cent li du sud au nord. La circonférence de la capitale est de six à sept li. Le roi est de la race des Turcs appelés *Hi-sou*. Il y a deux couvents qui ne renferment qu'un petit nombre de religieux.

Au sud-ouest, ce pays est voisin du fleuve *Po-tsou* (Vatch — Oxus) et s'étend jusqu'au royaume de *Kio-ho-yen-na* (Kouvayana?) [2]. Il a environ deux cents li de l'est à l'ouest, et environ trois cents li du sud au nord. La circonférence de la capitale est d'environ dix li. Il y a trois couvents où l'on compte une centaine de religieux.

A l'est, le pays de *Sou-man* s'étend jusqu'au royaume de *Hou-cha* [3].

ROYAUME DE HOU-CHA.

Le royaume de *Hou-cha* a environ trois cents li de

---

[1] Le *Chouman* d'Ibn-Haucal, suivant M. Reinaud; le *Souman* d'Edrisi (Alex. Cunningham).

[2] On écrit aussi *Kio-li-yen-na* (Kouriyana?).

[3] *Hou-cha*, Och, suivant M. Reinaud.

l'est à l'ouest, et cinq cents li du sud au nord. La circonférence de la capitale est de seize à dix-sept li.

A l'est, le pays de *Hou-cha* s'étend jusqu'au royaume de *Kho-tou-lo*[1].

ROYAUME DE KHO-TOU-LO.

Le royaume de *Kho-tou-lo* a environ mille li de l'est à l'ouest, et mille li du sud au nord. La circonférence de la capitale est d'environ vingt li. A l'est, il touche aux monts *Tsong-ling,* et s'étend jusqu'au royaume de *Kiu-mi-tho* (Koumidha)[2].

ROYAUME DE KIU-MI-THO.

Le royaume de *Kiu-mi-tho* (Koumidha) a environ deux mille li de l'est à l'ouest, et deux cents li du sud au nord. Il est situé au centre des grands *Tsong-ling*. La circonférence de la capitale est d'une vingtaine de li. Au sud-ouest, ce royaume est voisin du fleuve *Po-tsou* (Vatch—Oxus); au sud, il touche au royaume de *Chi-khi-ni*[3].

Au sud, on passe le fleuve *Po-tsou* (Vatch—Oxus), et l'on arrive aux royaumes de *Ta-mo-si-t'ie-ti* (Dhamasthieti?), de *Po-to-tchoang-na* (Paṭasthâna?), de *In-po-kien* (Invakan), de *K'iu-lang-na* (Kouraṇa), de *Hi-mo-*

[1] Le *Kotol* des Arabes, suivant M. Reinaud.

[2] Suivant le *Thaï-thsing-i-tong-tchi* (liv. CCCCXIX, art. Khotan), le royaume de *Kiu-mi-tho* (Koumidha) formait la partie orientale du *Keldiya* actuel.

[3] Aujourd'hui *Sicknam*, sur l'Oxus, au-dessous de *Badakchan*. On trouve la description de ce royaume dans le *Si-yu-ki*, liv. XII, fol. 8.

to-lo[1] (Himatala), de *Po-li-ho*[2] (Priha?), de *Khi-li-se-mo* (Kharisma?), de *Ho-lo-hou* (Roh?), de *'O-li-ni* (Alni ou Arni), et de *Moung-kien* (Mounkan).

En partant du sud-est du royaume de *Houo* (Gour?), on arrive aux royaumes de *Hien-si-to*[3], de *'An-ta-lo-po* (Anderab); c'est ce qu'on peut voir dans l'histoire du retour (du voyageur)[4].

Au sud-ouest, le royaume de *Houo* (Gour?) s'étend jusqu'au royaume de *Po-kia-lang* (Baglan).

ROYAUME DE PO-KIA-LANG.

Le royaume de *Po-kia-lang* a environ cinquante li de l'est à l'ouest, et deux cents li du sud au nord. La circonférence de la capitale est d'une dizaine de li.

Au sud, le pays de *Po-kia-lang* s'étend jusqu'au royaume de *He-lou-si-min-kien* (Hrosminkan?)[5].

[1] C'est à tort qu'en cet endroit une note de l'ouvrage donne à la première syllabe le son de *ti*; car une autre note du même livre (fol. 24 recto), lui donne le son de *hi* (ce qui est conforme à la prononciation du Dictionnaire de *Khang-hi*); de plus, une troisième note du *Si-yu-ki* (liv. III, fol. 17), nous apprend que le mot entier signifie le royaume situé *au bas des montagnes neigeuses* (*Sioue-chan-hia*). En sanscrit, *hima* veut dire « neige », et *tala* « au bas ».

[2] Dans la Vie de Hiouen-thsang (*Sou-kao-seng-tch'ouen*, liv. V, fol. 3), on lit: le royaume de *Pi-li*.

[3] D'après le liv. XII, fol. 3 r°, l. 3, au lieu de 閻 *Hien*, il faut lire 闐 *K'ouo* (*K'ouo-si-to*, Khousta).

[4] Cf. *Si-yu-ki*, liv. XII, fol. 3-9.

[5] Je trouve la première syllabe, 纥 *he* pour *h*, dans *Hrïdaya* « cœur ».

ROYAUME DE HE-LOU-SI-MIN-KIEN.

Le royaume de *He-lou-si-min-kien* a environ mille li de tour. La circonférence de la capitale est de quatorze à quinze li.

Au nord-ouest, le pays de *He-lou-si-min-kien* s'étend jusqu'au royaume de *Ho-lin* (Khorin?).

ROYAUME DE HO-LIN.

Le royaume de *Ho-lin* (Khorin?) a environ huit cents li de tour. La circonférence de la capitale est de cinq à six li. Il y a une dizaine de couvents où l'on compte environ cinq à six cents religieux.

A l'ouest, le pays de *Ho-lin* s'étend jusqu'au royaume de *Po-ho* (Baktra-Balkh)[1].

ROYAUME DE PO-HO.

Le royaume de *Po-ho* (Balkh) a environ huit cents li de l'est à l'ouest et quatre cents li du sud au nord. Du côté du nord, il est voisin du fleuve *Po-tsou* (Vatch—Oxus). La circonférence de la capitale est d'environ vingt li. Tout le monde l'appelle la *petite ville royale*. Quoique cette ville soit bien fortifiée, elle renferme peu d'habitants. Les produits du sol sont extrêmement variés, et il serait difficile d'énumérer toutes les fleurs qui croissent dans l'eau et sur la terre.

Il y a une centaine de couvents où l'on compte en-

---

[1] Dans l'Histoire des voyages de Hiouen-thsang, on lit : *Po-ho-lo* (Bakara-Baktra-Balkh).

viron trois mille religieux qui tous étudient la doctrine du *petit Véhicule* (Hînayâna).

En dehors de la ville, au sud-est, il y a un couvent appelé *Na-po-seng-kia-lan*[1] (Nava sañghârâma), ou le *Nouveau couvent,* qui a été construit par le premier roi de ce royaume. Au nord des montagnes neigeuses, les maîtres qui composent des *Çâstras,* s'établissent uniquement dans ce couvent, et y continuent sans relâche leurs honorables travaux. La statue de *Bouddha* que ce couvent possède, a été construite avec des matières précieuses, et l'on a orné, d'objets rares et d'une grande valeur, la salle où elle est placée. C'est pourquoi la cupidité a souvent poussé les princes des différents royaumes à piller ce riche couvent.

Jadis il y avait dans ce couvent une statue du dieu *Pi-cha-men* (Vâiçravaṇa)[2], qui, par sa pénétration divine, lui offrait un sûr appui, et l'entourait d'une protection secrète. Dans ces derniers temps, *Sse-che-hou khan,* fils de *Che-hou,* Khan des Turcs, arriva avec toute sa horde, et, marchant à la tête de ses soldats barbares, envahit subitement le couvent dans le dessein de s'emparer des choses précieuses dont il était enrichi.

Il avait fait camper son armée dans une plaine voisine. Pendant la nuit qui avait suivi son arrivée, il vit en songe le dieu *Pi-cha-men* (Vâiçravaṇa) qui lui dit :

---

[1] *Na-po*, en chinois, *sin* «nouveau». (Note de l'ouvrage.)
[2] *Pi-cha-men* (Vâiçravaṇa), le dieu des richesses. (*Amarakôcha,* p. 13, l. 9.)

« Quelle est donc ta puissance pour que tu aies l'au-
« dace de vouloir détruire le couvent ? » En disant ces
mots, avec une longue lance, il lui traversa la poitrine
et le dos.

Le *Khan*, s'étant éveillé en sursaut, se sentit pénétré
d'une vive douleur. Il annonça aussitôt à la multitude
de ses sujets le songe effrayant qu'il avait eu. Il se hâta
d'appeler les religieux pour leur exprimer son profond
repentir; mais avant le retour du messager, il expira.

Dans l'intérieur du couvent, au milieu de la salle
méridionale du *Bouddha*, on voit la cuvette dont se
servait le *Bouddha* pour se laver. Elle peut contenir
environ un *teou* [1]. Elle présente différentes couleurs
dont l'œil est ébloui; mais il est difficile de nommer
le métal et la pierre dont elle est faite. On voit, en
outre, une dent du *Bouddha*, longue d'environ un pouce,
et large de huit à neuf dixièmes de pouce (*sic*). Sa couleur est d'un blanc-jaune, et sa matière brillante et pure.
Il y a encore le balai du *Bouddha*, fait avec la plante *Kia-
che* (Kâça). Il est long d'environ deux pieds et a sept
pouces de circonférence. Son manche est orné de diverses pierres précieuses. Dans chacun des six jours de
jeûne, les religieux et les laïques se rassemblent, et
offrent leurs hommages à ces trois objets sacrés. Souvent, ceux qui sont animés d'une foi sincère, les voient
entourés d'une lueur brillante.

Au nord du couvent, il y a un *Stoûpa*, haut d'envi-

---

[1] Suivant M. Natalis Rondot, le *teou* contient aujourd'hui un litre cinquante-cinq centilitres.

ron deux cents pieds, qui est recouvert d'un enduit brillant comme le diamant et orné d'une multitude de pierres précieuses. Il renferme des *Che-li* (Çarîras — reliques), et répand constamment un éclat divin.

Au sud-ouest du couvent, il y a un *Vihâra*. Depuis sa fondation, il s'est écoulé bien des années. C'est le rendez-vous des peuples lointains et des hommes d'un talent supérieur. Il serait difficile de citer complétement tous ceux qui y ont obtenu les quatre degrés de sainteté. C'est pourquoi, jadis, les *Lo-han* (Arhats) qui étaient sur le point d'entrer dans le *Ni-pan* (Nirvâṇa), faisaient éclater leur puissance divine. La multitude, qui avait été témoin de ces prodiges, élevait des *Stoûpas* (en leur honneur). Ces monuments, qui se trouvent extrêmement rapprochés les uns des autres, sont maintenant au nombre de plusieurs centaines.

Il y a eu un millier d'hommes qui, bien qu'ayant obtenu le fruit de la sainteté [1], n'ont jamais pu opérer de miracles; c'est pourquoi on n'a point élevé de monuments pour conserver leur souvenir.

Maintenant, il y a environ cent religieux qui montrent nuit et jour un zèle infatigable. Il est difficile de scruter le cœur des hommes vulgaires et des saints.

A environ cinquante li, au nord-ouest de la capitale, on arrive à la ville de *Ti-weï*.

A environ quarante li, au nord de cette ville, on rencontre la ville de *Po-li*. Chacune de ces villes pos-

---

[1] Cette expression se traduit, tantôt pour le fruit de *Bôdhi* « l'Intelligence », tantôt pour un des quatre degrés de la sainteté (*Sse-ko*).

sède un *Stoûpa*, haut d'environ trois *tchang* (trente pieds).

Jadis, lorsque le *Bouddha* commença à obtenir le fruit de *Bôdhi* (de l'Intelligence), il courut vers l'arbre *Pou-ti* (Bôdhidrouma); puis il se rendit dans la *forêt des Cerfs* (Mrĭgadâva). Dans ce moment, deux maîtres de maison l'ayant reconnu à l'éclat de sa majesté, lui offrirent aussitôt, suivant la mesure de leurs provisions de voyage, de la farine de froment torréfié et du miel. L'Honorable du siècle leur expliqua le bonheur des hommes et des *dévas*, et ils furent les premiers de tous qui reçurent de sa bouche la connaissance des cinq défenses et des dix vertus. Quand ils eurent entendu l'enseignement de la loi, ils lui demandèrent quelque chose qu'ils pussent honorer, et, sur-le-champ, *Jou-laï* (le Tathâgata) leur donna une partie de ses cheveux et de ses ongles. Lorsque les deux maîtres de maison étaient sur le point de s'en retourner dans leur pays natal, ils lui demandèrent quelle méthode ils devaient suivre pour l'honorer et lui montrer leur respect. *Jou-laï* (le Tathâgata) ôta (en leur faveur) son *Seng-kia-tchi* (Sanghâṭî)[1] formé de pièces de coton carrées; puis l'*Yo-to-lo-seng* (l'Outtarâsaṅga); et, enfin, le *Seng-k'io-k'i* (Sañkakchikâ)[2]. Il leur donna ensuite son vase (*Pâtra*) avec le couvercle et son bâton de religieux (*Hikkala*). Chacun de ces objets sacrés devait être honoré par l'érection d'un *Stoûpa*.

[1] Les mots *Sanghâṭî, Outtarâsaṅga* et *Sañkakchikâ*, sont des noms de vêtements. Voyez page 1, la fin de la note 1.

[2] Voyez le Dictionnaire bouddhique *Mahâvyoutpatti*, § 240.

Ces deux hommes ayant reçu les ordres du *Bouddha*, s'en retournèrent séparément dans leur ville natale; et alors, conformément au modèle que le *Saint* leur avait prescrit, ils élevèrent avec respect des *Stoûpas*. Ce furent là les premiers de tous les monuments que l'on bâtit en l'honneur de la loi de *Chi-kia* (Çâkya).

A soixante et dix li à l'ouest de la ville, il y a un *Stoûpa* haut d'environ deux *tchang* (vingt pieds), qui a été construit du temps de *Kia-che-po-fo* (Kâçyapa Bouddha).

En partant de la capitale, dans la direction du sud-ouest, on entre dans les flancs des montagnes neigeuses (*Himavat*) et l'on arrive au royaume de *Jouï-mo-tho* (Djoumadha?).

ROYAUME DE JOUÏ-MO-THO.

Le royaume de *Jouï-mo-tho* (Djoumadha?) a de cinquante à soixante li de l'est à l'ouest, et environ cent li du sud au nord. La circonférence de la capitale est d'environ dix li.

Au sud-ouest, le pays de *Jouï-mo-tho* s'étend jusqu'au royaume de *Hou-chi-kien*[1].

ROYAUME DE HOU-CHI-KIEN.

Le royaume de *Hou-chi-kien* (Houdjikan) a environ cinq cents li de l'est à l'ouest, et mille li du sud au nord. La circonférence de la capitale est d'environ vingt li. Il y a beaucoup de montagnes et de rivières; ce pays fournit d'excellents chevaux.

[1] Suivant M. Reinaud, c'est l'*Houdjikan* des Arabes.

Au nord-ouest, il s'étend jusqu'au royaume de *Ta-la-kien* (Talkan).

ROYAUME DE TA-LA-KIEN.

Le royaume de *Ta-la-kien* (Talkan) a environ cinq cents li de l'est à l'ouest, et de cinquante à soixante li du sud au nord. La circonférence de la capitale est d'environ dix li. A l'ouest, il touche aux frontières de la Perse.

En partant du royaume de *Po-ho* (Balkh), il fit environ cent li au sud, et arriva au royaume de *Kie-tchi* (Gatchi).

ROYAUME DE KIE-TCHI.

Le royaume de *Kie-tchi* (Gatchi) a environ cinq cents li de l'est à l'ouest, et trois cents li du sud au nord. La circonférence de la capitale est de quatre à cinq li. Le sol est stérile; les tertres et les collines se touchent; il y a peu de fleurs et de fruits, mais on récolte une grande quantité de légumes et de froment. Le climat est glacial; la dureté et la violence dominent dans les mœurs.

Il y a une dizaine de couvents où l'on compte environ trois cents religieux. Ils étudient tous les principes de l'école *I-tsie-yeou-pou* (l'école des Sarvâstivâdas), qui se rattache au *petit Véhicule* (Hînayâna).

Au sud-est, on entre dans les grandes montagnes neigeuses. Les montagnes sont hautes et les vallées profondes; les cavernes et les sommets des montagnes sont pleins de dangers, le vent et la neige se succèdent sans interruption; la glace subsiste au fort de l'été; des monceaux de neige comblent les vallées, et les sentiers sont presque impraticables. Les esprits et les démons des montagnes envoient, dans leur colère, de terribles calamités. Des brigands forcenés marchent en troupe et font métier de tuer les voyageurs.

Après avoir fait environ six cents li, il sortit des frontières du royaume de *Tou-ho-lo* (Toukharâ), et arriva au royaume de *Fan-yen-na* (Bamian).

ROYAUME DE FAN-YEN-NA.

Le royaume de *Fan-yen-na* (Bamian) a environ deux mille li de l'est à l'ouest, et trois cents li du sud au nord. Il est situé au milieu des montagnes neigeuses. Les habitants occupent de petites villes construites, suivant la position des lieux, tantôt sur le flanc des montagnes, tantôt au fond des vallées. La capitale s'appuie sur les bords de deux montagnes opposées et traverse une vallée. Elle est longue de six à sept li. Au nord, elle est adossée à des rochers hauts et escarpés. Ce pays produit du blé tardif, mais peu de fleurs et de fruits; il offre d'excellents pâturages et nourrit un grand nombre de moutons et de chevaux. Le climat est glacial; les mœurs sont dures et farouches. La plupart des habitants portent des vêtements de peau et de laine; c'est le genre d'habillement qui leur convient. Les caractères de l'écriture, les règlements administratifs et les monnaies qu'on emploie dans le commerce, sont les mêmes que dans le royaume de *Tou-ho-lo* (Toukharâ); la langue parlée est un peu différente; mais, sous le rapport des traits du visage, les deux peuples ont une grande ressemblance. Par la pureté de leur foi, les habitants de *Fan-yen-na* l'emportent de beaucoup sur ceux des royaumes voisins. Il n'en est aucun qui ne montre aux *trois Précieux* et à tous les esprits, un zèle sincère et une profonde vénération. Lorsque les marchands vont et viennent pour leur négoce, les esprits du ciel font apparaître des présages heureux; mais s'ils envoient des calamités soudaines, ils leur adressent des prières pour obtenir le bonheur. Il y a plusieurs dizaines de couvents où l'on compte quelques milliers de religieux de l'école *Choue-tch'ou-chi-pou* (l'école des Lôkôttaravâdinas), qui se rattache au *petit Véhicule*.

Sur le flanc d'une montagne située au nord-est de la ville royale, il y a une statue en pierre du *Bouddha* qu'on a représenté debout; elle est haute de cent quarante à cent cinquante pieds. Elle est d'une couleur d'or qui rayonne de toutes parts, et l'œil est ébloui de ses précieux ornements.

A l'est de cet endroit, il y a un couvent qui a été construit par le premier roi de ce royaume.

A l'est du couvent, s'élève une statue en *Teou-chi* (laiton) de *Chi-kia-fo* (Çâkya Bouddha) qu'on a représenté debout; elle est haute d'une centaine de pieds. Chaque partie du corps a été fondue à part, et, en les réunissant toutes ensemble, on en a formé la statue droite du *Bouddha*.

A douze ou treize li à l'est de la ville, on voit dans un couvent la statue couchée du *Bouddha* qui entre dans le *Nirvâṇa;* sa longueur est d'environ mille pieds (*sic*).

Chaque fois que le roi convoque la grande assemblée de la *Délivrance* (Môkcha mahâparichad[1]), il sacrifie tout, depuis sa femme et ses enfants jusqu'aux richesses du royaume. Quand le trésor public est épuisé, il se donne lui-même en aumône. Alors les magistrats vont trouver les religieux et le rachètent. Ces soins pieux sont la principale occupation du roi.

Au sud-est du couvent de la statue couchée, il fit environ deux cents li, franchit de grandes montagnes neigeuses, et arriva, du côté de l'est, à une petite vallée humide[2] où l'on voyait des bassins d'eau vive, clairs comme un miroir, et des arbres au feuillage verdoyant. Il y avait là un couvent où l'on conservait une dent du *Bouddha,* ainsi qu'une dent d'un Pratyêka Bouddha (en chinois *To-khio*), qui vivait au commencement des *Kalpas.* Elles étaient longues d'environ cinq pouces, et larges de moins de quatre pouces (*sic*). Il y avait, en outre, une dent d'un roi *à la roue d'or* (Souvarṇatchakravarttî râdjâ), longue de trois pouces et large de deux pouces (*sic*), et un vase de fer, pouvant contenir neuf *ching,* dont se servait le grand *'O-lo-han* (Arhat)

---

[1] En chinois, *Wou-tche-ta-hoeï*, littéralement : la grande réunion de *Wou-tche* (transcription de *môkcha,* délivrance).

[2] L'expression *tch'ouen-tse* du texte se rend, en mandchou, par *Noukhaliyan simelen* « terrain bas et humide ». (Dict. *Thsing-han-wen-haï,* liv. XXXVIII, fol. 12.)

Chang-no-kia-po-so (Çaṇakavâsa[1]). Ces différents objets, légués par des saints et des sages, sont renfermés dans un écrin d'or. On possède encore, dans ce couvent, le vêtement appelé *Seng-kia-tchi* (Sañghâṭî), composé de neuf pièces, que portait *Chang-no-kia-po-so* (Çaṇakavàsa). Sa couleur est d'un rouge vif. Il a été fabriqué jadis avec les filaments de la plante *Che-no-kia* (Çaṇaka[2]). *Chang-no-kia-po-so* (Çaṇakavâsa) était un disciple de *'O-nan* (Ânanda). Dans sa première existence, le jour où l'on quittait la retraite, il avait donné à la multitude des religieux des vêtements tissus avec les filaments de la plante *Che-no-kia* (Çaṇaka). Grâce à l'influence de cette belle action, pendant cinq cents existences successives, il porta constamment le même vêtement. Dans sa dernière existence, il sortit avec ce vêtement du sein de sa mère. A mesure que son corps croissait, son vêtement s'agrandissait dans la même proportion. Lorsque *'O-nan* (Ânanda) l'eut converti, et qu'il eut quitté sa famille, ce vêtement se changea en un habit de religieux. Après qu'il eut reçu le complément des règles de la discipline, ce vêtement se transforma encore et devint un *Seng-kia-tchi* (Sañghâṭî) composé de neuf pièces. Quand il fut sur le point d'entrer dans le *Nirvâṇa*, et de se plonger dans l'extase finale, il exprima avec énergie le vœu que ce *Kia-cha*[3] durât jusqu'à l'extinction de

---

[1] Autrefois, on écrivait incorrectement : *Chang-no-ho-sieou* (Çaṇavàsou).

[2] *Çaṇa*, Hemp (*Cannabis sativa*). Dict. de Wilson.

[3] En sanscrit, *Kachâya*, vêtement de religieux teint en jaune-brun.

la loi léguée par *Chi-kia* (Çâkya) et qu'il ne périt qu'avec elle. Maintenant, il est déjà un peu détérioré; c'est là un témoignage digne de foi.

En partant de ce royaume, dans la direction de l'est, il entra dans les gorges des montagnes neigeuses, franchit les montagnes noires, et arriva au royaume de *Kia-pi-che* (Kapiça).

ROYAUME DE KIA-PI-CHE.

(KAPIÇA.)

Le royaume de *Kia-pi-che* (Kapiça) a environ quatre mille li de tour. Au nord, il est adossé aux montagnes neigeuses; des trois autres côtés, il est borné par les montagnes noires (les monts Hindoukouch). La circonférence de la capitale est d'environ dix li. Ce pays est favorable à la culture des grains[1] et du froment; il possède un grand nombre d'arbres à fruit. On en tire d'excellents chevaux et du *Curcuma*[2]; les marchandises rares des pays étrangers y abondent. Le climat est froid et venteux. Les habitants sont d'un naturel cruel et farouche; leur langage est bas et grossier, et, chez eux, le mariage n'est qu'un honteux mélange des sexes. Les caractères de l'écriture ressemblent, en grande partie, à ceux du royaume de *Tou-ho-lo* (Toukhârâ); mais les coutumes, la langue parlée et les lois sont fort diffé-

---

[1] On entend par ce mot diverses sortes de grains autres que le froment, comme le millet, le riz, le chènevis, les pois, etc.

[2] En chinois, *Yo-kin-hiang*.

rentes. Les habitants portent des vêtements de laine; ils font aussi usage d'habits de laine garnis de fourrures. Dans le commerce, ils se servent de monnaies d'or et d'argent, et de petites pièces de cuivre qui, par leur dimension et leur forme, diffèrent de celles des autres royaumes. Le roi est de la race des *T'sa-li* (Kchattriyas); il se distingue par sa prudence et les ressources de son esprit. Il est d'un naturel brave et impétueux, et, par sa puissance redoutable, il fait trembler les pays voisins; il commande à une dizaine de royaumes. Il aime et protége le peuple; il respecte et honore les *trois Précieux*. Chaque année, il fait fabriquer, en argent, une statue du *Bouddha*, haute de dix-huit pieds, et, en même temps, il convoque la grande assemblée de la *Délivrance* (Môkcha mahâparichad), dans laquelle il distribue des secours aux indigents et fait des aumônes aux hommes veufs et aux veuves.

Il y a une centaine de couvents où l'on compte environ six mille religieux, qui tous étudient la doctrine du *grand Véhicule* (Mahâyâna). Les *Stoûpas* et les *Seng-kia-lan* (Sañghârâmas) se distinguent par leur élévation, leur grandeur et leur éclat imposant. Il y a plusieurs dizaines de temples des dieux, et un millier d'hérétiques. Les uns vont nus (les *Nirgranthas*), les autres se frottent de cendres (les *Páñçoupatas*), ou font des chapelets d'ossements de crânes, et en enveloppent leur tête (les *Kapâladhârinas*).

A trois ou quatre li à l'est de la capitale, au bas d'une montagne située au nord, il y a un couvent appelé *Jin-kia-lan* (Narasanghârâma?), où l'on compte environ trois cents religieux, qui tous étudient la doctrine du *petit Véhicule*. Si l'on interroge les anciennes descriptions du pays, on y lit ce qui suit : « Jadis *Kia-ni-se-kia* (Kanichka), roi de *Kien-t'o-lo* (Gândhâra), faisait sentir sa force redoutable aux royaumes voisins, et l'influence de ses lois se répandait dans les pays lointains. Il organisa son armée, et étendit ses domaines jusqu'à l'est des monts *Tsong-ling*. Les princes dépendants, qui habitaient à l'ouest du fleuve (Jaune), craignant la puissance de ses armes, lui envoyaient des otages. Après les avoir reçus, *Kia-ni-se-kia* (Kanichka) les traitait de la manière la plus honorable, et ordonnait qu'à l'arrivée du froid on les transportât dans un pays chaud, pour qu'ils y demeurassent pendant l'hiver. » Les princes des divers royaumes de l'Inde reviennent en été à *Kia-pi-che* (Kapiça); au printemps et en automne, ils restent dans le royaume de *Kien-t'o-lo* (Gândhâra). C'est pourquoi, dans chacun des lieux où les otages demeuraient pendant trois saisons [1], on a bâti un couvent. Celui dont nous parlons avait été construit pour leur résidence d'été. C'est pourquoi, sur tous les murs, on avait peint les portraits de ces otages, qui, par les traits de leur figure et par leurs vêtements, ressemblaient beaucoup à des hommes de l'orient (c'est-à-dire de la Chine). Dans la suite, lorsqu'ils avaient obtenu la faculté de s'en retourner dans leur patrie, ils conservaient dans leur cœur le souvenir de leur an-

[1] L'été, l'automne et l'hiver.

cienne résidence, et, quoiqu'ils en fussent séparés par des montagnes et des rivières, ils ne cessaient point de l'honorer. C'est pourquoi, aujourd'hui, chaque fois qu'arrive l'époque où l'on entre dans des demeures fixes et où l'on en sort, la multitude des religieux célèbre avec pompe une grande assemblée de la loi, pour demander le bonheur et faire des actes méritoires en faveur des otages. Cette pieuse coutume s'est continuée jusqu'ici sans interruption.

Dans la salle du *Bouddha*, qui fait partie de ce couvent, au sud de la porte orientale, sous le pied droit de la grande statue du *roi des Esprits*[1], on avait creusé la terre pour y cacher des choses précieuses. Ce dépôt avait été fait par les princes envoyés en otage. C'est pourquoi on avait placé en cet endroit une inscription

[1] Dans le *Peï-wen-yun-fou*, liv. CCXXI, fol. 147, on voit l'expression *Chin-ouang* « roi des Esprits » désigner un de ces Esprits armés d'une massue d'or, qui avaient mission de garder et de protéger un sanctuaire. Le rôle et la forme de cet Esprit sont nettement définis dans le *Nan-haï-k'i-koueï-neï-fa-tch'ouen*, liv. I, fol. 18. « Dans les grands couvents de l'Inde, à côté de la cuisine ou devant la porte du grand magasin, on place la statue du roi des Esprits (*Chin-ouang*). Elle est sculptée en bois et a de deux à trois pieds de hauteur. Le roi des Esprits tient dans sa main un sac doré; il est assis sur un petit siége et a un pied pendant à terre. On lui peint la figure avec un vernis noir. On l'appelle, pour cette raison, *Mo-ho-ko-lo* (*Mahâkâla*), c'est-à-dire le grand (Esprit) noir. Suivant la tradition, il fait partie de la troupe de *Ta-thien* (Mahâdêva); il aime les *trois Précieux*, il protége les religieux et fait en sorte qu'ils n'éprouvent ni perte, ni dommage. Il exauce les vœux de ceux qui l'invoquent. À l'heure du repas, on brûle devant lui des bâtons odorants, et on lui sert une partie des breuvages et des mets qui ont été préparés pour les religieux. »

ainsi conçue : « Quand le couvent tombera en ruines, on prendra ces richesses pour le réparer. »

Dans ces derniers temps, il y eut un roi des frontières voisines qui était d'une cupidité effrénée et d'un caractère méchant et cruel. Quand il eut appris que ce couvent renfermait une grande quantité de richesses, il chassa les religieux et se mit à pratiquer des fouilles. Un perroquet, dont la figure surmontait le milieu du diadème du *roi des Esprits*, battit des ailes et poussa des cris effrayants. La terre en fut ébranlée, le roi et ses soldats furent repoussés et renversés sur le sol. S'étant relevé au bout de quelque temps, il confessa son crime et s'en retourna.

Sur un passage de montagne situé au nord du couvent, il y a plusieurs chambres creusées dans le roc; c'était là que les princes envoyés en otage se livraient à la méditation. On y a renfermé une grande variété d'objets précieux. On voit une inscription à côté de ces chambres que des *Yo-tcha* (Yakchas) gardent et protégent. Si quelqu'un tente de les ouvrir pour dérober les trésors qu'elles renferment, ces *Yo-tcha* (Yakchas) se métamorphosent, par leur puissance surnaturelle, et se montrent sous une forme extraordinaire. Tantôt ils ressemblent à des lions, tantôt à des serpents, à des animaux féroces ou à des reptiles venimeux, et sous ces corps étranges, ils font éclater leur colère et leur rage. De là vient que personne n'ose employer la violence pour les ouvrir.

A deux ou trois li, à l'ouest des chambres de pierre,

au haut d'un grand passage de montagne, s'élève une statue du *Pou-sa Kouan-tseu-t'saï* (Avalôkitêçvara Bôdhisattva). Si une personne, animée d'une foi sincère, a le désir de le voir, le *Bôdhisattva* sort du milieu de sa statue, montre son corps d'une beauté merveilleuse, et lui adresse des paroles bienveillantes.

A environ trente li, au sud-est de la capitale, on arrive au couvent de *Ho-lo-hou-lo* (Râhoula). A côté, il y a un *Stoûpa* haut d'une centaine de pieds. Quand vient un jour de jeûne, il répand constamment une brillante lumière. Au haut de la coupole, on voit découler, entre les interstices des pierres, une huile parfumée de couleur noire, et, pendant le silence de la nuit, on entend les sons d'une musique harmonieuse. Voici ce qu'on lit à ce sujet dans les anciennes descriptions de ce pays :
« Ce *Stoûpa* a été bâti jadis par un ministre de ce royaume nommé *Ho-lo-hou-lo* (Râhoula). Après qu'il eut achevé cette entreprise, il vit en songe un homme qui lui dit :
« Le *Stoûpa* que vous venez d'élever ne renferme pas
« encore de *Che-li* (Çarîras — reliques). Demain matin
« quelqu'un viendra en offrir au roi. Il faut que vous les
« demandiez à Sa Majesté. »

« Le matin, il se rendit à la cour et présenta sa demande au roi : « Votre sujet, dit-il, sans calculer son peu
« de mérite, ose vous adresser une prière. »

« Le roi lui dit : « Que désirez-vous ? » — « Aujour-
« d'hui, répondit-il, quelqu'un viendra vous faire une
« offrande ; je désire que vous daigniez abaisser vos
« bontés sur moi et m'en gratifier. »

« Le roi lui dit : « J'y consens. »

« *Ho-lo-hou-lo* (Râhoula) se plaça à la porte du palais en attendant la personne qui allait arriver.

« Tout à coup, il vit venir un homme qui tenait dans ses mains un vase renfermant les reliques. Le ministre l'interrogea et lui dit : « Que voulez-vous offrir au roi ? »

— « Des reliques du *Bouddha*, » répondit-il.

« Le ministre lui dit : « Je vais vous les garder, mais « auparavant il faut que j'aille avertir le roi. »

« *Ho-lo-hou-lo* (Râhoula) qui craignait que le roi, attachant un grand prix à ces reliques, ne se repentît de la promesse qu'il lui avait faite, courut promptement au couvent, et monta au haut du *Stoûpa*.

« Par l'effet de sa foi sincère, la coupole s'ouvrit d'elle-même, et il y déposa les reliques ; puis il voulut s'enfuir rapidement. Au moment où il agrafait le collet de son vêtement, le roi envoya des hommes à sa poursuite, mais la pierre de la coupole s'était déjà refermée sur les reliques. » Voilà pourquoi, par les interstices des pierres, il s'écoule une huile parfumée de couleur noire.

A environ quarante li de la ville, on arrive à la ville de *Si-p'ie-to-fa-la-sse* (Sphîtavaras?). Toutes les fois qu'il survient un tremblement de terre et que les flancs des montagnes s'écroulent, le pays qui se trouve tout autour des limites de cette ville, n'éprouve pas la plus légère commotion.

A environ trente li, au midi de la ville de *Si-p'ie-to-fa-la-sse* (Sphîtavaras?), on arrive au mont '*O-lou-nao*

(Arouṇa)¹. Là, on voit des sommets escarpés d'une élévation surprenante, ainsi que des cavernes et des vallées d'une sombre profondeur. Chaque année, le pic de cette montagne croît en hauteur de quelques centaines de pieds; puis, lorsqu'il est arrivé au niveau et en face du mont *Sou-na-hi-lo* du royaume de *Tsao-kiu-t'o* (Tsâukoûṭa), il s'écroule subitement. Voici ce que racontent à ce sujet les habitants du pays: « Dans l'origine, un Esprit du ciel, nommé *Soûna*, arriva d'un pays éloigné, et voulut s'arrêter sur cette montagne. L'Esprit de la montagne fut rempli d'effroi, et il ébranla les vallées. L'Esprit du ciel lui dit : « Vous n'avez pas envie de me donner « asile, et c'est pour cela que vous ébranlez la terre. Si « vous daignez me traiter comme un hôte, je vous com-« blerai de richesses. Aujourd'hui, je m'en vais sur le « mont *Sou-na-hi-lo* dans le royaume de *Tsao-kiu-t'o* (Tsâu-« koûṭa); je viendrai ici chaque année. A l'époque où je « recevrai les sacrifices et les offrandes du roi et de ses « ministres, il faut que vous vous placiez en face de moi. » Voilà pourquoi le mont *'O-lou-nao* (Arouṇa) croît en hauteur; après quoi son pic s'écroule subitement.

A environ deux cents li au nord-ouest de la capitale, on arrive à une grande montagne neigeuse sur le sommet de laquelle il y a un lac. Si l'on demande de la pluie ou du beau temps, on obtient immédiatement l'objet de ses vœux. Voici ce qu'on lit, à ce sujet, dans les anciennes descriptions de ce pays: « Jadis, dans le royaume de *Kien-t'o-lo* (Gândhâra), il y avait un *Lo-han*

¹ *'O-lou-nao* me paraît répondre au mot sanscrit *arouṇa* « rouge ».

(un Arhat) qui recevait constamment les hommages du roi-dragon du lac. Chaque fois qu'arrivait le repas de midi, il se couchait dans un lit en cordes ; puis, par la vertu de sa puissance divine, il s'élançait dans les airs et allait trouver (le dragon). Le novice qui le servait se cachait sous le lit et se faisait enlever sans être vu [1]. Un jour que le moment était venu, le *Lo-han* partit et arriva en un instant. Il se rendit au palais du dragon, qui aperçut alors le *Cha-mi* (Çramaṇêra — novice). Le roi-dragon, les ayant invités à manger, offrit au *Lo-han* (à l'Arhat) du riz mêlé d'ambroisie [2] et au novice des aliments usités parmi les hommes. Quand le *Lo-han* (l'Arhat) eut fini de manger le riz, il expliqua, en faveur du roi-dragon, les vérités les plus essentielles de la loi. Le novice lava, suivant son habitude, le vase de son maître. Comme il y était resté quelques grains de riz, émerveillé de leur saveur parfumée, il forma un vœu coupable. Irrité à la fois contre son précepteur et contre le dragon, (il dit en lui-même :) « Je désire voir éclater « aujourd'hui toute la puissance de ma vertu, trancher « la vie de ce dragon, et moi-même devenir roi. »

« Au moment où le *Cha-mi* (le novice) prononçait ce vœu, le dragon éprouva de vives douleurs de tête.

« Quand l'*Arhat* eut expliqué la loi et instruit le roi-dragon, celui-ci avoua ses fautes et s'accusa lui-même ; mais le novice, l'âme remplie de colère, resta sourd

---

[1] Littéralement : il grimpait et restait caché.
[2] En chinois, *Kan-lou* « douce rosée ». Dans les livres bouddhiques, cette expression répond au mot sanscrit *amrĭta* « ambroisie ».

aux instructions de son maître et ne donna aucune marque de repentir. Quand il fut retourné dans le couvent, par suite du vœu qu'il avait prononcé et par l'effet puissant de sa vertu, il mourut dans la même nuit, et devint un grand roi-dragon. Il fit éclater alors sa colère redoutable. Aussitôt, il entra dans le lac, tua le roi-dragon et s'installa dans son palais. Il commanda, dès lors, à tous ses sujets et s'empara de toute sa puissance. En raison du vœu qu'il avait formé dans son existence précédente, il déchaîna les vents et la pluie, brisa et arracha les arbres et voulut détruire le couvent.

« En ce moment, le roi *Kia-ni-se-kia* (Kanichka) fut étonné de ces ravages et en demanda la cause.

« Le *Lo-han* (l'Arhat) l'ayant complétement expliquée au roi, celui-ci, en considération du dragon[1], construisit un couvent au pied des montagnes neigeuses, et éleva un *Stoûpa* haut d'environ cent pieds. Le dragon, toujours rempli de son ancienne rancune, déchaîna aussitôt les vents et la pluie. Le roi s'appliquait constamment à secourir les hommes; mais le dragon n'écoutait que sa colère et s'abandonnait à toute sa fureur. Le couvent et le *Stoûpa* furent six fois détruits et sept fois rebâtis. Le roi *Kia-ni-sé-kia* (Kanichka), confus de l'insuccès de son entreprise, résolut, à la fin, de combler l'étang du dragon et de détruire son palais. Sur-le-champ, il leva des troupes et se rendit, avec son armée, au pied des montagnes neigeuses. Dans ce moment, le roi-dragon fut frappé de terreur. Il prit la forme d'un vieux Brâh-

[1] C'est-à-dire du roi-dragon qui avait été tué par le novice.

mane, se prosterna devant l'éléphant du roi et adressa
à Kanichka des représentations. « Grand roi, dit-il, vous
« avez planté la racine du bien, et vous avez semé une
« multitude d'actions vertueuses. Vous avez obtenu ainsi
« de devenir le roi des hommes, et il n'y a personne qui
« n'obéisse à vos lois. Pourquoi luttez-vous aujourd'hui
« contre un dragon? Le dragon est un animal d'une
« espèce vile et hideuse; cependant, il possède une
« grande puissance qui le rend invincible. Il monte sur
« les nuages, il commande aux vents, il marche dans les
« airs et glisse sur les eaux; nulle force humaine ne
« pourrait le dompter. Comment se trouve-t-il en butte
« à la colère du roi? Aujourd'hui, Votre Majesté a ras-
« semblé toutes les troupes du royaume pour lutter
« contre un dragon. Si vous remportez la victoire, vous
« n'aurez point montré cette puissance imposante qui
« soumet les peuples éloignés; mais si Votre Majesté
« est vaincue, elle aura la honte de n'avoir pu résister
« à l'ennemi. Dans l'intérêt du roi, je lui conseille de
« remmener ses troupes. » Le roi *Kia-ni-se-kia* n'ayant
point suivi cet avis, le dragon retourna aussitôt dans
son lac. A sa voix, qui grondait comme le tonnerre, un
vent furieux déracina les arbres, le sable et les pierres
tombèrent comme la pluie, de sombres nuages obscur-
cirent les airs, et les soldats et les chevaux furent remplis de terreur. Alors le roi alla se prosterner devant
les *trois Précieux* et leur demanda aide et protection.
« Dans mon existence précédente, dit-il, j'ai accumulé
« de bonnes œuvres, et, par là, j'ai obtenu de devenir

« le roi des hommes. Par la force de mes armes, j'ai
« fait trembler de puissants ennemis, et j'ai soumis à
« mes lois toute l'île de *Tchen-pou* (Djamboudvîpa). Si
« maintenant j'étais vaincu par un dragon, qui n'est
« qu'un vil animal, cette défaite prouverait la médio-
« crité de mes mérites. Je désire qu'on voie éclater au-
« jourd'hui toute la puissance de ma vertu. »

« A ces mots, du milieu de ses deux épaules, il s'éleva
une grande flamme, avec des tourbillons de fumée. Le
dragon s'enfuit et les vents firent silence. Les vapeurs
se retirèrent et les nuages s'évanouirent. Le roi ordonna
à chaque homme de son armée d'apporter une pierre
pour combler l'étang du dragon.

« Le roi-dragon se transforma de nouveau en Brâhmane, et vint une seconde fois prier le roi : « Je suis,
« dit-il, le roi-dragon de cet étang. Effrayé de votre puis-
« sance redoutable, je viens me soumettre à vous. Dai-
« gnez, ô roi, ouvrir votre cœur à la pitié, et me par-
« donner mes fautes passées. Le roi aime à nourrir et
« à protéger les créatures; pourquoi suis-je le seul à
« qui il fasse du mal? Si le roi m'ôte la vie, moi et le
« roi nous tomberons tous deux dans une des voies
« malheureuses. Le roi se sera rendu coupable d'un
« meurtre, et moi j'en conserverai un long ressentiment.
« Les actions humaines trouvent infailliblement leur sa-
« laire ; le bien et le mal éclatent enfin au grand jour. »

« Alors le roi fit un pacte avec le dragon : « Si désor-
« mais, lui dit-il, vous vous rendez encore coupable, je
« ne vous pardonnerai jamais. »

« Le dragon repartit : « C'est à cause de mes péchés
« passés que j'ai reçu ce corps d'animal. Les dragons sont
« naturellement portés à la violence et à la méchanceté;
« ils ne peuvent pas (toujours) se contenir. Si, par ha-
« sard, je viens à m'abandonner à la colère, il faudra que
« vous oubliiez votre décision. Maintenant, Votre Majesté
« peut rétablir le couvent; je n'oserai plus le détruire.
« Envoyez chaque jour un homme pour observer de
« loin le sommet de la montagne; s'il voit s'élever de
« sombres nuages, qu'il frappe vivement le *Kien-tchi* (le
« *Ghaṇṭâ*)[1]. Aussitôt que j'en aurai entendu les sons, je
« ne manquerai pas de réprimer mes mauvais desseins. »
« Là-dessus, le roi reconstruisit le couvent et rebâtit
le *Stoûpa*. On observa les nuages et les vapeurs; cet
usage s'est conservé jusqu'à ce jour. » Voici ce qu'on lit,
à ce sujet, dans les anciennes descriptions de ce pays :
« Dans le centre du *Stoûpa*, il peut y avoir un *ching*[2] de
reliques provenant des os et de la chair de *Jou-laï* (du
Tathâgata); elles opèrent une multitude de prodiges qu'il
serait difficile de raconter en détail. Un jour, du milieu
du *Stoûpa*, il s'éleva tout à coup une fumée épaisse, et
peu d'instants après, on en vit sortir une flamme violente. Les témoins de ce spectacle crurent que le *Stoûpa*
était déjà consumé. Mais, après qu'ils eurent regardé

[1] Plaque en métal sonore, sur laquelle on frappe, en guise de cloche. Cet instrument se fait aussi en bois. L'*Encyclopédie japonaise*,
liv. XIX, nous apprend qu'on l'appelle aujourd'hui *Mo-yu* « le poisson
de bois »; on le frappe avec un petit bâton.

[2] Sorte de mesure chinoise, qui, suivant M. Natalis Rondot, contient actuellement cinquante-trois centilitres.

pendant longtemps, la flamme s'éteignit et la fumée se dissipa. Ils virent alors les reliques qui, semblables à des perles blanches et à des diamants, faisaient le tour de la flèche, montaient jusqu'aux nuages par un mouvement circulaire, et redescendaient en décrivant une spirale. »

Au nord-ouest de la capitale, sur le rivage méridional d'un grand fleuve, on voit, dans le couvent d'un ancien roi, une des dents de lait de *Chi-kia-pou-sa* (Çâkya Bôdhisattva). Elle est longue d'environ un pouce (*sic*).

Au sud-est de ce couvent, il y en a un autre qu'on appelle aussi le couvent de l'ancien roi. On y voit un fragment de l'os du sommet de la tête de *Jou-laï* (du Tathâgata). Sa surface est large d'environ un pouce, et sa couleur est d'un blanc-jaune ; on distingue nettement les petits trous des cheveux. Il y a, en outre, un cheveu de *Jou-laï* (du Tathâgata), dont la couleur est d'un noir-bleu. Il est roulé (de gauche) à droite ; lorsqu'on l'étire, il peut avoir environ un pied ; mais, bouclé, il n'a qu'un demi-pouce. A chacune des six époques du jeûne, le roi et ses ministres répandent des fleurs pour honorer ces trois objets sacrés.

Au sud-ouest du couvent de l'os du crâne (Ouchṇicha), on voit le couvent de la femme de l'ancien roi. Au centre, s'élève un *Stoûpa* en cuivre doré, qui est haut d'une centaine de pieds (*sic*). Voici ce que racontent les gens du pays : « Ce couvent renferme environ un *ching* des reliques du *Bouddha*. Le quinzième jour de chaque mois, elles répandent, la nuit, une lueur circulaire qui illumine la coupole[1]. Cette lueur brillante dure jusqu'au matin. Alors elle s'affaiblit par degrés, et rentre dans le *Stoûpa*. »

Au sud-ouest de la capitale, s'élève la montagne *Pi-lo-so-lo* (Pîlousâra). L'Esprit de cette montagne avait pris la forme d'un éléphant; pour cette raison on l'appela *Siang-kien*[2]. Jadis, à l'époque où *Jou-laï* (le Tathâgata) vivait dans le monde, l'Esprit *Siang-kien* (Pîlousâra) adressa une invitation à l'Honorable du siècle et à douze cents grands *'O-lo-han* (Arhats). Sur le sommet de la montagne, il y avait un large roc. *Jou-laï* (le Tathâgata) se rendit en cet endroit et reçut les hommages de l'Esprit (Pîlousâra). Dans la suite des temps, le roi *Wou-yeou* (Açôka) éleva sur ce même roc un *Stoûpa*, haut d'une centaine de pieds. Aujourd'hui, on l'appelle *Siang-kien-sou-tou-po* (Pîlousâra stoûpa). On dit encore que, dans ce *Stoûpa*, il y a un *ching* des reliques de *Jou-laï* (du Tathâgata).

Au bas d'une caverne de montagne, qui est située au nord du *Stoûpa* appelé *Pîlousâra*, il y a une source où habite un dragon. Ce fut en cet endroit que *Jou-laï* (le Tathâgata) reçut de l'Esprit du riz cuit, et qu'avec les *'O-lo-han* (Arhats), il lava sa bouche, et se cura les

---

[1] Il y a, en chinois, *Lou-p'an*, expression qui veut dire ordinairement un bassin destiné à recevoir la rosée. Conf. *Pei-wen-yun-fou*, liv. XIV, fol. 163.

[2] Le nom chinois, *Siang-kien*, traduction de *Pîlousâra*, signifie « solide comme un éléphant ».

dents avec une petite branche d'osier. Il la planta ensuite en terre, et elle prit racine. Il en est résulté un bois touffu, qui subsiste encore aujourd'hui. Dans la suite, on éleva en cet endroit un couvent, qu'on appela *Pi-to-khiu*[1].

En partant de ce royaume, il fit environ six cents li vers l'est; il rencontra une suite de montagnes et de vallées, et des pics d'une hauteur prodigieuse. Il franchit les montagnes noires, entra dans les frontières de l'Inde du nord, et arriva au royaume de *Lan-po*[2] (Lampâ — Lamghan).

---

[1] En chinois, *Tsio-yang-tchi* « branche d'osier mâchée ». On sous-entend, sans doute, le mot *Seng-kia-lan* (couvent); le couvent de la branche d'osier mâchée (c'est-à-dire du cure-dent). On lit, dans l'ouvrage intitulé: *Nan-haï-khi-koueï-neï-fa-tch'ouen*, liv. I, ch. VIII : « Chaque matin, il faut mâcher le *Tchi-mo* (littéralement : le bois des dents), s'en frotter les dents et gratter la langue. » Le *Tchi-mo* s'appelle, en sanscrit, *Tan-to-kia-se-tch'a* (Dantakâchṭha, dent-bois, c'est-à-dire cure-dent). Il doit être long de douze (jointures de) doigt, et ne pas en avoir moins de huit. Sa grosseur est celle du petit doigt. On commence par le mâcher lentement, jusqu'à ce qu'il soit ramolli (littéralement : cuit); après quoi on s'en frotte proprement l'arcade des dents. Suivant le Dictionnaire *Fan-i-min-i-tsi*, liv. VII, fol. 27, en général, on se sert du bois de *Kie-to-lo* (Khadira — *Mimosa catechu*); mais comme cet arbre n'existe pas en Chine, la plupart des religieux font usage d'une petite branche d'osier (*Yang-tchi*). Après avoir curé leurs dents, ils la fendent en deux, la courbent en demi-cercle, et s'en servent pour gratter leur langue; puis ils la jettent.

[2] Inde du nord.

LIVRE DEUXIÈME.

NOTICE SUR L'INDE.

1.

Noms de l'Inde[1].

Le nom du *T'ien-tchou* (de l'Inde) a reçu des formes diverses et confuses; je vais les faire connaître. Anciennement, on disait *Chin-tou*; quelques auteurs l'appellent *Hien-teou*[2]. Maintenant, pour se conformer à la vraie prononciation, il faut dire *In-tou*. Les habitants de l'Inde ont donné à leur royaume des noms qui changent suivant les pays; chaque contrée a des usages différents. Pour citer le nom le plus général, et qu'ils regardent comme le plus beau, nous l'appellerons avec eux *In-tou* (Indou), mot qui, en chinois, signifie *lune*. La lune a beaucoup de noms; celui-ci en est un. Ils disent que toutes les créatures animées parcourent, sans

---

[1] Dans le texte original, ce morceau n'est pas divisé par paragraphes. J'ai séparé et numéroté chaque article, pour éviter la répétition fastidieuse des locutions: quant à; — pour ce qui regarde; — passons à; — parlons de, etc. Cette disposition en rendra les différentes parties plus nettes et plus faciles à saisir.

[2] J'ai expliqué autrefois, dans le *Journal Asiatique* de Paris (série IV, tome X, page 91), les diverses transformations qu'a subies le mot *Indou* pour arriver à la forme *T'ien-tchou*, la plus altérée de toutes.

interruption, le cercle de la vie et de la mort[1]. Dans l'obscurité d'une longue nuit, veuve de l'astre qui l'éclaire[2], ils se trouvent comme lorsque le soleil a caché son disque radieux. Alors les flambeaux continuent le jour; mais, quoique leur clarté égale celle des étoiles, pourrait-on la comparer à la splendeur de la lune?

Si, partant de cette considération, ils ont comparé (l'Inde) à la lune, c'est surtout parce que, dans cette contrée, les saints et les sages qui se sont succédé les uns aux autres, ont guidé le siècle et dirigé les êtres, comme la lune lorsqu'elle répand son éclat sur le monde; c'est par suite de cette idée qu'ils l'ont appelée *In-tou* (Indou).

Les familles de l'Inde sont divisées en plusieurs classes (castes); celle des Brâhmanes est considérée comme la plus pure et la plus noble. D'après leur nom distingué, et par l'effet d'une tradition que l'usage a consacrée, sans tenir compte de la distinction des limites de l'Inde, on donne à cette contrée le nom général de royaume des *Po-lo-men* (des Brâhmanes).

II.

Étendue et position de l'Inde; nature du climat et du sol.

La circonférence des cinq Indes est d'environ quatre-vingt-dix mille li; de trois côtés, elle est bornée par une grande mer; au nord, elle est adossée à des montagnes neigeuses. Elle est large au nord, et resserrée au midi;

[1] Littéralement : reviennent comme une roue, et ne se reposent pas.
[2] Littéralement : une longue nuit où manque l'astre qui y préside.

sa figure est celle d'une demi-lune. Elle est divisée en soixante et dix royaumes. En tout temps, il y règne une chaleur excessive. La terre est humectée par une multitude de sources. Au nord, les montagnes et les tertres forment des chaînes continues; les collines et les monticules sont imprégnés de sel. A l'est, les vallées et les plaines sont abondamment arrosées; les terres propres à la culture sont grasses et fertiles. Dans le sud, les plantes et les arbres végètent avec vigueur; dans l'ouest, le sol est pierreux et stérile. Tel est l'aperçu sommaire qu'on peut donner de l'Inde.

III.

Noms des mesures; valeur du *Yu-chen-na* (Yôdjana); divisions du Yôdjana jusqu'à l'atome.

Depuis les saints rois de l'antiquité, un *Yu-chen-na* (Yôdjana) représente la marche d'une armée pendant un jour. Suivant les anciennes traditions, un *Yu-chen-na* (Yôdjana) répond à quarante li; d'après les usages des royaumes de l'Inde, c'est trente li; enfin, le Yôdjana que mentionnent les livres sacrés ne contient que seize li.

Pour arriver à la dernière limite des petites quantités, on divise un *Yu-chen-na* (Yôdjana) en huit *Keou-lou-che* (Krôças)[1]. Un *Keou-lou-che* est la distance jus-

---

[1] « A *Kôs*, containing 4,000 cubits; some double this, and make the *Kôs* 8,000 cubits. » (Wilson, *Sanscrit Dictionary*.)

Dans le *Lalita vistâra*, l'auteur indien procède en sens inverse, en commençant par l'atome le plus subtil pour arriver au *Yôdjana*. Je

qu'où l'on peut entendre le cri d'un bœuf. Le *Keou-lou-che* (Krôça) se divise en cinq cents *arcs*; un arc (Dhanou), en quatre *coudées* (Hastas); la *coudée* en vingt-quatre (jointures de) *doigt*; la *jointure de doigt* (Añgouliparvva), en sept *grains de blé tardif?* (Yava)[1]. De là, on arrive au *pou* (Yoûka); à la *lente* (Likchâ); à la *poussière fine venant par un petit trou* (Vâtâyanaradja); au *poil de vache* (Gôlôma); au *poil de mouton* (Avilôma); au *poil de lièvre* (Çaçôrṇa); à *l'eau de cuivre* (Tâmrâpa?). Après sept divisions successives, on arrive à la *poussière fine* (Aṇou); la poussière fine ayant été divisée sept fois, devient une *poussière excessivement fine* (Paramâṇou, c'est-à-dire l'atome le plus subtil). La poussière excessivement fine

rapporterai (d'après la traduction chinoise, liv. IV, fol. 20) ces divisions et subdivisions, qui offrent des particularités curieuses : 1° sept grains de poussière extrêmement fine, font un *'O-neou* (Aṇou); 2° sept Aṇavas font un *Tou-tchi* (Çrouti); 3° sept Çroutyas font un grain de poussière qui passe par un trou de fenêtre (Vâtâyanaradja); 4° sept Vâtâyanaradjas font un grain de poussière (qu'on voit) sur un poil de lièvre (Çaçaradja); 5° sept Çaçaradjas font un grain de poussière (qu'on voit) sur un poil de mouton (Êḍakaradja); 6° sept Êḍakaradjas font un grain de poussière (qu'on voit) sur un poil de vache (Gôradja); 7° sept Gôradjas font une lente (Likchâ); 8° sept Likchâs font un grain de sénevé (Sarchapa); 9° sept Sarchapas font un grain de blé? (Yava); 10° sept Yavas font une jointure de doigt (Añgouliparvva); 11° douze jointures de doigt font un empan (Vitasti); 12° deux Vitastyas font une coudée (Hasta); 13° quatre coudées font un arc (Dhanou); 14° mille Dhanavas font un *Keou-lou-che* (Krôça); 15° quatre *Keou-lou-che* (Krôças) font un *Yeou-sun* (Yôdjana).

[1] Dans le *Lalita vistâra* chinois, le mot sanscrit du texte, *yava* « orge », est traduit par *me* « blé, grain de blé ». Le Dictionnaire *Mahâvyoutpatti* emploie aussi le même mot *yava*; j'ai donc dû le conserver, ainsi que le synonyme légèrement fautif de la traduction chinoise.

(Paramâṇou) ne peut plus se diviser. Si on voulait la diviser encore, on arriverait au *vide*. Voilà pourquoi on l'appelle *excessivement fine*.

IV.

Astronomie: divisions du temps; noms des saisons et des mois.

Quoique les révolutions du principe *In* et du principe *Yang*[1] et les mansions du soleil et de la lune, aient d'autres noms qu'en Chine, les saisons sont les mêmes. Les Indiens tirent les noms des mois de la position de leurs astérismes.

Le plus court espace de temps s'appelle *T'sa-na* (Kchaṇa); cent-vingt *T'sa-na* (Kchaṇas) font un *Ta-t'sa-na* (Takchaṇa?); soixante *Ta-t'sa-na* (Takchaṇas?) font un *La-po* (Lava); trente *La-po* (Lavas) font un *Meou-hou-li-to* (Mouhoûrta); cinq *Meou-hou-li-to* (Mouhoûrtas) font un *temps* (Kâla); six *temps* (Kâlas) font un jour et une nuit (Ahôrâtra)[2]. Le peuple est dans l'usage de diviser le jour et la nuit en huit *temps* (Kâlas)[3].

Le temps qui s'écoule de la nouvelle lune à la pleine, s'appelle la *Moitié blanche*[4] (Çouklapakcha); celui qui s'écoule depuis l'opposition jusqu'à la conjonction, s'ap-

[1] On entend par là la vicissitude des saisons. Suivant les Chinois, l'expression *In-yang* désigne tantôt le principe femelle et le principe mâle de la nature, tantôt la lune et le soleil, et, par extension, l'obscurité et la lumière, l'humidité et la chaleur, etc.

[2] Trois pour la nuit et trois pour le jour. (Note du texte.)

[3] Quatre pour le jour et quatre pour la nuit. Chaque *temps* (Kâla) se divise en quatre parties. (Note du texte.)

[4] *Pe-fen*. Littéralement : la partie blanche.

pelle la *Moitié noire*[1] (Krĭchṇapakcha). La *Moitié noire* comprend tantôt quatorze, tantôt quinze jours, par la raison que la lune est tantôt courte, tantôt longue. La *Moitié noire* (Krĭchṇapakcha) précède, et la *Moitié blanche* (Çouklapakcha) vient après. Leur réunion forme un *mois* (Mâsa). La réunion de six mois forme une *marche* (ou demi-année — Ayana). Quand le soleil se meut en dedans (de l'équateur), c'est *la marche au nord* (Oudagayana); quand il se meut en dehors (de l'équateur), c'est *la marche au midi* (Dakchiṇâyana). La réunion de ces deux *marches* (Ayanas) forme une *année* (Vatsara). De plus, on divise l'année en six temps (saisons — Rĭtavas). Depuis le seizième jour du premier mois, jusqu'au quinzième jour du troisième mois, c'est l'époque de la chaleur graduelle (Grîchma)[2].

Depuis le seizième jour du troisième mois, jusqu'au quinzième jour du cinquième mois, c'est l'époque de la chaleur étouffante (Çaradâ)[3].

Depuis le seizième jour du cinquième mois, jusqu'au quinzième jour du septième mois, c'est le temps des pluies (Varchâs)[4].

Depuis le seizième jour du septième mois, jusqu'au quinzième jour du neuvième mois, c'est l'époque de la plus belle végétation.

Depuis le 16 du neuvième mois, jusqu'au 15 du on-

---

[1] *He-fen.* Littéralement: la partie noire.
[2] Elle comprend les mois *Djyâichṭha* et *Âchâḍha*.
[3] Cette saison répond aux mois *Âçvina* et *Kârtika*.
[4] Cette saison répond à *Çrâvaṇa* et à *Bhâdra*.

zième mois, c'est l'époque du froid graduel; depuis le 16 du onzième mois, jusqu'au 15 du premier mois, c'est l'époque du grand froid.

Suivant la sainte doctrine de *Jou-laï* (du Tathâgata), une année se compose de trois saisons. Depuis le 16 du premier mois, jusqu'au 15 du cinquième mois, c'est la saison chaude. Depuis le 16 du cinquième mois, jusqu'au 15 du neuvième mois, c'est la saison pluvieuse (Varchâs). Depuis le 16 du neuvième mois, jusqu'au 15 du premier mois, c'est la saison froide. Quelquefois, on divise l'année en quatre saisons, savoir: le printemps, l'été, l'automne et l'hiver. Les trois mois du printemps s'appellent: *Tchi-ta-lo* (Tchâitra); *Feï-che-k'ie* (Vâiçâkha); *Chi-se-tch'a* (Djyâichtha). Ils répondent, en Chine, au temps qui s'écoule depuis le 16 du premier mois, jusqu'au 15 du quatrième mois.

Les trois mois de l'été s'appellent: *'An-cha-tch'a* (Âchâḍha); *Chi-lo-fa-na* (Çrâvaṇa); *P'o-ta-lo-po-t'o* (Bhâdrapada). Ils répondent, en Chine, au temps qui s'écoule depuis le 16 du quatrième mois, jusqu'au 15 du septième mois.

Les trois mois de l'automne s'appellent: *'An-chi-po-kou-che*[1] (Âçvayoudja); *Kia-la-ti-kia* (Kârtika), et *Oueï-kia-chi-lo*[2] (Mrĭgaçiras). Ils répondent, en Chine, au temps qui s'écoule depuis le 16 du septième mois, jusqu'au 15 du dixième mois.

[1] Il y a une faute dans le texte: 庫 *Kou*, au lieu de 庾 *Yu*.

[2] Il y a une faute dans le texte: 未 *Oueï*, au lieu de 末 *Mo*. De plus, *Mrĭga* devrait s'écrire 木利伽 *Mo-li-kia*.

Les trois mois de l'hiver sont : *Pao-cha* (Pâucha); *Mo-khie* (Mâgha); *P'o-le-kiu-na* (Phâlgouna). Ils répondent, en Chine, au temps qui s'écoule depuis le 16 du dixième mois, jusqu'au 15 du premier mois. C'est pourquoi les religieux de l'Inde, conformément aux saintes instructions du *Bouddha*, se retirent dans des demeures fixes[1], pendant la saison des pluies (Varchâs), tantôt dans les trois mois appelés antérieurs, tantôt dans les trois mois appelés postérieurs. Les trois mois antérieurs répondent, en Chine, au temps qui s'écoule depuis le 16 du cinquième mois jusqu'au 15 du huitième mois. Les trois mois postérieurs répondent, en Chine, au temps qui s'écoule depuis le 16 du sixième mois jusqu'au 15 du neuvième mois.

Ceux qui ont traduit, dans les siècles passés, les *King* (Soûtras) et les *Liu* (préceptes de la Vinaya), ont écrit

---

[1] Il y a dans le texte : 兩安居 *liang* « deux », *ngan-kiu* « demeures fixes », au lieu de 雨安居 *yu* « pluie », *ngan-kiu* « demeures fixes ». En comparant les mots 兩 *liang* et 雨 *yu*, qui diffèrent très-peu entre eux, il est aisé de reconnaître que cette faute vient du copiste ou du graveur. La leçon correcte : 雨安居 *Yu-ngan-kiu*, se trouve dans le Dict. *Fan-i-ming-i-tsi*, liv. XI, fol. 14. « Quand venait la saison des pluies, c'est-à-dire quand les communications entre les campagnes et les villes étaient, sinon tout à fait interrompues, du moins plus difficiles, les religieux pouvaient se retirer dans des *demeures fixes*; et alors ils se dispersaient et allaient, chacun de leur côté, résider chez les Brâhmanes ou les maîtres de maison qu'ils savaient leur être favorables. Ce séjour, pendant la saison des pluies, s'appelait *Varchavasana*; il se prolongeait pendant les quatre mois que dure dans l'Inde la saison des pluies. » (Burnouf, *Introd. au Boudd.* p. 285.)

tantôt *Tso-hia*[1], tantôt *Tso-la*, pour dire : se retirer dans des *demeures fixes* pendant la saison des pluies. Cela est venu de ce que les peuples barbares des frontières, et ceux dont les mœurs sont différentes des nôtres, n'ont pas saisi la véritable prononciation du royaume du milieu (de la Chine), ou de ce que les traducteurs ont altéré les expressions locales, faute de les avoir bien comprises.

Lorsqu'on veut chercher les époques où *Jou-laï* (le Tathâgata) est entré dans le sein de sa mère, est né, est sorti de la famille, est devenu *Bouddha*, et s'est éteint dans le *Nirvâṇa*, on trouve dans tous les livres des différences notables de mois et de jours. C'est ce qu'on exposera dans la suite de cet ouvrage[2].

[1] Le sens littéral de 坐夏 *Tso-hia*, serait *tso* « s'asseoir », *hia* « été »; et celui de 坐臘 *Tso-la*, *tso* « s'asseoir », *la* « sacrifice du dernier jour de l'année ». Dans le langage des Bouddhistes, l'année est désignée, tantôt par 夏 *hia* « *vulgo* été », tantôt par 臘 *la*; parce que, dans une année, il n'y a qu'un printemps et un sacrifice appelé *la*. (Conf. *Mi-to-king-sou-tchao*, liv. II, fol. 23.) Ainsi, l'on dit, en parlant d'un Çramaṇa célèbre : 僧臘五十 *Tseng-la-ou-chi*, il avait été religieux pendant cinquante *la* « années ». Le Dictionnaire *Fan-i-ming-i-tsi* nous offre (liv. IV, fol. 7) un exemple de *hia*, employé dans le même sens : Pour être supérieur d'un couvent, il faut être âgé de vingt à quarante *hia* « étés », c'est-à-dire de vingt à quarante ans. Nous disons de même, en français, dans le style poétique : Elle avait quinze printemps (quinze ans).

D'après le texte chinois de la page précédente, pour dire « se retirer dans des demeures fixes pendant la saison des pluies », l'expression correcte est 坐雨安居 *Tso-yu-ngan-kiu*.

[2] *Si-yu-ki*, liv. VI, fol. 9 et suiv.

V.

Villes et villages; édifices publics; couvents; maisons du peuple.

Dans les villes et les villages, les maisons s'élèvent dans la direction de l'est à l'ouest; les rues et les ruelles sont tortueuses; on voit des marchés clos au milieu de la voie publique, et là, sur deux lignes, les boutiques des marchands avec leurs enseignes. Les bouchers, les pêcheurs, les comédiens, les bourreaux et ceux qui enlèvent les ordures, sont relégués en dehors des villes, et leurs habitations sont notoirement désignées. Quand ils vont et viennent dans les villages, ils se retirent sur le côté gauche du chemin.

Comme le terrain est bas et humide, la plupart des villes sont bâties en briques. Quant aux murs, ils sont quelquefois formés d'un assemblage de pieux ou de bambous. Les édifices publics, avec leurs tours et leurs belvédères; les maisons en bois avec leurs plates-formes, sont enduits de chaux et couverts en tuiles. Les différents bâtiments ont la même forme qu'en Chine. On les couvre tantôt avec des joncs, tantôt avec des herbes sèches; quelquefois avec des tuiles ou des planches. Les murs ont une couche de chaux pour tout ornement, et l'on enduit le sol avec de la bouse de vache pour le rendre pur; puis on y répand des fleurs de la saison. Voilà en quoi leurs maisons diffèrent des nôtres.

Les *Seng-kia-lan* (Sañghârâmas — couvents) sont construits avec un art extraordinaire. Aux quatre angles, s'élèvent des pavillons à deux ou trois étages. Les solives et les poutres sont ornées de sculptures élégantes; les portes, les fenêtres et les parois des murs sont couvertes de peintures de différentes couleurs. Les habitations des hommes du peuple sont élégantes au dedans et simples au dehors. La chambre à coucher et la salle du milieu varient en hauteur et en largeur; mais la forme et la construction des tours et des pavillons à plusieurs étages n'ont rien de déterminé. Les portes s'ouvrent à l'orient; c'est aussi de ce côté qu'est tourné le trône du roi.

VI.

Siéges et lits; trône; vêtements; coiffure; ornements de toilette.

Pour s'asseoir et se reposer, tout le monde se sert de lits de corde[1]. Les membres de la famille royale et les ministres, les nobles et les hommes du peuple, les ornent de différentes manières, mais la forme est la même. Le trône du roi est remarquable par son élévation et sa largeur, et tout parsemé de perles. On l'appelle le *Siége du lion* (Siñhâsana). Il est couvert d'une pièce de coton extrêmement fin; il a pour marchepied un riche escabeau. Tous les magistrats, suivant leur goût, parent leur lit de ciselures de différents genres, d'ornements somptueux et de pierres précieuses.

[1] Il s'agit ici du tissu en cordes qui forme le fond d'un siége ou d'une couchette, et non des autres parties qui les composent et qui sont susceptibles d'être diversement ornées.

VII.

Vêtements; coiffure des hommes et des femmes; matière des étoffes; habits des hérétiques et des religieux, des Kchattriyas et des Brâhmanes, etc.

Les vêtements ne sont ni taillés, ni façonnés. Les Indiens estiment beaucoup les étoffes d'un blanc pur, et dédaignent celles qui sont bigarrées. Les hommes enveloppent leur ceinture et leurs aisselles, posent leur bonnet en travers et rejettent à droite les pans de leur vêtement.

Les femmes ont une robe longue qui retombe jusqu'à terre. Leurs épaules sont complétement couvertes; elles relèvent une partie de leurs cheveux sur le sommet de la tête en forme de crête, et laissent flotter tous les autres.

Il y a des hommes qui coupent leurs moustaches, et qui se distinguent par une mode bizarre : ils ornent leur tête de guirlandes de fleurs et leur cou de riches colliers.

Ils portent diverses sortes de vêtements, savoir : 1° des vêtements de *Kiao-che-ye* (Kâuçêya), de coton, de toile, etc. (*Kiao-che-ye* — Kâuçêya, désigne la soie des vers à soie sauvages); 2° des vêtements de *Ts'ou-mo* (Kchâuma), qui est une sorte de chanvre; 3° des vêtements de *Kien-po-lo* (Kambala), tissus avec de la fine laine de mouton; 4° des vêtements de *Ho-la-li*[1]. Ces

---

[1] Le Dictionnaire bouddhique *Mahâvyoutputti* n'offre, dans le chapitre des vêtements, aucun nom sanscrit qui réponde à *Ho-la-li*.

derniers sont fabriqués avec les poils d'un animal sauvage, qui sont assez fins et souples pour être filés. C'est pourquoi on en fait grand cas et on les emploie pour faire des habits.

Dans l'Inde du nord, où le climat est froid, on porte des vêtements courts et étroits, qui ressemblent beaucoup à ceux des peuples barbares.

Les habits des hérétiques sont fort variés et diffèrent chacun par la façon. Quelques-uns portent une plume de queue de paon, d'autres se parent avec des chapelets d'os de crânes (les *Kapâladhârinas*); ceux-ci n'ont point de vêtements et restent entièrement nus (les *Nirgranthas*), ceux-là se couvrent le corps avec des plaques d'herbes tressées. Il y en a qui arrachent leurs cheveux et coupent leurs moustaches, ou bien qui conservent des favoris touffus et nouent leurs cheveux sur le sommet de la tête. Le costume n'a rien de déterminé, et la couleur rouge et blanche ne sont pas invariables.

Les *Cha-men* (Çramaṇas) n'ont que trois sortes de vêtements[1], savoir : le *Seng-kia-tchi* (Sanghâṭi), le *Seng-kio-ki* (Sañkakchikâ), et le *Ni-po-sie-na* (Nivâsana). La coupe et la façon de ces trois vêtements varient suivant les écoles. Les uns ont une bordure large ou étroite, les autres ont des pans petits ou grands.

Le *Seng-kio-ki*[2] (Sañkakchikâ) couvre l'épaule gauche et cache les deux aisselles. Il s'ouvre à gauche et se ferme à droite. Sa coupe allongée dépasse la ceinture.

---

[1] Le texte omet le premier, qui est *Sanghâṭi*.
[2] En chinois, *Yen-i* « ce qui couvre les aisselles ».

Le *Ni-po-sie-na* (Nivâsana) [1] n'ayant ni ceinture, ni glands, quand on veut le mettre, on le plisse et on le maintient tout autour avec un cordon. Quant aux plis, chaque école les dispose d'une manière particulière. La couleur de ces vêtements varie du jaune au rouge.

Les *T'sa-ti-li* (Kchattriyas) et les *Po-lo-men* (les Brâhmanes), qui ont des habitudes simples et modestes, recherchent, en ce genre, la propreté et l'économie. Le roi et ses ministres diffèrent grandement par leurs vêtements et leur parure. Ils ornent leur tête de guirlandes de fleurs et de bonnets chargés de pierres précieuses, et portent des bracelets et des colliers. Il y a de riches marchands qui n'ont que des bracelets pour tout ornement. En général, les Indiens marchent nu-pieds, et font rarement usage de chaussures. Ils teignent leurs dents en rouge ou en noir; ils réunissent leurs cheveux et percent leurs oreilles. Ils ont un long nez et de grands yeux. Tel est leur air et leur extérieur.

VIII.

Propreté excessive des Indiens; ablutions avant et après le repas; bains et parfums, etc.

Ils observent rigoureusement les règles de la propreté, et, sur ce point, il serait impossible de les faire changer. Avant de manger, ils ne manquent jamais de se laver les mains; ils ne touchent pas une seconde fois aux restes des mets.

[1] En chinois, 裙 *Kiun* «jupe».

Les vases de table ne passent point d'une personne à une autre[1]. Dès qu'un ustensile de terre ou de bois a servi une fois, il faut absolument le jeter. Les vases d'or, d'argent, de cuivre ou de fer doivent, après chaque repas, être frottés et polis. Quand les Indiens ont achevé de manger, ils se nettoyent les dents avec une petite branche d'osier[2], et se lavent les mains et la bouche.

Avant d'avoir fini, ils ne se touchent point les uns les autres. Chaque fois qu'ils ont uriné, ils ont soin de faire des ablutions et de se frotter avec des parfums qu'on appelle *Chen-tan-lo* (Tchandana — Sandal) et *Yo-kin* (Kouñkouma — Curcuma)[3].

Quand le roi se dispose à sortir, des musiciens battent le tambour et chantent aux sons de la guitare.

Avant d'offrir un sacrifice, ou d'adresser des prières (aux dieux), ils se lavent et se baignent.

IX.

Caractères de l'écriture; langage; livres; enseignement; les cinq sciences; les *Védas*; durée des études.

Les caractères de l'écriture ont été inventés par le dieu *Fan* (Brahmâ), et, depuis l'origine, leur forme s'est transmise de siècle en siècle. Elle se compose de quarante-sept signes, qui s'assemblent et se combinent

[1] En chinois, *Pou-tch'ouen*, littéralement : ne sont point transmis.
[2] Littéralement : Ils mâchent une branche d'osier. Voyez, p. 55, la dernière phrase du livre Ier, et la note 1.
[3] Au lieu de *Kouñkouma*, le Dictionnaire *Fan-i-ming-i-tsi*, liv. VIII, fol. 8, offre *Dakouma* (?).

suivant l'objet ou la chose qu'on veut exprimer. Elle s'est répandue et s'est divisée en diverses branches. Sa source, s'étant élargie par degrés, elle s'est accommodée aux usages des pays et aux besoins des hommes, et n'a éprouvé que de légères modifications. En général, elle ne s'est pas sensiblement écartée de son origine. C'est surtout dans l'Inde centrale qu'elle est nette et correcte. Dans cette contrée, la langue est noble et harmonieuse, et elle résonne comme celle des dieux. La prononciation est claire et pure, et tout le monde la prend pour modèle. Les peuples des frontières et des royaumes étrangers ont contracté des défauts qui ont passé dans l'enseignement. Obéissant à leurs passions et à des habitudes vicieuses, ils n'ont pu conserver la pureté des mœurs [1].

Des fonctionnaires spéciaux sont chargés de consigner, par écrit, les paroles mémorables, d'autres ont mission d'écrire le récit des événements.

Le recueil d'annales et d'édits royaux s'appelle *Ni-lo-pi-tch'a* (Nîlapiṭa)[2]. On y mentionne le bien et le mal, les calamités et les présages heureux. Pour ouvrir l'esprit des jeunes gens et les initier à l'étude, on leur fait d'abord suivre un livre en douze sections [3].

---

[1] Il y a, en chinois, *chun-fong* « vent pur », expression qui se prend ordinairement pour *des mœurs pures, une conduite morale*. Mais, d'après la nature du sujet, il semble qu'on devrait dire ici : conserver *la pureté du langage*.

[2] En chinois, *Tsing-thsang* « le Recueil bleu ». *Piṭaka* est plus usité.

[3] C'est un syllabaire, que le Dictionnaire bouddhique *Fan-i-ming-i-tsi* (liv. XIV, fol. 17 r°) appelle *Si-than-tchang* (Siddhavastou). « Dans

Lorsqu'ils ont atteint l'âge de sept ans, on leur donne successivement les grands Traités des cinq sciences. Le premier s'appelle *Ching-ming* (la Science des sons — Çabdavidyâ); on y expose le sens des mots, et on en explique les divers dérivés.

Le second s'appelle *Kiao-ming* (la Science des arts et métiers — Çilpasthânavidyâ). Il traite des arts, de la mécanique, des deux principes *In* et *Yang* et du calendrier.

Le troisième s'appelle *I-fang-ming* (la Science de la médecine — Tchikitsâvidyâ). Il traite des formules magiques et des sciences occultes, de la pierre médicale (sorte de lancette), de l'aiguille (de l'acuponcture) et de l'armoise.

Le quatrième s'appelle *In-ming* (la Science des causes — Hêtouvidyâ). Dans cet ouvrage, on examine et on définit la vérité et l'erreur, et on recherche avec soin la nature du vrai et du faux.

l'origine (*ibid.*), il a été composé par *Po-lo-ho-mo* (Brahmâ). Depuis l'antiquité jusqu'à nos jours, il n'a éprouvé aucun changement. Seulement, dans la manière d'écrire les signes, il y a eu quelques légères différences. Le mot *Si-than* (Siddha) veut dire, en chinois, « achevé, parfait ». Le *Si-than-tchang* (Siddhavastou) est la racine d'où naissent les mots. »

Dans le 梵章 *Fan-tchang*, livre attribué au dieu *Fan* (Brahmâ), il y a douze 章 *tchang* « sections »; le *Si-than-tchang* « la section Siddha » est la première. Dans ce livre, on a réuni cinquante-deux signes. Les deux mots *Si-than* (Siddha) sont le titre général de ce livre. Les autres sections constituent les diverses parties de l'ouvrage. C'est ce qu'on appelle *A*, *â*, — jusqu'à *loŭ-loû*, *roŭ-roû*, etc.

Le cinquième s'appelle *Neï-ming* (la Science des choses intérieures — Adhyâtmavidyâ). Dans ce traité, on pénètre et on approfondit le caractère des cinq *Véhicules*[1] et les principes subtils des causes et des effets.

Les Brâhmanes étudient les quatre *Feï-to* (Vêdas). Le premier s'appelle *Cheou* (longévité — Âyour Vêda)[2]. Il traite des moyens de conserver la vie et de corriger le naturel de l'homme. Le second s'appelle *Sse* (sacrifices — Yadjour Vêda)[3]. Il traite des divers sacrifices et des prières. Le troisième s'appelle *P'ing* (pacification — Sâma Vêda)[4]. Il traite des rites et des cérémonies, de la divination, de l'art de la guerre et des

---

[1] Le mot *Véhicule* est pris ici au figuré. Il indique les moyens employés par cinq classes d'hommes éminents pour parvenir à la perfection. Selon le Dictionnaire *San-thsang-fa-sou* (liv. XXII, fol. 16), il y a cinq sortes de *Véhicules* : 1° le *Véhicule* du *Bouddha*; 2° le *Véhicule* des *Bôdhisattvas*; 3° le *Véhicule* des *Youen-kio* ou des *Pratyêka Bouddhas*; 4° le *Véhicule* des *Ching-wen* ou des *Çrâvakas*, qui ont acquis l'intelligence (Bôdhi) après avoir entendu la voix du *Bouddha*; 5° le *Véhicule* des *hommes purs*. « Le mot *Véhicule*, dit le même ouvrage, renferme l'idée de transporter. Jou-laï (le Tathâgata), au moyen de la loi du premier *Véhicule*, transporte tous les êtres, les conduit ensemble à l'autre rive et les fait parvenir au *Nirvâṇa*. Les *Bôdhisattvas*, au moyen de l'aumône, de la patience à supporter les outrages, de l'ardeur dans l'étude de la perfection, de la méditation, de la prudence et de la pénétration, transportent tous les êtres et les délivrent des *trois mondes*, qui sont le *monde des désirs* (Kâmadhâtou), le *monde des formes* (Roûpadhâtou) et le *monde sans formes* (Aroûpadhâtou), etc. »

[2] *Fan-i-ming-i-tsi*, liv. XIV, fol. 17 : 'O-yeou (Âyour Vêda).

[3] *Fan-i-ming-i-tsi*, liv. XIV, fol. 17 : *Tchou-ye*, lisez *Ye-tchou* (Yadjour Vêda).

[4] *Fan-i-ming-i-tsi*, liv. XIV, fol. 17 : 婆磨 *P'o-mo*, lisez 娑磨 *So-mo* (Sâma Vêda).

différents corps d'armée. Le quatrième s'appelle *Chou* (sciences occultes — Atharva Vêda). Cet ouvrage traite des talents extraordinaires, tels que l'art des formules magiques et la science de la médecine [1]. Les maîtres doivent avoir largement étudié ce que ces livres renferment de plus subtil et de plus caché, et en avoir pénétré complétement les principes mystérieux. Ils en enseignent le sens général et guident leurs disciples dans l'intelligence des expressions obscures. Ils les stimulent et les attirent avec habileté. Ils éclairent les ignorants [2] et donnent de l'énergie aux esprits médiocres. Mais, s'ils rencontrent des élèves qui, doués de capacité et d'intelligence, songent à fuir pour se soustraire à leurs devoirs, ils les attachent et les tiennent enfermés. Quand les étudiants ont terminé leur éducation et qu'ils ont atteint l'âge de trente ans, leur caractère est formé et leur savoir est mûr. Lorsqu'ils ont obtenu un emploi et un traitement, ils commencent

[1] On lit dans le *Mo-teng-king* (Mâtanga soûtra) : « Au commencement, un homme appelé *Fan-thien* (Brahmâ) composa un seul *Véda*. Ensuite, il y eut un *Richi*, du nom de *Pe-tsing*, qui changea le *Véda* unique en quatre *Védas*, savoir : 1° *Tsan-song* (Hymnes — Rig Vêda); 2° *Tsi-sse* (Sacrifices — Yadjour Vêda); 3° *Ko-yong* (Chants — Sâma Vêda); 4° *Jang-tsaï* (le livre pour conjurer les calamités — Atharva Vêda). Il y eut un autre *Richi*, nommé *Fo-cha* (Poucha), qui avait vingt-cinq disciples. Ils prirent chacun le *Véda* unique, le développèrent et le divisèrent; de sorte qu'il y eut vingt-cinq *Védas*. » (*Fa-hou-wen-kiu*, livre IX°, fol. 3.)

[2] En chinois, *Tiao-hieou* « sculpter le bois pourri ». Ordinairement, cette expression signifie : perdre sa peine, faire un travail inutile. On ajoute quelquefois : *Ke-ping* « ciseler la glace », pour appuyer sur la même idée.

par remercier leur maître de ses bienfaits. Il y en a qui, versés dans les choses anciennes et les aimant avec passion, se retirent à l'écart et conservent la pureté de leur caractère. Ils vivent en dehors du monde, et s'élancent, par un libre essor, au delà des choses du siècle. Ils sont insensibles à la gloire comme à la disgrâce. Quand leur nom a retenti au loin, les princes leur montrent une haute estime, mais aucun d'eux ne peut les contraindre à venir [1] jusqu'à lui. Le roi honore leur rare pénétration, et le peuple apprécie leur haute intelligence. On les comble de louanges pompeuses et de brillants honneurs. Voilà pourquoi ils peuvent s'affermir dans leur résolution et étudier avec ardeur; ils se livrent aux lettres sans songer à la fatigue. Ils se dévouent à l'humanité et cherchent à s'instruire sans s'inquiéter d'un voyage de mille li. Quoiqu'ils soient, chez eux, riches et opulents, ils conservent les goûts d'un voyageur, et errent en mendiant pour se procurer leur subsistance [2]. D'autres, quoique attachant du prix aux connaissances littéraires, ne rougissent point de consumer leur fortune. Ils voyagent pour leur plaisir et négligent leurs devoirs; ils se livrent à de folles dépenses pour leur nourriture et leurs vêtements. Comme ils ne savent point se distinguer par la vertu, ni par le zèle pour l'étude, la honte et le déshonneur viennent à la fois fondre sur eux, et le bruit de leur ignominie se répand au loin.

[1] Littéralement : faire fléchir leurs pas.
[2] Littéralement : les ressources de la bouche et du ventre.

Chacun, selon la classe à laquelle il appartient, peut pénétrer les principes et la doctrine de *Jou-laï* (du Tathâgata). Mais, comme les hommes s'éloignent chaque jour de l'époque du Saint (du *Bouddha*), la droite loi arrive à leur esprit pure ou altérée, suivant la mesure plus ou moins grande de leur intelligence.

X.

Antagonisme des dix-huit écoles schismatiques; partisans du *grand* et du *petit Véhicule*; livres du *Bouddha*, formant douze collections; honneurs divers rendus à ceux qui les possèdent plus ou moins; outrages publics que subissent ceux qui ont été vaincus dans une conférence; peines disciplinaires des religieux.

Les écoles philosophiques sont constamment en lutte, et le bruit de leurs discussions passionnées s'élève comme les flots de la mer. Les hérétiques des diverses sectes s'attachent à des maîtres particuliers, et, par des voies différentes, marchent tous au même but.

Il y a dix-huit écoles qui, chacune, s'arrogent la supériorité. Les partisans du *grand* et du *petit Véhicule* forment deux classes à part. Les uns méditent en silence, et, soit en marchant, soit en repos, tiennent leur esprit immobile et font abstraction du monde; les autres diffèrent tout à fait de ceux-ci par leurs disputes orageuses. Suivant le lieu qu'ils habitent, on leur a fait un code de règlements et de défenses d'une nature spéciale.

Les règles de la discipline (*Vinaya*), les Traités philosophiques (*Çâstras*), les textes sacrés (*Soûtras*), les

Prédictions [1] (*Vyâkaraṇas*), etc., sont tous également des livres du *Bouddha*. Celui qui peut expliquer en entier une des (douze) collections est dispensé des devoirs de religieux, et dirige les affaires du couvent [2]. Celui qui peut en expliquer deux, reçoit le traitement d'un supérieur; pour trois, il a des domestiques qui lui obéissent avec respect; pour quatre, on lui donne des *hommes purs* (des Brâhmanes) chargés de le servir; pour cinq, il voyage sur un char traîné par un éléphant; pour six, il a une escorte nombreuse. Lorsque sa vertu a pris un caractère élevé, et qu'il a reçu des honneurs extraordinaires, de temps en temps il réunit les religieux et établit des conférences. Il juge de leurs talents supérieurs ou de leur médiocrité; il distingue et signale leurs vertus ou leurs vices. Il élève les hommes doués d'intelligence et rabaisse ceux qui en sont dépourvus. Si un religieux sait traiter un sujet abstrait et développer des principes subtils, s'il se distingue par une élocution noble, riche et élégante, et montre, dans les discus-

[1] Il y a, en chinois, 紀 *Ki* « histoire »; je crois qu'il faut lire 記 *Ki* « mémoire », expression qu'emploient les Bouddhistes pour dire une prédiction faite à quelqu'un sur sa destinée future. Les *Vyâkaraṇas*, qu'on appelle, en chinois, 授記 *Cheou-ki*, ou simplement 記 *Ki*, sont une des classes ou collections des livres sacrés. Voyez le *Vocab. pentagl.* liv. II, fol. 15, et le *Dict. Fan-i-ming-i-tsi*, liv. IX, fol. 13. Voici les noms de ces douze classes: 1° les *Soûtras*; 2° les *Géyas*; 3° les *Vyâkaraṇas*; 4° les *Gâthâs*; 5° les *Oudânas*; 6° les *Nidânas*; 7° les *Avadânas*; 8° les *Ityouktas*; 9° les *Djâtakas*; 10° les *Vâipoulyasoûtras*; 11° les *Adbhoûtadharmas*; 12° les *Oupadéças*. (Cf. *Fo-koue-ki*, page 321.)

[2] Suivant le Dictionnaire *Fan-i-ming-i-tsi*, liv. IV, fol. 7, c'est une espèce d'économe. Son nom indien est *Karmadâna*.

sions profondes, un esprit vif et pénétrant, on le fait monter sur un éléphant couvert d'ornements précieux, et une foule immense forme son cortége. A son arrivée, il passe sous des portes triomphales [1].

Si, au contraire, un religieux laisse briser la pointe de ses paroles, si ses arguments sont pauvres et son élocution verbeuse, ou bien s'il outrage la logique tout en parlant avec facilité, on lui barbouille la figure avec du rouge et du blanc, on couvre tout son corps de terre et de poussière, puis on le chasse dans une plaine déserte, ou on le jette dans un canal. Ainsi, on signale les bons et les méchants, et l'on met en évidence les gens d'esprit [2] et les sots.

Si un homme sait [3] se plaire dans la pratique du bien, si, dans sa maison, il s'applique à ses devoirs et étudie avec ardeur, on le laisse, à son gré, quitter la famille (embrasser la vie religieuse) ou rentrer dans le monde. S'il a commis une faute ou enfreint la discipline, on le punit au milieu des religieux. Si la faute est légère, on le réprimande en présence de l'assemblée, ou bien on recommande aux membres de la compagnie de ne point lui parler. Si la faute est grave, les membres de l'assemblée ne demeurent plus avec lui. Dès que cette peine

[1] *I-men*, littéralement : portes de justice ; comme si l'on disait : portes élevées en l'honneur de quelqu'un par un sentiment de justice.

[2] Il y a, en chinois : les sages et les hommes stupides (*Hien-yu*) ; mais le mot *Hien* signifie souvent : doué d'esprit et de jugement ; en mandchou, *Mergen*.

[3] Il y a une faute dans le texte ; au lieu de 智 *Tchi* « prudence », il faut lire 知 *Tchi* « savoir ».

a été prononcée, on le chasse et on l'exclut pour toujours. Une fois sorti, il va chercher un asile quelque part, ou bien, ne sachant où s'abriter, il erre sur les routes, et endure les plus grandes fatigues; quelques-uns reprennent leur ancienne profession [1].

XI.

Castes de l'Inde; mariage.

Les différentes familles se divisent en quatre classes ou castes. La première est celle des *Po-lo-men* (Brâhmanes). Ce sont des hommes d'une vie sans tache. Ils observent la vertu et pratiquent la droiture. La pureté la plus sévère est la base de leur conduite. La seconde est celle des *T'sa-ti-li* (Kchattriyas); c'est la race royale. Depuis des siècles, ils se succèdent sur le trône et s'appliquent à exercer l'humanité et la miséricorde. La troisième est celle des *Feï-che* (Vàiçyas); ce sont les marchands. Ils se livrent au négoce [2], et l'amour du lucre les pousse de tous côtés. La quatrième est celle des *Siu-to-lo* (Çoûdras); ce sont les laboureurs. Ils emploient leurs forces à la culture des terres, et travaillent avec ardeur pour faire les semailles et la récolte. Dans ces quatre familles [3], la pureté ou l'impureté de la caste

[1] En chinois, *Thsou-fo*, ce qu'on explique, en mandchou, par *Touktan yaboukha be*, ce qu'on a fait dans le commencement. (Dictionnaire *Thsin-han-wen-haï*, liv. XXIII, fol. 22.)

[2] Littéralement : ils échangent ce qu'ils ont contre ce qu'ils n'ont pas.

[3] Il y a une faute dans le texte; au lieu de 慈 *Tse* « affection, bienveillance », il faut lire 玆 *Tse* « ce, ces ».

assigne à chacun une place séparée. Quand les hommes ou les femmes se marient, ils prennent un rang élevé ou restent dans une condition obscure, suivant la différence de leur origine [1]. Les parents du mari ou de la femme ne peuvent se mêler ensemble par des mariages. Dès qu'une femme s'est mariée une fois, jusqu'à la fin de sa vie, il lui est défendu de convoler en secondes noces.

Les autres familles de l'Inde forment des classes nombreuses qui, suivant leur condition, se rapprochent et se marient entre elles; il serait trop long de les faire connaître en détail.

XII.

Famille royale; soldats et généraux; corps de troupes; armes de guerre.

La série des rois ne se compose que de *T'sa-li* (Kchattriyas) qui, dans l'origine, se sont élevés au pouvoir par l'usurpation du trône et le meurtre du souverain. Quoiqu'ils soient issus de familles étrangères [2], leur nom est prononcé avec respect.

Les soldats du royaume sont choisis parmi les plus braves, et, comme les fils suivent la profession de leur père, ils acquièrent bientôt toute la science de la guerre. En temps de paix, ils montent la garde dans les postes qui entourent le palais. En campagne, ils forment des

---

[1] Littéralement : en s'envolant (s'élevant), en rampant, (ils suivent) une route différente.

[2] C'est-à-dire : quoiqu'ils ne descendent point, par une filiation régulière et légitime, de la race des premiers rois.

compagnies légères qui marchent à l'avant-garde. L'armée se compose de quatre corps différents : l'infanterie (Pattikâya), la cavalerie (Açvakâya), les chars (Rathakâya) et les éléphants (Hastikâya). Les éléphants sont couverts d'épaisses cuirasses, et on arme leurs défenses de pointes aiguës. Un général, monté sur un char, est chargé du commandement; deux soldats, placés à gauche et à droite, lui servent de cochers. Son char est attelé de quatre chevaux. Le général des troupes est monté sur un char; deux lignes de soldats forment son escorte et sa défense; ils marchent tout près des roues [1].

Les cavaliers se répandent autour de lui pour repousser (l'ennemi); en cas de défaite, leurs rapides coursiers les dérobent à la mort. Le corps d'infanterie, par sa légèreté, contribue puissamment à la défense. On choisit pour ce service les hommes les plus hardis et les plus vaillants. Armés d'un grand bouclier et d'une longue lance, et quelquefois d'un sabre ou d'une épée, ils s'élancent impétueusement à l'avant-garde. Toutes leurs armes de guerre sont piquantes ou tranchantes. Celles qu'on appelle lance, bouclier, arc, flèche, sabre, épée, grande et petite hache, lance courte, *tch'ou* [2], longue pique, fronde, etc., leur sont familières depuis des siècles.

---

[1] Littéralement : ils tiennent les roues et supportent le moyeu du char.

[2] Suivant *Khang-hi*, le *tch'ou* 殳 était un bâton, long de douze pieds, et sans fer de lance. Il était destiné à repousser l'ennemi et à le tenir à distance.

XIII.

Mœurs et caractère des Indiens ; lois ; supplices ; procédure criminelle ; épreuves judiciaires.

Quoique les Indiens soient d'un naturel léger, ils se distinguent par la droiture et l'honnêteté de leur caractère. En fait de richesses, ils ne prennent jamais rien indûment; en fait de justice, ils font des concessions excessives. Ils redoutent les châtiments de l'autre vie et font peu de cas des professions industrielles. Ils ne se livrent point au dol ni à la fraude et confirment leurs promesses par des serments. La droiture est le trait dominant de l'administration ; les mœurs sont douces et faciles. Quant aux hommes méchants et rebelles, qui ont transgressé les lois du royaume ou qui ont conspiré contre le roi, lorsque leurs actes coupables ont été mis en évidence, on les enferme pour toujours dans une prison, mais on ne leur inflige pas de peine corporelle. On les laisse vivre ou mourir, et on ne les compte plus au nombre des hommes. Si quelqu'un viole les rites et la justice, s'il manque à la fidélité ou à la piété filiale, on lui coupe tantôt le nez ou les oreilles, tantôt les mains ou les pieds. Quelquefois on l'expulse du royaume, ou bien on l'exile chez les barbares des frontières. Pour ce qui regarde les autres délits, on peut racheter sa peine avec de l'argent. Dans une affaire criminelle, pour obtenir des aveux, on n'a recours ni aux verges ni au bâton. Si l'on interroge le prévenu et qu'il réponde avec franchise, on proportionne la peine au délit. Mais s'il nie obstinément son crime, ou que, honteux de sa faute, il cherche à la pallier, lorsqu'on veut découvrir la vérité et qu'on a besoin de prononcer une sentence, la justice possède trois (*lisez* quatre) moyens (pour arriver à ses fins), savoir : l'*eau*, le *feu*, le *pesage* et le *poison*.

Pour l'épreuve de l'eau, on met (séparément) l'accusé et une pierre dans deux sacs réunis ensemble, et on les jette dans un cours d'eau profonde; l'on reconnait alors son innocence ou sa culpabilité[1]. Si l'homme enfonce et que la pierre surnage (*sic*), il est reconnu coupable; si l'homme flotte et que la pierre enfonce, on voit qu'il est innocent.

Pour l'épreuve du feu, on fait rougir un morceau de fer et on ordonne au prévenu de s'asseoir dessus, puis d'y appliquer la plante des pieds et la paume des mains; de plus, il faut qu'il y passe la langue. Si l'accusation est fausse, il ne ressent aucun mal; si elle est fondée, il éprouve des brûlures. Il y a des hommes mous et timides qui sont incapables d'endurer la chaleur du feu. Ils prennent dans leurs mains des fleurs qui ne sont pas encore écloses et les jettent sur la flamme. Si l'accusation est fausse, les fleurs s'épanouissent; si elle est fondée, les fleurs sont à l'instant grillées.

Pour l'épreuve par le pesage, on met un homme et une pierre dans les deux fléaux d'une balance, et l'on tire la preuve de la légèreté ou de la pesanteur. Si l'ac-

[1] Littéralement: l'on examine — de lui — le vrai — le faux.

cusation est fausse, l'homme tombe en bas et la pierre remonte; si elle est vraie, le poids de la pierre emporte celui de l'homme[1].

Pour l'épreuve par le poison, on prend un bélier et on lui fend la cuisse droite; puis, on répand divers poisons sur une portion des aliments que mange le prévenu, et on l'insère dans l'ouverture qu'on a pratiquée. Si l'accusation est fondée, le poison produit son effet et l'animal meurt. Si, au contraire, elle est fausse, le poison perd sa force et il conserve la vie.

Au moyen de ces quatre épreuves, on ferme la voie de tous les crimes.

XIV.
Manières de témoigner du respect.

On compte neuf degrés dans les marques extérieures du respect. 1° On prend la parole et l'on adresse à quelqu'un des paroles obligeantes; 2° on incline sa tête devant lui, en signe de respect; 3° on lève les mains et on le salue en restant droit; 4° on joint les mains et on abaisse la tête au niveau de la ceinture[2]; 5° on fléchit (un instant) les genoux; 6° on reste longtemps à genoux[3]; 7° on s'appuie sur la terre à l'aide des mains et

---

[1] Littéralement: la pierre est (plus) lourde, l'homme est (plus) léger.

[2] En chinois, *P'ing-kong*. Cette expression a ici le même sens que *P'ing-heng*, suivant le Dictionnaire *P'in-tseu-tsien*. (Conf. *P'ing-tseu-loui pien*, liv. CCXXXIX, fol. 21.)

[3] En chinois, *Tch'ang-kouei*. Suivant *Khang-hi*, cette expression est synonyme du mot 跽 *Khi*. (Dict. de Basile, n° 10,699: «Diutius genu flectere»; Morrison, part. II, n° 5,187: «To kneel for a long time».)

des genoux; 8° on fléchit à la fois les cinq parties arrondies[1]; 9° on jette à terre ses cinq membres[2].

La plus grande de ces démonstrations de respect consiste à s'agenouiller devant quelqu'un après l'avoir salué une fois, et à exalter ses vertus.

De loin, on frappe la terre de son front[3], ou bien on incline sa tête en l'appuyant sur ses mains. De près, on baise[4] les pieds d'une personne et l'on caresse ses talons.

Toutes les fois qu'un Indien veut adresser la parole à quelqu'un et recevoir ses ordres, il relève son propre vêtement et fait, devant lui, une longue génuflexion. L'homme honorable et sage, qui a reçu cette salutation, doit lui parler d'un ton bienveillant. Tantôt il lui touche doucement le sommet de la tête; tantôt il lui caresse le dos avec la main; puis, il l'instruit et le dirige par de salutaires avis pour lui témoigner son affection.

---

[1] En chinois, *Ou-lun*; littéralement: les cinq roues. Suivant le *Fa-youen-tchou-lin*, liv. XXVIII, fol. 18, il s'agit ici des deux coudes, des deux genoux et du sommet de la tête. *Ibid.* Le mot 輪 *lun* (*vulgo* roue) veut dire, dans ce passage: une chose arrondie, 圓 *Youen*.

[2] C'est-à-dire, les genoux, les bras et la tête, suivant l'Encyclopédie *Fa-youen-tchou-lin*, liv. XXVIII, fol. 18. C'est ce qu'on appelle, en sanscrit, पञ्चाङ्ग, *Pañchâñga*. Wilson, Dict. sanscrit, page 494: « Reverence by extending the hands, bending the knees and the head. »

[3] Je traduis ici les deux expressions *Ki-sang* et *Paï-cheou*, d'après les définitions du *Fa-youen-tchou-lin*, liv. XXVIII. La seconde est expliquée dans le Dictionnaire *P'in-tseu-tsien*, par: abaisser la tête jusqu'aux mains, et se relever immédiatement. J'ai dû préférer la définition de l'Encyclopédie bouddhique précitée.

[4] Littéralement: on lèche les pieds.

Lorsqu'un *Cha-men* (un Çramana), qui est sorti de la famille, a reçu de telles marques de respect, il se contente de prononcer un souhait favorable.

Les Indiens ne se bornent pas à s'agenouiller et à saluer. Suivant l'objet qu'ils révèrent[1], il y en a beaucoup qui tournent autour, tantôt une seule fois, tantôt deux ou trois fois. Si les sentiments dont ils sont animés depuis longtemps exigent un plus grand nombre de tours, ils suivent leur volonté.

XV.

Maladie; médicaments; mort; funérailles; diverses manières de rendre les derniers devoirs; suicide religieux par immersion dans le Gange.

Toutes les fois qu'un homme tombe malade, il s'abstient de nourriture pendant sept jours. Dans cet intervalle, il y en a beaucoup qui guérissent. S'ils ne recouvrent pas la santé, ils prennent des médicaments qui sont différents d'espèces et de noms. Les médecins se distinguent par la manière d'observer (les maladies). Lorsqu'un homme est mort, les personnes qui assistent à ses funérailles pleurent et se lamentent en poussant de grands cris. Elles déchirent leurs vêtements, s'arrachent les cheveux, se frappent le front et se meur-

---

[1] C'est-à-dire, lorsqu'ils veulent montrer du respect à un *Stoûpa*, à une statue, à un homme, etc. Il s'agit, dans ce passage, d'une sorte de salutation respectueuse, qu'on appelle, en sanscrit, प्रदक्षिणा *Pradakchina*. Wilson, *Sanscrit Dictionary,* page 571 : « Reverential salutation, by circumambulating a person or an object. » Voy. *Lois de Manou,* liv. II, § 48. Le mot sanscrit दक्षिणा, *dakchina*, montre qu'on tourne en commençant par *la droite*.

trissent le sein. Quant à la forme des vêtements de deuil, il n'en est point question; il n'y a pas non plus de termes fixes pour le deuil[1].

Il y a trois manières de rendre les derniers devoirs aux morts. La première s'appelle les funérailles [2] par le feu. On amasse du bois sec et on brûle (le corps). La seconde s'appelle les funérailles par l'eau. On jette le corps dans une rivière profonde et on l'abandonne au courant. La troisième s'appelle l'enterrement dans un lieu sauvage. On laisse le corps dans une forêt où il devient la proie des bêtes fauves.

Quand le roi est mort, on désigne d'abord le prince qui doit lui succéder, afin qu'il préside aux funérailles et détermine les rangs des supérieurs et des inférieurs. Pendant sa vie, on lui donne un titre honorifique qui rappelle ses vertus; quand il est mort, on ne lui décerne point de titre posthume.

Dans une maison où quelqu'un vient de mourir, personne ne goûte de nourriture; mais, après les funérailles, chacun reprend ses habitudes; on ne célèbre point l'anniversaire de la mort[3]. Tous ceux qui ont assisté aux funérailles sont regardés comme impurs;

---

[1] Les personnes qui ont perdu un parent ne changent absolument rien à leur costume. Ne serait-il pas ridicule de suivre les rites vulgaires de *Tcheou-kong*, de crier et de pleurer pendant plusieurs mois, et de porter pendant trois ans un vêtement de toile? (*Nan-haï-khi-kouei-nei-fa-tch'ouen*, liv. II, fol. 17.)

[2] Ici, et plus bas, il y a, en chinois, 葬 *thsang* « enterrer ».

[3] Je donne ce sens au mot 諱 *hoeï*, d'après le Dictionnaire bouddhique *Tseng-tsie-tchi-in*, fol. 17.

on ne les reçoit qu'après qu'ils se sont tous baignés hors des murs de la ville.

Quant aux vieillards accablés d'années, qui voient approcher le terme de leur vie, et à ceux qui, réduits à une faiblesse extrême ou atteints d'une grave maladie, craignent de languir jusqu'à la fin de leurs jours, ils se dégoûtent de la vie et désirent quitter ce monde. D'autres, fatigués des vicissitudes de la vie et de la mort, aspirent à s'éloigner des voies du siècle. Après avoir reçu de leurs parents et de leurs amis un repas d'adieu, aux sons des instruments de musique, ils montent sur un bateau qu'on manœuvre à force de rames; ils passent le Gange, et se noient au milieu du courant. Par là, ils espèrent de renaître au milieu des *Dévas;* on en compte un sur dix. Il y en a d'autres qui, n'ayant pas encore complétement renoncé aux erreurs du siècle, sortent de la famille et adoptent la vie des religieux, dont la règle exclut les cris et les lamentations. Si leurs père et mère viennent à mourir, ils récitent des prières pour les remercier de leurs bienfaits; ils président pieusement à leurs obsèques, et, longtemps après, leur offrent encore des sacrifices funèbres [1]. Par là, ils leur assurent le bonheur dans l'autre vie.

[1] Il y a, en chinois : « Il poursuit les éloignés, et montre une grande attention pour les morts. » Quoique cette phrase appartienne aux livres classiques, elle paraît transposée, car l'expression « poursuivre les éloignés » veut dire : offrir des sacrifices à des parents morts depuis longtemps. La seconde expression : « montrer une grande attention pour les morts, » veut dire : ne rien omettre, dans les funérailles actuelles, de ce qu'exigent les convenances publiques et les devoirs de famille.

XVI.

Administration; revenus des terres de la couronne; leur emploi; taxes et impôts; recrutement militaire; traitements des ministres et des magistrats.

Comme tous les règlements administratifs respirent la bienveillance, les affaires de l'État sont peu compliquées. Les familles ne sont point portées sur des registres civils, et les hommes ne sont assujettis à aucunes corvées. Le produit des terres de la couronne se divise en quatre parts. La première sert à fournir aux dépenses du royaume et les grains des sacrifices; la seconde, à constituer des fiefs aux ministres et aux membres du conseil d'État; la troisième, à récompenser les hommes qui se distinguent par leur intelligence, leur savoir et leurs talents; la quatrième part sert à cultiver le champ du bonheur [1], et à donner des aumônes aux diverses sectes hérétiques. C'est pourquoi les taxes sont légères et les impôts modérés. Chacun garde en paix l'héritage de ses pères; tous cultivent la terre pour se nourrir. Ils empruntent des semailles au

---

[1] Suivant le Dictionnaire bouddhique *San-thsang-fa-sou* (liv. VII, fol. 22-24), l'expression « cultiver le champ du bonheur » signifie faire de bonnes œuvres, par exemple, offrir aux dieux toutes sortes de parfums, parer richement leurs statues, faire résonner en leur honneur une musique harmonieuse; voilà pour les riches. Les pauvres peuvent se contenter de témoigner leur respect aux *trois Précieux*, aux religieux, à leur père et à leur mère. Par là, on obtient le bonheur, de même qu'en cultivant un champ avec ardeur on peut obtenir une abondante moisson. (Conf. *ibid.* liv. XI, fol. 20 v°.)

champ du roi et payent, en tribut, la sixième partie de leur récolte. Les marchands, qui poursuivent le lucre, vont et viennent pour leur négoce. Aux gués des rivières, aux barrières des chemins, on passe après avoir payé une légère taxe. Lorsque le roi entreprend quelque construction, il n'oblige pas ses sujets à travailler gratuitement. Il leur donne un juste salaire proportionné au travail qu'ils ont fait.

Les militaires gardent les frontières ou vont combattre l'ennemi; d'autres montent la garde, la nuit, dans les postes du palais. On lève des soldats suivant les besoins du service; on leur promet des récompenses, et l'on attend qu'ils viennent s'enrôler. Les gouverneurs, les ministres, les magistrats et les employés reçoivent chacun une certaine quantité de terres et vivent de leur produit.

XVII.

Plantes et arbres indigènes et exotiques; agriculture; nourriture habituelle des Indiens; aliments permis et défendus; breuvages; vases de cuisine et de table; manière de manger.

Les climats et les qualités du sol étant fort différents, les produits de la terre offrent aussi une grande variété. Les fleurs et les plantes, les fruits et les arbres diffèrent autant par leurs espèces que par leurs noms. On remarque, par exemple, les suivants : l'*An-mo-lo-ko* (Amalaka); l'*An-mi-lo* (Amila?); le *Mo-thou-kia* (Madhouka); le *Po-ta-lo* (Bhadra); le *Kie-pi-tha* (Kapittha); l'*O-mo-lo* (Âmra); le *Tchin-thou-kia* (Tindouka); l'*Ou-*

tan-po-lo (Oudoumbara); le *Meou-tche* (Môtcha) le *Na-li-ki-lo* (Nârikèla); le *Pan-na-so* (Panasa); etc. Il serait difficile d'énumérer toutes les espèces de fruits; on a cité sommairement ceux que les hommes estiment le plus. Quant aux fruits du jujubier, du châtaignier et du *Pi-chi* (Kaki), ils sont inconnus dans l'Inde. Depuis que les deux espèces de poiriers *li* et *naï*, le pêcher, l'amandier, la vigne et autres arbres à fruits ont été apportés du royaume de Cachemire, on les voit croître de tous côtés. Les grenadiers et les orangers à fruits doux se cultivent dans tous les royaumes de l'Inde.

Les laboureurs cultivent les champs, et se livrent à tous les travaux agricoles. Ils labourent et sarclent, sèment et récoltent suivant les saisons; chacun se repose après avoir travaillé. Parmi les produits de la terre, le riz et le blé dominent. Au nombre des légumes et des plantes potagères, on compte le gingembre, la moutarde, les melons et les courges. Les plantes d'une odeur forte, les oignons, les ciboules sont rares; il y a aussi peu de personnes qui en mangent. Si quelqu'un en fait usage dans sa maison, on l'expulse hors des murs de la ville. On se nourrit ordinairement de gâteaux de farine de grains torréfiés, dans laquelle on mêle du lait, de la crème, du beurre, de la cassonade, du sucre solide, de l'huile de moutarde (*Sinapis glauca*)[1]. Le poisson, le mouton, le daim, le cerf se servent en tout temps, soit par quartiers, soit en tranches minces. Pour

---

[1] Voyez le *Bulletin de la Société d'acclimatation*, tome III, mai 1856, page 245.

ce qui regarde les bœufs, les ânes, les éléphants, les chevaux, les porcs, les chiens, les renards, les loups, les lions et les singes, la loi défend de les manger. Ceux qui en font leur nourriture sont couverts de honte et de mépris, et ils deviennent pour tout le monde un objet de haine et de dégoût. Repoussés de la société, ils vivent en dehors des murs de la ville, et ne se montrent que rarement parmi les hommes.

Quant aux vins et aux liqueurs, on en distingue plusieurs sortes. Le jus des raisins et des cannes à sucre est le breuvage des *T'sa-ti-li* (Kchattriyas); la liqueur forte tirée de grains fermentés est celle des *Feï-che* (Vâiçyas). Les *Cha-men* (Çramaṇas) et les *Po-lo-men* (Brâhmanes) boivent le jus du raisin ou celui de la canne à sucre, qui diffèrent tout à fait du vin distillé.

Les diverses familles et les classes de basse condition n'ont rien qui les sépare et les distingue; seulement, les vases dont elles se servent diffèrent notablement par le travail et la matière. Les Indiens sont abondamment pourvus d'ustensiles appropriés à tous leurs besoins. Quoiqu'ils fassent usage de marmites et de casseroles, ils ne connaissent point les vases de terre appelés *Tseng*, pour faire cuire le riz[1]. Ils ont beaucoup de vases en argile séchée et se servent rarement de cuivre rouge. Ils mangent dans un seul vase, apprêtent les mets avec

[1] Nous n'avons pas, en français, de synonyme pour rendre le mot 甑 *Tseng*. C'est un vase en terre, surmonté d'un étage à claire-voie, pour cuire le riz à la vapeur. J'ai été obligé d'employer une périphrase.

divers assaisonnements et les prennent avec les doigts. Ils ne font usage ni de cuillers ni de bâtonnets[1]; mais, lorsqu'ils sont malades, ils se servent de cuillers de cuivre.

XVIII.

Métaux précieux; jade, lentilles de cristal; monnaies d'or et d'argent; cauris et perles employés comme moyens d'échange. Coup d'œil général sur la rédaction du présent ouvrage.

L'or, l'argent, le laiton, le jade blanc, les lentilles de cristal, sont des produits indigènes que l'on voit en grande abondance. Les Indiens tirent des îles une foule de choses rares et précieuses, différentes d'espèces et de noms. Ils les échangent pour se procurer des marchandises. Mais, dans leurs transactions commerciales, ils font usage de monnaies d'or et d'argent, de coquilles à perles[2] et de petites perles.

(Dans cet ouvrage), on a fait connaître complétement les pays que renferme l'Inde et leurs limites particulières, et l'on a décrit sommairement les différences du climat et du sol. On a groupé ensemble les détails qui se rapportaient au même sujet et l'on en a présenté un résumé succinct. Enfin, en traitant de chaque royaume, on a décrit les différents modes d'administration et les mœurs diverses des habitants.

[1] On sait que les Chinois se servent de deux petits bâtons en guise de fourchette.
[2] Il y a ici une transposition; au lieu de *Peï-tchou*, il faut lire *Tchou-peï* « coquilles à perles ». Cf. *Tchoang-tseu*, liv. XII, fol. 26.

ROYAUME DE LAN-PO.

Le royaume de *Lan-po* (Lampâ) a environ mille li de tour. Au nord, il est adossé à des montagnes neigeuses; des trois autres côtés, il est borné par les *Montagnes-noires*[1]. La circonférence de la capitale est d'une dizaine de li. Comme, depuis plusieurs centaines d'années, la famille royale est éteinte, les hommes des grandes familles se disputent le pouvoir. Il n'y a point de roi. Dans ces derniers temps, *Lan-po* (Lampâ) a commencé à se mettre sous la dépendance du royaume de *Kia-pi-che* (Kapiça). Le sol est propre à la culture du riz et produit une grande quantité de cannes à sucre. Quoiqu'il y ait une multitude d'arbres, on en voit fort peu qui portent des fruits. Le climat est tiède; on y voit de légères gelées blanches, mais point de neige. Les habitants sont riches et heureux. Chez eux, l'art de chanter est en grand honneur. Ils manquent de force et d'énergie et sont très-enclins à la fraude. Ils s'insultent et se gourmandent les uns les autres, et l'on n'en vit jamais un seul préférer quelqu'un à lui-même. Ils sont petits de taille et ont des mouvements vifs et impétueux. Ils portent, la plupart, des vêtements de coton blanc, et aiment à s'habiller avec élégance. Il y a une dizaine de couvents; les religieux, qui sont en petit

---

[1] Les *Montagnes noires*, dont le nom s'est conservé jusqu'ici, ne doivent pas être confondues avec les *Pics noirs*, *He-fong* (*Po-lo-mo-lo-ki-li*, Baramoûlagiri), du *Si-yu-ki*, liv. X, fol. 14.

nombre, étudient tous la doctrine du *grand Véhicule.*
On voit plusieurs dizaines de temples des dieux (Dêvâlayas). Il y a fort peu d'hérétiques.

En partant de ce pays, il fit environ cent li dans la direction du sud-est, franchit un grand passage de montagne, traversa un large fleuve et arriva au royaume de *Na-kie-lo-ho* (Nagarahâra)[1] (Inde du Nord).

ROYAUME DE NA-KIE-LO-HO.

(NAGARAHÂRA.)

Le royaume de *Na-kie-lo-ho* (Nagarahâra) a environ six cents li de l'est à l'ouest, et de deux cent cinquante à deux cent soixante li du sud au nord. Il est défendu de tous côtés par des montagnes et des obstacles naturels. La capitale a environ vingt li de tour. Il n'y a point de roi; c'est le royaume de *Kia-pi-che* (Kapiça), à qui il est soumis, qui exerce le pouvoir. Ce pays est riche en grains et produit une grande quantité de fleurs et de fruits. Le climat est d'une chaleur tiède; les mœurs sont simples et honnêtes; les hommes sont pleins d'ardeur et de courage. Ils méprisent les richesses et sont passionnés pour l'étude; ils révèrent la loi du *Bouddha*, et il en est peu qui croient aux doctrines hérétiques. Quoiqu'il y ait une multitude de couvents, ils ne ren-

---

[1] Dans les annales des *Song*, liv. CCCCXCXI, fol. 2, on trouve *Nang-'go-lo-ho-lo*, qui répond exactement à l'orthographe indienne *Nagarahâra*, que fournit l'inscription découverte par le capitaine Kittoe. (Voy. *Journal of the Asiat. soc. of Bengal*, June 1848, p. 490-501.)

ferment qu'un petit nombre de religieux. Les *Stoûpas* sont délabrés et en ruines. Il y a cinq temples des Dieux et une centaine d'hérétiques.

A trois li, à l'est de la ville, il y a un *Stoûpa*, haut d'environ trois cents pieds, qui a été bâti par le roi *Wou-yeou* (Açôka). Il est tout en pierres et s'élève à une hauteur surprenante; il est remarquable par ses sculptures et sa magnifique construction. Ce fut en cet endroit que *Chi-kia-pou-sa* (Çâkya Bôdhisattva), ayant rencontré *Jen-teng-fo* (Dîpañkara Bouddha), étendit par terre un vêtement de peau de cerf, déploya ses cheveux pour le garantir de la boue et reçut une prédiction. Quoique le monde ait été détruit (depuis cette époque), ce monument n'a point été anéanti. Quelquefois, lorsqu'arrive un jour de jeûne, il tombe du ciel une pluie de fleurs. Alors, le peuple, animé d'une pieuse ardeur, fait des offrandes au *Stoûpa*.

A l'ouest de cet endroit, il y a un couvent qui renferme un petit nombre de religieux.

Plus loin, au sud, on voit un petit *Stoûpa*. Ce fut en cet endroit que jadis Çâkya Bôdhisattva garantit Dîpañkara Bouddha de la boue du sol. Le roi *Wou-yeou* (Açôka) bâtit ce *Stoûpa*, loin de la grande route, dans un lieu détourné.

Dans l'intérieur de la ville, on voit les antiques fondements d'un grand *Stoûpa*. L'ancienne description de ce pays nous apprend que jadis il renfermait une dent du *Bouddha*, et qu'il était remarquable par son élévation, sa largeur et sa magnificence. Maintenant, la dent n'existe plus et l'on ne voit plus que les fondements antiques de ce monument.

A côté, il y a un *Stoûpa*, haut d'environ trente pieds. Les traditions de ce pays n'ont point conservé l'histoire de son origine; on dit seulement qu'il est tombé du ciel et s'est posé en cet endroit. Puisqu'il n'a point été fait de main d'homme, c'est évidemment le produit d'un miracle divin.

A environ dix li, au sud-ouest de la ville, il y a un *Stoûpa*. Jadis, lorsque *Jou-laï* (le Tathâgata) vivait dans le monde, du milieu de l'Inde centrale, il s'élança dans les airs, pour aller convertir les hommes, et descendit dans ce pays. Les habitants, pleins d'affection pour lui, élevèrent ce monument divin.

A une petite distance, à l'est de cet endroit, il y a un (autre) *Stoûpa*. Jadis, *Chi-kia-pou-sa* (Çâkya Bôdhisattva, ayant rencontré *Jen-teng-fo* (Dîpañkara Bouddha), acheta des fleurs en cet endroit.

A environ vingt li, au sud-ouest de la ville, on arrive à un petit passage de montagne taillé dans le roc. Il y a un couvent où l'on voit des salles élevées et des pavillons à double étage, formés de pierres amoncelées. Le silence règne dans ce pieux asile et l'on n'y voit aucun religieux. Au centre s'élève un *Stoûpa*, haut de deux cents pieds, qui a été bâti par le roi *Wou-yeou* (Açôka).

Au sud-ouest du couvent, un torrent profond s'élance d'un sommet escarpé et répand ses eaux en cascades bruyantes. Les bords de la montagne se dressent comme des murs. Dans l'un des murs de pierre, du bord oriental, il y a une caverne large et profonde qui sert de demeure au dragon *Kiu-po-lo* (Gôpâla). Le sentier qui y conduit est petit et étroit; la caverne est sombre et ténébreuse. Les pierres qui forment le bord oriental suintent continuellement, et l'eau qui en découle arrive jusque dans ce sentier. Jadis, on y voyait l'ombre du *Bouddha*, radieuse comme sa figure naturelle, et offrant tous les signes de beauté [1]; on eût dit le *Bouddha* vivant. Depuis les siècles derniers, on ne la voit plus complétement. Quoiqu'on en aperçoive quelque chose, ce n'est qu'une ressemblance faible et douteuse. Lorsqu'un homme prie avec une foi sincère, et qu'il a reçu (d'en haut) une impression secrète, il la voit clairement; mais il ne peut jouir longtemps de sa vue.

Jadis, lorsque *Jou-laï* (le Tathâgata) vivait dans le monde, ce dragon était un bouvier (gôpâla) qui fournissait au roi du lait et de la crème. Ayant manqué, un jour, de s'acquitter de ce devoir, il reçut de sévères réprimandes. Aigri par la colère et la haine, il acheta des fleurs avec des pièces d'or, et en fit hommage au *Stoûpa* de la prédiction [2]. Il exprima le vœu de devenir un dragon malfaisant, afin de ruiner ce royaume et de faire périr le roi. Aussitôt, il monta au haut du mur de pierre, se précipita en bas et mourut. Bientôt après, il habita cette caverne et devint un roi des dragons. Alors, il

[1] En chinois, *Siang-hao*. Ces signes sont au nombre de trente-deux. Voyez le *Vocabulaire pentaglotte*, liv. I, fol. 11; Burnouf, *Introduction au Bouddhisme*, liv. I, page 346; *Lotus*, pages 30, 353 et suiv.

[2] C'est-à-dire au *Stoûpa* élevé dans le lieu où *Çâkya Bôdhisattva* avait reçu une prédiction de *Dîpankara Bouddha*.

voulut sortir de sa caverne et mettre à exécution le vœu coupable qu'il avait anciennement formé. Au moment où ces sentiments surgirent dans son cœur, *Jou-laï* (le Tathâgata) les découvrit, et fut ému de pitié pour les hommes de ce royaume dont le dragon méditait la perte. Usant donc de sa puissance divine, il quitta l'Inde centrale et se rendit dans la demeure du dragon. Aussitôt que le dragon eut vu *Jou-laï* (le Tathâgata), ses mauvais desseins s'évanouirent sur-le-champ. Il reçut le précepte qui défend le meurtre, et forma le vœu de protéger la droite loi. Il dit alors à *Jou-laï* (au Tathâgata) : « Per-
« mettez-moi d'habiter pour toujours cette caverne, afin
« que vos saints disciples reçoivent constamment mes
« hommages. »

« Lorsque je serai sur le point d'entrer dans le *Nir-*
« *vâṇa*, repartit *Jou-laï* (le Tathâgata), je laisserai mon
« ombre en votre faveur. J'enverrai cinq *Lo-han* (Arhats)
« qui recevront constamment vos hommages. Quand la
« droite voie sera éteinte, ce pieux devoir ne doit pas
« éprouver d'interruption. Si votre esprit envenimé se
« laisse aller tout à coup à la colère, il faut alors que
« vous regardiez mon ombre. Par l'effet de la bienveil-
« lance et de la vertu, vos desseins coupables ne man-
« queront pas de s'évanouir. Les Honorables du siècle
« (les *Bouddhas*), qui doivent apparaître dans ce *Kalpa*
« des sages (Bhadrakalpa), auront aussi pitié de vous,
« et tous vous laisseront l'image de leur ombre. »

En dehors de la porte de *la Caverne de l'ombre*, il y a deux pierres carrées. Sur l'une, on aperçoit la trace des pieds de *Jou-laï* (du Tathâgata), et l'on entrevoit la figure des (deux) roues[1], qui répand constamment une lueur brillante.

A droite et à gauche de *la Caverne de l'ombre,* il y a un grand nombre de chambres creusées dans le roc; c'est là que les saints disciples de *Jou-laï* (du Tathâgata) se livraient à la méditation (au *Samâdhi*).

A l'angle nord-ouest de *la Caverne de l'ombre,* il y a un *Stoûpa*. Là, on voit un endroit où *Jou-laï* (le Tathâgata) se promenait pour faire de l'exercice.

A côté de ce lieu, il y a un *Stoûpa* qui renferme des cheveux et des ongles de *Jou-laï* (du Tathâgata).

Tout près de cet endroit, il y a un *Stoûpa*. Ce fut là que le *Tathâgata* révéla les vrais principes de sa doctrine et expliqua le livre *Ouen-kiaï-king*[2].

A l'ouest de *la Caverne de l'ombre,* il y a un vaste rocher sur lequel *Jou-laï* (le Tathâgata) lava jadis son *Kia-cha* (Kachâya — vêtement brun de religieux). On entrevoit encore, sur la pierre, l'ombre des raies de l'étoffe.

A environ trente li, au sud-est de la capitale, on ar-

---

[1] Ce passage serait inintelligible, sans cette citation que nous fournit le recueil *P'ing-tseu-louï-pien* (liv. CLVI, fol. 14) : « Quand le *Bouddha* leva les jambes, on vit paraître, sous la plante de ses pieds, deux roues à mille rais. Chacune de ces roues se changea en quatre-vingt-quatre mille précieux lotus; chacun de ces lotus se changea en huit milliards quatre cents millions de *Nayouta* (sic) de fleurs; chaque fleur de lotus se changea en une tour; chaque tour de lotus et chaque pétale de fleur couvrirent les dix contrées de l'immense univers; chaque fleur de lotus avait quatre-vingt-quatre mille pétales.

[2] *Ouen-kiaï* est le nom d'un monde; j'ignore le mot correspondant en sanscrit.

rive à la ville de *Hi-lo* (Hila?), dont la circonférence est de quatre à cinq li. Elle est dans une situation élevée et des obstacles naturels la défendent. On y voit des bosquets fleuris et des étangs dont l'eau est claire comme un miroir. Les habitants de cette ville sont droits, honnêtes et fidèles à leur parole. Il y a un pavillon à double étage; les solives sont ornées de peintures et les pilastres, colorés en rouge. Au second étage, il y a un petit *Stoûpa* construit avec sept matières précieuses, où l'on a déposé l'os du sommet du crâne de *Jou-laï*. La circonférence de cet os est d'un pied et deux pouces; on aperçoit distinctement les trous des cheveux; sa couleur est d'un blanc-jaunâtre. Il est renfermé dans un écrin précieux qu'on a placé au centre du *Stoûpa*. Ceux qui veulent connaître la mesure de leurs vertus ou de leurs péchés, font une pâte molle avec de la poudre odorante, et s'en servent pour mouler l'os du crâne, dont les traits apparaissent sur cette pâte suivant l'influence qu'a exercée leur vertu.

Il y a, en outre, un petit *Stoûpa*, construit avec sept matières précieuses, où l'on a déposé le crâne du *Tathâgata*. Sa forme est celle d'une feuille de lotus; sa couleur est la même que celle de l'os du sommet de la tête (Ouchnîcha); il est également renfermé dans un écrin précieux.

Il y a encore un petit *Stoûpa*, construit avec sept matières précieuses, où l'on a déposé les prunelles du *Tathâgata*, qui sont grosses comme le fruit du *Naï* (Âmra). Elles sont claires et transparentes, et elles brillent à l'intérieur comme à la surface ; on les a placées aussi dans une boîte formée de sept matières précieuses et scellée avec soin. Le *Seng-kia-tchi* (Sanghâṭî) et le *Kia-cha* (Kachâya) de *Jou-laï* (du Tathâgata), qui sont faits de coton extrêmement fin, et dont la couleur est d'un rouge-jaunâtre, ont été pareillement renfermés dans une boîte d'un grand prix. Comme il s'est écoulé beaucoup d'années depuis cette époque, ils sont un peu endommagés. Le bâton de *Jou-laï*, dont les anneaux sont en fer poli et la hampe en bois de santal, sont renfermés dans une caisse de matière précieuse. Dans ces derniers temps, il y eut un roi qui, ayant appris que tous ces objets avaient jadis appartenu à *Jou-laï* (au Tathâgata), abusa de sa puissance redoutable pour les enlever de force, et s'en retourna. Quand il fut arrivé dans son royaume, il les déposa dans le palais qu'il habitait, mais avant qu'une heure se fût écoulée, il les chercha et ne les retrouva plus. Il se livra inutilement à de nouvelles perquisitions, parce que ces objets étaient déjà retournés dans leur premier lieu. Ces cinq objets sacrés opèrent de nombreux miracles.

Le roi de *Kia-pi-che* (Kapiça) a ordonné à cinq hommes purs (Brâhmanes) de leur offrir constamment des fleurs odorantes. Les personnes qui viennent les voir et les adorer se succèdent sans interruption. Ces Brâhmanes, qui aiment le calme et le repos, ont pensé que l'argent est en grande estime chez les hommes. Ils ont établi un tarif gradué afin d'arrêter les clameurs et le tumulte de la foule. En voici le résumé :

« Ceux qui veulent voir l'os du sommet de la tête de *Jou-laï* (du Tathâgata), payeront une pièce d'or ; mais, pour prendre l'empreinte de l'os, ils en donneront cinq. » La vue des autres objets est également assujettie à un tarif proportionnel ; mais, quoique les droits soient considérables, la multitude des adorateurs s'accroît de jour en jour.

Au nord-ouest du pavillon à double étage, il y a un *Stoûpa*. Il n'est ni grand ni élevé, mais on y voit éclater beaucoup de prodiges. Si on le touche seulement du bout du doigt, il remue et tremble jusque dans ses fondements, et les grelots et les clochettes du monument résonnent à l'unisson.

En partant de ce royaume, dans la direction du sud-est, il fit environ cinq cents li, à travers des montagnes et des vallées, et arriva au royaume de *Kien-t'o-lo* (Gândhâra)[1].

ROYAUME DE KIEN-T'O-LO.
(GÂNDHÂRA.)

Le royaume de *Kien-t'o-lo* (Gândhâra) a environ mille li de l'est à l'ouest, et huit cents li du sud au nord. A l'est, il est voisin du fleuve *Sin* (Sindh). La capitale de ce royaume s'appelle *Pou-lou-cha-pou-lo* (Pouroucha-poura) ; sa circonférence est d'environ quarante li. La race royale s'étant éteinte, ce pays est tombé sous la domination du royaume de *Kia-pi-che* (Kapiça). Les

[1] Inde du nord.

villes et les villages sont (presque) déserts et l'on n'y voit que de rares habitants. A l'un des angles de la résidence royale, il y a un millier de familles. Ce pays est très-riche en grains et donne une grande quantité de fleurs et de fruits; il produit aussi beaucoup de cannes à sucre et l'on en tire du *miel en pierre* (du sucre solide)[1]. Le climat est d'une chaleur tiède; on ne voit jamais ni gelée blanche ni neige. Les habitants sont d'un naturel mou et pusillanime; ils aiment à cultiver les lettres. La plupart d'entre eux révèrent les doctrines hérétiques, et il y en a peu qui aient foi dans la droite loi. Depuis l'antiquité, ce pays a donné le jour à un grand nombre de docteurs indiens qui ont composé des Traités (*Çâstras*); par exemple, à[2] *Na-lo-yen-t'ien* (Nârâyaṇa Dêva), *Wou-tcho-pou-sa* (Asañga Bôdhisattva), *Chi-thsin-pou-sa* (Vasoubandhou Bôdhisattva), *Fa-khieou* (Dharmatrâta), *Jou-i* (Manôrhita), *Hie-thsun* (Ârya Pârçvika), etc., etc. Il y a environ mille couvents[3], qui sont ruinés et déserts. Ils sont remplis d'herbes sauvages[3] et n'offrent qu'une triste solitude. La plupart des *Stoûpas* sont pareillement en ruines. Les temples des dieux sont au

[1] Quand le jus de la canne à sucre a été cuit longtemps, et qu'on l'a fait sécher, il se condense et ressemble à de la glace. On l'appelle alors *Chi-mi* « miel en pierre ». *Peï-wen-yun-fou*, liv. XCIII, A, fol. 72.

[2] Il y a une faute dans le texte, où se trouve un caractère de trop : 不 *pou* « non », avant *Nârâyaṇa Déva*.

[3] Il y a une faute dans le texte : 漫 *mouan* « grandes eaux », pour 蔓 *wan* « plantes rampantes ». *Peï-wen-yun-fou*, liv. LXXIII, fol. 134 : Les hommes du midi et du nord sarclent rarement et laissent leurs champs se couvrir de mauvaises herbes, 蕪 蔓 *wou-wan*.

nombre de cent; les hérétiques des différentes sectes habitent pêle-mêle.

Dans l'intérieur de la ville royale, on voit, au nord-ouest, les restes d'un ancien monument. C'était jadis la tour précieuse qui renfermait le pot (*Pâtra*) du *Bouddha*. Après le *Nirvâṇa* de *Jou-laï* (du Tathâgata), le pot a passé dans ce royaume, et, pendant plusieurs centaines d'années, on lui a rendu des hommages. Après avoir circulé dans divers royaumes, il se trouve (actuellement) dans le pays de *Po-la-sse* (la Perse).

A huit ou neuf li, au sud-est, en dehors de la ville, on voit l'arbre *Pi-po-lo* (Pippala), qui est haut d'environ cent pieds. Ses branches et ses feuilles sont fort touffues et projettent une ombre épaisse. Les quatre *Bouddhas* passés se sont assis sous cet arbre. Aujourd'hui, on voit encore les statues de ces quatre *Bouddhas* qu'on a représentés assis. Pendant le *Kalpa* des sages (Bhadrakalpa), les neuf cent quatre-vingt-seize (autres) *Bouddhas* doivent tous venir s'y asseoir. Des esprits invisibles entourent cet arbre de leur protection et déploient secrètement les effets de leur puissance divine[1]. Çâkya Tathâgata s'assit jadis sous cet arbre, le visage tourné au midi, et parla ainsi à *'O-nan* (Ânanda):

« Dans les quatre cents ans qui suivront mon *Nirvâṇa*,
« il y aura un roi qui s'illustrera dans le monde sous le
« nom de *Kia-ni-se-kia* (Kanichka). A une petite distance

---

[1] Il y a, en chinois, *Ling-kien*, qui signifie tantôt « des miracles, des prodiges divins » (comme ici et liv. I, fol. 13; liv. VIII, fol. 3), tantôt « une intelligence merveilleuse » (liv. V, fol. 5 v°).

« au sud de cet endroit, il élèvera un *Stoûpa* où l'on
« renfermera la majeure partie des reliques provenant
« de ma chair et de mes os. »

Au midi de l'arbre *Pi-po-lo* (Pippala), il y a un *Stoûpa* qui a été bâti par le roi *Kia-ni-se-kia* (Kanichka). Dans la quatre centième année après le *Nirvâṇa* de *Jou-laï* (du Tathâgata), le roi *Kia-ni-se-kia* (Kanichka) monta sur le trône et étendit sa puissance sur toute l'île de *Tchen-pou* (Djamboudvîpa — l'Inde). Il ne croyait ni au châtiment du crime, ni à la rémunération de la vertu; il méprisait et calomniait la loi du *Bouddha*. Un jour qu'il chassait au milieu des marais, il rencontra un lièvre blanc. Le roi le poursuivit lui-même, et, quand il fut arrivé en cet endroit, l'animal disparut. Il vit alors un jeune pâtre qui, au milieu d'un bois, construisait un petit *Stoûpa* haut de trois pieds. Le roi lui dit : « Que faites-vous là ? »

« Jadis, répondit le petit pâtre, *Chi-kia-fo* (Çâkya
« Bouddha), à l'aide de sa pénétration divine, a fait une
« prédiction. « Il doit y avoir un roi, a-t-il dit, qui, dans
« ce pays fortuné, élèvera un *Stoûpa* où sera renfermée
« la majeure partie des reliques de mon corps. » Dans
« votre existence passée, ô grand roi ! votre sainte vertu
« vous a acquis des droits au trône. Les mérites divins
« et la félicité supérieure, mentionnés jadis dans la pré-
« diction, coïncident exactement avec l'heure présente.
« Voilà pourquoi j'ai voulu vous avertir aujourd'hui. »
En achevant ces mots il disparut.

Quand le roi eut entendu ces paroles, il se sentit

transporté de joie. Se flattant d'être désigné par l'ancienne prédiction du *grand Saint,* il ouvrit son cœur à la foi, et montra un profond respect pour la loi du *Bouddha.* Autour de l'endroit où était le petit *Stoûpa,* il éleva un *Stoûpa* en pierre et fit tous ses efforts pour que celui-ci s'élevât au-dessus du premier. Mais, à mesure que le monument faisait des progrès en hauteur, le petit *Stoûpa* le dépassait toujours de trois pieds. Il continua de l'élever jusqu'à plus de quatre cents pieds. La base de cet édifice occupait une circonférence d'un li et demi. Lorsqu'il eut construit cinq étages, ayant chacun cent cinquante pieds de hauteur, il réussit à couvrir le petit *Stoûpa.* Le roi se félicita de son triomphe. Ensuite, sur le sommet du grand *Stoûpa,* il éleva encore une coupole en cuivre doré qui avait vingt-cinq étages[1]. Aussitôt après, il déposa dans le centre du monument un *ho*[2] de reliques du *Bouddha* et leur offrit ses hommages. Quand il eut achevé cette construction, il vit le petit *Stoûpa,* qui se trouvait au bas de l'angle sud-est du grand, s'élever à côté et le dépasser de moitié. Le roi en éprouva une vive contrariété et ordonna sur-le-champ de l'abattre. Bientôt après, il en arrêta la démolition au-dessous du second étage; et, au moment où le milieu des assises de pierre apparaissait à moi-

---

[1] Pour bien comprendre ce passage, il faut se figurer vingt-cinq bassins de cuivre, dans la forme et la position d'un timbre d'horloge, que traverserait un axe vertical, et qui seraient placés comme par étages, les uns au-dessus des autres.

[2] Le *Ho* 斛 est une mesure de dix boisseaux chinois.

tié, il vit le petit *Stoûpa* surgir une seconde fois de sa place primitive. Le roi se retira et dit en soupirant : « Hélas! dans les entreprises humaines, il est aisé de « se faire illusion; mais il est impossible d'étouffer les « œuvres des dieux. Lorsqu'une chose est protégée par « la puissance divine, que peuvent contre elle l'empor- « tement et la colère? »

Pénétré de honte et de crainte, il confessa sa faute et s'en retourna. Les deux *Stoûpas* existent encore aujourd'hui. Lorsque des malades veulent demander la santé, s'ils les frottent de parfums et répandent des fleurs, s'ils viennent se soumettre avec une foi sincère, ils obtiennent, la plupart, leur guérison.

Sur la face sud des marches en pierre du grand *Stoûpa*, qui regardent l'est, on a sculpté deux *Stoûpas*, l'un haut de trois pieds et l'autre de cinq. Ils ont exactement la forme et l'apparence du grand *Stoûpa*. De plus, on a fait deux images du *Bouddha*, l'une haute de quatre pieds et l'autre de six pieds. Elles ressemblent complétement au *Bouddha*, lorsqu'il était assis, les jambes croisées, sous l'arbre *Pou-ti* (*l'arbre de l'intelligence* — Bôdhidrouma). Quand le soleil les éclaire de ses rayons, l'œil est ébloui de leur couleur d'or; et, dès que l'ombre se déplace par degrés, les veines de la pierre paraissent d'un rouge-bleu. Voici ce que j'ai entendu dire aux vieillards : « Quelques centaines d'années avant l'époque actuelle, dans les fentes des assises de pierre, il y avait des fourmis de couleur d'or; les plus grandes étaient grosses comme le doigt et les plus petites comme un grain de blé. Celles de chaque espèce marchaient ensemble. A force de ronger les parois de la pierre, elles y ont laissé des traits qui ressemblent à des tailles de burin. Elles y semèrent du sable d'or et firent ces deux images du *Bouddha*, qui existent encore aujourd'hui. »

Sur la face méridionale de l'escalier de pierre du grand *Stoûpa*, il y a une image peinte du *Bouddha*, qui est haute de seize pieds. Au-dessus de la poitrine, on voit distinctement deux corps qui se réunissent au-dessous et n'en forment plus qu'un seul. Voici ce que rapportent les anciennes descriptions de ce pays : « Dans l'origine, il y avait un pauvre homme qui se livrait à un travail mercenaire pour subvenir à ses besoins. Quand il eut gagné une pièce d'or, il eut le désir de faire exécuter une image du *Bouddha*. S'étant rendu auprès du *Stoûpa*, il dit à un peintre : « Maintenant, je voudrais « faire peindre la figure admirable de *Jou-laï* (du Tathâ-« gata); par malheur, je n'ai qu'une pièce d'or; c'est bien « peu pour rémunérer votre travail. J'éprouverais un vif « chagrin de manquer à mes anciennes intentions; mais « j'y serais contraint par la pauvreté. »

« Dans ce moment, le peintre, voyant la sincérité de son cœur, lui promit, sans insister sur le prix, d'accomplir le travail qu'il demandait. Il y eut encore un autre homme qui, se trouvant dans la même position que le précédent, vint offrir à l'artiste une pièce d'or, en le priant de lui peindre une image du *Bouddha*. Alors, le peintre, après avoir reçu une pièce d'or de chacun de ces hommes, chercha des couleurs excellentes et peignit, pour eux deux, une seule image du *Bouddha*. Ces deux hommes vinrent le même jour pour la voir et l'honorer. Alors, le peintre, indiquant en même temps une seule image, la montra à ces hommes et leur dit : « Voilà « l'image du *Bouddha* que vous m'avez commandée. »

« Ces deux hommes se regardèrent l'un l'autre, comme s'ils étaient agités d'une pensée secrète. Le peintre, comprenant leurs doutes, leur dit à tous deux : « Qu'avez-vous « besoin de réfléchir si longtemps? S'il s'agit de l'or que « j'ai reçu de vous, je ne vous en ai pas fait tort d'un « atome. Pour preuve que je ne mens point, l'image va « éprouver un changement miraculeux. » Il n'avait pas encore achevé de parler que l'image offrit à leurs yeux un prodige divin. Elle se divisa en deux corps qui se renvoyaient un mutuel éclat. Ces deux hommes se rendirent avec joie à l'évidence; ils crurent du fond du cœur et s'abandonnèrent à des transports d'allégresse. »

A environ cent pas, au sud-ouest, du grand *Stoûpa*, il y a une statue du *Bouddha*, en pierre blanche, qui est haute de dix-huit pieds. Elle le représente debout, la figure tournée du côté du nord. Elle opère de nombreux miracles et répand souvent une lueur brillante. Quelquefois, il y a des hommes qui voient la statue quitter sa place pendant la nuit et marcher autour[1] du grand *Stoûpa*. Dans ces derniers temps, il y eut une troupe de brigands qui voulurent entrer et se livrer au vol. Sur-le-champ, la statue sortit et alla au-devant des

[1] Voyez plus haut, page 87, note 1.

brigands. Ils s'enfuirent épouvantés, et alors la statue retourna à sa place et y resta debout comme auparavant. Par suite de cet événement, les voleurs se corrigèrent et commencèrent une nouvelle vie. En parcourant les villes et les villages, ils répandirent de tous côtés la nouvelle de ce prodige.

A gauche et à droite du grand *Stoûpa*, il y a une centaine de petits *Stoûpas* qui semblent se toucher[1]. Les statues du *Bouddha* sont richement ornées et les ouvriers y ont déployé tout leur art. En tout temps, on entend une musique extraordinaire et l'on respire les plus rares parfums. On voit quelquefois des *Richis* et de saints personnages qui marchent avec respect autour de ce *Stoûpa*. *Jou-laï* (le Tathâgata) a prédit que, quand il aura été sept fois brûlé et sept fois rétabli, la loi du *Bouddha* s'éteindra pour toujours. Suivant les Mémoires des anciens sages, il a déjà été construit et détruit trois fois. Lorsque (le voyageur) commençait d'arriver[2] dans ce royaume, ce monument venait d'être la proie des flammes. On devait le rétablir, mais sa construction n'était pas encore achevée.

A l'ouest du grand *Stoûpa*, il y a un ancien couvent[3]

---

[1] Il y a, en chinois, *Yu-lin* « écailles de poisson ». Suivant une note des *Annales des Han*, cette expression se dit des choses qui sont rangées régulièrement, et qui se touchent comme les écailles d'un poisson. (Dictionnaire *P'ing-tseu-louï-pien*, liv. CCXXI, fol. 7.)

[2] C'est-à-dire : dans les premiers jours de son arrivée.

[3] Ce couvent est mentionné dans une curieuse inscription, trouvée dans le *Béhar*, et que le major Kittoe croit être du ixe siècle. *Journ. Asiat. de Calcutta*, n° 191, 1848, p. 494. (Note de M. Vivien de Saint-Martin.)

qui a été bâti par le roi *Kia-ni-se-kia* (Kanichka). On y voyait des pavillons et des tours à double étage, des belvédères élevés et des chambres qui communiquaient entre elles. Il y avait appelé des religieux éminents, et rendait des hommages solennels à leur grande vertu [1]. Cependant, quoique ce monument soit fort délabré, on peut dire encore que c'était jadis une construction admirable. Il renferme un petit nombre de religieux qui étudient tous la doctrine du *petit Véhicule*. Depuis que ce couvent a été fondé, il en est sorti des hommes extraordinaires qui ont composé des *Traités* (Çâstras) et ont obtenu le fruit de la sainteté (la dignité d'*Arhat*). Leurs instructions pures y retentissent encore, et leur vertu sublime est loin d'être éteinte.

Dans le troisième pavillon à double étage, se trouve la maison de l'honorable *Po-li-chi-po* [2] (Pârçva), qui est en ruines depuis longtemps. On y voit encore une tablette honorifique consacrée à sa mémoire. Dans l'origine, l'honorable (Pârçvika) avait été un maître des Brâhmanes. Quand il eut atteint l'âge de quatre-vingts ans, il quitta sa famille et prit des vêtements [3] de couleur.

---

[1] Il y a, en chinois, *King-fou* (*vulgo*, grand bonheur); mais, dans les livres bouddhiques, le mot *fou* signifie souvent « vertu, conduite méritoire ». Dans la traduction chinoise de l'ouvrage publié par Schmidt (d'après le texte thibétain), sous le titre de *Der Weise und der Thor*, il correspond, dans maints endroits, aux mots *Tugend*, *verdienstliche Handlung*.

[2] En chinois, *hie* « côte ». Au lieu de *Pârçva*, il faut lire *Pârçvika*.

[3] Littéralement: il teignit ses habits, c'est-à-dire, il prit le vêtement jaune-brun des religieux.

Les petits garçons de la ville le raillaient en disant : « Homme stupide, vieillard décrépit! il faut que tu aies bien peu de prudence. Celui qui quitte sa famille (embrasse la vie religieuse) a deux devoirs à remplir : se livrer à la méditation et réciter des prières. Maintenant que tu es cassé par la vieillesse, tu n'es plus capable de faire aucuns progrès. Tu t'es intrus dans la société des hommes purs; tu ne vis que pour manger. »

L'honorable *Hie* (Pârçvika) ayant entendu ces railleries, dit adieu aux hommes du siècle et fit ce serment : « Si je ne pénètre pas les principes des trois Recueils, si je ne renonce pas aux désirs des trois mondes, si je n'obtiens pas les six facultés divines et les huit moyens de délivrance, jusqu'à la fin de ma vie je veux que mes côtes ne touchent plus à ma natte [1]! » Depuis ce moment, les jours étaient trop courts pour lui; soit qu'il se promenât, soit qu'il fût assis ou debout, il réfléchissait sans cesse. Dans le jour, il étudiait avec zèle les principes de la doctrine; pendant la nuit, il tenait sa pensée fixe et son esprit immobile [2]. Au bout de trois ans, il avait acquis l'intelligence complète des *trois Recueils*, il avait renoncé aux désirs des *trois mondes*, et avait acquis les *trois connaissances*. Les hommes de son temps l'entouraient de leurs respects. Par suite de

---

[1] Comme s'il disait : je jure de ne plus me coucher sur ma natte. Le mot chinois, *Hie* « côte », répond au sanscrit *Pârçva*, d'où est venu son nom de *Pârçvika*.

[2] C'est-à-dire que, n'étant point troublé ou distrait par les objets extérieurs, il se livrait à de profondes méditations.

cette circonstance [1], on le surnomma *Hie-thsun-tche* (Ârya Pârçvika).

A l'est de la maison de l'honorable *Hie* (Ârya Pârçvika), il y a une chambre antique. Ce fut là que *Chi-thsin-pou-sa* (Vasoubandhou Bôdhisattva) composa le traité *'O-pi-ta-mo-kiu-che-lun* (Abhidharmakôcha çâstra). Les hommes, pleins de respect pour lui, y ont placé une tablette pour consacrer sa mémoire.

Dans le second pavillon à double étage, qui est situé à environ cinquante pas au sud de la maison de *Chi-thsin*, le maître des Çâstras *Mo-nou-ho-li-t'a* [2] (Manôrhita) composa le Traité *Pi-p'o-cha-lun* (Vibhâchâ çâstra). Ce maître des *Çâstras* apparut au milieu des mille ans [3] qui ont suivi le *Nirvâṇa* du *Bouddha*. Dès son enfance, il eut l'amour de l'étude. Il avait un talent naturel et discutait avec habileté. Sa réputation s'était répandue au loin; les religieux et les laïcs lui étaient dévoués de cœur.

A cette époque, *Pi-ki-lo-mo-'o-t'ie-to* (Vikramâditya) [4], roi de *Chi-lo-fa-si-ti* (Çrâvastî), étendait au loin la puissance de ses armes. Quand un de ses envoyés arrivait dans (un royaume de) l'Inde, il distribuait chaque jour cinq cent mille pièces d'or pour secourir les pauvres, les orphelins et les hommes sans famille. Le gardien

---

[1] Voyez plus haut, page 114, note 1.

[2] En chinois, *Jou-i* « qui est conforme aux sentiments ». Ce mot vient de *manas* « esprit » et *hita* « conforme ». M. Eug. Burnouf écrit *Manôrhata*.

[3] L'expression chinoise, *I-thsien-nien-tchong*, peut signifier aussi : dans les mille ans, dans l'une des mille années qui....

[4] En chinois, *Tchao-ji* « le soleil transcendant ».

du trésor craignit que les ressources du royaume ne vinssent à s'épuiser, et adressa au roi des représentations : « Grand roi, lui dit-il, votre puissance s'étend « chez les nations étrangères, et vos bienfaits se ré-« pandent jusque sur les insectes. Si vous me priez d'a-« jouter cinq cent mille pièces d'or pour soulager les « pauvres des divers pays, quand les caisses publiques « seront épuisées, il faudra grever les propriétaires fon-« ciers de nouvelles taxes, et lever sans cesse de lourds « impôts qui susciteront des plaintes et des murmures. « Alors le roi aura, il est vrai, répandu des bienfaits « pour secourir les malheureux, mais vos sujets auront « manqué au respect qu'ils doivent à Votre Majesté. »

Le roi lui dit : « Si j'ai amassé du superflu, je le donne « à ceux qui n'ont pas le nécessaire. On ne peut dire que « je dissipe les ressources du royaume pour ma satisfac-« tion personnelle. » Aussitôt, il ajouta cinq cent mille pièces d'or pour faire du bien aux malheureux. Quelque temps après, comme il était à la chasse, il perdit les traces d'un sanglier qu'il poursuivait. Ayant rencontré un homme qui sut les lui indiquer, il lui donna, pour récompense, cent mille pièces d'or. Un jour, le maître des *Çástras*, *Jou-i* (Manôrhita), ayant envoyé un homme pour couper les cheveux au roi, celui-ci lui donna, sur-le-champ, cent mille pièces d'or. L'historien officiel consigna aussitôt ce fait dans les annales du royaume. Le roi, honteux de se voir exalter pour un tel motif, en ressentait sans cesse un vif mécontentement. Il eut alors le dessein de punir *Jou-i* (Manôrhita) et de l'abreuver de honte. Il convoqua cent religieux et cent Brâhmanes qui se distinguaient par l'éclat de leur vertu et la profondeur de leur science, et rendit le décret suivant : « Je veux concentrer mon ouïe et ma vue, et parcourir « les régions de la vérité. Les doctrines différentes présentent un mélange confus d'opinions, et mon cœur « ne sait à quoi s'attacher. Aujourd'hui, je veux examiner quels sont les plus forts et les plus faibles. Employez tout votre zèle pour obéir à mes ordres. »

Après que le roi eut réuni toute la conférence, il rendit un second décret qui était ainsi conçu : « Les « maîtres des *Çâstras*, de l'ordre des Brâhmanes, sont « tous des hommes éminents. Il faut que les *Cha-men* « (Çramaṇas) et les nombreux disciples de la loi défendent bien leurs principes. S'ils sont vainqueurs, « j'honorerai la loi du *Bouddha*; mais s'ils sont vaincus, « j'exterminerai tous les religieux. » Alors *Jou-i* (Manôrhita) interrogea les hérétiques; mais bientôt quatre-vingt-dix-neuf se retirèrent de la lutte. Sur une natte, placée au-dessous de lui, il y avait un homme[1] qui le regardait avec un air de mépris. Aussi raisonna-t-il avec *Jou-i* d'un ton roide et hautain. La discussion étant tombée sur la flamme et la fumée, le roi et les hérétiques s'écrièrent tous ensemble : « Le maître des *Çâstras*, *Jou-i* « (Manôrhita), vient d'échouer à la fois dans l'emploi « des mots et l'ordre des idées. Il fallait d'abord parler « de la fumée et passer ensuite à la flamme. C'est la loi « de la logique. » Quoique *Jou-i* (Manôrhita) désirât ex-

[1] C'était le centième Brâhmane.

pliquer cette difficulté, personne ne voulut l'entendre ni même le regarder. Honteux d'avoir été ainsi humilié devant la multitude, il coupa sa langue avec ses dents, et écrivit cet avertissement, qu'il adressait à son disciple *Chi-thsin* (Vasoubandhou) : « Dans la multitude de nos « partisans, il n'y a personne qui ait de zèle pour la jus- « tice, personne qui, au milieu des hommes égarés, « sache soutenir habilement une thèse solide et vraie. » En achevant ces mots, il expira.

Peu de temps après, le roi *Tchao-ji* (Vikramâditya) perdit son royaume. Lorsque son successeur fut monté sur le trône, il combla d'honneurs les hommes d'un brillant mérite.

Chi-thsin-pou-sa (Vasoubandhou Bôdhisattva), voulant laver l'affront de son maître, vint trouver le roi et lui dit : « Grand roi, par votre sainte vertu vous avez mérité « de régner, et vous êtes devenu le chef suprême des « hommes. Mon ancien maître, *Jou-i* (Manôrhita), avait « pénétré les profondeurs de la doctrine. Le roi, votre « prédécesseur, obéissant à une ancienne rancune, a dé- « truit devant l'assemblée sa haute réputation; moi, qui « ai été guidé par ses leçons, je désire venger son injure. »

Le roi, qui savait que *Jou-i* (Manôrhita) avait été un homme plein d'intelligence, approuva le noble projet de *Chi-thsin* (Vasoubandhou). Là-dessus, il convoqua les hérétiques qui avaient discuté avec *Jou-i* (Manôrhita). *Chi-thsin* (Vasoubandhou) ayant exposé de nouveau les idées de son maître, les hérétiques s'avouèrent vaincus et se retirèrent.

Au nord-est du couvent de *Kia-ni-se-kia* (Kanichka), il fit environ cinquante li, passa un grand fleuve, et arriva à la ville de *Pou-se-kie-lo-fa-ti* (Pouchkalavatî). Sa circonférence est de quatorze à quinze li. Les habitants sont très-nombreux; les maisons s'élèvent en lignes serrées.

En dehors de la porte occidentale de la ville, il y a un temple brâhmanique. La statue du Dieu est d'un aspect imposant; chaque jour on y voit éclater des miracles.

A l'est de la ville, il y a un *Stoûpa* qui a été bâti par le roi *Wou-yeou* (Açôka). C'est un endroit où les quatre *Bouddhas* passés ont expliqué la loi. Parmi les saints et les sages de l'antiquité, il y en a eu beaucoup qui sont venus de l'Inde centrale, et se sont établis dans ce pays pour instruire et guider les hommes. On peut citer, par exemple, le maître des *Çâstras, Fa-sou-mi-lo-lo*[1] (Vasoumitra), qui y a composé le traité *Tchong-sse-fen-\`-pi-ta-mo-lun* (Abhidharma prakaraṇa pâda çâstra).

A quatre ou cinq li, au nord de la ville, il y a un ancien couvent dont les salles sont (presque) désertes. On n'y voit qu'un petit nombre de religieux qui étudient tout la doctrine du *petit Véhicule*. On peut citer encore le maître des *Çâstras, Ta-mo-ta-lo-to*[2] (Dharmatrâta), qui y composa le traité *Tsa-'o-pi-ta-mo-lun* (Samyouktâbhidharma çâstra).

A côté du couvent, il y a un *Stoûpa*, haut de plusieurs centains de pieds, qui a été bâti par le roi *Wou-yeou*

---

[1] En chinois, *Chi-yeou* « l'ami du siècle ».
[2] En chinois, *Fa-khieou* « sauvé par la loi ».

(Açôka). Il est fait en bois sculpté et en pierres veinées; les ouvriers y ont déployé un art extraordinaire. Ce fut dans cet endroit que jadis *Chi-kia-fo* (Çâkya Bouddha), étant roi, mena la vie d'un *Pou-sa* (Bôdhisattva). Il se rendait aux vœux de tous les êtres, répandait sans relâche des bienfaits, et faisait, en leur faveur, le sacrifice de sa vie. Il naquit mille fois dans ce royaume et y régna. Ce fut précisément dans ce lieu fortuné que, pendant ses mille existences, il fit l'aumône de ses yeux.

A une petite distance à l'est de cet endroit, il y a deux *Stoûpas*, en pierre, qui ont chacun une centaine de pieds de hauteur. Celui de droite a été élevé par le dieu *Fan* (Brahmâ) et celui de gauche par le roi du ciel [1] (Indra). On les avait ornés de pierres précieuses d'une beauté admirable, mais après le *Nirvâṇa* de *Jou-laï* (du Tathâgata), ces pierres précieuses se sont changées en pierres ordinaires. Quoique ces deux monuments soient tombés en ruines, ce qui en reste a encore une élévation remarquable.

Après avoir fait environ cinquante li au nord-ouest des *Stoûpas* de *Fan* (Brahmâ) et de *Chi* (Indra), il rencontra un *Stoûpa*. Ce fut en cet endroit que *Chi-kia-ou-laï* (Çâkya Tathâgata) convertit la *Mère des démons*[2] et

---

[1] En chinois, *Thien-ti* « l'empereur du ciel ».

[2] Il y avait une femme nommée *Ho-li-ti* (Hariti?), qui, dans sa première existence, avait formé le vœu de manger tous les petits enfants de la ville de *Râdjagrĭha*. Par suite de ce vœu coupable, aussitôt après sa mort, elle renaquit dans la classe des démons *Yakchas*. Elle mit au monde cinq cents enfants, et chaque jour elle en mangeait un. Les hommes et les femmes de *Râdjagrĭha* allèrent en informer le Boud-

lui défendit de faire du mal aux hommes. C'est pourquoi, dans ce royaume, on lui offre des sacrifices afin d'obtenir des enfants.

Après avoir fait environ cinquante li au nord (du lieu où avait été convertie *la Mère des démons*), il rencontra un *Stoûpa*. Ce fut en cet endroit que *Chang-mou-kia-pou-sa* (Çammouka Bôdhisattva?) nourrissait respectueusement son père et sa mère et les servait avec un zèle assidu. Un jour qu'il cueillait pour eux des fruits, il rencontra le roi qui, en chassant, le blessa, par mégarde, avec une flèche empoisonnée. Sa foi sincère ayant ému les puissances célestes, le Maître du ciel (Indra) appliqua un médicament sur sa blessure. Par l'effet de sa vertu,

dha, qui cacha aussitôt le plus jeune de ses enfants, nommé *'Aï-eul* « l'enfant chéri ». Elle le chercha, et le trouva auprès du *Bouddha*. L'Honorable du siècle lui dit : « Aimez-vous *'Aï-eul*? Vous avez cinq cents « enfants. Si vous en aimez un, à plus forte raison, les autres hommes « qui n'en ont qu'un ou deux, doivent-ils aimer les leurs. » Le *Bouddha* la convertit, lui enseigna les cinq défenses, et en fit une *Oupâsikâ* (fidèle de l'autre sexe). Elle dit alors au *Bouddha* : « Moi et mes cinq « cents enfants, que mangerons-nous maintenant ? » Le *Bouddha* lui dit : « Les *Bhikchous*, qui vivent dans les couvents ou dans leur famille, vous « offriront chaque jour une partie de leurs aliments pour vous nourrir « tous. » C'est pourquoi, dans tous les couvents de l'Inde, soit à l'intérieur, soit à côté de la cuisine, on représente, par une statue en terre ou une peinture, la mère des démons tenant sur ses genoux, tantôt un enfant, tantôt trois ou cinq. Chaque jour, on dépose des aliments devant elle. Cette mère est la plus puissante des sujets des quatre rois du ciel. Si des personnes malades ou sans enfants lui offrent des mets, elles obtiennent toutes l'objet de leurs vœux. En Chine, on l'appelle *Kouëi-tseu-mou* « la mère des démons ». (*Nan-haï-k'i-kouëi-neï-fa-tch'ouen*, liv. I, fol. 18.)

qui avait touché ce dieu doué d'une pénétration merveilleuse, il revint aussitôt à la vie.

Au sud-est de l'endroit où *Chang-mou-kia-pou-sa* (Çammouka Bôdhisattva?) avait été blessé, il fit environ deux cents li et arriva à la ville de *Po-lou-cha* (Varoucha?).

Au nord de cette ville, il y a un *Stoûpa*. Le prince royal, *Sou-ta-na*[1], ayant donné aux Brâhmanes le grand éléphant du roi son père, il fut réprimandé et expulsé du royaume, et prit congé des habitants. Quand il eut passé la porte des murs extérieurs, ce fut en cet endroit qu'il leur fit ses adieux.

Près de là, il y a une cinquantaine de couvents dont les religieux étudient tous la doctrine du *petit Véhicule*. Ce fut là que le maître des *Çâstras*, *I-chi-fa-lo*[2] (Îçvara), composa le traité *'O-pi-ta-mo-ming-tching-lun*[3] (Abhidharma prakâça sâdhana çâstra?).

En dehors de la porte orientale de la ville de *Po-lou-cha* (Varoucha?), il y a un couvent où l'on compte environ cinquante religieux qui tous étudient le *grand Véhicule*. Il y a un *Stoûpa* qui a été bâti par le roi *Wou-yeou* (Açôka). Jadis, le prince royal *Sou-ta-na* (Soudâna), après avoir été expulsé du royaume, demeurait sur le mont *Tan-ta-lo-kia* (Dantalôka). Un Brâhmane

---

[1] Une note chinoise nous apprend que ce mot signifie *Chen-ya* « celui qui a de belles dents »; ce serait *Soudanta*, en sanscrit. Mais on ne peut trouver ce mot dans *Sou-ta-na*. Il vaut mieux, avec l'auteur du Dictionnaire *Fan-i-ming-i-tsi* (liv. V, fol. 14), voir dans cette orthographe altérée, l'équivalent de *Chen-ya* (Soudâna).

[2] En chinois, *Tseu-thsaï* « maître, seigneur ».

[3] C'est-à-dire le Traité des preuves évidentes de l'*Abhidharma*.

lui ayant demandé son fils et sa fille, il les vendit en cet endroit.

A environ vingt li au nord-est de la ville de *Po-lou-cha* (Varoucha?), on arrive au mont *Tan-ta-lo-kia* (Dantalôka). Sur le passage de cette montagne, il y a un *Stoûpa* qui a été bâti par le roi *Wou-yeou* (Açôka). Ce fut là que vint se cacher le prince royal *Sou-ta-na* (Soudâna).

A côté et à une petite distance de cet endroit, il y a un (autre) *Stoûpa*. Ce fut là que le prince royal donna son fils et sa fille à un Brâhmane. Celui-ci les ayant battus de verges, la terre fut teinte de leur sang. Aujourd'hui, les plantes et les arbres ont encore une couleur rouge. Dans une caverne de la montagne, on voit une chambre, creusée dans le roc, où le prince royal et sa femme se livraient à la méditation.

Au milieu de la vallée, les arbres de la forêt laissent retomber leurs branches qui forment un rideau de verdure. C'était là que, jadis, se promenait et se reposait le prince royal.

A côté et à une petite distance de cet endroit, il y a une maison en pierre qui, dans les temps anciens, était habitée par un *Ri̇chi*.

Après avoir fait environ cent li au nord-ouest de la demeure du *Ri̇chi*, il franchit un monticule et arriva à une grande montagne.

Au sud de cette montagne, il y a un couvent où l'on compte un petit nombre de religieux qui tous étudient la doctrine du *grand Véhicule*.

A côté, il y a un *Stoûpa* qui a été bâti par le roi *Wou-*

ycou (Açôka). Ce fut en cet endroit que demeurait jadis le *Rïchi* Êkaçriñga [1] (?). Ce *Rïchi* s'étant laissé séduire et entraîner dans le désordre par une femme débauchée, perdit ses facultés divines. Cette femme débauchée monta sur ses épaules et s'en revint ainsi dans la ville.

A environ cinquante li au nord-est de la ville de *Po-lou-cha* (Varoucha?), on arrive à une haute montagne. Sur cette montagne, on voit la statue en pierre bleue de l'épouse du dieu *Ta-tseu-thsaï* (Mahêçvara Dêva); c'est la déesse *Pi-mo* (Bhîmâ). J'ai entendu dire aux gens du pays que la statue de cette déesse s'est formée toute seule. Comme elle fait beaucoup de miracles, il y a une multitude de personnes qui viennent, des diverses parties de l'Inde, pour la prier. Les hommes nobles ou de basse condition, qui veulent obtenir le bonheur et lui adresser des vœux, accourent en foule en cet endroit; c'est le rendez-vous des peuples voisins comme des peuples éloignés. Si, dans le nombre, il en est qui souhaitent de voir le corps divin de la déesse, pourvu qu'ils soient animés d'une foi sincère et exempts de doutes, et qu'ils aient jeûné pendant sept jours entiers, ils obtiennent quelquefois cette faveur, et la plupart de ceux qui lui ont adressé des vœux, les voient exaucés.

Au bas de la montagne, on voit le temple du dieu *Ta-tseu-thsaï* (Mahêçvara Dêva). Les hérétiques qui se frottent de cendres (les Pâçoupatas) viennent avec respect y faire des sacrifices.

Après avoir fait cent cinquante li, au sud-est du temple

[1] En chinois, *To-kio-sien-jin*. Littéralement: le *Rïchi unicorne*.

de *Pi-mo-lo* [1], il arriva à la ville de *Ou-to-kia-han-t'cha* (Oudakhânda?), dont la circonférence est d'environ vingt li. Du côté du sud, cette ville est voisine du fleuve *Sin-tou* (Sindh — Indus). Les habitants sont riches et heureux. On y trouve des amas de marchandises précieuses, et les divers pays de l'Inde y apportent, en quantité, leurs produits les plus rares et les plus estimés.

Après avoir fait environ vingt li au nord-ouest de la ville de *Ou-to-kia-han-t'cha* (Oudakhânda?), il arriva à la ville de *P'o-lo-tou-lo* [2] qui donna le jour au *Rïchi Po-ni-ni* (Pânini) [3], auteur du Traité *Ching-ming-lun* (Vyâkaranam).

Dans la haute antiquité, les mots de la langue étaient extrêmement nombreux; mais quand le monde eut été détruit, l'univers se trouva vide et désert. Des dieux d'une longévité extraordinaire descendirent sur la terre pour servir de guides aux peuples. Telle fut l'origine des lettres

[1] La finale *lo* est de trop, car il s'agit évidemment de *Pi-mo* (Bhîmâ, femme du dieu Mahêçvara) dont on vient de parler plus haut. Bhîmâ est la même déesse que Dourgâ.

[2] Il résulte d'un passage sanscrit rapporté par M. Boëthlingk, dans sa préface de Pânini, que la ville natale de ce célèbre grammairien s'appelait Çâlâtoura. Il arrive souvent, ainsi que je l'ai montré dans la préface du premier volume, page LI, que les Bouddhistes chinois écrivent 婆 *po, pa*, pour 娑 *so, sa*, qui n'en diffère pas beaucoup; mais dans notre texte, la première syllabe est 媻 *p'o* (*vulgo*, pan) dont la forme prêtait moins à cette confusion. Le nom de la patrie de Pânini (Çâlâtoura) étant bien déterminé, il ne faut voir ici qu'une de ces fautes de copiste dont nous trouvons souvent des exemples dans le *Si-yu-ki*.

[3] Voyez le tome I, page 165.

et des livres. A partir de cette époque, leur source s'agrandit et dépassa les bornes [1]. Le dieu *Fan* (Brahmâ) et le roi du ciel (Indra) établirent des règles et se conformèrent au temps. Des *Richis* hérétiques composèrent chacun des mots. Les hommes les prirent pour modèles, continuèrent leur œuvre, et travaillèrent à l'envi pour en conserver la tradition; mais les étudiants faisaient de vains efforts, et il leur était difficile d'en approfondir le sens.

A l'époque où la vie des hommes était réduite à cent ans, on vit paraître le *Richi Po-ni-ni* (Pâṇini), qui était instruit dès sa naissance et possédait un vaste savoir. Affligé de l'ignorance du siècle, il voulut retrancher les notions vagues et fausses, débarrasser la langue des mots superflus et en fixer les lois. Comme il voyageait pour faire des recherches et s'instruire, il rencontra le dieu *Tseu-thsaï* (Îçvara Dêva), et lui exposa le plan de l'ouvrage qu'il méditait.

« A merveille! lui dit le dieu *Tseu-thsaï* (Îçvara Dêva); « vous pouvez compter sur mon secours. »

Après avoir reçu ses instructions, le *Richi* se retira. Il se livra alors à des recherches profondes, et déploya toute la vigueur de son esprit. Il recueillit une multitude d'expressions, et composa un *livre de mots* [2] qui renfermait mille *çlôkas;* chaque *çlôka* était de trente-

---

[1] Littéralement: déborda de toutes parts.

[2] En chinois, 字書 *Tseu-chou* « un livre de caractères ». On serait tenté de voir là un dictionnaire, si l'on ne savait que c'est la grammaire de *Pâṇini*, appelée ailleurs *Vyâkaraṇam*. Voyez le tome I, p. 165.

deux syllabes. Il sonda, jusqu'à leurs dernières limites, les connaissances anciennes et nouvelles, et ayant rassemblé, dans cet ouvrage, les lettres et les mots [1], il le mit sous une enveloppe cachetée et le présenta au roi, qui en conçut autant d'estime que d'admiration. Il rendit un décret qui ordonnait à tous ses sujets de l'étudier et de l'enseigner aux autres. Il ajouta que quiconque pourrait le réciter, d'un bout à l'autre, recevrait, pour récompense, mille pièces d'or. De là vient que, grâce aux leçons successives des maîtres, cet ouvrage est encore aujourd'hui en grand honneur. C'est pourquoi les Brâhmanes de cette ville ont une science solide et des talents élevés, et se distinguent à la fois par l'étendue de leurs connaissances et la richesse de leur mémoire.

Dans la ville de *P'o-lo-tou-lo* (lisez *So-lo-tou-lo* — Çâlâtoura), il y a un *Stoûpa*. Ce fut en cet endroit qu'un *Lo-han* (un Arhat) convertit un disciple de *Po-ni-ni* (Pânini). Cinq cents ans après que *Jou-laï* (le Tathâgata) eut quitté le monde, il y eut un grand *'O-lo-han* (Arhat) qui, venant du royaume de *Kia-chi-mi-lo* (Cachemire), voyageait pour convertir les hommes. Quand il fut arrivé dans ce pays, il vit un *Fan-tchi* (un Brahmatchârî) occupé à fouetter un petit garçon qu'il instruisait. « Pourquoi maltraitez-vous cet enfant? » dit l'*Arhat* au *Fan-tchi* (Brahmatchârî).

— « Je lui fais étudier, répondit-il, le *Traité de la
« science des sons* (Ching-ming [2] — Vyâkaranam), mais
« il ne fait aucun progrès. »

[1] En chinois, *Wen-yen*. — [2] Nom chinois de la grammaire de *Pânini*.

L'*Arhat* se dérida et laissa échapper un sourire. Le vieux *Fan-tchi* (Brahmatchârî) lui dit : « Les *Cha-men*
« (Çramaṇas) ont un cœur affectueux et compatissant,
« et s'apitoient sur les créatures qui souffrent. L'homme
« plein d'humanité vient de sourire tout à l'heure; je
« désirerais en connaître la cause. »

— « Il n'est pas difficile de vous l'apprendre, répon-
« dit l'Arhat, mais je crains de faire naître en vous un
« doute d'incrédulité. Vous avez, sans doute, entendu
« dire qu'un *Richi*, nommé *Po-ni-ni* (Pâṇini), a composé
« le Traité *Ching-ming-lun* (Vyâkaraṇam), et qu'il l'a
« laissé, après lui, pour l'instruction du monde. » Le *Po-lo-men* (le Brâhmane) lui dit : « Les enfants de cette ville,
« qui sont tous ses disciples, révèrent sa vertu, et la
« statue, élevée en son honneur, subsiste encore au-
« jourd'hui. »

— « Eh bien ! repartit l'*Arhat,* cet enfant, à qui vous
« avez donné le jour, est précisément ce *Richi*. (Dans sa
« vie antérieure,) il employait sa forte mémoire à étu-
« dier les livres profanes; il ne parlait que des traités
« hérétiques et ne cherchait point la vérité. Son esprit
« et sa science dépérirent, et il parcourut, sans s'arrê-
« ter, le cercle de la vie et de la mort. Grâce à un reste
« de vertu, il a obtenu de devenir votre fils bien-aimé.
« Mais les livres profanes et l'éloquence du siècle ne
« donnent que des peines inutiles. Pourrait-on les com-
« parer aux saintes instructions de *Jou-laï* (du Tathâ-
« gata), qui, par une influence secrète, procurent l'in-
« telligence et le bonheur ?

« Jadis, sur les bords de la mer du midi, il y avait un
« arbre desséché dont le tronc creux donnait asile à cinq
« cents chauves-souris. Des marchands s'arrêtèrent un
« jour au pied de cet arbre. Comme il régnait alors un
« vent glacial, ces hommes, qui étaient tourmentés par la
« faim et le froid, amassèrent du bois et des broussailles
« et allumèrent du feu au pied de l'arbre. La flamme
« s'accrut par degrés et embrasa bientôt l'arbre des-
« séché.

« Dans ce moment, il y eut un des marchands qui,
« après le milieu de la nuit, se mit à lire, à haute voix,
« le Recueil de l'*O-pi-ta-mo* (de l'Abhidharma). Les
« chauves-souris, quoique tourmentées par l'ardeur du
« feu, écoutèrent avec amour les accents de la loi, sup-
« portèrent la douleur sans sortir de leur retraite, et
« y terminèrent leur vie. En conséquence de cette con-
« duite vertueuse, elles obtinrent de renaître dans la
« classe des hommes. Elles quittèrent la famille, se li-
« vrèrent à l'étude, et, grâce aux accents de la loi,
« qu'elles avaient jadis entendus, elles acquirent une
« rare intelligence, obtinrent toutes ensemble la dignité
« d'*Arhat,* et cultivèrent, de siècle en siècle, le champ
« du bonheur [1]. Dans ces derniers temps, le roi *Kia-ni-*
« *se-kia* (Kanichka) et l'honorable *Hie* (Ârya Pârçvika)
« convoquèrent cinq cents sages dans le royaume de
« *Kia-chi-mi-lo* (Cachemire), et composèrent le *Pi-po-*
« *cha-lun* (le Vibhâchâ çâstra). Tous ces sages étaient les

---

[1] C'est-à-dire : s'appliquèrent à la vertu dont la culture persévérante conduit au bonheur.

« cinq cents chauves-souris qui habitaient jadis le creux
« de l'arbre desséché. Quoique j'aie un esprit borné,
« j'étais moi-même l'une d'elles. Mais les hommes dif-
« fèrent entre eux par la supériorité ou la médiocrité de
« leur esprit; les uns prennent leur essor, tandis que
« les autres rampent dans l'obscurité. Maintenant, ô
« homme plein d'humanité, il faut que vous permettiez
« à votre fils bien-aimé de quitter la famille. En quittant
« la famille (en embrassant la vie religieuse), on acquiert
« des mérites ineffables. »

Lorsque l'*Arhat* eut achevé ces paroles, il donna une preuve de sa puissance divine en disparaissant à l'instant même.

Le Brâhmane se sentit pénétré de foi et de respect, et après avoir fait éclater son admiration, il alla raconter cet événement dans tout le voisinage. Il permit aussitôt à son fils d'embrasser la vie religieuse et de se livrer à l'étude. Lui-même se convertit immédiatement, et montra la plus grande estime pour les *trois Précieux*. Les hommes de son village suivirent son exemple, et, aujourd'hui encore, les habitants s'affermissent de jour en jour dans la foi.

En partant au nord de la ville de *Ou-to-kia-han-t'cha* (Oudakhânda?), il franchit des montagnes, traversa des vallées, et, après avoir fait environ six cents li, il arriva au royaume de *Ou-tchang-na* (Oudyâna)[1].

[1] Inde du nord.

LIVRE TROISIÈME.

ROYAUME DE OU-TCHANG-NA.
(OUDYÂNA.)

Le royaume de *Ou-tchang-na* (Oudyâna) a environ cinq mille li de tour. On y voit une suite de montagnes et de vallées, de plaines basses et humides et de plateaux élevés. Quoiqu'on sème diverses sortes de grains, les produits de la terre ne sont pas abondants. Il y a beaucoup de raisins et peu de cannes à sucre. Ce pays donne de l'or et du fer, et il est favorable à la culture du *Yo-kin-hiang* (*Curcuma*). Les forêts végètent avec vigueur; les fleurs et les arbres à fruits présentent un aspect florissant. Le froid et le chaud sont modérés, le vent et la pluie viennent dans leur saison. Les hommes sont d'un caractère mou et pusillanime; ils sont naturellement enclins à la ruse et à la fourberie. Ils aiment l'étude, mais n'y apportent aucune ardeur. La science des formules magiques est devenue chez eux un art et une profession. Ils portent la plupart des vêtements de coton blanc, et s'habillent rarement avec d'autre étoffe. Leur langue parlée, malgré quelques différences, ressemble beaucoup à celle de l'Inde. La même analogie se remarque dans les caractères de l'écriture et les règles de la civilité. Ils estiment la loi du *Bouddha* et croient, avec respect, à la doctrine du *grand Véhicule*.

Sur les deux rives [1] du fleuve *Sou-po-fa-sou-tou* (Çoubhavastou), il y avait jadis quatorze cents *Kia-lan* (Sañghârâmas), qui sont la plupart en ruines. Jadis ils renfermaient dix-huit mille religieux, mais aujourd'hui leur nombre est fort diminué. Tous ces religieux étudient la doctrine du *grand Véhicule*, et se livrent particulièrement à la pratique de la méditation (*Samâdhi*). Ils aiment à lire les textes qui traitent de cette doctrine; mais ils sont incapables d'en approfondir le sens. Ils tiennent une conduite pure, et cultivent surtout la science des formules magiques. Il y a cinq écoles où l'on enseigne les règles de la discipline. Ce sont : 1° *Fa-mi-pou* (l'école des Dharmagouptas); 2° *Hoa-ti-pou* (l'école des Mahîçâsakas); 3° *In-kouang-pou* (l'école des Kâçyapiyas); 4° *Choue-i-tsie-yeou-pou* (l'école des Sarvâstivâdas); 5° *Ta-tchong-pou* (l'école des Mahâsañghikas).

Il y a une dizaine de temples des Dieux (Dêvâlayas). Les hérétiques des différentes sectes habitent pêle-mêle.

On compte quatre ou cinq villes fortifiées. La plupart des rois de ce pays ont pris pour capitale la ville de *Moung-kie-li* (Moungali), qui a de seize à dix-sept li de circuit. La population est fort nombreuse.

---

[1] Il y a une faute dans le texte, où on lit 來 *laï* «venir», au lieu de 挾 *kia* (Basile, n° 1,810) «presser des deux côtés».

A quatre ou cinq li à l'est de la ville de *Moung-kie-li* (Moungali), il y a un grand *Stoûpa*, où éclatent beaucoup de miracles. Ce fut en cet endroit que jadis le *Bouddha*, remplissant le rôle de *Jin-jo-sien* (Kchântirïchi)[1], coupa (une partie de) ses membres en faveur du roi *Kie-li*[2] (Kali râdjâ). (Il y a ici une lacune dans le texte.)

Après avoir fait de deux cent cinquante à deux cent soixante li, au nord-est de la ville de *Moung-kie-li* (Moungali), il entra dans (les gorges d'une) grande montagne et arriva à la fontaine du dragon *'O-po-lo-lo* (Apalâla), qui donne naissance au fleuve *Sou-p'o-fa-sou-tou* (Soubhavastou — lisez : Çoubhavastou), dont un bras coule au sud-ouest. Dans ce pays, il gèle au printemps et en été; du matin au soir la neige vole en tourbillons. La neige et la pluie présentent des reflets de cinq couleurs dont l'éclat se répand de tous côtés.

Du temps de *Kia-ye-fo* (Kâçyapa Bouddha), ce dragon naquit dans la classe des hommes; son nom était *King-ki* (Gañgî). Il était très-versé dans la science des formules magiques; il réprimait la méchanceté des dragons et les empêchait de faire tomber une pluie violente. Grâce à sa protection, les habitants récoltaient une abondance de grains qui surpassait leurs besoins. Un tel bienfait les avait pénétrés de reconnaissance, et chaque famille lui offrait en tribut un boisseau de

---

[1] En chinois, *Jin-jo-sien*, le *Richi* qui supporte la honte. Dans le Dictionnaire *Fan-i-ming-i-tsi*, l. X, fol. 10, *Kchânti* est traduit par *Jin-jo. Sien* répond exactement à *Richi*.

[2] En chinois, *Teou-tseng* « bataille, dispute ».

grains. Au bout d'un grand nombre d'années, il y en eut quelques-uns qui éludèrent cet impôt. *King-ki* (Gañgî) entra en colère, et fit le vœu de devenir un dragon venimeux pour déchaîner contre eux le vent et la pluie, et ruiner leurs moissons. Quand il eut quitté la vie, il devint le dragon de ce pays; sa source laissait échapper un courant d'eau blanche qui anéantissait tous les produits de la terre.

A cette époque, *Chi-kia-jou-laï* (Çâkya Tathâgata) gouvernait le monde avec une bonté compatissante. Emu de pitié pour les habitants de ce royaume, qui étaient seuls victimes d'une telle calamité, il descendit en cet endroit et voulut convertir ce méchant dragon. Un génie, armé d'une massue de diamant (Vadjrapâṇi), en frappa les bords de la montagne. Le roi-dragon fut rempli de terreur; il sortit de l'étang et vint faire sa soumission. Lorsqu'il eut entendu le *Bouddha* expliquer la loi, son âme devint pure, et son cœur s'ouvrit à la foi. Aussitôt *Jou-laï* (le Tathâgata) lui défendit de nuire aux moissons.

Le dragon lui dit: « Tout ce qui sert à ma nour-
« riture me provient des champs des hommes; mais,
« maintenant que j'ai reçu vos saintes instructions[1], je
« crains de ne plus pouvoir subvenir à mes besoins. Je
« désire recueillir, tous les douze ans, une provision
« de grains. »

Jou-laï (le Tathâgata), par un sentiment de compassion, consentit à sa demande. C'est pourquoi, mainte-

[1] C'est-à-dire, vos ordres.

nant, tous les douze ans, le pays est affligé une fois par les désastres de l'*eau blanche*.

A environ trente li, au sud-ouest de la source du dragon *'O-po-lo-lo* (Apalâla), sur un grand roc du rivage septentrional du fleuve (Çoubhavastou), on voit les traces des pieds de *Jou-laï* (du Tathâgata). Suivant le degré de la vertu de chaque homme, elles paraissent longues ou courtes. Ce sont les traces qu'y laissa *Jou-laï* (le Tathâgata), avant de partir, lorsqu'il eut dompté ce dragon. Dans la suite, les hommes amassèrent des pierres sur ce roc et y construisirent une maison. On y accourt de tous côtés, et on offre des fleurs et des parfums.

En descendant le fleuve, à trente li de là, on arrive à une pierre sur laquelle *Jou-laï* (le Tathâgata) lava ses vêtements. On y voit les raies de l'étoffe de son *Kia-cha* (Kachâya), qui sont aussi visibles que si elles avaient été gravées.

A environ quatre cents li au sud de la ville de *Moung-kie-li* (Moungali), on arrive au mont *Hi-lo* (Hila). Les eaux de la vallée se partagent à l'ouest, et remontent ensuite du côté de l'est. Des fleurs variées tapissent les bords des torrents, et des arbres à fruits d'espèces rares garnissent les bords de la montagne. Ici, l'on voit des sommets escarpés et des cavernes profondes; là, des torrents qui serpentent à travers la vallée. Tantôt, on entend des clameurs, tantôt les sons d'une musique harmonieuse. Il y a des pierres carrées semblables à des couchettes, et qu'on croirait taillées de main d'homme.

Elles se touchent et continuent depuis les bords de la montagne jusque dans la vallée. Ce fut en cet endroit que, jadis, *Jou-laï* (le Tathâgata) fit l'aumône de sa vie, après avoir entendu un demi *Gâthâ*.

A environ deux cents li au sud de la ville de *Moung-kie-li* (Moungali), à côté d'une grande montagne, on arrive au couvent de *Mo-ho-fa-na*[1] (Mahâvana sañghârâma). Jadis, lorsque *Jou-laï* (le Tathâgata) menait la vie d'un *Pou-sa* (Bôdhisattva), et portait le nom de *Sarvadarâdja*[2], pour se soustraire à ses ennemis, il abandonna son royaume, et arriva secrètement dans cet endroit. Là, il rencontra un pauvre Brâhmane qui demandait l'aumône. Comme il avait perdu son trône, il n'avait rien à lui donner. Aussitôt, il ordonna à cet homme de le lier lui-même, et de le mener au roi son ennemi, espérant par là provoquer une récompense qui deviendrait, pour le mendiant, un bienfait et une aumône.

Au nord-ouest du couvent de *Mo-ho-fa-na* (Mahâvana)[3], on descend de la montagne, et, au bout de trente à quarante li, on arrive à un couvent appelé *Mo-sou-kia-lan*[4] (Masoûra sañghârâma). On y voit un *Stoûpa*, haut d'environ cent pieds.

A côté de ce monument, il y a une grande pierre carrée, qui a conservé les traces des pieds du *Bouddha*. Jadis, lorsque le *Bouddha* marcha sur cette pierre, il

[1] En chinois, *Ta-lin* « grande forêt ».
[2] *Sa-po-ta*, en chinois, *I-tsie-chi* « (le roi) qui donne tout ».
[3] En chinois, *Ta-lin* « la grande forêt. »
[4] Il y a une faute dans le texte; au lieu de *Mo-sou*, il faut lire *Mo-sou-lo* (Masoûra), qu'une note explique par *teou* « pois ou lentille ».

répandit un *kôṭi* (dix millions) de rayons, qui illuminèrent le couvent de *Mo-ho-fa-na* (Mahâvana); puis, en faveur des hommes et des dieux, il exposa les événements de ses existences passées[1]. Au pied de ce *Stoûpa*, il y a une pierre d'un blanc jaune, qui est constamment humectée d'une substance onctueuse. Cela vient de ce que, jadis, *Jou-laï* (le Tathâgata) ayant entendu la droite loi lorsqu'il menait la vie d'un *Pou-sa* (Bôdhisattva), brisa, en ce lieu, un de ses os, et écrivit (avec sa moelle) des livres sacrés.

A soixante ou soixante-dix li à l'ouest du couvent des *Lentilles* (Masoûra sañghârâma), il y a un *Stoûpa* bâti par le roi Açôka. Ce fut là que, jadis, *Jou-laï* (le Tathâgata) pratiqua les actes d'un *Pou-sa* (d'un Bôdhisattva), sous le nom du roi *Chi-pi-kia* (Çivika?). Comme il cherchait à obtenir le fruit de *Bôdhi* (de l'Intelligence), il coupa, en ce lieu, la chair de son corps pour remplacer (racheter) une colombe que tenait un épervier.

A deux cents li au nord-ouest du lieu où le *Bouddha* remplaça (racheta) la colombe, on entre dans la vallée de *Chan-ni-lo-che* (Çaṇirâdja?), et l'on arrive au couvent de *Sa-pao-cha-ti*[2] (Sarpâuchadhi). On y voit un *Stoûpa*, haut d'environ quatre-vingts pieds. A l'époque où *Jou-laï* (le Tathâgata) était *Ti-chi* (Indra), le pays

[1] On appelle *Djâtakasêna* un livre sacré qui contient le recueil de ces événements. Le nom le plus usité est *Djâtaka* ou *Djâtakamâlâ*. Voy. Burnouf, *Introd. au Bouddh.* page 61.
[2] En chinois, *Che-yo*, mot à mot « serpent — remède ».

fut affligé par la famine; les maladies et la peste se répandirent partout. La science des médecins était impuissante, et les routes étaient couvertes de cadavres. *Ti-chi* (Indra) fut ému de compassion, et songea à secourir et à sauver (les malheureux habitants). Alors il se métamorphosa, revêtit le corps d'un grand serpent, et étendit son cadavre tout le long de la vallée. Il fit un appel au milieu des airs. Tous ceux qui l'entendirent furent remplis de reconnaissance et de joie, et accoururent à l'envi. A mesure qu'ils coupèrent (la chair du serpent), ils se sentirent revivre, et furent délivrés à la fois de la faim et de la maladie.

A côté et à une petite distance du couvent, on voit le grand *Stoûpa* de *Sou-mo* (Soûma); voici l'origine de ce nom. Jadis, *Jou-laï* (le Tathâgata), à l'époque où il remplissait le rôle de *Ti-chi* (Indra), fut rempli de compassion en voyant que tous les hommes étaient en proie aux maladies et à la peste. Il se métamorphosa en *Serpent d'eau*[1]. Tous ceux qui mangèrent de sa chair recouvrèrent la santé.

Au bord d'un rocher escarpé, situé au nord de la vallée de *Chan-ni-lo-che* (Çaṇirâdja?), il y a un *Stoûpa*. Parmi les malades qui y viennent prier, il y en a un grand nombre qui obtiennent leur guérison.

Jadis, *Jou-laï* (le Tathâgata), étant un *Roi des paons* (Mayoûrarâdja), arriva en cet endroit avec sa troupe, qui, tourmentée par une soif brûlante, cherchait de

---

[1] *Sou-mo-che*. Ce mot est formé de *soûma* « eau », en sanscrit, et de *che* « serpent », en chinois.

l'eau sans pouvoir en trouver. Le roi des paons frappa le rocher avec son bec, et il en jaillit une source qui coula avec abondance, et forme aujourd'hui un étang. Tous les malades qui boivent de cette eau, ou qui s'y baignent, sont promptement guéris. Sur la pierre, on voit encore les traces des pieds des paons.

Au sud-ouest de la ville de *Moung-kie-li* (Moungali), il fit de soixante à soixante et dix li. A l'orient d'un grand fleuve (le Çoubhavastou), il y a un *Stoûpa*, haut d'environ soixante pieds, qui fut fondé par le roi *Chang-kiun* (Outtarasêna). Jadis, *Jou-laï* (le Tathâgata), étant sur le point d'entrer dans le *Nirvâṇa*, appela la grande multitude, et dit : « Après mon *Nirvâṇa*, *Chang-« kiun* (Outtarasêna), roi de *Ou-tchang-na* (Oudyâna), « devra obtenir une part de mes reliques (*Çarîras*). » Quand les rois furent sur le point de les partager d'une manière égale, le roi *Chang-kiun* (Outtarasêna) arriva après les autres, et aussitôt l'on attribua ce retard à un sentiment de mépris et de dédain.

Dans ce temps-là, les Dieux publièrent de nouveau les dernières paroles de *Jou-laï* (du Tathâgata). Alors ce roi obtint une part égale des reliques. Il les prit et s'en retourna dans son royaume, où il éleva un *Stoûpa* pour les honorer.

A côté, sur le rivage d'un grand fleuve, il y a une énorme pierre qui a la forme d'un éléphant. Jadis, le roi *Chang-kiun* (Outtarasêna), s'en retournant dans ses États, fit transporter, sur un éléphant blanc, les *Che-li* (Çarîras — reliques du *Bouddha*). Quand il fut arrivé en cet endroit, l'éléphant tomba tout à coup et mourut. Il se changea aussitôt en pierre. A côté de cette pierre, le roi éleva immédiatement un *Stoûpa*.

A environ cinquante li, à l'ouest de la ville de *Moung-kie-li* (Moungali), on passe un grand fleuve et l'on arrive à un *Stoûpa* appelé *Lou-hi-ta-kia*[1], qui a environ cinquante pieds de hauteur, et dont la construction est due au roi *Wou-yeou* (Açôka). Jadis, *Jou-laï,* menant la vie d'un *Pou-sa* (Bôdhisattva), était roi d'un grand empire sous le nom de *Tse-li* (Mâitrîbala). En cet endroit, il se perça le corps pour nourrir de son sang cinq *Yo-tcha* (Yakchas — Démons).

A environ trente li, au nord-est de la ville de *Moung-kie-li* (Moungali), on arrive à un *Stoûpa de pierre extraordinaire* (*Ngo-pou-to-chi-sou-tou-po*[2]), qui a environ quarante pieds de hauteur. Jadis, *Jou-laï* (le Tathâgata) expliqua la loi en faveur des hommes et des Dieux pour les instruire et les guider. Quand *Jou-laï* fut parti, ce *Stoûpa* sortit tout à coup de terre. Les hommes du peuple l'entourent d'hommages et de respects, et ne cessent d'offrir des parfums et des fleurs.

A l'ouest du *Stoûpa de pierre* (*extraordinaire*), on passe un grand fleuve, et, au bout de trente à quarante li, on arrive à un *Vihâra* où l'on voit la statue de *'O-po-lou-*

---

[1] *Rôhitaka* ou *Lôhitaka,* en chinois, *tch'i* « rouge ».

[2] *Chi* est le mot chinois « pierre »; les autres sons répondent à *adbhouta* « extraordinaire » (en chinois, *k'i-te*), et à *Stoûpa*. Il est regrettable que l'auteur n'ait pas donné les sons indiens qui répondent à *pierre*. Si le mot omis était *açmâ* « pierre », nous aurions *Adbhoutâçma-stoûpa*.

tchi-ti-chi-fa-lo-pou-sa (Avalôkitêçvara Bôdhisattva). Les effets de sa puissance divine se répandent d'une manière mystérieuse, et ses miracles brillent avec éclat. Les disciples de la loi (les religieux) accourent en foule, et y font continuellement des offrandes.

A cent quarante ou cent cinquante li, au nord-ouest de la statue de *Kouan-tseu-t'saï-pou-sa* (Avalôkitêçvara Bôdhisattva), on arrive à la montagne de *Lan-po-lou*. Sur le passage de cette montagne, il y a un *étang de dragons* (Nâgahrada), qui a environ trente li de circuit. Ses flots azurés se déroulent au loin; ses eaux sont claires et pures comme un miroir. Jadis, le roi *Pi-lou-tse-kia* (Viroûḍhaka) ayant attaqué les descendants de *Çâkya*, il y eut quatre hommes qui, pour avoir résisté à son armée, se virent chassés par leurs proches parents. Chacun d'eux s'enfuit de son côté. Un de ces *Çâkyas*, après avoir quitté la capitale du royaume, voyagea par terre et par eau, et, se trouvant harassé de fatigue et exténué, s'arrêta au milieu de sa route. Dans ce moment, il y eut une oie qui, d'un vol rapide, s'élança au-devant de lui. Quand il l'eut apprivoisée, il monta sur son dos. L'oie s'éleva dans les airs, et vint s'abattre à côté de cet étang. Le descendant de *Çâkya* voyagea ainsi dans les airs, et visita au loin des royaumes étrangers. Un jour qu'il s'était égaré et ne pouvait reconnaître sa route, il se coucha à l'ombre d'un arbre et s'y endormit. La jeune fille du dragon de cet étang, se promenant au bord de l'eau, aperçut soudain le descendant de *Çâkya*, et, craignant de n'être pas digne de lui, elle se métamorphosa et prit une forme humaine ; puis elle le toucha doucement. Celui-ci se réveilla en sursaut, et lui adressa aussitôt ses remercîments. « Je « ne suis, dit-il, qu'un pauvre voyageur exténué de fa- « tigue ; comment daignez-vous vous attacher à moi ? » Bientôt après, il lui témoigna une vive affection et la pressa de s'unir à lui au milieu des champs[1]. « Mon « père et ma mère, lui répondit la jeune fille, m'ont « donné leurs instructions, et j'y obéis avec respect. « Quoique j'aie eu le bonheur d'être accueillie par vous « avec une extrême bienveillance, je n'ai pas encore « reçu les ordres souverains de mes parents. »

— « Les montagnes et les vallées, reprit le descen- « dant de Çâkya, nous couvrent de leur ombre. Où est « située votre maison ? » — « Je suis, dit-elle, la fille du « dragon de cet étang. J'ai appris, avec respect, que les « membres de votre famille sainte errent dispersés pour « échapper à la mort. Heureusement qu'en me prome- « nant, j'ai osé vous offrir des consolations et adoucir « vos fatigues. Vous m'avez ordonné ensuite de répondre « en secret à votre amour ; mais je ne sais pas encore « quelles seront les volontés de mes parents. Ajoutez à « cela que, pour avoir accumulé le malheur sur ma « tête, j'ai reçu ce corps de dragon. Les hommes et les « animaux ont des voies différentes ; je n'ai jamais en- « tendu dire qu'une telle union fût possible. »

[1] L'expression *ye-ho* «champs-s'unir», implique l'idée de s'unir d'une manière immorale, et sans observer les usages prescrits pour la légalité du mariage.

— « Si vous daignez, dit le descendant de *Çâkya*, « consentir d'un seul mot, vous aurez comblé les vœux « que j'ai formés depuis longtemps. »

— « Je reçois avec respect vos ordres, répondit la « fille du dragon; je suis prête à vous suivre. »

A ces mots, le descendant de *Çâkya* prononça ce serment : « Par la puissance de toutes les vertus qui sont « en moi, j'ordonne que cette fille du dragon se revête « complétement d'un corps humain ! »

Par la puissance de sa vertu, la fille du dragon se métamorphosa sur-le-champ. Aussitôt qu'elle eut obtenu un corps humain, elle éprouva une joie profonde, et remercia ainsi le descendant de *Çâkya :* « Pour avoir « accumulé le malheur sur ma tête, j'avais, de siècle en « siècle, parcouru une mauvaise voie [1]. Heureusement « pour moi, vous avez daigné me témoigner de l'intérêt. « Par la puissance de vos vertus, ce corps hideux, que « je traînais depuis un nombre immense de *kalpas*, s'est « métamorphosé en un instant. J'aurais beau le réduire « en poudre pour vous remercier d'un si grand bienfait, « je n'aurais pas encore épuisé ma reconnaissance. Si « je n'écoutais que mon cœur, je voudrais vous accom- « pagner dans vos voyages; mais je suis retenue par la « crainte de l'opinion publique. Je désire avertir mon « père et ma mère; ensuite, nous observerons les rites « prescrits. »

---

[1] On distingue trois mauvaises voies : l'état des damnés que consume le feu de l'enfer; la condition des démons et celle des animaux. (*Fan-i-ming-i-tsi*, liv. VII, fol. 2 v°, l. 5.)

La fille du dragon retourna dans l'étang et avertit ainsi son père et sa mère : « Aujourd'hui, en me pro-
« menant, j'ai rencontré un descendant de *Çâkya*, qui,
« par la puissance de sa vertu, m'a métamorphosée et
« m'a donné un corps humain. Il m'a montré de l'affec-
« tion et désire m'épouser. J'ose vous en informer avec
« sincérité. »

Le roi-dragon ravi, au fond de son cœur, de la voir rentrée dans la voie des hommes, et rempli d'estime pour la famille sainte[1], accéda avec empressement à la prière de sa fille. Il sortit alors de l'étang et alla remercier le descendant de *Çâkya*. « Vous n'avez point dé-
« daigné, lui dit-il, des êtres d'une espèce différente de
« la vôtre, et vous avez abaissé votre dignité jusqu'aux
« créatures les plus abjectes. Je désire, en conséquence,
« que vous veniez dans ma demeure ; j'oserai alors vous
« offrir la main de ma fille[2]. »

Le descendant de *Çâkya*, ayant écouté cette prière du roi-dragon, se rendit immédiatement dans sa demeure. Alors, dans le palais du dragon, il alla lui-même au-devant de son épouse, et accomplit les cérémonies prescrites ; puis, heureux de s'unir à son épouse, il s'enivra de plaisir et de bonheur. Le descendant de *Çâkya*, voyant les formes hideuses des serpents, éprouvait un sentiment d'effroi et de dégoût, et voulait se retirer ; mais le roi des dragons le retint. « De grâce, lui

---

[1] C'est-à-dire, la sainte race de *Çâkya*.
[2] Littéralement : vous offrir l'arrosage et le balayage, c'est-à-dire, vous offrir une femme qui se dévouera à votre service.

« dit-il, ne nous abandonnez pas; allez demeurer dans
« cette maison voisine. Je vous fournirai les moyens de
« vous rendre maître de ce pays et d'y obtenir un nom
« illustre. Tous les habitants deviendront vos sujets, et
« la durée de votre dynastie s'étendra jusqu'à la posté-
« rité la plus reculée. »

Le descendant de *Çâkya* le remercia et lui dit : « Ce
« n'est point là ce que je désire. »

Le roi des dragons plaça dans un coffre une épée
précieuse, et mit par-dessus une pièce de coton blanc
d'une beauté admirable; puis il dit au descendant de
Çâkya : « Veuillez prendre cette pièce de coton, et allez
« l'offrir au souverain de ce royaume. Il ne manquera pas
« d'accueillir ce tribut d'un étranger; vous profiterez de
« ce moment pour tuer le roi, et vous vous emparerez
« de ses États. N'est-ce pas là un excellent projet? »

Le descendant de *Çâkya*, ayant reçu les instructions
du roi des dragons, alla sur-le-champ faire son offrande
au roi d'*Oudyâna*, qui prit lui-même la pièce de coton
blanc. Alors, le descendant de *Çâkya* le saisit par sa
manche et le perça de son épée. Les serviteurs et les
satellites du roi poussèrent de grands cris au bas des
degrés du trône. Le descendant de *Çâkya* leur dit alors,
en brandissant son épée : « Cette arme que je tiens, est
« un présent qu'un dragon divin a daigné me donner
« pour châtier ceux qui tarderont à se soumettre, et im-
« moler ceux qui me refuseront l'obéissance. »

Tous furent saisis d'effroi, en le voyant animé d'une
valeur surhumaine, et se hâtèrent de le proclamer roi.

Sur ces entrefaites, il corrigea[1] les abus et fonda une bonne administration ; il accorda des distinctions aux sages et eut pitié des malheureux. Après quoi, il mit toutes ses troupes en marche, fit apprêter son char royal, et se rendit en pompe au palais du roi des dragons, pour lui faire connaître l'exécution de ses ordres. Il alla au-devant de la fille du dragon, et la ramena dans sa capitale. Mais les péchés anciens de la fille du dragon n'étaient pas entièrement effacés, et son expiation n'était pas encore complète. Toutes les fois que son époux voulait lui témoigner son amour, neuf têtes de dragons sortaient subitement de son cou. Le descendant de *Çâkya*, plein d'effroi et de dégoût, ne savait quel parti prendre. Il attendit qu'elle fût endormie, et les trancha d'un coup de sabre. La fille du dragon s'éveilla en sursaut, et lui dit : « Ce que vous venez de « faire ne tournera pas au profit de vos descendants ; « non-seulement ma vie en souffrira un peu, mais vos « fils et vos petits-fils ressentiront de cruels maux de « tête. » Voilà pourquoi la famille royale de ce pays est ordinairement sujette aux mêmes douleurs ; elles ne sont pas continues et éclatent de temps en temps par accès. Après la mort du descendant de *Çâkya*, son fils lui succéda sur le trône, sous le nom de *Ou-ta-lo-si-na* (Outtarasêna).

A peine le roi *Chang-kiun* (Outtarasêna râdjâ) avait-il hérité de la couronne de son père que sa mère perdit

---

[1] Il y a dans le texte, *youen-pi* « il continua les abus » ; il faut évidemment *khe-pi* « il corrigea les abus ».

la vue. Quand *Jou-laï* (le Tathâgata) revenait de dompter le dragon *'O-po-lo-lo*[1] (Apalâla), du haut des airs il descendit dans son palais. En ce moment, le roi *Chang-kiun* (Outtarasêna râdjâ) était sorti pour se promener et se livrer à la chasse. Le *Tathâgata* profita de cette circonstance pour exposer à sa mère les vérités essentielles de la loi. Celle-ci, ayant eu le bonheur de voir le *Bouddha* et d'entendre la loi, recouvra aussitôt la vue. « Votre fils est de ma famille, lui dit *Jou-laï* (le « *Tathâgata*); où est-il maintenant? »

— « Il est sorti de grand matin, lui dit-elle, pour « aller à la chasse; il sera bientôt de retour. »

Jou-laï (le Tathâgata) voulut partir avec la multitude qui l'accompagnait.

— « J'ai trouvé le bonheur! s'écria la mère du roi. « J'ai mis au monde un fils de la famille du Saint, et le « *Tathâgata* a eu pitié de moi (c'est-à-dire, de ma cécité); « de plus, il est descendu en personne dans ma maison. « Mon fils va revenir dans l'instant; je vous prie de vou- « loir bien rester et attendre un peu. »

— « Cet homme, dit l'Honorable du siècle, est de « ma propre famille. Il lui suffira d'entendre (vos) ins- « tructions pour croire et comprendre; il n'est pas né- « cessaire que je l'instruise moi-même pour ouvrir son « cœur. Je pars. Quand il sera de retour, dites-lui que « le *Tathâgata* sort d'ici, et qu'il va dans la ville de *Keou-* « *chi* (Kouçinagari), où il doit entrer dans le *Nie-pan* « (Nirvâṇa), entre deux arbres *Sâlas*. Il convient qu'il

[1] Cf. Burnouf, *Introduction au Bouddhisme*, p. 377, l. 5.

« recueille ses reliques, et qu'il leur offre lui-même ses
« hommages. »

A ces mots, le *Tathâgata* s'élança dans les airs avec
toute sa suite, et disparut.

Comme le roi *Chang-kiun* (Outtarasêna râdjâ) était
occupé à la chasse, il aperçut de loin l'intérieur de son
palais, éclairé par une lueur extraordinaire, et soupçonna qu'elle provenait d'un incendie. Il quitta la chasse
et s'en revint en toute hâte. Il vit alors sa mère qui avait
recouvré la vue; il en fut transporté de joie, et l'interrogea ainsi : « Combien de temps après mon départ est
« arrivé cet heureux prodige qui a permis à ma tendre
« mère de revoir le jour comme auparavant? »

—— « A peine étiez-vous sorti, lui dit-elle, que le *Ta-*
« *thâgata* est descendu ici. Aussitôt après avoir entendu
« le *Bouddha* expliquer la loi, j'ai recouvré la vue. En
« sortant d'ici, le *Tathâgata* s'est rendu dans la ville de
« *Keou-chi* (Kouçinagari), où il doit entrer dans le *Nir-*
« *vâṇa* entre deux arbres *So-lo* (Sâlas). Il vous invite à
« y aller promptement, pour recueillir une partie de
« ses restes (*Çarîras*). »

En entendant ces paroles, le roi poussa des cris de
douleur, et tomba sans mouvement. Ayant repris ses
sens longtemps après, il fit apprêter son char et s'y rendit en toute hâte. Quand il fut arrivé auprès des deux
arbres *So-lo* (Sâlas), le *Bouddha* était déjà entré dans
le *Nie-pan* (Nirvâṇa). A cette époque, les rois des différents royaumes, qui le méprisaient comme habitant
un pays frontière, et attachaient une valeur infinie aux

reliques, ne voulurent point lui en donner sa part Mais, dans ce moment, la grande multitude des Dieux publia de nouveau les volontés du *Bouddha*. Aussitôt que les rois eurent entendu ces ordres, ils partagèrent également les reliques, en commençant par lui.

Au nord-est de la ville de *Moung-kie-li* (Moungali), il franchit une montagne, traversa une vallée et remonta le fleuve *Sin-tou* (l'Indus). Les routes qu'il eut à suivre (par terre) étaient dangereuses, et les vallées sombres. Tantôt il lui fallait marcher sur des cordes lâches, tantôt sur des chaînes de fer fortement tendues. Ici, c'étaient des passerelles suspendues au milieu des airs; là, des ponts volants jetés sur des précipices; ailleurs, des chemins taillés au ciseau ou des échelons pour grimper. Après avoir fait environ mille li, il arriva à la vallée de *Tha-li-lo* (Dhalila), où existait jadis la capitale du royaume de *Ou-tchang-na* (Oudyâna). Ce royaume produit une grande quantité d'or et de *Curcuma* (Yo-kin-hiang). A côté d'un grand couvent, qui est situé au milieu de la vallée de *Tha-li-lo* (Dhalila), il y a une statue de *Tse-chi-pou-sa* (Mâitrêya Bôdhisattva), en bois sculpté. Elle a une couleur d'or d'un éclat éblouissant, et opère secrètement des miracles divins. Cette statue est haute d'environ cent pieds. Elle a été exécutée par les soins du *Lo-han* (de l'Arhat) *Mo-t'ien-ti-kia* (Madhyântika). Cet *Arhat*, par l'effet de sa puissance divine, enleva dans les airs un sculpteur en bois, et le fit monter au ciel des *Touchitas* (Tou-chi-to), afin qu'il vît de ses propres yeux la figure merveilleuse (de Mâitrêya). Après le troisième voyage, son œuvre se trouva achevée. Depuis l'existence de cette statue, un bras du fleuve de la loi s'est dirigé vers l'orient.

En partant de ce royaume, il marcha vers l'est, franchit des passages de montagne, traversa des vallées et remonta le fleuve *Sin-tou* (Sindh,—Indus). A l'aide de ponts volants et de légères passerelles, il marcha au-dessus des précipices et des abîmes. Après avoir fait de cette manière environ cinq cents li, il arriva au royaume de *Po-lou-lo* (Bolor). (Inde du nord.)

ROYAUME DE PO-LOU-LO.

(BOLOR.)

Le royaume de *Po-lou-lo* (Bolor) a environ quatre mille li de circuit; il est situé au milieu des grandes montagnes neigeuses. Il est allongé de l'est à l'ouest et resserré du sud au nord. Il produit beaucoup de froment et de haricots, et l'on en tire de l'or et de l'argent. Grâce aux bénéfices des mines d'or, les ressources du royaume sont très-abondantes. Le climat est constamment glacial; les hommes sont d'un caractère violent et farouche; ils n'ont qu'un faible sentiment de l'humanité et de la justice, et n'ont jamais entendu parler des rites. Leurs traits sont communs et ignobles. Ils portent des vêtements de laine grossière. Les caractères de l'écriture ressemblent beaucoup à ceux de l'Inde; mais la langue parlée diffère de celle des autres royaumes. Il y a plusieurs centaines de couvents, où l'on compte quelques milliers de religieux, qui ne montrent pas une grande ardeur pour l'étude, et s'écartent souvent des règles de la discipline.

En partant de ce royaume, il revint dans la ville de *Ou-to-kia-han-tch'a* (Ouṭakhânḍa?), et passa, au sud, le fleuve *Sin-tou* (Sindh — Indus). Ce fleuve est large de trois à quatre li et coule au sud-ouest. Ses eaux sont pures comme un miroir et roulent avec impétuosité. Des dragons venimeux et des animaux malfaisants habitent ses humides cavernes. Si l'on passe le fleuve, en portant des pierres précieuses, des semences de fleurs et d'arbres rares, ou bien des reliques du *Bouddha*, la plupart du temps le bateau s'engloutit sous les flots.

Après avoir passé le fleuve (l'Indus), on arrive au royaume de *Ta-tch'a-chi-lo* (Takchaçilâ). (Inde du nord.)

ROYAUME DE TA-TCH'A-CHI-LO [1].

(TAKCHAÇILÂ.)

Le royaume de *Ta-tch'a-chi-lo* (Takchaçilâ) a environ deux mille li de tour. La circonférence de la capitale est d'environ dix li. La famille royale est éteinte, et des hommes puissants se disputent le pouvoir à main armée. Anciennement, ce pays était soumis au royaume de *Kia-pi-che* (Kapiça); mais, dans ces derniers temps,

---

[1] *Fa-hien* (chap. IX) explique ce mot par *tête coupée*, ce qui suppose la leçon *Takchaçira*. Le traducteur du *Fo-koue-ki* l'a fait dériver de *Tchyouta-sira* (sic), qu'il traduit par « tête tombée ». Voyez plus bas, page 154, note 2.

il s'est mis sous la dépendance du royaume de *Kia-chi-mi-lo* (Cachemire). Ce pays est renommé pour sa fertilité, et donne de riches moissons. Il est arrosé par une multitude de sources et de cours d'eau; les fleurs et les fruits y abondent. Le climat est tempéré, les hommes sont d'un caractère vif et intrépide; ils estiment et révèrent les *trois Précieux*. Il y a un grand nombre de couvents, mais ils sont la plupart déserts. On n'y voit qu'un petit nombre de religieux qui tous étudient la doctrine du *grand Véhicule*.

A environ soixante et dix li au nord-ouest de la capitale, on voit l'étang du roi-dragon *I-lo-po-to-lo* (Êlâpatra). Il a une centaine de pas de circonférence; ses eaux sont pures et limpides; des lotus de différentes couleurs ornent ses bords de leurs teintes brillantes et variées. Ce dragon était un *Pi-tsou* (Bhikchou) qui, du temps de *Kia-ye-fo* (Kâçyapa Bouddha), avait détruit l'arbre *I-lo-po-to-lo* (Êlâpatra). C'est pourquoi, lorsque les habitants de ce pays veulent demander de la pluie ou du beau temps, ils se rendent avec des *Cha-men* (Çramanas) au bord de l'étang, font claquer leurs doigts, et invoquent le dragon d'une voix douce. Sur-le-champ, ils obtiennent l'objet de leurs vœux.

Après avoir fait environ trente li, au sud-est de l'étang du dragon, il entra dans les gorges de deux montagnes, et vit un *Stoûpa* qui avait été construit par le roi *Wou-yeou* (Açôka). Il avait environ cent pieds de hauteur. *Chi-kia-jou-laï* (Çâkya Tathâgata) avait prédit qu'à l'époque où le futur *Máitréya* paraîtrait dans le monde, on verrait surgir tout à coup quatre précieux trésors[1]. Or, ce lieu fortuné possédait l'un d'eux. Si l'on consulte les anciennes descriptions (de ce royaume), on y lit ce qui suit : « Quelquefois la terre tremble, et toutes les montagnes sont ébranlées; mais à une distance de cent pas autour de ce monument (littéralement, du trésor), la terre n'éprouve pas la plus légère commotion. Si des hommes insensés ont la témérité de pratiquer des fouilles, la terre tremble, et, à l'instant, ils tombent tous à la renverse. »

A côté du *Stoûpa* il y a un couvent fort délabré qui, depuis longtemps, ne renferme plus aucun religieux.

A douze ou treize li au nord de la ville, il y a un *Stoûpa* qui a été bâti par le roi Açôka. Quelquefois, lorsqu'un jour de jeûne est arrivé, il répand pendant tout le temps une vive lumière; on voit tomber des fleurs divines et l'on entend une musique céleste. Voici ce qu'on lit dans les anciennes descriptions de ce pays: « Dans ces derniers temps, il y avait une femme qui était affligée d'une lèpre hideuse. Elle vint secrètement auprès du *Stoûpa*, s'accusa de ses fautes et témoigna le plus vif repentir. Voyant que le vestibule était infecté d'ordures, elle les enleva, et après avoir arrosé et balayé ce lieu sacré, elle l'oignit de parfums, et y répandit des fleurs. De plus, elle cueillit des lotus bleus et en couvrit le sol. Sa maladie hideuse disparut à

---

[1] Ce mot désigne ici un lieu où l'on serre des choses précieuses, des reliques. Cette acception existe aussi chez nous dans le langage de l'Église.

l'instant, sa figure s'embellit de nouvelles grâces, et son corps exhala une odeur exquise qui ressemblait au parfum de lotus bleu. » Dans ce lieu fortuné, jadis *Jou-laï* (le Tathâgata), menant la vie d'un *Pou-sa* (Bôdhisattva), était le roi d'un grand royaume, sous le nom de *Tchen-ta-lo-po-lo-p'o* (Tchandraprabha) [1]. Comme il aspirait à obtenir l'Intelligence (Bôdhi), il coupa sa tête et la donna en aumône [2]. Il fit ainsi le sacrifice de sa tête pendant mille existences successives.

A côté du *Stoûpa de la tête donnée en aumône*, il y a un couvent dont les salles sont (presque) désertes et où l'on ne voit qu'un petit nombre de religieux. Ce fut là qu'autrefois le maître des Çâstras, *Keou-mo-lo-lo-to* (Koumâralabdha) [3], de l'école *King-pou* (ou des Sâutrântikas) composa différents traités.

Au sud-est, en dehors des murs de la ville, au nord d'une montagne qui regarde le sud, il y a un *Stoûpa*, haut d'environ cent pieds. Ce fut en cet endroit qu'on arracha les yeux à *Keou-lang-na* (lisez *Keou-na-lang* — Kounâla), fils aîné du roi *Wou-yeou* (Açôka)[4], qui avait été injustement accusé par sa belle-mère.

[1] En chinois, *Youeï-kouang* « celui qui a l'éclat de la lune ».

[2] C'est sans doute de là que vient le nom de ce royaume, que Fa-hien explique par *tête coupée* (Takchaçira). La permutation de l'*r* en *l* étant fréquente, on ne doit pas s'étonner du changement de *Takchaçira* en *Takchaçilâ*; seulement, le mot *çilâ* « roc » fait disparaître la légende.

[3] En chinois, *T'ong-cheou*; mot à mot: enfant — recevoir.

[4] Dans la Vie d'*Açôka*, dont M. Burnouf a donné un extrait (*Introd. au Bouddh.* p. 40), il est appelé *Kounâla*. Cette dénomination se trouve dans le texte chinois de la légende d'*Açôka*, où elle est exprimée par les sons *Keou-na-lo*. Pour rétablir ici la véritable leçon, il suffit d'admettre

Lorsque des aveugles y adressent de ferventes prières, il y en a beaucoup qui recouvrent la vue. Ce fils aîné avait eu pour mère la femme légitime du roi (nommée *Lien-hoa*—Padmavatî); sa figure était pleine de grâce, et il se distingua de bonne heure par sa bienveillance et son humanité. Quand la reine légitime fut morte, il eut une belle-mère qui était orgueilleuse et dissolue. N'écoutant que sa passion aveugle, elle pressa secrètement le prince royal (de céder à ses désirs). Celui-ci versa des larmes, rejeta la faute sur lui-même, et se retira en confessant ses crimes [1]. La marâtre, se voyant refusée, sentit redoubler sa colère. Elle épia un moment où le roi avait du loisir, et lui parla ainsi avec calme : « A qui pourrait-on confier la direction du « royaume de *Ta-tch'a-chi-lo* (Takchaçilâ), si ce n'est « à votre propre fils? Maintenant le prince royal s'est « rendu illustre par son humanité et sa piété filiale. « Comme il aime et protége les sages, son nom est « dans toutes les bouches. » Le roi, séduit par un tel langage, accueillit avec faveur ce perfide stratagème. Sur-le-champ, il donna ses ordres au prince royal, et l'exhorta ainsi : « J'ai reçu l'héritage du pouvoir su- « prême pour le transmettre intact à mon successeur. « Mon unique crainte est de le laisser tomber et de « déshonorer les rois mes ancêtres. Aujourd'hui je vous

la transposition d'un mot, et de lire dans le *Si-yu-ki*, *Keou-na-lang*, au lieu de *Keou-lang-na*. Je connais plus d'un exemple où *lang*, et même *liang*, sont employés pour représenter le son *la*.

[1] Dans la légende d'*Açôka*, dont M. Burnouf a donné un extrait, Kounâla attribue ses malheurs aux péchés de sa vie antérieure.

156 VOYAGES DES PÈLERINS BOUDDHISTES.

« confie le gouvernement de *Ta-tch'a-chi-lo* (Takchaçilâ);
« faites rentrer ce royaume dans le devoir[1]. Les affaires
« de l'État sont d'une haute importance, mais les sen-
« timents des hommes sont souvent faux et trompeurs.
« N'entreprenez rien à la légère de peur de compro-
« mettre votre couronne. Toutes les fois que vous re-
« cevrez un ordre royal, vérifiez bien l'empreinte de
« mes dents. Mon cachet réside dans ma propre bouche.
« Pourrait-il vous induire en erreur? »

Là-dessus, le prince royal reçut les ordres de son père et vint pour rétablir l'ordre. Après un long espace de temps, sa belle-mère *(Tichyarakchitâ)*, dont la colère n'avait fait que s'accroître, fabriqua frauduleusement une lettre du roi et la cacheta avec de la cire rouge; puis, ayant attendu que le roi fût endormi, elle prit furtivement l'empreinte de ses dents[2]. Alors elle envoya, en toute hâte, (à Kounâla) un messager

---

[1] Nous voyons, dans l'Histoire d'Açôka (*'O-yo-tch'ouen*), que les habitants de *Takchaçilâ* s'étaient révoltés. Cf. *Introd. au Bouddh.* p. 405.

[2] Ce même fait se retrouve dans la Vie d'*Açôka*, dont je possède la traduction chinoise, et que M. E. Burnouf a publiée en partie d'après le texte sanscrit. Mais le savant indianiste, trompé par le double sens du mot *danta*, दन्त, qui signifie « dent » et « ivoire », a choisi la dernière acception. *Introd. au Bouddh.* p. 407: « Je scellerai cette lettre avec le sceau *d'ivoire*, pendant que le roi est endormi. » Le texte chinois ne peut laisser aucun doute: « Quand on cachetait une lettre (écrite au nom d'*Açôka*), il fallait obtenir une empreinte *des dents* du roi pour la cacheter. Ti-chi-lo-tch'a (Tichyarakchitâ) épia le moment où le roi était endormi, et voulut sceller cette lettre. » On peut ajouter un passage décisif de notre texte: « Vérifiez bien l'empreinte de mes *dents*; mon cachet réside dans ma bouche. »

portant, comme de la part du roi, une lettre de blâme. Quand ses ministres l'eurent lue à genoux, ils se regardèrent l'un l'autre sans savoir quel parti prendre.

Le prince royal leur demanda pourquoi ils pleuraient.

« Prince, lui dirent-ils, sa Majesté vient de rendre « un décret. Par cette lettre, elle réprimande le prince « royal, et nous ordonne de lui arracher les deux yeux, « de le chasser et de l'abandonner sur une montagne « ou dans une vallée, et de laisser le mari et sa femme[1] « subir la loi du temps et vivre ou mourir ensemble. « Mais, quoique cet ordre existe, nous ne pouvons pas « encore obéir. Maintenant, il convient d'interroger de « nouveau le roi, et de vous conduire à lui chargé de « chaînes en attendant votre châtiment. »

Le prince royal leur dit : « Puisque mon père m'a « condamné à mort, comment oserai-je m'y refuser? « D'ailleurs, le cachet de cire porte l'empreinte de ses « dents; il ne peut donc y avoir ni fraude, ni erreur. »

Alors, il ordonna à un *Tchen-ta-lo* (Tchaṇḍâla) d'arracher ses yeux. Quand il eut perdu la vue, il demanda l'aumône pour subvenir à ses besoins. A force d'errer de côté et d'autre, il arriva à la résidence du roi, son père. Sa femme (Kâñtchanamâlâ) lui dit : « Nous voici « dans la ville du roi. »

— « Hélas! (reprit-il,) combien je souffre de la faim « et du froid. Jadis, j'étais le fils d'un roi; aujourd'hui, . « je suis réduit à l'état de mendiant! Je désire qu'on

---

[1] La femme de *Kouṇâla* s'appelait *Tchin-kin-man* « celle qui a une guirlande d'or pur » (Kâñtchanamâlâ).

« veuille bien m'entendre et reconnaître qui je suis.
« J'exposerai de nouveau mes fautes passées. » Là-dessus, il imagina un stratagème. Il entra dans l'écurie du roi. Dans la dernière moitié de la nuit, il se mit à pousser des cris plaintifs et à chanter d'une voix gémissante, en s'accompagnant avec la *vîṇâ* [1].

Le roi, qui se trouvait en ce moment au haut d'un pavillon, entendit ses nobles chants, dont les expressions étaient pleines d'amertume et de tristesse. Il en fut surpris, et se dit : « A ces sons de la *vîṇâ*, il me
« semble reconnaître mon fils ; mais quel motif peut
« l'avoir amené en cet endroit ? »

Sur-le-champ, il dit au gardien de l'écurie du palais : « Qui est-ce qui chante ainsi ? »

Aussitôt, ce dernier amena l'aveugle et le mit en présence du roi. A la vue du prince royal, *Açôka* l'interrogea en pleurant. « Qui est-ce qui a mutilé votre corps ?
« lui dit-il. Par l'effet de ce cruel malheur, mon fils
« bien-aimé a été privé de la lumière ; il n'aperçoit plus
« rien. Comment pourra-t-il voir et examiner son peuple ?
« Ô ciel ! ô ciel ! combien la vertu a dégénéré ! »

Le prince royal le remercia en pleurant, et lui répondit : « La vérité est que, pour avoir manqué de piété
« filiale, j'ai été puni par le Ciel. Dans telle année, dans
« tel mois et tel jour, j'ai reçu tout à coup un ordre de
« ma tendre mère. N'ayant aucun moyen d'excuse, je
« n'ai pas osé me soustraire au châtiment. »

---

[1] Ce mot est celui du texte indien de la Vie d'*Açôka*. Le traducteur chinois l'a rendu par *Kong-heou*, luth à vingt-cinq cordes.

Le roi comprit, au fond de son cœur, le crime qu'avait commis sa seconde femme [1], et, sans faire aucune enquête, il lui infligea le dernier supplice. En ce temps-là, il y avait dans le couvent de l'Intelligence (Bôdhi-sañghârâma) un grand *Lo-han* (Arhat), nommé *Kiu-cha*[2] (Ghôcha). Il possédait le *quadruple* talent d'expliquer[3],

[1] La femme légitime d'*Açôka* s'appelait *Lien-hoa* (Padmavatî); c'était la mère de *Keou-na-lang* (Kounâla). La personne dont il est question ici était la première de ses favorites, nommée *Ti-chi-lo-tch'a* (Tichyarakchitâ). Après la mort de *Padmavatî*, elle se trouva la seconde femme (*Khi-chi*) du roi, et la belle-mère (*Khi-mou*) de *Kounâla*.

[2] En chinois, *Miao-in* « beau son », c.-à-d. celui qui a une belle voix.

[3] En chinois, *Sse-wou-i-pien*. Suivant le Dictionnaire *San-thsang-fa-sou* (liv. XIV, fol. 8), cette quadruple faculté consiste à expliquer : 1° le sens de toutes les *lois*; 2° la distinction des noms de toutes les *lois*; 3° le sens des noms de toutes les *lois* dans toutes les langues étrangères; 4° les *lois* qui plaisent à la multitude des hommes. L'expression « toutes les lois » (*tchou-fa*), présente ici une grave difficulté, dont nous trouvons heureusement la solution dans l'ouvrage intitulé : *Ou-sse-pi-po-cha-lun* (liv. I, fol. 2) : « On entend par *toutes les lois*, tous les états, toutes les conditions du ciel, de la terre et de l'homme, tous les modes de la matière, toutes les qualités, bonnes ou mauvaises, de l'esprit et du cœur, etc. Ainsi, par exemple, le solide, l'humide, le chaud (qualités de la terre, de l'eau et du feu), sont des *lois* (*fa*), suivant les Bouddhistes. Le solide se divise à l'infini; ainsi les lois intérieures (*neï-fa*), comprenant les ongles, les cheveux, les pieds, les mains, etc., diffèrent des *lois* extérieures (*waï-fa*), où l'on compte le cuivre, l'étain, etc. »

Dans une dissertation qui accompagne le *Lotus de la bonne loi*, M. Eug. Burnouf a expliqué différemment (page 839) ces quatre facultés, et (page 372) les *trois connaissances* dont nous donnons, note 3, la signification d'après le Dictionnaire des mots bouddhiques qui commencent par un nombre. Voici la première interprétation du savant indianiste : Il y a quatre connaissances distinctes, qui sont : la connaissance distincte du sens (*Artha*); la connaissance distincte de la

sans rencontrer d'obstacles, et il était complétement doué des *trois connaissances* [1]. Le roi lui présenta l'aveugle, et raconta sa triste aventure. Son unique vœu était qu'il le prît en pitié et lui fit recouvrer la vue. Alors ce *Lo-han* (Arhat), après avoir reçu la demande du roi, adressa immédiatement cet ordre aux hommes du royaume : « Demain, je veux expliquer les principes « sublimes de la loi. Que chaque homme, en venant ici « entendre la loi, apporte un vase pour recevoir ses « larmes. »

loi (*Dharma*); la connaissance distincte des explications (*Niroukti*); la connaissance distincte de l'intelligence (*Pratibhâna*).

[1] En chinois, *San-ming*. On entend par là, 1° la connaissance des choses heureuses ou malheureuses qui nous sont arrivées dans nos existences antérieures; 2° la connaissance, c'est-à-dire la perspicacité de l'œil divin, qui nous fait voir les époques de nos vies et de nos morts, et de celles des autres hommes dans les existences futures, le bien ou le mal que nous ferons par nos membres, notre bouche et notre pensée; enfin, les conditions bonnes ou mauvaises où nous devons tomber; 3° la connaissance de la fin de notre transmigration. Les hommes, par suite des erreurs qui viennent des idées des trois mondes (*Kâmadhâtou, Roûpadhâtou, Aroûpadhâtou*), sont exposés à la nécessité de naître et de mourir. Mais un *Arhat*, qui a retranché ces erreurs, obtient une connaissance divine. Il sait qu'après l'extinction de ses erreurs ou péchés, il échappera à la vie et à la mort. (Dictionnaire *San-thsang-fa-sou*, liv. X, fol. 1.)

Dans le commentaire du *Lotus*, M. Eug. Burnouf explique de deux manières (page 372) la triple science (*Trividyâ*). Suivant les uns, c'est la connaissance des trois parties de la durée : le présent, le passé, le futur. Le *Bouddha* qui la possède, s'appelle *Trikâlavit* (τῶν trium temporum gnarus). Suivant d'autres, c'est la connaissance des trois vérités fondamentales du Bouddhisme, dont le résumé est que tout est passager (*anitya*), que tout est misère (*douḥkha*), que tout est vide (*anâtmâ*).

Là-dessus, on accourut de tous côtés; les hommes et les femmes se réunirent en foule. En ce moment, le *Lo-han* (l'Arhat) expliqua les douze causes de l'existence (*Nidânas*)[1]. Parmi ceux qui l'entendirent expliquer la loi, il n'y en eut pas un seul qui ne s'abandonnât à la douleur et ne fît éclater des sanglots. Il recueillit les larmes de chaque assistant dans le vase qu'il tenait à la main. Après avoir fini d'exposer la loi, il réunit les larmes de toute la multitude, et les versa dans un bassin d'or. Puis il prononça ce serment : « J'ai exposé les prin-
« cipes sublimes du *Bouddha*. Si tous ces principes ne
« sont pas vrais, si mon discours est plein d'erreurs, je
« n'ai plus rien à dire. Mais, s'il en est autrement, je
« désire que les yeux de cet aveugle, après avoir été
« lavés avec les larmes de la multitude, recouvrent la
« lumière et voient clairement comme par le passé. »

En achevant ces mots, il lava avec les larmes les yeux de l'aveugle, et, sur-le-champ, ses yeux s'ouvrirent de nouveau à la lumière.

Le roi punit alors ses ministres et tous ses conseillers. Il destitua les uns ou les exila; il transporta les autres ou les mit à mort. Les hommes les plus puissants parmi le peuple furent relégués dans un désert sablonneux, au nord-est des montagnes neigeuses (Himavat).

En partant de ce royaume, au sud-est, il franchit des montagnes et des vallées, et, après avoir fait environ sept cents li, il arriva au royaume de *Seng-ho-pou-lo* (Siñhapoura). (Inde du nord.)

[1] Cf. Burnouf, *Introd. au Bouddhisme*, pages 637, 638.

ROYAUME DE SENG-HO-POU-LO.

(SIÑHAPOURA.)

Le royaume de *Seng-ho-pou-lo* (Siñhapoura) a de trois mille cinq cents à trois mille six cents li de tour. Du côté de l'ouest, il est voisin du fleuve *Sin-tou* (Sindh —Indus). La circonférence de la capitale est de quatorze à quinze li. Elle s'appuie sur des montagnes. Sa solidité et sa hauteur en rendent l'accès difficile et dangereux. La terre demande peu de culture, et donne néanmoins des produits abondants. Le climat est froid, les hommes sont d'un naturel violent et font grand cas du courage; de plus, ils sont généralement enclins au dol et à la fraude. Ce royaume n'a point de roi qui siége sur le trône; il est sous la dépendance du royaume de *Kia-chi-mi-lo* (Cachemire).

A une petite distance, au sud de la capitale, il y a un *Stoûpa,* qui a été construit par le roi *Wou-yeou* (Açôka), et dont la décoration est fort dégradée. Des miracles divins y éclatent sans interruption.

A côté, il y a un couvent qui est vide et désert [1].

A quarante ou cinquante li au sud-est de la ville, on arrive à un *Stoûpa* en pierre, qui a été bâti par le roi *Wou-yeou* (Açôka); il est haut d'environ deux cents pieds. Il y a dix étangs qui l'entourent, à gauche et à droite, d'une humide ceinture. Leurs bords sont construits en pierres sculptées avec art, (qui représentent) des formes étranges et des figures extraordinaires. Les eaux

---

[1] Littéralement : sans religieux.

de ces étangs sont claires et limpides, et (souvent) elles coulent avec bruit et rapidité. Des dragons, des poissons et divers hôtes aquatiques se promènent au fond de leurs cavernes. Des lotus de quatre couleurs couvrent leur surface pure et diaphane. Cent espèces de fruits pullulent à l'entour, et étalent un éclat pareil et des nuances différentes; des bosquets fleuris se reflètent dans le miroir des étangs ; c'est véritablement un site enchanteur.

A côté, il y a un couvent qui, depuis longtemps, ne possède plus aucun religieux.

A côté et à une petite distance du *Stoûpa*, on voit l'endroit où le fondateur de la secte hérétique qui porte des vêtements blancs (*Çvêtavâsa?*), comprit les principes sublimes qu'il cherchait, et commença à expliquer la loi. Aujourd'hui, on y voit une inscription.

A côté de cet endroit, on a construit un temple des dieux. Les sectaires qui le fréquentent se livrent à de dures austérités; jour et nuit, ils déploient le zèle le plus ardent, sans prendre un instant de repos. La loi qu'a exposée le fondateur de cette secte, a été pillée en grande partie dans les livres du *Bouddha,* sur lesquels il s'est guidé pour établir ses préceptes et ses règles. Les plus âgés de ces sectaires ont le nom de *Bhikchous* (Mendiants); les plus jeunes s'appellent *Cha-mi* (Çrâmaṇêras — Novices). Dans leurs observances et leurs exercices religieux, ils suivent presque entièrement la règle des *Çramaṇas*. Seulement, ils conservent un peu de cheveux sur leur tête, et, de plus, ils vont nus. Si, par hasard, ils portent des vêtements, ils se distinguent par la couleur blanche [1]. Voilà les différences, d'ailleurs fort légères, qui les séparent des autres. La statue de leur maître divin ressemble, par une sorte d'usurpation, à celle de *Jou-laï* (du Tathâgata); elle n'en diffère que par le costume; ses signes de beauté (mahâpouroucha lakchaṇâni) sont absolument les mêmes [2].

En partant de ce royaume, il revint sur les frontières septentrionales de *Ta-tch'a-chi-lo* (Takchaçilâ), et passa le fleuve *Sin-tou* (Sindh — Indus). Après avoir fait environ deux cents li au sud-est, il passa sous une grande porte de pierre. Jadis le prince royal, du titre de *Mo-ho-sa-to* (Mahâsattva [3]), abandonna son corps en cet endroit pour nourrir un tigre affamé.

A cent quarante ou cent cinquante pas au midi de cet endroit, il y a un *Stoûpa* en pierre. Le *Mo-ho-sa-to* (le Mahâsattva) fut ému de compassion pour ce tigre que la faim avait privé de ses forces. Étant arrivé en cet endroit, il se perça le corps avec un morceau de bambou desséché, et le nourrit de son sang. Alors cet animal recouvra sa vigueur première [4]. Au milieu de cet endroit, la terre ainsi que les herbes et les arbrisseaux

---

[1] Les religieux bouddhistes portent des vêtements jaune-brun.

[2] Il y a, en chinois, *Siang-hao*, expression qui, appliquée à un *Bouddha*, comprend les (trente-deux) signes de beauté (signes caractéristiques d'un grand homme) qu'on lui attribue. Voy. le Mémoire de M. Burnouf, dans le *Lotus de la Bonne loi*, pag. 552 et suiv.

[3] C'était le nom qu'on donnait au prince royal, fils du roi Çouddhôdana, avant qu'il fût devenu *Bouddha*. *Mahâsattva* veut dire « grande créature, grand être ». Voyez Burnouf, *Introduction au Bouddhisme*, p. 465, 478.

[4] Littéralement : alors l'animal mangea.

portent une légère teinte rouge, comme s'ils étaient teints de sang. Quand les hommes foulent ce sol, il leur semble qu'ils ressentent des piqûres d'épines [1]. Tous, incrédules ou croyants, sont pénétrés d'un sentiment de tristesse et de douleur.

Au nord de l'endroit (où le prince royal) donna son corps en aumône, il y a un *Stoûpa* en pierre, haut d'environ deux cents pieds, qui a été bâti par le roi Açôka. Il est orné de sculptures et construit avec un art admirable. En tout temps, il répand une lueur divine. On voit des centaines de petits *Stoûpas* et de niches en pierre, disposés autour de ce monument funèbre. Les malades qui en font le tour avec respect, obtiennent la plupart leur guérison.

A l'est du *Stoûpa* en pierre, il y a un couvent où l'on compte une centaine de religieux qui tous étudient la doctrine du *grand Véhicule*.

En partant de cet endroit, dans la direction de l'est, il fit environ cinquante li, et arriva à une montagne isolée, au centre de laquelle s'élevait un couvent, où l'on comptait environ deux cents religieux qui tous étudiaient la doctrine du *grand Véhicule*. On y voyait une multitude de fleurs et de fruits, et des bassins d'eau vive qui étaient clairs comme un miroir.

A côté, il y avait un *Stoûpa*, haut d'environ trois cents pieds. Ce fut en cet endroit que jadis *Jou-laï* (le Tathâgata) convertit un *Yakcha* malfaisant, et lui défendit de manger de la chair.

[1] Littéralement : il leur semble qu'ils portent des épines.

En partant de ce royaume, dans la direction du sud-est, il fit environ cinq cents li à travers les montagnes, et arriva au royaume de *Ou-la-chi* (Ouraçî)[1].

ROYAUME DE OU-LA-CHI.
(OURAÇÎ.)

Le royaume de *Ou-la-chi* (Ouraçî) a environ deux mille li de tour; les montagnes et les collines forment des chaînes continues; les terres propres à la culture occupent un espace fort étroit. La capitale du royaume a une circonférence de sept à huit li. Ce pays n'a point de roi; il est sous la dépendance du royaume de *Kia-chi-mi-lo* (Kâçmîra—Cachemire). Le sol est favorable à la culture des grains, mais il ne produit guère de fleurs ni de fruits. Le climat est doux et tempéré, et l'on y voit fort peu de gelées blanches ou de neige. Les habitants ne connaissent ni la justice ni les rites; ils sont d'un naturel dur et violent, et se livrent la plupart au dol et à la fraude. Ils n'ont point foi dans la loi du *Bouddha*.

A quatre ou cinq li, au sud-ouest de la capitale, il y a un *Stoûpa*, haut d'environ deux cents pieds, qui a été bâti par le roi *Wou-yeou* (Açôka).

A côté, il y a un couvent où l'on ne voit qu'un petit nombre de religieux qui tous étudient la doctrine du *petit Véhicule*.

En sortant de ce pays, au sud-est, il franchit des

[1] Inde du nord.

montagnes, traversa des lieux pleins de dangers et passa sur des ponts en fer.

Après avoir fait ainsi plus de mille li, il arriva au royaume de *Kia-chi-mi-lo* (Kâçmîra — Cachemire). (Inde du nord.)

ROYAUME DE KIA-CHI-MI-LO.

(KÂÇMÎRA — CACHEMIRE.)

Le royaume de *Kia-chi-mi-lo* (Kâçmîra) a environ sept mille li de tour. De tous côtés, ses frontières sont entourées de montagnes. Ces montagnes sont d'une hauteur prodigieuse; quoiqu'il y ait des sentiers qui en ouvrent l'accès [1], ils sont extrêmement étroits. Depuis l'antiquité, les ennemis voisins n'ont jamais pu l'attaquer avec succès.

Du côté de l'ouest, la capitale est voisine d'un grand fleuve. Du sud au nord, elle a de douze à treize li, et de quatre à cinq de l'est à l'ouest. Ce pays est favorable à la culture des grains, et produit une grande abondance de fleurs et de fruits. On en tire des chevaux de la race des dragons, du Curcuma (*Yo-kin-hiang*), des lentilles de verre (*ho-tchou*), et des plantes médicinales. Le climat est glacial; il tombe beaucoup de neige, mais le vent se fait rarement sentir. Les habitants portent des vêtements de laine et de coton blanc; ils ont des mœurs légères et volages, et un caractère mou et pusillanime. Comme ce royaume était protégé par un dragon, il do-

[1] Littéralement : des sentiers-portes.

mina bientôt des royaumes voisins. Le peuple est doué d'une belle figure, mais il est naturellement enclin à la ruse et à la fraude. Il est studieux et instruit, et se compose de croyants et d'hérétiques[1]. Il y a une centaine de couvents, qui renferment environ cinq mille religieux. On voit quatre *Stoûpas*, bâtis par le roi *Açôka*, qui contiennent chacun un *ching*[2] de reliques de *Jou-laï* (du Tathâgata). On lit ce qui suit dans la description de ce royaume : « Tout le territoire était, dans l'origine, un étang de dragons. Jadis, lorsque le *Boud-dha*, l'Honorable du siècle, eut quitté *Ou-tchang-na* (Oudyâna) après avoir dompté un Esprit malfaisant, il voulut s'en retourner dans le royaume central (*Madhyadêça*). Il voyagea au milieu des airs, et lorsqu'il se trouva au-dessus de ce royaume, il dit à 'O-nan (Ânanda) : « Après
« mon *Ni-pan* (Nirvâṇa), il y aura un 'O-lo-han (un
« Arhat), nommé *Mo-t'ien-ti-kia* (Madhyântika), qui,
« dans ce pays, fondera un royaume, procurera la paix
« aux hommes, et répandra au loin la loi du *Bouddha*. »

La cinquantième année après la mort de *Jou-laï* (du Tathâgata), il y eut un disciple d'Ânanda, nommé l'Arhat *Madhyântika*, qui possédait les six connaissances surnaturelles (*Chaḍabhidjñâ*)[3], et était doué des huit moyens d'affranchissement (*Vimôkcha*)[4]. Ayant été informé de

[1] Il y a, en chinois : « Il croit en même temps à l'erreur et à la vérité. »
[2] Mesure chinoise équivalente à 53 centilitres.
[3] Voyez (dans le *Lotus*, p. 372) la Dissertation de M. Eug. Burnouf sur ces six connaissances surnaturelles.
[4] Voyez, sur cette question, la Dissertation de M. Eug. Burnouf (*Lotus*, p. 824 et suiv.).

la prédiction du *Bouddha*, il en fut ravi au fond du cœur, et se rendit dans ce pays. Là, sur un grand passage de montagne, il s'assit tranquillement au milieu d'un bois et fit éclater de grands prodiges. Le dragon les ayant vus, se sentit pénétré d'une foi profonde, et lui demanda ce qu'il désirait.

Le *Lo-han* (l'Arhat) lui dit : « Je désire que, dans le « milieu du lac, vous me donniez un petit espace (où je « puisse habiter). »

Là-dessus, le dragon resserra ses eaux et le lui donna. L'*Arhat*, usant de sa puissance divine, donna à son corps une largeur immense, et le roi des dragons déploya tous ses efforts pour resserrer les eaux. A la fin, l'étang devint vide et les eaux disparurent. Le dragon prit son vol et vint demander un espace de terre à l'*Arhat*. Celui-ci, au nord-ouest de cet endroit [1], laissa, en sa faveur, un étang, ayant environ cent li de tour. Les dragons soumis à ses ordres devaient habiter à part un petit étang.

Le roi-dragon lui dit : « Après vous avoir donné tout « le terrain de l'étang, je désire que vous receviez cons- « tamment mes hommages. »

Mo-t'ien-ti-kia (Madhyântika) lui répondit : « Dans peu « de temps, je vais entrer dans le *Nirvâṇa* complet; « quand je voudrais accéder à votre demande, comment « cela me serait-il possible ? »

Le roi-dragon lui adressa une seconde prière. « (Je « désire, dit-il,) que cinq cents *Lo-han* (Arhats) reçoivent « constamment mes hommages jusqu'à l'extinction de

[1] C.-à-d. au nord-ouest de l'endroit où avait existé l'ancien étang.

« la loi. Quand la loi sera éteinte, je reviendrai prendre
« possession de ce royaume pour en faire un étang qui
« me serve de séjour. » *Mo-t'ien-ti-kia* (Madhyântika)
consentit à sa demande.

Alors l'*Arhat*, ayant obtenu le terrain de l'étang,
déploya sa puissance divine, et fonda cinq cents couvents. Ensuite, il alla dans les royaumes étrangers, et
acheta des hommes de basse condition, qui devaient y
être employés en qualité de domestiques et servir la
multitude des religieux.

Après que *Mo-t'ien-ti-kia* (Madhyântika) fut entré dans
le *Nirvâṇa*, ces hommes méprisables se donnèrent eux-
mêmes un roi. Les rois des pays voisins, méprisant
l'abjection de leur race, ne voulurent point contracter
d'alliance avec eux, et les appelèrent *Ki-li-to* [1] (Kritîyas). Actuellement les eaux des sources sont en grande
partie débordées [2].

Dans la centième année après le *Nirvâṇa* de *Jou-laï*,
Açôka, roi de *Magadha*, s'étant illustré dans le monde,
monta sur le trône, et étendit sa puissance jusque dans
les royaumes étrangers. Il avait une foi profonde dans
les *trois Précieux*, et chérissait tous les hommes [3].

En ce temps-là, il y avait cinq cents religieux du
rang d'*Arhat* et cinq cents religieux d'une condition vul-

---

[1] En chinois, *Maï-te* « acheté ».

[2] Il s'agit, sans doute, des sources de l'étang du dragon qui avait été jadis desséché.

[3] En chinois, *Sse-sing*; littéralement : *oi quatuor viventes*. J'emprunte le sens que j'ai adopté au Dictionn. *San-thsang-fa-sou* (liv. XVI,
fol. 15). *Ibid.* La même expression désigne, en outre, les quatre es-

gaire, que le roi comblait de respect et à qui il faisait des offrandes sans mettre de différence entre eux. Parmi ces derniers, il y avait un religieux nommé *Mo-ho-ti-p'o* [1] (Mahâdêva), qui possédait un vaste savoir et une grande pénétration. Dans l'obscurité de sa retraite, il cherchait à acquérir une réputation brillante et solide [2]. Donnant l'essor à ses pensées, il avait composé des Traités (Çâstras), dont les principes étaient en opposition avec la sainte doctrine. Tous ceux qui entendaient parler de lui, accouraient en foule et adoptaient ses opinions erronées. Le roi Açôka ne savait pas distinguer un homme vulgaire d'un saint. N'écoutant que son inclination naturelle, il devint à la fois son partisan et son protecteur. Il convoqua tous les religieux, et s'étant rendu avec eux au bord du Gange, il voulut les précipiter au fond des eaux pour les exterminer jusqu'au dernier.

En ce moment, les *Lo-han* (Arhats) voyant leur vie en danger, s'élancèrent tous dans les airs par l'effet de leur puissance divine, et, après avoir marché dans l'espace, ils arrivèrent en ce royaume. Ils se fixèrent sur les montagnes ou se cachèrent au fond des vallées.

En ce moment, le roi *Wou-yeou* (Açôka) ayant appris leur départ, fut pénétré de crainte et de repentir, et vint

pèces d'êtres qui, suivant les Chinois, naissent : 1° d'un œuf (les oiseaux) ; 2° d'un embryon (les quadrupèdes, les hommes) ; 3° de l'humidité ; 4° par transformation.

[1] En chinois, *Ta-thien* « grand dieu ».

[2] Littéralement : il cherchait le nom et la chose, l'apparence et la réalité.

lui-même confesser son crime. Il les supplia de revenir dans son royaume; mais les *Lo-han* (Arhats) refusèrent énergiquement de lui obéir. Alors le roi *Wou-yeou*(Açôka) construisit cinq cents couvents pour les *Lo-han* (Arhats), et donna tout ce royaume à la multitude des religieux.

Dans la 400ᵉ année après le *Nirvâṇa* de *Jou-laï*, *Kia-ni-se-kia* (Kanichka), roi de *Kien-t'o-lo* (Gândhâra), monta sur le trône à l'époque fixée par le ciel. L'influence de ses lois se fit sentir au loin, et les peuples étrangers vinrent se soumettre à lui. Dans les moments de loisir que lui laissaient les affaires publiques, il étudiait les livres du *Bouddha*. Chaque jour, il priait un religieux d'entrer dans son palais pour lui expliquer la loi. Mais comme les diverses écoles soutenaient des principes différents, le roi avait conçu des doutes profonds et n'avait nul moyen de les dissiper.

A cette époque, l'honorable *Hie* (Pârçvika) lui dit: « Depuis que *Jou-laï* (le Tathâgata) a quitté le monde, « il s'est écoulé bien des années. Les disciples tiennent « aux idées de leur école, et les maîtres diffèrent tous « d'opinion. Chacun s'appuie sur ce qu'il a vu et en- « tendu, et tous se font une guerre acharnée. »

Après avoir entendu ces paroles, le roi fut saisi de douleur et poussa longtemps de profonds soupirs. Puis il dit à l'honorable *Hie* (Pârçvika) : « Grâce à un reste « de vertu [1], j'ai obtenu l'héritage du trône. Quoique je « sois bien éloigné de l'époque du Saint (du *Bouddha*),

---

[1] *Açôka* fait allusion aux mérites qu'il avait acquis dans ses existences antérieures.

« je m'estime encore fort heureux. Malgré mon peu de
« mérite et de capacité, je veux, à l'exemple de mes
« ancêtres, propager avec éclat l'enseignement de la
« loi, et, suivant les opinions de chaque école, voir ex-
« pliquer complétement les *trois Recueils*. »

— « Grand roi, lui dit l'honorable *Pârçvika*, dans
« vos existences passées, vous avez planté la racine de
« la vertu, et par-là vous avez acquis beaucoup de bon-
« heur. Mon vœu le plus ardent est que vous vous atta-
« chiez avec affection à la loi du *Bouddha*. »

Alors le roi adressa un décret aux hommes proches
et éloignés, et convoqua les sages et les saints. Là-dessus, on vint en foule des quatre points du monde, et
l'on accourut de dix mille li avec la vitesse de l'étoile
(filante). On vit arriver ensemble tous les hommes doués
de talent et de sagesse, d'intelligence et de sainteté.
Pendant l'espace de sept jours, on leur fit les quatre offrandes. Comme le roi voulait qu'on discutât sur la loi,
il craignit qu'ils ne fissent entendre des clameurs confuses. Il ouvrit alors son cœur aux religieux, et leur
parla ainsi : « Ceux qui ont obtenu le fruit de la sainteté
« peuvent rester; que ceux qui sont retenus par les liens
« du siècle s'en retournent. » Mais la multitude qu'il avait
admise était encore trop grande. En conséquence, il publia un second décret ainsi conçu : « Les hommes affran-
« chis de l'étude peuvent rester; que ceux qui étudient
« s'en retournent[1]. » Le nombre étant encore trop considérable, il publia ainsi un troisième décret : « Ceux qui

[1] Suivant l'ouvrage intitulé *Sse-knao-i*, liv. XII, fol. 2, la première

« sont doués des *trois connaissances*[1] et possèdent les *six*
« *facultés* surnaturelles, peuvent rester; que tous les autres
« s'en retournent. » Comme le nombre restant était encore
trop considérable, il publia un quatrième décret : « Ceux
« qui ont approfondi les *trois Recueils* sacrés et qui com-
« prennent les *cinq Traités*[2] profanes, peuvent rester; que
« tous les autres s'en retournent. » De cette manière, il
eut quatre cent quatre-vingt-dix-neuf religieux. Le roi
désirait[3] (quitter) son propre royaume, où il souffrait de
la chaleur tiède et de l'humidité; de plus, il voulait se
rendre à *Râdjagrĭha*[4], dans la maison en pierre où *Kia-
che-po* (Kâçyapa) avait formé la collection (des Livres
sacrés). Mais l'honorable *Hie* (Pârçvika) et les autres lui

expression, *Wou-hio*, οἱ *non studentes*, désigne les *Arhats*; et, d'après l'En-
cycl. *Fa-youen-tchou-lin*, liv. LVI, fol. 21, la seconde, *Hio-jin*, οἱ *studentes*,
s'applique à ceux qui étudient pour devenir Çramaṇas. Dans le *Lotus*,
chap. 1ᵉʳ, ces deux expressions se présentent en sens inverse : *Hio-wou-
hio*, οἱ *studentes*, οἱ *non studentes*. M. Burnouf traduit : Ceux qui étaient
maîtres et ceux qui ne l'étaient pas.

[1] Voyez page 159, note 3, et Burnouf, *Lotus*, page 372.

[2] 1° *Çabdavidyâ* (le Traité de grammaire et de lexicographie);
2° *Hétouvidyâ* (le Traité des causes); 3° *Adhyâtmavidyâ* (le Traité des
principes intérieurs); 4° *Tchikitsâvidyâ* (le Traité de la médecine);
5° *Çilpasthânavidyâ* (le Traité des sciences — la mécanique — la mé-
téorologie — l'astronomie).

[3] Je crois qu'il manque ici un ou plusieurs mots dans le texte qui
offre un sens incomplet. On lit, en effet : « le roi désirait. Dans son
propre royaume, il souffrait de la chaleur tiède et de l'humidité. Il
désirait encore se rendre à *Râdjagrĭha*. » Il me semble que l'auteur a
voulu dire : Le roi désirait (quitter) son propre royaume, où il souffrait de la chaleur et de l'humidité. Il désirait, en outre...

[4] En chinois, *Ouang-che-tch'ing* « la ville de la maison du roi ».

dirent : « Gardez-vous-en bien. Dans cette ville, il y a
« beaucoup d'hérétiques. Vous verrez se produire un
« mélange confus d'opinions dissidentes, et l'on n'aura
« pas le temps de leur répondre et de les réfuter. A quoi
« bon composer des Traités (*Çâstras*)? Toute l'assemblée
« est attachée de cœur à ce royaume. Ce royaume est
« défendu de tous côtés par de hautes montagnes; des
« *Yakchas* le protégent; le sol est gras et fertile, et ses
« productions sont d'une abondance extrême. C'est dans
« ce pays que les sages et les saints se réunissent et s'ar-
« rêtent, et que des *Richis*, doués d'une puissance divine,
« se promènent et fixent leur séjour. »

Après une mûre délibération, toute l'assemblée s'é-
cria : « Nous consentons à vous suivre. »

Alors le roi arriva de cet endroit avec tous les *Lo-han* (Arhats), fonda un couvent, et forma la collection des *trois Recueils*. Il voulut composer un traité intitulé : *Pi-p'o-cha-lun* (Vibhâchâ çàstra).

En ce moment, l'honorable *Chi-yeou* (Vasoubandhou) se tenait en dehors de la porte et raccommodait son vêtement. Les *Lo-han* (Arhats) adressèrent la parole à *Chi-yeou* (Vasoubandhou) et lui dirent : « Quand les liens
« du péché ne sont pas encore brisés, toute discussion
« est entachée de contradictions et d'erreurs. Il faut que
« vous vous éloigniez; ne demeurez pas ici. »

— « Les sages, répondit *Chi-yeou* (Vasoubandhou),
« n'éprouvent aucuns doutes sur la loi, et ils en répan-
« dent, à la place du *Bouddha*, les heureuses influences.
« Maintenant qu'ils en ont recueilli le sens général, ils

« veulent composer des traités orthodoxes. Pour moi,
« quoique j'aie peu d'intelligence, je comprends en par-
« tie les expressions abstraites. J'ai étudié avec ardeur
« les textes profonds des *trois Recueils* et les principes
« sublimes des *cinq Sciences*[1], et j'en ai saisi la portée. »

Les *Lo-han* (Arhats) lui dirent : « Il n'est pas permis
« de parler ainsi. Il faut que vous alliez demeurer à
« l'écart, pour obtenir promptement l'affranchissement
« de l'étude[2], après quoi vous viendrez ici vous réunir
« à nous; il en est temps encore. »

Chi-yeou (Vasoubandhou) répondit : « Je me soucie
« aussi peu de l'affranchissement de l'étude (du rang
« d'*Arhat*) que d'un vil crachat[3]. Ma seule ambition est
« d'obtenir le fruit de *Bôdhi* (de l'Intelligence); je ne
« cours point dans les petits sentiers. Si je jette dans
« l'air cette balle de fil, avant qu'elle soit tombée à terre,
« j'aurai obtenu le fruit de la sainteté qui affranchit de
« l'étude. »

En ce moment, tous les *Lo-han* (Arhats) lui adressèrent d'amères réprimandes. « C'est à vous, lui dirent-
« ils, qu'on peut appliquer la qualification d'*arrogant au*
« *suprême degré* (Outtaragarvvî?). L'affranchissement de
« l'étude (la dignité d'*Arhat*) est l'objet des louanges de
« tous les *Bouddhas;* il faut que vous vous hâtiez de l'ob-
« tenir pour dissiper les doutes de la multitude. »

[1] *Ou-ming.* Cette expression a été expliquée plus haut, page 174, note 1.
[2] Voyez plus haut, page 173, note 1.
[3] Il y a, en chinois, *i-t'o* « morve et crachat ».

Là-dessus, *Chi-yeou* (Vasoubandhou) jeta dans l'air la balle de fil. Les *Dêvas* reçurent cette balle, et l'interrogèrent en ces termes : « Maintenant que vous avez « obtenu le fruit de *Bôdhi* (de l'Intelligence), vous suc-« céderez à *Tse-chi* (Mâitrêya); vous serez entouré « d'hommages dans les trois mondes, et vous vien-« drez l'appui de toutes les créatures. Pourquoi voulez-« vous obtenir ici le *petit fruit ?* »

Alors tous les *Lo-han* (Arhats), témoins de cet événement, confessèrent leur faute et exaltèrent sa vertu; puis ils le prièrent d'être leur président (*Sthavira*). Chaque fois qu'il se présentait une question douteuse, tous les religieux lui demandaient sa décision. Ces cinq cents sages composèrent d'abord, en cent mille *çlôkas*, le traité *Ou-po-ti-cho* (Oupadêça çâstra), pour expliquer le recueil des *Soûtras* (*Sou-ta-lan-thsang*, en sanscrit Soûtrapiṭaka)[1]; ensuite, ils composèrent, en cent mille *çlôkas*, le *Pi-naï-ye-pi-po-cha-lun* (Vinaya vibhâchâ çâstra), pour expliquer le Recueil de la *Vinaya* (*Pi-naï-ye-thsang*, Vinayapiṭaka)[2]. En dernier lieu, ils composèrent, en cent mille *çlôkas*, le *'O-pi-ta-mo-pi-po-cha-lun* (Abhidharma vibhâchâ çâstra), pour expliquer le Recueil *'O-pi-ta-mo-thsang* (Abhidharmapiṭaka)[3]. Ils écrivirent en tout trois cent mille *çlôkas*, comprenant six millions six cent mille mots. Ils expliquèrent complétement les *trois Recueils* (Tripiṭaka) et les placèrent ainsi au-dessus de tous les livres de

[1] Le Recueil des Discours du *Bouddha*.
[2] Le Recueil de la Discipline.
[3] Le Recueil de la Métaphysique.

l'antiquité. Il n'y eut personne qui ne pût les approfondir dans leurs plus petits détails et en pénétrer les parties les plus claires comme les plus cachées. Alors on vit briller de nouveau le sens sublime de la loi, et les expressions abstraites furent éclairées d'une seconde lumière. (Leurs commentaires) se sont répandus au loin et sont devenus la ressource de tous les étudiants.

Aussitôt, le roi Kanichka (*Kia-ni-se-kia*) fit graver, sur des feuilles de cuivre rouge, les textes de ces Traités (Çâstras), les renferma dans une caisse en pierre soigneusement scellée et bâtit un *Stoûpa* pour l'y déposer. Ensuite, il ordonna à des *Yakchas* de protéger ce royaume, et de ne pas souffrir que des docteurs dissidents emportassent ces traités. Il voulut alors se livrer à l'étude, entrer dans ce monument et y recevoir des leçons.

Quand il eut achevé cette pieuse entreprise, il remmena l'armée dans sa capitale. Il sortit en dehors de la porte occidentale de ce royaume, se tourna dans la direction de l'est [1] et se jeta à genoux ; puis il donna une seconde fois tout ce royaume aux religieux.

Après la mort du roi *Kia-ni-se-kia* (Kanichka), la race des *Ki-li-to* (Kritîyas) s'arrogea encore la royauté, chassa les religieux et abolit la loi du *Bouddha*.

Le roi de *Hi-mo-to-lo* [2] (Himatala), qui fait partie du

---

[1] Ici, le texte offre de trop le mot *si* « ouest ». Cette faute est corrigée plus bas, fol. 18 r°, ligne 6.

[2] *Hi-mo-to-lo*, en chinois, *Sioue-chan-hia* « au bas des montagnes neigeuses » (de *hima*, neige, et *tala*, au bas).

royaume de *Tou-ho-lo* (Toukhârâ), descendait, par ses ancêtres, de la race de *Çâkya*. La six centième année après le *Nirvâṇa* de *Jou-laï* (du Tathâgata), il possédait déjà un territoire. A peine eut-il succédé au trône, qu'il établit son cœur dans la région du *Bouddha* et fit voguer ses affections dans la mer de la loi [1]. Dès qu'il eut appris que les *Ki-li-to* (Kritîyas) avaient détruit la loi du *Bouddha*, il convoqua les hommes les plus braves et les plus intrépides de son royaume et en vit accourir trois mille. Il les déguisa en marchands qui apportaient une grande quantité de choses précieuses, leur fit cacher sous leurs vêtements des armes de guerre, et les introduisit dans ce royaume dont le roi les accueillit de la manière la plus honorable. Parmi ces marchands, il choisit encore cinq cents hommes d'une ardeur bouillante et doués d'une grande adresse. Chacun d'eux était armé d'un poignard acéré; tous portaient des objets d'un grand prix qu'ils devaient présenter eux-mêmes au roi.

En ce moment, le roi de *Himatala* ôta son bonnet et s'élança vers le trône. Le roi des Kritîyas fut saisi d'effroi, sans savoir que faire. Sur-le-champ, le roi de *Himatala* lui trancha la tête, et parla ainsi à ses sujets : « Je suis le roi de *Himatala*, du royaume de *Toukhârâ*. « J'étais indigné de voir le chef de cette race ignoble « exercer ouvertement une affreuse tyrannie. C'est pour « cela qu'aujourd'hui j'ai puni son crime. Quant à la « multitude du peuple, elle n'est point coupable. »

[1] Ces deux expressions signifient : qu'il se dévoua à la religion bouddhique et en embrassa la doctrine avec amour.

Il exila dans des pays étrangers les ministres qui avaient la direction du royaume. Quand il eut pacifié ce pays, il appela les religieux en grand nombre, fonda un couvent et les y établit comme auparavant. Ensuite il se rendit de nouveau hors de la porte occidentale de ce royaume, et, s'étant mis à genoux du côté de l'est, il le donna à la multitude des religieux.

Quant aux *Ki-li-to* (Kritîyas), comme les religieux avaient plusieurs fois détruit leur famille et aboli leurs sacrifices, ils avaient, de siècle en siècle, amassé une profonde rancune, et avaient pris en haine la loi du *Bouddha*. Après une longue suite d'années, ils ressaisirent le pouvoir royal. C'est pourquoi, aujourd'hui, le roi de ce royaume n'a pas une grande foi et ne s'intéresse qu'aux hérétiques et aux temples des dieux.

A environ dix li, au sud-est de la nouvelle ville, au nord de l'ancienne capitale et au midi d'une grande montagne, il y a un couvent où habitent environ trois cents religieux. Dans ce couvent, il y a un *Stoûpa* qui renferme une dent du *Bouddha*, qui est longue d'un pouce et demi et d'un blanc jaune. Quelquefois, lorsqu'un jour de jeûne est arrivé, elle répand une brillante lumière. Jadis, lorsque la race des *Ki-li-to* (Kritîyas) eut aboli la loi du *Bouddha*, les religieux se dispersèrent et chacun d'eux s'établit ailleurs suivant sa convenance. Il y eut un *Chamen* (un Çramaṇa), qui avait voyagé dans toutes les parties de l'Inde pour visiter et adorer les vestiges du *Bouddha*, et déployer les sincères témoignages de sa foi. Ayant appris, dans la suite, que son pays natal était pacifié, il se mit aussitôt en route pour y retourner et rencontra une troupe d'éléphants qui traversaient les marais et couraient en poussant des mugissements terribles. A cette vue, le *Cha-men* (Çramaṇa) monta sur un arbre pour les éviter. En ce moment, les éléphants se précipitèrent vers un étang et y puisèrent de l'eau (avec leurs trompes); puis, ils inondèrent les racines de l'arbre, fouillèrent la terre tous ensemble, et ne tardèrent pas à le renverser.

Quand ils furent maîtres du religieux, l'un d'eux le prit sur son dos et le porta au milieu d'une grande forêt, où était un éléphant malade, qui souffrait d'une cruelle blessure, et était couché par terre. Il guida la main du religieux jusqu'à l'endroit douloureux où était enfoncé un fragment de bambou. Le *Cha-men* (Çramaṇa) arracha le bambou, appliqua des plantes médicinales sur la plaie, et déchira son vêtement pour bander le pied malade. Il y eut un autre éléphant, qui portait une cassette d'or, et la remit à l'éléphant blessé. Ce dernier l'ayant reçue, la donna, à son tour, au *Cha-men* (Çramaṇa). Le *Cha-men* (Çramaṇa) ouvrit aussitôt la cassette et y trouva une dent du *Bouddha*. Comme tous les éléphants l'entouraient, il ne savait plus quel parti prendre. Le lendemain, qui était un jour de jeûne, chaque éléphant lui apporta des fruits rares pour son repas de midi. Quand le religieux eut fini de manger, ils le transportèrent à plusieurs centaines de li au delà de la forêt, et le déposèrent à terre. Alors chacun d'eux s'agenouilla pour le saluer et se retira.

Le *Cha-men* (Çramaṇa), étant arrivé aux frontières occidentales du royaume, passa un fleuve rapide, et, dès qu'il fut au milieu du courant, le bateau qu'il montait fut sur le point de faire naufrage. Les passagers se dirent entre eux : « Voilà le bateau qui va s'enfoncer ; « c'est le *Cha-men* (Çramaṇa) qui est la cause de ce mal- « heur. Il faut croire que ce *Cha-men* (Çramaṇa) porte « avec lui des reliques de *Jou-laï* (du Tathâgata), dont les « dragons (du fleuve) veulent faire leur profit. » Le patron du bateau ayant vérifié le fait, trouva, en effet, la dent du *Bouddha*. Alors le *Cha-men* (Çramaṇa) éleva en haut la dent du *Bouddha*, puis, ayant baissé la tête, il dit aux dragons : « Maintenant, je vous la confie ; dans peu de « temps, je viendrai la reprendre. »

A ces mots, il renonça à passer le fleuve, se fit ramener sur le rivage et partit. Ensuite, jetant un dernier regard sur le fleuve, il dit en soupirant : « Ne possé- « dant point l'art de réprimer les dragons, j'ai été victime « de leur violence ! » Il retourna dans l'Inde et étudia l'art de réprimer les dragons, et, trois ans après, il s'en retourna dans son royaume natal. Quand il fut arrivé au bord du fleuve, il dressa un autel. Alors les dragons apportèrent la cassette où était la dent du *Bouddha*, et la remirent au *Cha-men* (Çramaṇa). Le religieux la remporta avec lui, la déposa dans ce couvent et lui rendit ses hommages.

A quatorze ou quinze li, au midi du couvent, il y a un petit *Kia-lan* (Saṅghârâma) où l'on voit la statue de *Kouan-tseu-t'saï-pou-sa* (Avalôkitêçvara Bôdhisattva), qui est représenté debout. Si quelqu'un, dans le désir de voir ce *Pou-sa* (Bôdhisattva), renonce à toute nourriture et jure de s'en priver jusqu'à mourir, il sort immédiatement du milieu de la statue, et laisse voir son corps qui est d'une couleur merveilleuse.

A environ trente li, au sud-est du petit *Sañghârâma*, on arrive à une grande montagne, sur laquelle existe un antique couvent, dont les proportions sont vastes et imposantes. Il est extrêmement délabré; aujourd'hui, il n'en reste plus qu'un angle où s'élève un petit pavillon à deux étages, renfermant une trentaine de religieux, qui étudient tous la doctrine du *grand Véhicule*. Jadis, le maître des *Çâstras*, *Seng-kia-po-t'o-lo*[1] (Sañghabhadra), composa, dans ce couvent, le traité *Chun-tching-li-lun* (Nyâyânousâra çâstra). A droite et à gauche de ce *Kia-lan* (Sañghârâma), on voit des *Stoûpas* qui renferment tous des reliques des grands *'O-lo-han* (Arhats). Les animaux sauvages et les singes des montagnes cueillent des fleurs et leur en font hommage. Dans toutes les saisons de l'année, ils continuent ces pieuses offrandes sans aucune interruption; on dirait qu'ils s'acquittent d'un devoir prescrit. Sur cette montagne, on voit beaucoup de choses qui tiennent du prodige. Quelquefois, un mur de rochers paraît divisé en travers, ou bien, sur un sommet élevé, on aperçoit les traces d'un cheval; mais toutes ces choses ont une apparence trompeuse. Ce sont des *Lo-han* (Arhats), ou des *Cha-mi* (Çrâmaṇéras) qui, se promenant en troupe

[1] En chinois, *Tchong-hien* « le sage de l'assemblée ».

pour se récréer, ont tracé des lignes avec le doigt, ou qui, galopant à cheval, y ont laissé les traces de leurs pas. Il serait difficile de faire connaître, en détail, tous ces faits singuliers.

A environ dix li, à l'est du couvent de *la dent du Bouddha*, sur le bord d'une montagne située au nord, il y a un petit couvent. Ce fut là que le grand maître des *Çâstras*, *So-kien-ti-lo* (Skandhila), composa le traité *Tchong-sse-fen-pi-p'o-cha-lun* (Vibhâchâ prakaraṇa pâda[1]). Dans le petit couvent, il y a un *Stoûpa*, haut d'environ cinquante pieds; on y conserve les restes vénérés (Çarîras) d'un *Lo-han* (d'un Arhat).

Il y avait jadis un *Lo-han* (Arhat), dont le corps était d'une dimension énorme; il buvait et mangeait comme un éléphant. Les hommes de son temps disaient en le raillant: « Il ne sait que se gorger de nourriture, com-« ment saurait-il distinguer le vrai du faux? »

Quand ce *Lo-han* (cet Arhat) fut sur le point d'entrer dans le *Nirvâṇa*, il parla ainsi aux autres hommes: « Dans peu de temps je dois entrer dans le *Nirvâṇa* com-« plet[2]; je veux exposer la loi merveilleuse dont j'ai vu

[1] Je ne puis garantir ce titre sanscrit; mais je l'ai formé rationnellement de *Vibhâchâ çâstra*, qui répond bien à *Pi-p'o-cha-lun*, et de *Prakaraṇa pâda*, que l'on traduit par *Tchong-sse-fen*, dans *Tchong-sse-fen-'o-pi-ta-lun* (Abhidharma prakaraṇa pâda), ouvrage de *Vasoumitra*. (*Journal asiatique*, 4ᵉ série, tome XIV, n° 713.) Si l'on suivait l'ordre des signes chinois, il faudrait écrire: *Prakaraṇa pâda vibhâchâ çâstra*.

[2] Il y a, en chinois: il (me) faut prendre *sans reste*. L'auteur a omis ou sous-entendu l'expression *Ni-pan*. Nous avons vu plus haut, fol. 14: *Wou-yu-ni-pan* « entrer dans le *Nirvâṇa* sans reste », c'est-à-dire, « dans le *Nirvâṇa* complet, définitif ».

« moi-même les preuves [1]. » La multitude, ayant entendu ces paroles, le railla encore davantage. Ils accoururent tous ensemble pour voir s'il disait vrai [2].

Alors le *Lo-han* (l'Arhat) leur parla ainsi : « Aujour-
« d'hui, je vais vous raconter les événements de ma pre-
« mière existence. Avant de posséder ce corps, que vous
« voyez, j'avais mérité de recevoir un corps d'éléphant.
« Je vivais dans l'Inde orientale, et j'habitais l'écurie du
« roi. A la même époque, il y avait un *Cha-men* (un Çra-
« maṇa) qui avait voyagé au loin, dans l'Inde, pour cher-
« cher les textes de la sainte doctrine. Alors le roi me
« donna à ce religieux. J'arrivai dans ce royaume, por-
« tant sur mon dos les livres du *Bouddha*. Peu de temps
« après, je mourus subitement. Grâce aux mérites que
« j'avais acquis en portant les livres sacrés, j'obtins aus-
« sitôt de devenir homme ; puis, pour comble de féli-
« cité, j'endossai de bonne heure le vêtement brun de
« religieux. Je cherchai, avec ardeur, les moyens de dé-
« livrance [3], et je ne prenais pas un moment de repos.
« J'acquis, par là, les six facultés surnaturelles [4], et je
« renonçai aux désirs des trois mondes. Cependant, lors-
« que je mange, j'ai conservé mes anciennes habitudes.
« Chaque jour, je modère mon appétit, et je ne prends
« qu'un tiers de ma nourriture. » Quoiqu'il parlât ainsi,

---

[1] C'est-à-dire, dont j'ai acquis l'intelligence.

[2] Littéralement : pour voir le succès ou l'insuccès.

[3] Littéralement : avec zèle, je cherchai à sortir et à m'éloigner ; c'est-à-dire, à échapper aux vicissitudes de la vie et de la mort.

[4] Cette expression se trouve plus haut, page 168, note 3.

les assistants se refusaient encore à le croire; mais il s'élança aussitôt dans les airs, et entra dans le *Samâdhi* qui brille comme le feu. Il laissa échapper de son corps une flamme mêlée de fumée, et se plongea dans le *Nirvâṇa*. Ses ossements étant tombés sur la terre, on éleva un *Stoûpa* (pour les honorer).

Il fit environ deux cents li, au nord-ouest de la capitale, et arriva au couvent de *la forêt vendue* [1] (Vikrìtavana sañghârâma?). Ce fut en cet endroit que le maître des *Çâstras*, *Pou-la-na* [2] (Poûrṇa) composa un commentaire sur le *Pi-po-cha-lan* (Vibhâchâ çâstra).

A l'ouest de la ville, il fit de cent quarante à cent cinquante li, et arriva à un couvent de l'école *Ta-tchong-pou* (des Mahâsañghikas) qui était situé au nord d'un grand fleuve et touchait au midi d'une montagne. Ce monastère renfermait une centaine de religieux. Jadis le maître des *Çâstras*, *Fo-ti-lo* [3] (Bôdhila), composa en ce lieu le traité *Tsi-tchin-lun* [4] (Tattvasañtchaya çâstra?), à l'usage de l'école de la Grande assemblée (l'école des Mahâsañghikas).

En partant de ce pays, au sud-ouest, il franchit des montagnes, traversa des lieux pleins de dangers, et après avoir fait environ sept cents li, il arriva au royaume de *Pouan-nou-tso* (Pounatcha) [5].

[1] En chinois, *Maï-lin*.
[2] En chinois, *Youen-mouan* « plein ».
[3] En chinois, *Khio-t'siu*. *Khio* « intelligence » répond à *Bôdhi*, et *t'siu* « prendre » à *la*.
[4] Littéralement : le Traité où sont rassemblées les vérités.
[5] Inde du nord.

ROYAUME DE POUAN-NOU-TSO [1].
(POUNATCHA.)

Le royaume de *Pouan-nou-tso* (Pounatcha) a environ deux mille li de tour. Il y a beaucoup de montagnes et de rivières, de sorte que les terres propres à la culture sont fort resserrées. Les grains se sèment à des époques régulières, et l'on recueille une grande quantité de fleurs et de fruits. Ce pays produit beaucoup de cannes à sucre mais pas de raisins. Les *'An-mo-lo-ko* (les Amalakas — myrobolan emblic); les *Ou-tan-po-lo* (Oudoumbaras — ficus glomerata), les *Meou-tche* (Môtchas — bananiers), etc., se plantent dans tous les vergers et y forment des espèces de bois. Leurs fruits sont fort estimés. Le climat est d'une chaleur tiède; les habitants sont pleins de bravoure; ils portent, pour l'ordinaire, des vêtements de toile de coton. Ils sont d'un naturel droit et honnête, et ont une foi sincère dans les *trois Précieux*. Il y a cinq couvents qui sont tous en ruines. Ce pays n'a point de roi; il est sous la dépendance du royaume de *Kia-chi-mi-lo* (Kâçmîra — Cachemire).

Au nord de la ville, on voit un couvent qui renferme un petit nombre de religieux.

Au nord de ce couvent, il y a un *Stoûpa* en pierre où éclatent un grand nombre de miracles.

En partant de ce pays, dans la direction du sud-est, il fit environ quatre cents li, et arriva au royaume de *Ko-lo-che-pou-lo* (Râdjapoura). (Inde du nord.)

[1] Le *Pountch* des cartes, suivant M. Al. Cunningham.

ROYAUME DE KO-LO-CHE-POU-LO.
(RÂDJAPOURA.)

Le royaume de *Ko-lo-che-pou-lo* (Râdjapoura) a environ quatre mille li de tour; la capitale a une circonférence d'environ dix li. Il est fortement protégé par des obstacles naturels. Il y a beaucoup de montagnes et de collines; les vallées et les plaines sont extrêmement resserrées, et la terre ne donne que peu de produits. Sous le rapport du climat et des propriétés du sol, ce pays ressemble au royaume de *Pouan-nou-tso* (Pounatcha). Les mœurs respirent une ardeur bouillante; le naturel des hommes est brave et intrépide. Ce pays n'a point de roi; il est sous la dépendance du royaume de Cachemire. Il y a une dizaine de couvents qui ne renferment qu'un petit nombre de religieux. On remarque un seul temple des dieux. Le nombre des hérétiques est énorme.

Depuis le royaume de *Lan-po* (Lampâ — Lamghan) jusqu'à ce pays, les hommes ont une figure commune et ignoble; leur naturel est violent et sauvage, leur langage vulgaire et grossier. Ils ne font aucun cas de la justice et des rites. Cette contrée n'appartient pas proprement à l'Inde; elle a les mœurs vicieuses des barbares des frontières (Mlètchhas).

En sortant de ce royaume, au sud-est, il descendit d'une montagne, passa un fleuve, et, après avoir fait environ sept cents li, il arriva au royaume de *Tse-kia* (Tchêka)[1].

[1] Inde du nord.

LIVRE QUATRIÈME.

ROYAUME DE TSE-KIA[1].
(TCHÊKA.)

Le royaume de *Tse-kia* (Tchêka) a environ dix mille li de tour. A l'est, il s'appuie sur la rivière *Pi-po-che* (Vipâçâ); à l'ouest, il est voisin du fleuve *Sin-tou* (Sindh — Indus). La circonférence de la capitale est d'environ vingt li. Le sol convient au riz et produit beaucoup de blé tardif. On en tire de l'or, de l'argent, du *Teou-chi* (du laiton)[2], du cuivre (rouge) et du fer. Le climat est très-chaud et la terre est souvent balayée par des tourbillons de vent. Les habitants sont d'un caractère violent et emporté, et leur langage est bas et grossier. Ils s'habillent avec des étoffes d'une blancheur éclatante qu'on appelle *Kiao-che-ye* (Kâuçêya — soie), et portent des vêtements rouges comme le soleil levant, etc. Il en est peu qui croient à la loi du *Bouddha;* le plus grand nombre adore les esprits du ciel. Il y a dix *Kia-lan* (Sañ-ghârâmas), et plusieurs centaines de temples des dieux

---

[1] Inde du nord.

[2] Suivant un auteur que cite le Dictionnaire de *Khang-hi*, on obtient le *Teou-chi* en fondant, par parties égales, du cuivre (rouge) et de la calamine.

(Dêvâlayas). Il y avait jadis, dans ce royaume, une multitude de maisons de bienfaisance (*Pounyaçâlás*), où l'on secourait les pauvres et les malheureux. Tantôt on y distribuait des médicaments, tantôt de la nourriture. Grâce à cette ressource, les voyageurs ne se trouvaient jamais dans l'embarras.

A quatorze ou quinze li, au sud-ouest de la capitale, on arrive à l'antique ville de *Che-kie-lo* (Çâkala). Quoique ses murs soient détruits, les fondements sont encore solides. Cette ville a environ vingt li de circonférence ; au centre, on a construit une petite ville qui a de six à sept li de tour, et dont les habitants sont riches et aisés. C'était l'antique capitale de ce royaume. Plusieurs centaines d'années avant l'époque actuelle, il y eut un roi, nommé *Mo-hi-lo-kiu-lo* (Mahirakoula), qui établit sa résidence dans cette ville, et devint le souverain des cinq Indes. Il était doué de talent et de sagacité, et avait un naturel brave et intrépide. Parmi les rois voisins, il n'y en avait aucun qu'il n'eût soumis à sa puissance. Dans les moments de loisir que lui laissaient les affaires publiques, il voulut étudier la loi du *Bouddha*. Il ordonna qu'on lui présentât, dans le nombre des religieux, un homme d'une vertu éminente. En ce moment, aucun des religieux n'osa répondre à l'appel du roi. Ayant peu de désirs, et nul goût pour la vie active, ils ne se souciaient point d'acquérir de la renommée. D'un autre côté, ceux qui possédaient un profond savoir et de hautes lumières, redoutaient son autorité imposante. A cette époque, il y avait, dans la maison du roi, un ancien serviteur qui, depuis longtemps, avait adopté le vêtement de couleur (l'habit de religieux). Il savait discuter d'une manière claire et élégante, et se distinguait par la richesse et la fécondité de son élocution. L'assemblée le présenta, d'une voix unanime, pour qu'il répondît à l'appel du roi. « Je révère la loi « du *Bouddha*, s'écria le prince. Après que j'eus cher- « ché au loin un religieux renommé, l'assemblée m'a « présenté ce serviteur pour discuter avec moi. J'avais « toujours cru que, parmi les religieux, il y avait une « foule d'hommes sages et éclairés. Par ce qui arrive au- « jourd'hui, je sais à quoi m'en tenir. Comment pour- « rais-je, désormais, respecter (la loi du *Bouddha*) ? »

Là-dessus, il publia un décret qui ordonnait d'exterminer, dans les royaumes des cinq Indes, tous ceux qui continueraient à suivre la loi du *Bouddha*, d'expulser les religieux, et de ne pas en laisser un seul.

P'o-lo-'o-t'ie-to (Bâlâditya) [1], roi de *Mo-kie-t'o* (Magadha), avait un profond respect pour la loi de *Fo* (du *Bouddha*), et chérissait tendrement le peuple. Comme le roi *Ta-tso* [2] (Mahirakoula) infligeait injustement des supplices et exerçait une cruelle tyrannie, il gardait lui-même ses frontières et refusait de lui payer le tribut.

[1] En chinois, *Yeou-ji* « le soleil des enfants ». Il y a une faute dans le texte, où on lit 幻日 *Hoan-ji* « le soleil de la magie ». Cette faute s'explique par le peu de différence qui existe dans l'orthographe chinoise des deux mots 幼 *Yeou* « enfant » et 幻 *Hoan* « magie ».

[2] L'expression chinoise signifie : « roi d'une grande famille » ; mais le nom sanscrit veut dire : « celui qui est de la famille du soleil ».

Dans ce moment, le roi *Ta-tso* (Mahirakoula) fit apprêter les armes pour aller le châtier. Le roi *Yeou-ji* (Bâlâditya)[1], connaissant sa réputation, parla ainsi à ses ministres : « Je viens d'apprendre que les ennemis ar-
« rivent. Je ne puis me décider à lutter contre leurs
« troupes. J'ose espérer que tous les magistrats me le
« pardonneront et ne m'en feront pas un crime, et
« qu'ils permettront à ma chétive personne de chercher
« secrètement un refuge au milieu des marais. »

Après avoir ainsi parlé, il sortit de son palais, tantôt gravissant les montagnes, et tantôt s'arrêtant dans des champs déserts. Tous les hommes de son royaume ayant été comblés de ses bienfaits, il y en eut plusieurs dizaines de mille[2] qui, par affection, voulurent suivre ses pas, et, fuyant avec lui, allèrent s'établir sur des îles.

Pendant ce temps-là, le roi *Ta-tso* (Mahirakoula) confia le commandement de ses troupes à son frère cadet, et s'embarqua pour aller attaquer le roi *Yeou-ji* (Bâlâditya). Celui-ci garda les défilés, et, pendant ce temps-là, la cavalerie légère alla provoquer l'ennemi. Dès que le tambour eut donné le signal du combat, des soldats, placés en embuscade, surgirent de tous côtés, prirent vivant *Ta-tso* (Mahirakoula), et, le ramenant avec eux, le conduisirent devant le roi.

Mahirakoula, honteux de sa défaite, se couvrit le visage avec son vêtement. Le roi Bâlâditya était assis sur

[1] Je lis *Yeou-ji*, au lieu de *Hoan-ji*, faute que j'ai signalée plus haut, page 191, note 1.

[2] En chinois, plusieurs *Ouan* 萬. *Ouan* veut dire « dix mille ».

son trône[1], et il était entouré de ses nombreux officiers. Il ordonna alors à un des ministres, qui étaient assis à ses côtés, de parler ainsi à *Ta-tso* (Mahirakoula) : « Dé- « couvrez votre visage, je veux vous parler. »

Ta-tso (Mahirakoula) répondit : « Le sujet et le maître « ont réciproquement changé de rôle, et des ennemis « irrités ont les yeux sur moi. Comme il n'existe plus « entre nous de relations d'amitié, à quoi bon me par- « ler en face ? »

Le même ordre lui ayant été répété trois fois, il résista jusqu'à la fin. Alors, le roi ordonna qu'on lui reprochât ses crimes dans les termes suivants : « Les *trois* « *Précieux* et le champ du Bonheur servent d'appui à tout « le peuple. Parce que tu t'es abandonné à la cruauté, « comme une bête féroce, et que tu as détruit les effets « de tes vertus passées, la fortune a cessé de te proté« ger, et aujourd'hui tu es devenu mon prisonnier. Tes « crimes ne méritent aucun pardon, et la justice veut « que tu sois puni de mort. »

Dans ce même moment, la mère du roi *Yeou-ji* (Bâlâditya), qui était douée d'un vaste savoir, et qui excellait dans l'art de la physionomie, apprit qu'on allait ôter la vie à *Ta-tso* (Mahirakoula). Elle accourut vers le roi *Yeou-ji* (Bâlâditya), et lui dit : « J'ai appris que *Ta-tso* « (Mahirakoula) est d'une beauté remarquable et qu'il « est rempli de prudence ; je désire le voir un instant. »

Le roi *Yeou-ji* (Bâlâditya) ayant fait conduire *Ta-tso*

---

[1] Littéralement : sur le trône du lion, ou le trône supporté par des lions, *Siṅhâsana*.

(Mahirakoula) dans le palais de sa mère, cette princesse s'écria : « Hélas! *Ta-tso* (Mahirakoula), gardez-vous de « rougir de honte; rien n'est stable au monde, et, sou- « vent, l'on voit la gloire succéder à l'ignominie. Je me « regarde comme votre mère, et vous comme mon fils; « il faut que vous découvriez votre visage pour me ré- « pondre quelques mots. »

— « Auparavant, dit *Ta-tso* (Mahirakoula), j'étais le « prince d'un royaume ennemi, aujourd'hui je suis pri- « sonnier de guerre. J'ai perdu ma royauté, et j'ai vu « abolir les sacrifices de mes ancêtres. Je rougis à la fois « devant mes aïeux et devant mon peuple. En vérité, je « suis couvert de confusion. Soit que j'élève mes yeux au « ciel, soit que je les abaisse vers la terre, je ne puis me « délivrer de la vie. Voilà pourquoi je me voile avec mon « vêtement. »

La mère du roi lui repartit : « La splendeur ou la dé- « cadence de l'homme sont subordonnées aux temps; « sa vie ou sa mort dépendent de la destinée. Si l'on « s'assimile aux autres hommes, on oublie également « le bonheur et le malheur; mais si l'on assimile les « hommes à soi-même, on voit naître tour à tour les « louanges et la calomnie. Soyez convaincu que la récom- « pense des actions humaines suit le cours du temps[1]. « Otez votre voile et parlez-moi en face; peut-être pour- « rai-je vous conserver la vie. »

Ta-tso (Mahirakoula) la remercia ainsi : « Ayant hé- « rité du trône sans posséder les talents nécessaires, j'ai

---

[1] C'est-à-dire, arrive au temps marqué par le ciel ou le destin.

« abusé des lois pénales, et, pour cela, j'ai perdu mon
« royaume; mais, quoique chargé de chaînes, je désire
« encore de vivre, ne fût-ce qu'un seul jour. J'ose ac-
« cepter le salut que vous me promettez, et je veux vous
« remercier en face de ce grand bienfait. »

En achevant ces mots, il ôta son voile et laissa voir son visage. La reine mère lui dit : « Ayez soin de votre « personne; il faut que vous accomplissiez toute la durée « de votre vie. »

Elle alla ensuite trouver le roi *Yeou-ji* (Bâlâditya) et lui dit : « Suivant les préceptes de nos anciens codes, il « faut pardonner les fautes des hommes et aimer à leur « donner la vie. Quoique *Ta-tso* (Mahirakoula) ait, pen- « dant longtemps, accumulé des crimes, le mérite de « ses vertus antérieures n'est pas encore épuisé. Si vous « faites mourir cet homme, pendant douze ans, vous le « verrez devant vous, avec son visage pâle et décharné. « Cependant, j'ai lu dans ses traits qu'il doit régner en- « core, mais sans pouvoir jamais devenir le maître d'un « grand royaume. Il doit posséder un petit territoire qui « est situé dans le nord. »

Docile aux ordres de sa mère chérie, le roi *Yeou-ji* (Bâlâditya) eut pitié de ce prince dépouillé de son royaume, lui donna en mariage une jeune fille et le traita avec la plus grande distinction. Il rassembla tout ce qui restait de ses troupes, augmenta encore son escorte, et sortit des îles.

Le frère cadet de *Ta-tso* (Mahirakoula) revint dans son royaume et se mit lui-même sur le trône.

Ta-tso (Mahirakoula) ayant perdu sa couronne, s'enfuit et alla se cacher sur les montagnes et dans les déserts ; puis, se dirigeant vers le nord, il chercha un asile dans le royaume de *Kia-chi-mi-lo* (Cachemire). Le roi de Cachemire le reçut avec les plus grands honneurs. Ému de pitié en voyant qu'il avait perdu son royaume, il lui donna des terres et une ville.

Au bout d'un certain nombre d'années, *Ta-tso* se mit à la tête des habitants de la ville qu'il gouvernait, tua, par la ruse, le roi de Cachemire, et se mit lui-même sur son trône. Profitant de sa victoire et de la terreur qu'il inspirait, il alla dans l'ouest pour châtier le roi de *Kien-t'o-lo* (Gândhâra), lui dressa une embuscade et le tua. Ensuite, il extermina toute la famille royale et les ministres, renversa les *Stoûpas*, et détruisit les *Kia-lan* (Sañghârâmas) au nombre de seize cents. Outre les hommes qui avaient péri par le fer, il en restait encore neuf cent mille, qu'il voulut massacrer jusqu'au dernier.

Dans ce moment, tous ses ministres lui adressèrent des représentations et lui dirent : « Grand roi ! vos puis-
« sants ennemis tremblent devant vous, et les soldats ont
« cessé de croiser la lance. Maintenant que vous avez
« exterminé le principal coupable, quel crime pouvez-
« vous reprocher à la multitude du peuple ? Nous dési-
« rons remplacer, par nos chétives personnes, tous ceux
« qui sont destinés à périr. »

Le roi leur dit : « Vous croyez à la loi du *Bouddha*;
« vous estimez hautement le bonheur de l'autre monde,
« et, dans l'espoir d'obtenir le fruit de *Bôdhi,* vous ex-

« pliquez longuement le *Pen-sing* (le Djâtakasèna[1]). Vou-
« lez-vous transmettre le souvenir de mes crimes aux
« générations futures? Retournez à votre place et ne
« me reparlez plus de cela. »

Là-dessus, le roi emmena trois cent mille hommes des premières familles et les fit massacrer sur le rivage du fleuve *Sin-tou* (Sindh — Indus); trois cent mille hommes des familles de la seconde classe, et les fit noyer dans les flots du *Sindh*; et, enfin, trois cent mille hommes des dernières familles, et les distribua à ses soldats. Cela fait, il emporta les richesses du royaume qu'il avait perdu, rassembla ses troupes et partit. Mais il mourut avant de recommencer une nouvelle année. Au moment de sa mort, le ciel se couvrit de sombres nuages, la terre trembla et il survint un affreux oura-gan. Dans ce moment, les hommes qui avaient obtenu le fruit (de *Bódhi*) furent saisis d'un sentiment de pitié et dirent en soupirant : « Pour avoir immolé une foule
« d'innocents et détruit la loi du *Bouddha*, il est tombé
« dans l'enfer. Il n'est pas encore au terme de la trans-
« migration. »

Dans l'ancienne ville de *Che-kie-lo* (Çâkala), il y a un *Kia-lan* (Sañghârâma) où demeurent une centaine de religieux qui tous étudient la loi du *petit Véhicule* (Hînayâna). Jadis, *Chi-thsin* (Vasoubandhou) composa, dans ce couvent, son traité intitulé *Ching-i-ti-lun* (Paramârthasatya çâstra).

A côté s'élève un *Stoûpa*, haut de deux cents pieds.

[1] On dit aussi *Djâtaka*. Voyez page 137, note 1.

Dans cet endroit, les quatre *Bouddhas* passés ont expliqué la loi. Là, aussi, on voit un endroit où ils faisaient de l'exercice et ont laissé la trace de leurs pas [1].

A cinq ou six li, au nord-ouest du *Kia-lan*, il y a un *Stoûpa*, haut de deux cents pieds, qui fut bâti par le roi *Wou-yeou* (Açôka). C'est un lieu où les quatre *Bouddhas* passés ont expliqué la loi.

A environ dix li, au nord-est de la nouvelle capitale, on arrive à un *Stoûpa*, haut de deux cents pieds, qui a été bâti par le roi *Wou-yeou* (Açôka). Ce fut là que *Joulaï* (le Tathâgata) s'arrêta au milieu de sa route, lorsqu'il allait dans le nord pour convertir les hommes.

On lit dans l'*In-tou-ki* (Mémoires historiques sur l'Inde) : « Dans ce *Stoûpa*, il y a beaucoup de *Che-li* (Çarîras — reliques). Quand, par hasard, arrive un jour de jeûne, ils répandent constamment [2] une lumière éclatante. »

En partant de ce pays, il fit environ cinq cents li à l'est, et arriva au royaume de *Tchi-na-po-ti* (Tchînapati) [3].

---

[1] L'auteur du *Nan-haï-khi-koueï-neï-fa-tchouen* a consacré un chapitre entier (liv. III, fol. 9) pour expliquer l'expression *King-hing*, qui répond exactement à notre locution, *faire de l'exercice*. Nous la rencontrerons souvent dans le *Si-yu-ki*. « Dans les cinq Indes, dit-il, la plupart des religieux et des laïques *font de l'exercice*. Ils vont et viennent en suivant un chemin en ligne droite. Ils doivent éviter les lieux fréquentés et bruyants. Ils y trouvent deux avantages : d'abord de diminuer leurs maladies, et, ensuite, de faciliter leur digestion. Le milieu du jour est le temps le plus favorable. »

[2] C'est-à-dire, pendant toute la durée du jour de jeûne.

[3] Inde du nord.

ROYAUME DE TCHI-NA-PO-TI.

(TCHÎNAPATI.)

Le royaume de Tchînapati a environ deux mille li de tour; la circonférence de la capitale est de quatorze à quinze li. Il produit une grande quantité de grains, mais fort peu de fruits. Le peuple est content de son sort, et les ressources du royaume sont très-abondantes. Le climat est d'une chaleur tiède; les hommes sont timides et sans énergie. Ils se livrent aux études sacrées et profanes, et l'on trouve parmi eux des partisans de l'erreur et de la vérité. Il y a dix *Kia-lan* (Saṅghârâmas) et huit temples des dieux (Dêvâlayas).

Jadis, lorsque le roi *Kia-ni-se-kia* (Kanichka) était sur le trône, les royaumes voisins étaient émus de sa renommée, et la terreur de ses armes s'étendait jusque chez les peuples étrangers. Les princes tributaires, établis à l'ouest du fleuve (Jaune), redoutaient sa puissance et lui envoyaient des otages. Lorsque *Kia-ni-se-kia* (Kanichka) avait obtenu ces otages, il les comblait d'attentions et de faveurs. Dans trois des saisons de l'année, il les faisait changer d'habitation, et leur donnait quatre corps de troupes pour les protéger. Ce royaume était la résidence des otages (chinois) pendant l'hiver. C'est pourquoi on l'appela *Tchi-na-po-ti* (Tchînapati). Par suite de cette circonstance, le nom de la résidence des otages devint celui du royaume.

Anciennement, depuis les frontières de ce pays, jusque dans les Indes, il n'existait ni poiriers, ni pêchers. Les otages (de la Chine) en ayant planté dans ce royaume, le pêcher fut appelé *Tchi-na-ni* (Tchînani — apporté de Chine), et le poirier, *Tchi-na-lo-che-fo-ta-lo* (Tchînarâdjapouttra)[1]. C'est pour cette raison que les habitants de ce royaume montrent un profond respect pour le pays oriental (la Chine). (Lorsqu'ils virent le voyageur), ils le montrèrent du doigt et se dirent entre eux : « Cet homme « est de la patrie de nos premiers rois. »

Après avoir fait environ cinq cents li, au sud-est de la capitale, il arriva au couvent appelé *Ta-mo-sou-fa-na-seng-kia-lan* (Tâmasavana sañghârâma)[2]. On y comptait environ trois cents religieux qui suivaient les principes de l'école *Choue-i-tsie-yeou-pou* (l'école des Sarvâstivâdas). Ils avaient un extérieur grave et imposant, et se distinguaient par la pureté de leur vertu et l'élévation de leur caractère. Ils approfondissaient surtout l'étude du *petit Véhicule* (Hînayâna). Les mille *Bouddhas* du *kalpa* des sages (Bhadrakalpa) doivent, dans ce lieu, rassembler la multitude des *Dévas*[3] et leur expliquer la sublime loi.

Dans la trois centième année après le *Nie-pan* (Nirvâ-

---

[1] C'est-à-dire, fils du roi de la Chine.

[2] En chinois, le couvent de la forêt sombre (*Ngan-lin*).

[3] Il y a ici une curieuse distinction à faire : 天人 *Thien-jin* signifie « les dieux », et 人天 *Jin-thien* « les hommes et les dieux ». Toutes les fois que ces deux expressions se rencontrent dans la traduction chinoise du *Lalita vistâra*, Schmidt donne le même sens aux mots qui y correspondent dans le texte thibétain, qu'il a appelé, en allemand, *Der Weise und der Thor* (en sanscrit, *Damamoûrkha*).

ṇa) de *Chi-kia-jou-laï* (Çâkya Tathâgata), il y eut un maître des *Çâstras*, nommé *Kia-to-yen* (Kâtyâyana), qui composa, dans ce couvent, le *Fa-tchi-lun* (Abhidharma djñâna prasthâna).

Dans le couvent de la forêt sombre (Tâmasavana sañghârâma), il y a un *Stoûpa*, haut d'environ deux cents pieds, qui a été bâti par le roi *Wou-yeou* (Açôka). A côté, on voit des endroits où se sont assis les quatre *Bouddhas* passés, où ils faisaient de l'exercice et ont laissé la trace de leurs pas [1]. De petits *Stoûpas* et de grandes maisons en pierre s'élèvent et se suivent en lignes parallèles; on n'en connaît pas exactement le nombre. Ce fut là que, depuis le commencement des *kalpas*, des saints, qui avaient obtenu le fruit (de *Bôdhi*), sont entrés dans le *Nirvâṇa*. Il serait difficile de les citer tous. Leurs dents et leurs ossements s'y trouvent encore aujourd'hui.

Les couvents, qui s'élèvent tout autour de la montagne, occupent un circuit de vingt li. On compte par centaines et par milliers les *Stoûpas* qui renferment des *Che-li* (Çarîras — reliques) du *Bouddha*. Ils sont très-rapprochés et confondent mutuellement leur ombre.

En partant de ce royaume, il fit de cent quarante à cent cinquante li au nord-est, et arriva au royaume de *Che-lan-t'o-lo* (Djâlandhara) [2].

[1] Voyez, plus haut, page 198, note 1.
[2] Inde du nord.

ROYAUME DE CHE-LAN-T'O-LO.

(DJÂLANDHARA.)

Le royaume de *Djâlandhara* a environ mille li de l'est à l'ouest, et huit cents li du sud au nord. La circonférence de la capitale est de douze à treize li. Ce pays est favorable à la culture des grains, et il produit une grande quantité de riz; les arbres des forêts offrent une magnifique végétation, les fleurs et les fruits viennent en abondance. Le climat est d'une chaleur tiède; les habitants ont un caractère brave et impétueux, mais leur figure est commune et ignoble. Toutes les familles nagent dans l'opulence. Il y a une cinquantaine de *Kia-lan* (Sañghârâmas), renfermant environ deux mille religieux, que l'étude particulière du *grand* et du *petit Véhicule* partage en deux classes distinctes. Il y a trois temples des dieux (Dêvâlayas); on compte environ cinq cents hérétiques, appartenant tous à la secte qui se frotte le corps de cendres (la secte des *Pâçoupatas*).

Le premier roi de ce royaume montrait beaucoup d'estime et de respect pour les hérétiques; mais, dans la suite, ayant rencontré un *Lo-han* (Arhat), il entendit l'explication de la loi et ouvrit son cœur à la foi. C'est pourquoi le roi de l'Inde centrale partagea la pureté de sa foi, et devint, tout seul, dans les cinq Indes, l'inspecteur général du culte des *trois Précieux* (Triratna). Confondant les uns avec les autres, oubliant l'affection et la haine, il examinait attentivement tous les religieux, et pénétrait le bien et le mal avec une sagacité merveilleuse. C'est pourquoi il comblait de marques de respect ceux qui brillaient par leurs vertus, et châtiait, avec rigueur, ceux qui violaient les règles de la discipline. Dans tous les lieux où les saints avaient laissé leurs traces, il élevait des monuments pour en conserver le souvenir, tantôt c'étaient des *Stoûpas*, tantôt des *Kia-lan* (Sañghârâmas). Dans l'Inde entière, il n'y avait pas un seul pays qu'il n'eût parcouru.

En partant de ce royaume, dans la direction du nord-est, il franchit de hauts passages de montagne, traversa des vallées profondes, suivit des chemins hérissés de dangers, et, après avoir fait environ sept cents li, il arriva au royaume de *K'iu-lou-to* (Koulouta)[1].

ROYAUME DE K'IU-LOU-TO.

(KOULOUTA.)

Le royaume de *K'iu-lou-to* (Koulouta) a environ trois mille li de tour; il est entouré de tous côtés par une ceinture de montagnes. La circonférence de la capitale est de quatorze à quinze li. La terre est grasse et fertile, et les grains se sèment et se récoltent dans leur saison. Les fleurs et les fruits viennent en abondance; les plantes et les arbres offrent une magnifique végétation. Comme ce pays est voisin des montagnes neigeuses, on y trouve une multitude de simples très-estimées. On en tire de l'or, de l'argent, du cuivre rouge, des lentilles de cristal

[1] Inde du nord.

et du laiton[1]. Le climat est excessivement froid, et il tombe[2] souvent du givre et de la neige. Les habitants ont une figure commune et ignoble, et ils sont, en général, affectés de goîtres et de tumeurs aux pieds. Ils sont d'un caractère brave et impétueux, et estiment hautement la justice et le courage. On compte une vingtaine de *Kia-lan* (Sanghârâmas), renfermant un millier de religieux qui, la plupart, étudient le *grand Véhicule*; les autres, en petit nombre, suivent diverses écoles (*Nikáyas*). Il y a quinze temples des dieux (Dêvâlayas); les hérétiques des différentes sectes habitent pêle-mêle.

Sur les bords saillants des rochers et les passages de montagne, on voit des maisons en pierre qui s'élèvent en face l'une de l'autre. Elles sont habitées par des *Lo-han* (Arhats), ou servent d'asile à des *Richis*.

Dans ce royaume, il y a un *Stoûpa* qui a été bâti par le roi *Wou-yeou* (Açôka). Jadis, *Jou-laï* vint dans ce pays; il expliqua la loi et convertit les hommes. Ce monument rappelle le souvenir de son passage.

Lorsqu'on sort de ce royaume[3], dans la direction du nord, sur une étendue de dix-huit à dix-neuf cents li, toutes les routes et les chemins sont semés de dangers;

---

[1] Il y a une faute dans le texte : 雨 *yu*, au lieu de 鍮 *teou*.

[2] Il y a une faute dans le texte. Au lieu de 微降 *Weï-kiang* « faible — tomber », lisez 徵降 *Tching-kiang* « se manifester — tomber ». Conf. *Peï-wen-yun-fou*, liv. LXII, fol. 8.

[3] Tout ce passage, jusqu'aux mots « en sortant de *Kouloutu* », montre, par la forme de sa rédaction, que *Hiouen-thsang* n'est allé ni à *Lo-hou-lo* (Lohara), ni à *Mo-lo-so* (Malasa?). Voy. tome 1, pag. xxxvii, xxxviii.

on franchit des montagnes, on traverse des vallées, et l'on arrive au royaume de *Lo-hou-lo*[1].

Dans un parcours d'environ deux mille li, au nord de ce royaume, on traverse des chemins âpres et difficiles, et l'on est assailli par un vent glacial et des tourbillons de neige; après quoi l'on arrive au royaume de *Mo-lo-so*[2] (Malasa?).

En sortant du royaume de *K'iu-lou-to* (Koulouta), il fit environ sept cents li au midi, franchit une grande montagne, passa un large fleuve, et arriva au royaume de *Che-to-t'ou-lou* (Çatadrou)[3].

ROYAUME DE CHE-TO-T'OU-LOU.

(ÇATADROU.)

Le royaume de *Che-to-t'ou-lou* a environ deux mille li de tour; à l'ouest, il est voisin d'un grand fleuve[4]. La circonférence de la capitale est de dix-sept à dix-huit li. Les grains y viennent en abondance et l'on récolte une grande quantité de fruits. On tire de ce pays beaucoup d'or, d'argent et de pierres précieuses. Les habitants portent des étoffes d'une blancheur éclatante; leurs vêtements sont riches et élégants. Le climat est d'une chaleur tiède, les mœurs sont douces et com-

---

[1] *Lohara*, le pays actuel de *Lohoul*, suivant M. Vivien de Saint-Martin.

[2] Ce royaume s'appelle aussi *San-po-ho* (Sampaha?). (Note de l'ouvrage.)

[3] Inde du nord.

[4] Le *Çatadrou* (Setledje).

modes; les hommes sont d'un caractère docile; les supérieurs et les inférieurs tiennent chacun leur rang. Tout le monde croit sincèrement à la loi du *Bouddha*, et lui montre un profond respect. Dans l'intérieur et en dehors de la ville royale, il y a dix *Kia-lan* (Sañghârâmas), dont les salles sont presque désertes, et où l'on ne voit qu'un petit nombre de religieux.

A trois ou quatre li, au sud-est de la ville, il y a un *Stoûpa*, haut d'environ deux cents pieds, qui a été bâti par le roi *Wou-yeou* (Açôka). A côté, on voit des endroits où se sont assis les quatre *Bouddhas* passés, où ils ont fait de l'exercice et ont laissé la trace de leurs pas [1].

En partant de ce royaume, il fit environ huit cents li au sud-ouest, et arriva au royaume de *Po-li-ye-to-lo* (Pâryâtra) [2].

ROYAUME DE PO-LI-YE-TO-LO.

(PÂRYÂTRA.)

Le royaume de *Po-li-ye-to-lo* (Pâryâtra) a environ trois mille li de tour; la circonférence de la capitale est de quatorze à quinze li. Ce pays est favorable à la culture des grains et abonde en blé tardif. Il produit une espèce de riz extraordinaire qu'on récolte soixante jours après l'avoir semé [3]. Il y a beaucoup de bœufs et de

[1] Voyez plus haut, page 198, note 1.
[2] Inde centrale.
[3] Ce doit être le riz sec, ou riz de montagne, qui, suivant les Chinois (*Cheou-chi-thong-khao*, liv. XX, fol. 8, 9), se récolte, en effet, au bout de soixante jours. Ils l'appellent ordinairement *Tchen-tch'ing-t'ao*,

moutons et fort peu de fleurs et de fruits. Le climat est d'une chaleur tiède. Les habitants sont d'un caractère brave et impétueux; ils n'estiment point la culture des lettres et sont adonnés à l'hérésie. Le roi est de la race des *Feï-che* (Vâiçyas). Il est doué d'un bouillant courage et est très-versé dans l'art de la guerre.

Il y a huit couvents, qui sont en grande partie ruinés, et ne renferment qu'un petit nombre de religieux qui étudient la doctrine du *petit Véhicule*. On compte une dizaine de temples des dieux (Dêvâlayas) et un millier d'hérétiques de différentes sectes.

En partant de ce royaume, il fit environ cinq cents li à l'est, et arriva au royaume de *Mo-thou-lo* (Mathourâ)[1].

ROYAUME DE MO-THOU-LO.

(MATHOURÂ.)

Le royaume de *Mo-thou-lo* (Mathourâ) a environ cinq mille li de tour; la circonférence de la capitale est d'une vingtaine de li. Le sol est gras et fertile, et les habitants se livrent à la culture des grains. La multitude des *'An-mo-lo-ko* (Amalakas)[2], que plante chaque famille, forme des espèces de bois. Quoique ces arbres portent tous le

ou riz de Cochinchine, parce que l'empereur *Tchin-song* (995-1022) en demanda dans ce pays pour le faire cultiver dans plusieurs provinces, où la sécheresse causait souvent une affreuse disette.

[1] Inde centrale.
[2] *Phyllanthus emblica*. Wilson, *Sanscrit Dictionary*.

même nom, on distingue leurs fruits en deux espèces. Les plus petits sont verts quand ils commencent à se former; ils jaunissent en mûrissant. Les plus gros restent verts depuis le commencement jusqu'à la fin.

On tire de ce pays des étoffes de coton à fines rayures et de l'or. Le climat est d'une chaleur tiède; les habitants sont d'un caractère doux et facile, et ils aiment à faire des œuvres méritoires en vue de la vie future. Ils honorent la vertu et estiment le savoir.

Il y a une vingtaine de *Kia-lan* (Sañghârâmas), renfermant environ deux mille religieux qui étudient, à la fois, le *grand* et le *petit Véhicule*.

On compte cinq temples des dieux; les hérétiques des différentes sectes habitent pêle-mêle. Il y a trois *Stoûpas*, qui ont été bâtis par le roi *Wou-yeou* (Açôka). On montre beaucoup d'endroits où les quatre *Bouddhas* passés ont laissé la trace de leurs pas. Divers *Stoûpas* renferment les corps des saints disciples de *Chi-kia-joulaï* (Çâkya Tathâgata); savoir : 1° de *Che-li-tseu* (Çâripouttra); 2° de *Mo-te-kia-lo-tseu* (Moudgalapouttra); 3° de *Pou-la-na-meï-ta-li-yen-ni-fo-ta-lo* (Poûrṇamâitrâyaṇîpouttra); 4° de *Yeou-po-li* (Oupali); 5° de *'O-nan-t'o* (Ânanda); 6° de *Lo-hou-lo* (Râhoula); 7° de *Man-tchousse-li* (Mañdjouçrî) et d'autres *Pou-sa* (Bôdhisattvas). Chaque année, dans les mois des trois longs jeûnes[1], et aux jours où tombent les six jeûnes de chaque mois,

---

[1] Il y a, en chinois, 每歲三長 *Meï-souï-san-t'chang* « chaque année, trois longs », phrase qui serait restée inintelligible, si je n'eusse trouvé, dans le Dictionnaire japonais-chinois *Zyo-gen-zi-ko*, 三長

les religieux accourent à l'envi auprès de ces *Stoûpas* et amènent leurs confrères. Ils apportent des offrandes, et se procurent une quantité d'objets rares et précieux. Chacun d'eux visite la statue du *Bôdhisattva* qu'il regarde comme le fondateur de son école. Ceux qui étudient l'*O-pi-ta-mo* (l'Abhidharma), font des offrandes à *Che-li-tseu* (Çâripouttra); ceux qui se livrent à la méditation (Samâdhi), à *Mo-te-kia-lo-tseu* (Moudgalapouttra); ceux qui lisent et observent les *King* (les Sâutrântikas), à *Mouan-tse-tseu* (Poûrṇamâitrâyaṇîpouttra); ceux qui s'appliquent au *Pi-naï-ye* (à la Vinaya — Discipline), à *Yeou-po-li* (Oupali). Les *Pi-tsou-ni* (Bhikchouṇîs — Religieuses) font des offrandes à '*O-nan-t'o* (Ânanda); ceux qui n'ont pas encore reçu toutes les règles de la discipline (*Anoupasampannas*), à *Lo-hou-lo* (Râhoula), et ceux qui étudient le *grand Véhicule*, aux *Pou-sa* (Bôdhisattvas). Ces jours-là, tout le monde s'empresse d'honorer les *Stoûpas*. On fait flotter des bannières ornées de perles et l'on dispose avec pompe de riches parasols. Des nuages de parfums et une pluie continuelle de fleurs dérobent la vue du soleil et de la lune. Les vallées même sont ébranlées. Le roi et ses ministres s'appliquent avec zèle à la pratique des œuvres méritoires.

齋月 *San-t'chang-tchaï-youeï* « les mois des trois longs jeûnes », savoir: le 1ᵉʳ, le 5ᵉ et le 9ᵉ. On a déjà vu, page 6, note 1, ces trois jeûnes, mais sans la qualification de *longs*. On y trouve aussi les six autres jeûnes dont il est ici question, et qui tombent le 8, le 14, le 15, le 23, le 29 et le 30 de chaque mois. (Dict. *San-thsang-fa-sou*, liv. XXVII, fol. 16.)

Après avoir fait cinq ou six li, à l'est de la capitale, il arriva à un *Kia-lan* (Sañghârâma), situé sur une montagne dont on a ouvert les flancs pour y construire des cellules. On y entre par une vallée. Ce couvent fut bâti par les soins du vénérable *Ou-po-kio-to* (Oupagoupta). On voit, au centre, un *Stoûpa* qui renferme des ongles de *Jou-laï* (du Tathâgata).

Dans une caverne qui est au nord de ce *Kia-lan* (Sañghârâma), il y a une chambre en pierre, haute d'environ vingt pieds et large d'une trentaine de pieds. Elle est remplie à l'intérieur de petites fiches de bambou longues de quatre pouces. Lorsque le vénérable *Kin-hou* (Oupagoupta) expliquait la loi pour convertir les hommes, si un mari et sa femme obtenaient ensemble la dignité de *Lo-han* (Arhat), il jetait à terre une fiche de bambou; mais, des membres de familles différentes avaient beau obtenir isolément ce titre, il ne les notait point.

A vingt-quatre ou vingt-cinq li, au sud-est de la chambre de pierre, on arrive à un grand étang desséché. A côté, il y a un *Stoûpa*. Jadis, *Jou-laï* (le Tathâgata) fit de l'exercice en cet endroit[1]. A cette époque, il y eut un singe qui offrit du miel au *Bouddha*. Celui-ci ayant ordonné de le mêler avec de l'eau et de le distribuer à la multitude des religieux, le singe bondit de joie, tomba dans une fosse et mourut. Mais, grâce à l'influence puissante de cette bonne action, il obtint de renaître parmi les hommes.

[1] Voir plus haut, page 198, note 1.

A une petite distance, au nord de l'étang, on voit, au milieu d'une forêt, un endroit où les quatre *Boud-dhas* passés ont fait de l'exercice et ont laissé la trace de leurs pas.

A côté, on voit les lieux où douze cent cinquante grands *Lo-han* (Arhats), tels que *Che-li-tseu* (Çâripouttra), *Mo-te-kia-lo-tseu* (Moudgalapouttra), etc., se livraient à la méditation. On a couvert tous ces lieux de *Stoûpas* pour consacrer le souvenir de leur passage.

Lorsque *Jou-laï* (le Tathâgata) vivait dans le monde, il voyagea souvent dans ce royaume. On a élevé des monuments dans tous les endroits où il a expliqué la loi.

En partant de ce royaume, il fit environ cinq cents li, au nord-est, et arriva au royaume de *Sa-t'a-ni-chi-fa-lo* (Sthânêçvara — Tanessar)[1].

ROYAUME DE SA-T'A-NI-CHI-FA-LO.

(STHÂNÊÇVARA.)

Le royaume de *Sa-t'a-ni-chi-fa-lo* (Sthânêçvara) a environ sept mille li de tour. La circonférence de la capitale est d'une vingtaine de li. Le sol est gras et fertile, et les grains viennent en abondance. Le climat est d'une chaleur tiède. La froideur et l'indifférence dominent dans les mœurs. Toutes les familles sont riches et déploient à l'envi un luxe excessif. Les habitants sont profondément versés dans la magie, et ils accordent la plus haute estime aux talents extraordi-

[1] Inde centrale.

naires. La plupart courent après le lucre, et il en est peu qui se livrent à l'agriculture. Dans ce royaume, on trouve en abondance les marchandises les plus rares des autres pays. Il y a trois couvents où l'on compte environ sept cents religieux qui tous étudient la doctrine du *petit Véhicule.* Il y a une centaine de temples des dieux (Dêvâlayas); les hérétiques des différentes sectes sont extrêmement nombreux.

Tout autour de la capitale, il y a un espace de deux cents li que les habitants du pays ont appelé la *terre du Bonheur.* Voici ce que rapportent les anciennes descriptions (de ce royaume) : « Jadis, deux rois se partageaient le gouvernement des cinq Indes; ils attaquaient réciproquement leur territoire et ne déposaient jamais les armes. Les deux rois délibérèrent ensemble, et résolurent de livrer un combat pour décider de la victoire et procurer la paix au peuple. De part et d'autre, la multitude fit entendre des murmures, et nul ne voulut obéir aux ordres de son souverain.

« Le roi de *Sa-t'a-ni-chi-fa-lo* (Sthânêçvara) pensa que, dans toute entreprise, il est difficile de se concerter avec la multitude; que le merveilleux peut seul agir sur le peuple, et qu'il lui fallait employer un moyen détourné pour réussir dans son projet.

« A cette époque, il y avait un *Fan-tchi* (un Brâhmane) qu'il savait doué d'un grand talent. Il lui envoya secrètement des rouleaux de soie, le fit entrer dans un salon retiré, et lui ordonna de composer un livre de magie qu'il fit cacher au fond d'une caverne. Au bout d'un certain nombre d'années, lorsque cet endroit se trouva couvert d'arbres touffus, le roi convoqua ses ministres à une audience solennelle et leur dit : « Je « suis confus d'occuper le trône royal quoique je sois « dépourvu de vertus. Le Maître du ciel a daigné abais- « ser ses yeux sur moi; j'ai eu un songe où il me don- « nait un livre divin qui se trouve au sein de telle « montagne, et qui est caché dans les flancs de tel « sommet. »

« Là-dessus, il rendit un décret pour qu'on cherchât ce livre, et on le trouva au bas des arbres de la montagne indiquée. Tous les grands officiers lui adressèrent des félicitations, et la multitude du peuple fut ravie de joie. Il adressa alors une proclamation à ses sujets proches et éloignés, afin que tout le monde fût instruit de cet événement. En voici le résumé : « La vie et la mort n'ont « point de terme, et les hommes en parcourent le cercle « sans jamais s'arrêter. Ils s'enfoncent dans l'abîme et « n'ont aucun moyen de se sauver eux-mêmes. Mais moi, « à l'aide d'un plan extraordinaire, je les délivrerai de « toutes leurs souffrances. Maintenant, voyez, autour de « la ville royale, cet espace de deux cents li. Dans l'anti- « quité, du temps de nos anciens rois, c'était là qu'était « situé le *champ du Bonheur*. Mais, après un grand nombre « de mois et d'années, les inscriptions se sont effacées « et ont entièrement disparu. Depuis ce moment, les « hommes, sourds à la vérité, sont plongés dans un océan « de douleurs, et ils s'y noient sans espoir de secours. « Voici toute ma pensée. Ceux d'entre vous qui attaque-

« ront l'ennemi et périront sous ses coups, obtiendront
« de renaître parmi les hommes. La multitude des inno-
« cents, qui aura été immolée, goûtera le bonheur et les
« joies du ciel; les neveux obéissants et les enfants doués
« de piété filiale, qui traverseront ce pays[1], en soutenant
« leurs vieux parents, jouiront d'une félicité sans bornes.
« Avec peu d'efforts, vous acquerrez un grand bonheur.
« Comment pourriez-vous laisser échapper de tels avan-
« tages? Mais[2], une fois que vous aurez perdu votre
« corps d'homme, vous tomberez dans les trois voies
« malheureuses[3]. C'est pour cela que chaque homme
« doit s'appliquer à la pratique du bien. »

« Là-dessus, tous les hommes combattirent avec ardeur et coururent joyeusement à la mort[4].

« Aussitôt, le roi rendit un décret pour enrôler tous les braves. Les deux royaumes s'étant livré bataille, les cadavres s'accumulèrent comme des monceaux de paille, et, jusqu'à présent, les plaines sont encore couvertes de leurs os. Comme cet événement remonte à une haute antiquité, les ossements de ces guerriers sont d'une énorme dimension. D'après la tradition constante du royaume, cet endroit s'appelle *la terre du Bonheur*[5]. »

[1] Il s'agit ici de l'espace de deux cents li qui s'étendait autour de la capitale.

[2] Sous-entendu : si vous restez sourds à mon appel.

[3] C'est-à-dire, 1° dans l'enfer; 2° dans la voie des démons faméliques; 3° dans la voie des brutes. (*San-thsang-fa-sou*, liv. XII, fol. 1.)

[4] Il semble que cette phrase devrait être placée après le décret d'enrôlement.

[5] Il est curieux de voir quelle forme la grande bataille des *Kourous*

A quatre ou cinq li, au nord-ouest de la ville, il y a un *Stoûpa*, haut de deux cents pieds, qui a été bâti par le roi *Wou-yeou* (Açôka). Les briques sont toutes d'un rouge-jaune; elles sont extrêmement claires et luisantes. Dans l'intérieur de ce *Stoûpa*, il y a un *ching* (53 centilitres) de *Che-li* (Çarîras — reliques) de *Jou-laï* (du Tathâgata). Ils répandent constamment une lueur brillante, et l'on voit éclater une multitude de prodiges.

Après avoir fait environ cent li au sud de la capitale, il arriva à un couvent nommé *Kiu-min-tch'a-kia-lan* (Gôminda sañghârâma?)[1], où s'élèvent un grand nombre de pavillons et de tours à plusieurs étages. Les religieux sont calmes et graves, et tout leur extérieur respire le contentement et la quiétude.

En partant de ce royaume, il fit environ quatre cents li au nord-est, et arriva au royaume de *Sou-lo-k'in-na*[2] (Sroughna).

ROYAUME DE SOU-LO-K'IN-NA.

(SROUGHNA.)

Le royaume de *Sou-lo-k'in-na* (Sroughna) a environ six mille li de tour. A l'est, il est voisin du fleuve *King-kia* (Gañgâ — le Gange); au nord, il est adossé à de

et des *Pandous*, dans le *Kouroukchêtra*, avait prise dans la tradition populaire.

[1] Je ne puis garantir le mot *Gôminda*. Hiouen-thsang a laissé ce mot sans traduction, ce qui prouve qu'il n'en connaissait pas l'orthographe exacte.

[2] Inde centrale.

grandes montagnes; la rivière *Yen-meou-na* (Yamounâ) coule au milieu de ses frontières. L'enceinte de la capitale est d'une vingtaine de li. A l'est, elle est voisine de la rivière *Yen-meou-na* (Yamounâ). Quoiqu'elle soit en grande partie ruinée, ses fondements sont encore solides. Sous le rapport des produits du sol et du climat, (*Sroughna*) ressemble au royaume de *Sa-t'a-ni-chi-fa-lo* (Sthâneçvara — Tanessar). Les hommes sont d'un naturel droit et sincère; ils sont adonnés à l'hérésie, et estiment la culture des lettres. Ils attachent un grand prix à la vertu et à l'intelligence.

Il y a cinq *Kia-lan* (Sañghârâmas) où l'on compte un millier de religieux. Ils étudient, la plupart, la doctrine du *petit Véhicule,* et il en est peu qui suivent les principes des autres écoles. Ils discutent habilement les expressions les plus abstraites, et traitent avec clarté les questions les plus profondes. Les hommes éminents des autres royaumes aiment à raisonner avec eux pour éclaircir leurs doutes. Il y a cent temples des dieux (Dêvâlayas); les hérétiques des diverses sectes sont extrêmement nombreux.

En dehors de la porte orientale d'un grand *Kia-lan* (Sañghârâma), situé à l'ouest de la rivière *Yen-meou-na* (Yamounâ) et au sud-est de la capitale, il y a un *Stoûpa* qui a été bâti par le roi *Wou-yeou* (Açôka). Jadis, *Jou-laï* (le Tathâgata), lorsqu'il vivait dans le monde, expliqua la loi dans ce lieu pour convertir les hommes.

A côté, il y a un autre *Stoûpa,* dans le centre duquel on conserve des cheveux et des ongles de *Jou-laï* (du Tathâgata). Tout autour, à droite et à gauche, il y a plusieurs dizaines de *Stoûpas* qui renferment des cheveux et des ongles des *'O-lo-han* (Arhats) *Che-li-fo* (Çâripouttra), *Mou-te-kia-lo* (Moudgala), etc.

Après le *Nirvâna* de *Jou-laï* (du Tathâgata), les habitants de ce royaume furent entraînés dans l'erreur par les hérétiques; ils reçurent avec foi leurs faux principes et abandonnèrent la vraie doctrine. Maintenant il y a cinq *Kia-lan* (Sañghârâmas). Ce fut là que les maîtres des *Çâstras* des autres royaumes discutèrent avec des hérétiques et des *Po-lo-men* (Brâhmanes), sur le sens des livres sacrés, et remportèrent la victoire. Telle fut l'origine de ces *Stoûpas*.

Après avoir fait environ huit cents li, à l'est de la rivière *Yen-meou-na* (Yamounâ), il arriva au bord du Gange. Près de sa source, ce fleuve est large de trois ou quatre li; il coule au sud-est et se jette dans la mer. A son embouchure, sa largeur est d'une dizaine de li. La couleur de ses eaux est bleuâtre, et ses flots ont une étendue immense. Quoique les monstres aquatiques soient fort nombreux, ils ne font aucun mal aux hommes. Ses eaux ont une saveur douce et entraînent avec elles un sable d'une finesse extrême.

Dans les histoires profanes de ce pays, le Gange est appelé *Fo-chouï* ou *l'eau qui porte bonheur* (Mahâbhadrâ). Quoiqu'on soit chargé de crimes, il suffit de s'y baigner pour les effacer sur-le-champ. Ceux que le mépris de la vie pousse à s'y noyer, renaissent parmi les *Dévas* et obtiennent le bonheur. Si un homme meurt, et qu'on y jette ses os, il ne tombe jamais dans les conditions malheureuses [1]; pendant que les flots se gonflent, et coulent en bondissant, l'âme du défunt passe à l'autre rive.

A cette époque, il y avait un homme du royaume de *Tchi-sse-tseu* (Siñhala — Ceylan), nommé *Ti-po-pou-sa* (Dêva Bôdhisattva), qui avait une intelligence profonde de la vérité, et comprenait la nature de toutes les lois [2]. Ému de compassion, en voyant l'ignorance des hommes, il se rendit dans ce pays, afin de les instruire et de leur servir de guide. Dans ce moment-là, les hommes et les femmes, les jeunes gens et les vieillards, étaient tous rassemblés sur les bords du fleuve, dont les flots soulevés coulaient avec impétuosité. *Déva Bôdhisattva* adoucit l'éclat de sa figure, et voulut puiser de l'eau; mais, au moment où il baissait la tête, elle recula en jaillissant. Il avait un air différent de la multitude. Un hérétique lui dit : « Pourquoi, docteur, avez-« vous des manières si étranges? »

Dêva Bôdhisattva lui répondit : « Mon père, ma mère « et mes proches parents se trouvent dans le royaume de « *Chi-sse-tseu* (Siñhala). Je crains qu'ils ne souffrent de « la faim et de la soif; j'espère, malgré la distance, les « soulager avec cette eau bienfaisante [3]. »

[1] C'est-à-dire, il ne renaît ni dans l'enfer, ni parmi les démons faméliques, ni parmi les brutes. (*San-thsang-fa-sou*, liv. XII, fol. 1.)

[2] Voyez page 159, note 2, le sens du mot 法 *fa* «lois», dans le langage bouddhique.

[3] Pour bien comprendre ce passage, il ne faut pas oublier que les Bouddhistes attribuent aux *Bôdhisattvas* un pouvoir surnaturel.

Les hérétiques lui dirent : « Vous vous trompez, doc-
« teur; comment n'avez-vous pas réfléchi avant de tenter
« cette folle entreprise? Votre royaume natal est bien éloi-
« gné d'ici, et il est séparé par une immense étendue de
« montagnes et de rivières. Si vous faites jaillir cette eau
« pour soulager la soif de vos parents, c'est comme si
« vous marchiez à reculons pour aller en avant; c'est une
« chose qui ne s'est jamais vue. » *Déva Bôdhisattva* leur
repartit : « Ceux même que leurs crimes retiennent dans
« la voie ténébreuse (l'enfer), éprouvent aussi les bien-
« faits de cette eau. Quoique (mes parents) soient sé-
« parés d'ici par des montagnes et des rivières, com-
« ment n'en recevraient-ils pas du soulagement? »

Les hérétiques, reconnaissant alors la difficulté qui
leur était proposée, s'avouèrent vaincus et abjurèrent
l'erreur. Ils reçurent la droite loi, se corrigèrent de leurs
fautes et se réformèrent eux-mêmes; puis ils expri-
mèrent le vœu de devenir ses disciples.

Après avoir passé le fleuve et abordé la rive orientale,
on arrive au royaume de *Mo-ti-pou-lo* (Matipoura)[1].

ROYAUME DE MO-TI-POU-LO.

(MATIPOURA.)

Le royaume de *Mo-ti-pou-lo* (Matipoura) a environ
six mille li de tour; l'enceinte de la capitale a environ
vingt li. Le pays est favorable à la culture des grains
et du blé, et produit beaucoup de fleurs et de fruits.

[1] Inde centrale.

Le climat est tempéré, les mœurs sont pures et honnêtes. Les habitants aiment à cultiver les lettres, et sont profondément versés dans les sciences occultes. Ils se divisent par moitié, en partisans de l'erreur et de la vérité. Le roi est de la caste des *Siu-to-lo* (Çoûdras); il ne croit pas à la loi du *Bouddha* et révère les esprits du ciel (les Dêvas). Il y a une dizaine de *Kia-lan* (Sañghârâmas), où l'on compte environ huit cents religieux. La plupart d'entre eux étudient la doctrine du *petit Véhicule*, et appartiennent à l'école *Choue-i-tsie-yeou* (l'école des Sarvâstivâdas). Il y a une cinquantaine de temples des dieux (Dêvâlayas); les hérétiques des différentes sectes habitent pêle-mêle.

A quatre ou cinq li, au sud de la capitale, on arrive à un petit *Kia-lan* (Sañghârâma), qui renferme une cinquantaine de religieux. Jadis, le maître des *Çâstras*, *Kiu-na-po-la-po* (Gouṇaprabha) [1], composa, dans ce couvent, cent ouvrages; par exemple, le Traité *Pien-tchin-lun*[2], etc. Dès son enfance, il se distingua par-dessus les autres; quand il fut devenu grand, il montra une haute intelligence. Il avait des connaissances étendues et une profonde érudition; il avait beaucoup appris par lui-même et par les leçons d'autrui. Dans l'origine, il s'était appliqué au *grand Véhicule* (Mahâyâna); mais il n'en avait pas encore pénétré les profondeurs. Ayant eu l'occasion de parcourir le *Pi-po-cha-lun* (Vibhâchâ çâstra), il quitta

---

[1] En chinois, *Te-kouang* « celui qui a l'éclat de la vertu ».
[2] Le Traité pour distinguer le vrai ou la vérité. Le titre sanscrit peut être: *Tattva vibhañga çâstra.*

ses premières études, et s'adonna à la doctrine du *petit Véhicule* (Hînayâna). Il composa plusieurs dizaines de Traités pour renverser les bases du *grand Véhicule* (Mahâyâna), et devint un partisan zélé du *petit Véhicule* (Hînayâna). Il écrivit, en outre, plusieurs dizaines d'ouvrages profanes, où il critiquait et combattait les vénérables Traités des grands maîtres. Il médita, avec ardeur, les livres sacrés du *Bouddha;* mais il lui restait encore une dizaine de difficultés qu'il ne pouvait résoudre. Quoiqu'il se fût livré longtemps aux recherches les plus subtiles, ses doutes subsistaient toujours.

A cette époque, il y avait un *Lohan* (Arhat), nommé *Ti-po-si-na* (Dêvasêna) [1], qui faisait de fréquentes excursions au ciel des Touchitas (*Tou-chi-to-thien*). *Te-kouang* (Gounaprabha) eut le désir de voir *Tse-chi* (Mâitrêya Bôdhisattva), pour le prier de l'instruire et de dissiper ses doutes.

Thien-kiun (Dêvasêna), par sa puissance surnaturelle, le transporta dans le palais du ciel; mais quand il eut aperçu *Tse-chi* (Mâitrêya), il le salua sans lui montrer un profond respect.

Thien-kiun (Dêvasêna) lui dit alors : « *Tse-chi* (Mâi-
« trêya) doit succéder au *Bouddha;* comment osez-vous
« prendre un air hautain et lui manquer de respect?
« Si vous désirez recevoir ses instructions, pourquoi ne
« pas vous incliner devant lui? »

Te-kouang (Gounaprabha) lui répondit : « En me par-
« lant ainsi, vénérable maître, vous avez vraiment le désir

[1] En chinois, *Thien-kiun* « armée des dieux ».

« de m'instruire; mais je suis un *Pi-tsou* (Bhikchou) qui
« possède toute la science de la discipline (*Oupasam-
« panna*); je suis un disciple qui est sorti de la famille
« (qui a embrassé la vie religieuse). *Tse-chi-pou-sa* (Mâi-
« trêya Bôdhisattva) goûte le bonheur et les joies du
« ciel; ce n'est pas pour moi un frère en religion. Si ce-
« pendant vous voulez que je lui offre mes hommages,
« je crains bien que ce ne soit contraire à mon devoir. »
Pou-sa (Mâitrêya Bôdhisattva) reconnut que l'orgueil
du *moi* (âtmamada) était enraciné dans son cœur, et
qu'il était indigne d'entendre la loi. *Te-kouang* (Gouṇaprabha), étant allé trois fois (au ciel des *Touchitas*) sans
obtenir la solution de ses doutes, adressa une nouvelle demande à *Thien-kiun* (Dêvasêna), et témoigna,
une seconde fois, le désir de saluer *Tse-chi* (Mâitrêya).
Mais *Thien-kiun* (Dêvasêna), indigné de son orgueil,
dédaigna de lui répondre.

Te-kouang (Gouṇaprabha), trompé dans son attente,
abandonna son cœur à la colère et à la haine. Il s'enfuit dans une forêt et se livra à la méditation qu'on appelle *Fa-thong-ting* (c'est-à-dire, le *Samâdhi* qui ouvre
l'intelligence); mais, comme son cœur n'était pas encore délivré de l'orgueil du *moi* (âtmamada), il ne put
obtenir le fruit (de *Bôdhi*).

A trois ou quatre li, au nord du couvent de *Te-
kouang* (Gouṇaprabha), il y a un grand *Kia-lan* (Sañghârâma), où l'on compte environ deux cents religieux,
qui étudient tous la doctrine du *petit Véhicule*. Ce fut
là que le maître des *Çâstras*, *Tchong-hien* (Sañghabha-

dra), termina ses jours. Ce maître des *Çâstras* était originaire du royaume de *Kia-chi-mi-lo* (Cachemire); il était doué d'une rare pénétration et possédait de vastes connaissances. Dès son enfance, il s'était acquis un nom distingué; il avait approfondi d'une manière particulière le Traité *Pi-po-cha-lun* (Vibhâchâ çâstra), qui appartient à l'école *Choue-i-tsie-yeou* (l'école des Sarvâstivâdas).

A cette époque vivait *Chi-thsin-pou-sa* (Vasoubandhou Bôdhisattva), qui se plongeait, de toute son âme, dans les profondeurs de la science, et cherchait à expliquer des problèmes qui échappent au langage humain [1]. Pour réfuter les idées des maîtres du *Pi-po-cha* (des Vâibhâchikas), il composa le Traité *'O-pi-ta-mo-kiu-che-lun* (Abhidharma kôcha çâstra). Ses idées sont belles et son style élégant, ses arguments sont subtils et son but plein d'élévation.

Quand *Tchong-hien* (Sañghabhadra) eut parcouru cet ouvrage, il prit aussitôt une résolution. Il se livra pendant douze ans à de profondes recherches, et composa le Traité *Kiu-che-po-lun* [2] (Kôcha karakâ çâstra? ou Kôcha çîlâ çâstra?) en vingt-cinq mille *çlôkas*, contenant en tout huit cent mille mots. On peut dire de cet ouvrage que le style en est profond et la portée sublime, et qu'il fait pénétrer les choses les plus obscures et les plus abs-

---

[1] C'est-à-dire, des problèmes que l'esprit seul peut concevoir, et que la langue est impuissante à exprimer.

[2] Mot à mot: « *Kiu-che*, Kôcha, *po*, grêle, *lun*, traité »; c'est-à-dire, le traité qui tombe comme la grêle sur le *Kôcha*.

traites. S'adressant à ses disciples, il leur dit : « Par mon
« talent supérieur, je défendrai la vérité de mon traité,
« je réfuterai à outrance *Chi-thsin* (Vasoubandhou), et je
« briserai son insolente audace. Je ne souffrirai point que
« ce vieillard décrépit s'arroge le privilége de la gloire. »

Là-dessus, trois ou quatre de ses disciples les plus distingués, tenant en main le traité qu'il avait composé, allèrent à la recherche de *Chi-thsin* (Vasoubandhou); mais, dans ce moment, il se trouvait à *Chi-kie-lo* (Çâkala), ville du royaume de *Tse-kia* (Tchêka), et il étendait au loin sa brillante renommée. *Tchong-hien* (Sañghabhadra) promit de s'y rendre lui-même. Dès que *Chi-thsin* (Vasoubandhou) eut appris cette nouvelle, il fit sur-le-champ ses préparatifs de départ. Ses disciples, ayant conçu des soupçons, vinrent le trouver et lui adressèrent des représentations. « Grand maître, lui
« dirent-ils, votre haute vertu efface celle des anciens
« sages, et vous éclipsez tous les hommes de ce siècle.
« De près comme de loin, il n'est aucun homme d'é-
« tude qui ne vous cède le premier rang. Aujourd'hui,
« pour avoir entendu prononcer le nom de *Tchong-hien*
« (Sañghabhadra), pourquoi paraissez-vous alarmé? Vous
« ne pouvez manquer de le vaincre. Excusez la hardiesse
« de nos paroles. »

Chi-thsin (Vasoubandhou) leur dit : « Si, aujourd'hui,
« je vais voyager au loin, ce n'est point que je fuie ce
« prétendu docteur; mais, à l'avenir, ce royaume ne
« possédera plus personne doué de lumières et de pé-
« nétration. *Tchong-hien* (Sañghabhadra) est un jeune

« étudiant dont l'éloquence captieuse est intarissable.
« Quant à moi, qui suis vieux et décrépit, je ne pour-
« rais défendre mon traité. Cependant je voudrais, d'un
« mot, abattre ses erreurs, l'amener dans l'Inde cen-
« trale, et là, en présence des hommes les plus émi-
« nents, examiner le vrai ou le faux, et démontrer clai-
« rement à qui revient la victoire ou la défaite. »

Sur-le-champ, il ordonna à ses disciples d'emporter chacun leur caisse de livres pour voyager au loin.

Tchong-hien (Sañghabhadra), étant arrivé dans ce couvent le lendemain du jour fixé, sentit tout à coup ses forces défaillir. Alors il écrivit une lettre où il adressait ainsi ses excuses à *Chi-thsin* (Vasoubandhou):
« Après le *Nirvâṇa* de *Jou-laï* (du Tathâgata), les dis-
« ciples formèrent des écoles distinctes pour transmettre
« les principes de leurs maîtres. Chaque docteur pré-
« tendait avoir une tribune à part, soutenait ses parti-
« sans et poursuivait de sa haine les sectateurs des autres
« écoles. Moi, qui n'avais qu'un esprit obtus et une in-
« telligence bornée, j'ai hérité, à ma grande confusion,
« de cette funeste pratique. Après avoir parcouru l'*O-*
« *pi-ta-mo-kiu-che-lun* (Abhidharma kôcha çâstra) que
« vous avez composé pour combattre les idées domi-
« nantes des maîtres du *Pi-po-cha* (des Vâibhâchikas),
« je me mis à en étudier le sujet pendant longues an-
« nées; ensuite, faute d'avoir mesuré mes forces, je ré-
« digeai ce traité, pour soutenir et justifier les principes
« que j'ai reçus. Mais mes moyens étaient trop faibles,
« et mes prétentions trop grandes. Maintenant, je sens

« que ma fin approche. Si le *Pou-sa* (Bôdhisattva)¹ publie
« ses maximes profondes et répand au loin ses principes
« sublimes, sans, pour cela, détruire mes humbles opi-
« nions ; si j'obtiens de conserver le livre que je laisse
« après moi, j'en serai heureux et je mourrai sans re-
« gret. »

Là-dessus, il choisit un de ses disciples, qui excellait dans l'art de parler, et lui dit : « Je ne suis vraiment
« qu'un chétif étudiant, et, pourtant, j'ai prodigué, à
« un maître illustre, le mépris et l'injure; j'ignore quel
« sera mon destin². Je sens qu'à partir de cette heure,
« il me faut quitter la vie. Prenez cette lettre et le traité
« que j'ai composé; allez offrir mes excuses à ce *Pou-sa*
« (Bôdhisattva) et lui exprimer tout mon repentir. »

Après avoir achevé ces paroles, il mourut subitement.

Le disciple prit la lettre, et s'étant rendu auprès de
Chi-thsin (Vasoubandhou), il lui parla en ces termes :

« Mon maître, *Tchong-hien* (Saṅghabhadra) vient de
« quitter la vie. Il vous a écrit cette lettre, qui renferme
« ses dernières volontés; il s'y accuse lui-même et vous
« fait l'aveu de ses fautes. Si vous ne détruisez pas sa ré-
« putation³, vous aurez dépassé toutes ses espérances. »

---

¹ C'est-à-dire, Vous, *Chi-thsin* (Vasoubandhou).

² Comme s'il disait : pour avoir tenu une telle conduite, j'ignore
quel sera mon sort dans mon existence future.

³ On a vu plus haut qu'il avait demandé, comme une faveur, qu'on
laissât subsister intact le traité qu'il avait composé. Cependant, *Vasoubandhou* en changea le titre, au grand déplaisir du disciple que lui
avait député *Saṅghabhadra*.

Chi-thsin (Vasoubandhou) lut la lettre et parcourut le traité. Après avoir réfléchi pendant quelque temps, il parla ainsi au disciple :

« Le maître des *Çâstras*, *Tchong-hien* (Sanghabhadra), « était un disciple plein d'intelligence. Quoique ses ar-« guments soient insuffisants, son style a de la surabon-« dance. Si, aujourd'hui, je voulais réfuter le traité de « *Tchong-hien* (Sanghabhadra), cela me serait aussi aisé « que de poser le doigt dans ma main. Mais, parce qu'il « me l'a confié en mourant, et que j'estime l'aveu qu'il « a fait de la difficulté du sujet, je suivrai loyalement le « sens général, je conserverai ses premières idées, et « cela d'autant mieux que ce traité sert à mettre en lu-« mière mes propres principes. » Aussitôt, il en changea le titre et l'appela *Chun-tching-li-lun* (Nyâyânousâra çâstra).

Le disciple lui fit des représentations et lui dit : « Lorsque *Tchong-hien* (Sanghabhadra) vivait encore, le « grand maître (c'est-à-dire, vous) s'est retiré au loin. « Maintenant que vous possédez son traité, si vous en « changez le titre, comment tous ses disciples pourront-« ils supporter un tel affront ? »

Chi-thsin (Vasoubandhou), voulant dissiper les doutes des assistants, prononça cette stance (ce *Gâthâ*) :

« Si le roi des lions se retire au loin pour éviter un « porc, les hommes prudents doivent savoir quel aurait « pu être le vainqueur ou le vaincu. »

Après la mort de *Tchong-hien* (Sanghabhadra), on brûla son corps et l'on recueillit ses os; puis, dans un bois d'*An-mo-lo* (d'Àmras — manguiers), situé à environ deux cents pas au nord-ouest du couvent, on éleva (en son honneur) un *Stoûpa* qui subsiste encore aujourd'hui.

A côté du bois d'*An-mo-lo* (Àmras — manguiers), il y a un *Stoûpa* qui renferme le corps du maître des *Çâstras*, *Pi-mo-lo-mi-to-lo*[1] (Vimalamitra). Ce maître des *Çâstras* était originaire du royaume de *Kia-chi-mi-lo* (Cachemire); il avait embrassé la vie religieuse dans l'école *Chouc-i-tsie-yeou-pou* (l'école des Sarvâstivâdas). Il avait lu une multitude de livres, et avait fouillé avec ardeur dans les traités des diverses écoles. Il avait voyagé dans les cinq Indes et avait étudié les textes profonds des trois Recueils (Tripiṭaka). Après avoir fondé sa réputation, et accompli de grands travaux, il se disposa à revenir dans son pays natal. Ayant passé près du *Stoûpa* de *Tchong-hien* (Saṅghabhadra), il mit la main sur son cœur et dit en soupirant :

« Ce maître des *Çâstras* avait un esprit distingué et
« un caractère aussi pur qu'élevé. Après avoir examiné
« le sens général de la doctrine sous toutes ses faces, il
« voulut réfuter les différentes écoles, fonder sa répu-
« tation et accomplir de grandes choses. Comment son
« nom ne serait-il pas éternel? Moi, *Wou-heou-yeou*
« (Vimalamitra), j'ai eu l'honneur de recevoir ses der-
« nières leçons; pendant toute ma vie, j'ai aimé la jus-
« tice et chéri la vertu. Quoique *Chi-thsin* ne soit plus
« au monde, la tradition de ses principes subsiste en-

[1] En chinois, *Wou-heou-yeou* « l'ami sans tache ».

« core. C'est ce que je sais parfaitement. Il faut que je
« compose des traités pour que tous les étudiants du
« *Tchen-pou-tcheou* (Djamboudvipa) renoncent à parler
« du *grand Véhicule* et effacent pour toujours le nom de
« *Chi-thsin* (Vasoubandhou). J'aurai fait une œuvre im-
« mortelle, et j'aurai accompli avec bonheur les des-
« seins que je médite depuis longtemps. »

Au moment où il achevait ces mots, son esprit fut
frappé de vertige, et l'on vit sortir de sa bouche cinq
langues d'où jaillissait un sang brûlant. Sentant sa fin
approcher, il écrivit une lettre où il exprimait ainsi
son repentir : « La doctrine du *grand Véhicule* (Mahâ-
« yâna) renferme l'explication définitive de la loi du
« *Bouddha*. Bien que sa saveur première soit affaiblie
« et presque effacée, ses principes et son but ont en-
« core leur profondeur mystérieuse. Poussé témérai-
« rement par mon esprit stupide et borné, j'ai osé atta-
« quer un illustre maître. Le châtiment de mon crime
« éclate au grand jour, et la justice veut que je meure.
« J'ose m'adresser aux hommes d'étude pour que mon
« sort leur serve d'exemple. Que chacun veille sur ses
« pensées, et se garde de concevoir des doutes. »

A ces mots, l'univers trembla, et il expira sur-le-
champ. A l'endroit où il était mort, la terre s'enfonça
et il se forma une vaste fosse. Ses confrères brûlèrent
son cadavre, recueillirent ses os et élevèrent un *Stoûpa*
en son honneur.

A cette époque, un *Lo-han* (Arhat), qui avait été témoin de sa mort, s'écria en soupirant : « Quel malheur !

« Quelle souffrance! Aujourd'hui, ce maître des *Çâs-*
« *tras*, en obéissant à ses passions et en persistant dans
« ses vues erronées, a calomnié le *grand Véhicule*, et il
« est tombé dans l'enfer éternel[1]! »

Sur les frontières nord-ouest de ce royaume, près de
la rive orientale du fleuve *King-kia* (Gañgâ — le Gange),
on voit la ville de *Mo-you-lo*[2], qui a vingt li de tour. Sa
population est fort nombreuse, et des courants d'eau
pure l'entourent comme d'une ceinture. On tire de ce
pays, du *Teou-chi* (laiton), du cristal et des vases en
pierre précieuse.

A une petite distance de la ville, et tout près du
Gange, il y a un grand temple des dieux (Dêvâlaya) où
éclatent beaucoup de prodiges. Dans l'intérieur de ce
temple, il y a un étang dont les bords sont formés de
pierres unies avec art. On a construit un petit canal
pour y amener l'eau du Gange. Les habitants des cinq
Indes l'appellent *la porte du Gange*[3]. Dans ce lieu, on
obtient le bonheur et l'on efface ses crimes. En tout
temps, les hommes se réunissent par centaines et par

---

[1] En chinois, *Wou-kien-yo* « l'enfer sans interruption ». On l'appelle ainsi, parce que les damnés y meurent et renaissent pour souffrir *sans interruption*. C'est le plus bas des enfers brûlants, qui sont au nombre de huit: 1° *Teng-houo* (Sañdjîva); 2° *He-ching* (Kâlasoûtra); 3° *Tchong-ho* (Sañghâta); 4° *Hao-kiao* (Râurava); 5° *Ta-kiao* (Mahârâurava); 6° *Yen-je* (Tapana); 7° *Khi-je* (Pratâpana); 8° *Wou-kien-yo* (Avîtchi).

[2] Quoique aucune note du texte n'explique ce mot, il est évident que c'est *Mayoûra* « Paon — la ville du Paon ». (Cf. Dict. *Fan-i-ming-i-tsi*, liv. VI, fol. 18.)

[3] *Gañgâdvâra*, aujourd'hui *Hardvar*. (Note de M. Vivien de Saint-Martin.)

milliers pour s'y baigner. Les rois qui aiment à faire le bien, y ont établi une *maison de bienfaisance* (Pounyaçâlâ), qui est pourvue de mets recherchés et de médicaments de tout genre, pour donner l'aumône aux veufs et aux veuves, et secourir les orphelins et les hommes qui n'ont plus de famille.

En partant de ce pays, il fit environ trois cents li au nord et arriva au royaume de *P'o-lo-ki-mo-pou-lo* (Brahmapoura)[1].

ROYAUME DE P'O-LO-KI-MO-POU-LO.

(BRAHMAPOURA.)

Le royaume de *P'o-lo-ki-mo-pou-lo* (Brahmapoura) a quatre mille li de tour; une ceinture de montagnes l'entoure de tous côtés. La circonférence de la capitale est d'une vingtaine de li. La population est très-nombreuse, et toutes les familles vivent dans l'opulence. Le sol est gras et fertile, et les grains se sèment et se récoltent à des époques régulières. On tire de ce pays du laiton et du cristal de roche. Le climat est un peu froid, les mœurs sont dures et farouches. Il y a peu d'hommes qui se livrent à la culture des lettres; le plus grand nombre court après le lucre[2]. Les habitants ont un naturel sauvage, et l'on trouve parmi eux des partisans de l'erreur et de la vérité. Il y a cinq couvents qui ne renferment qu'un petit nombre de religieux. On compte

[1] Inde du nord.
[2] C'est-à-dire, se livre au commerce.

une dizaine de temples des dieux (Dêvâlayas); les hérétiques des différentes sectes habitent pêle-mêle.

Sur les frontières septentrionales de ce royaume, au milieu des grandes montagnes neigeuses, on rencontre le royaume de *Sou-fa-la-na-kiu-ta-lo* (Souvarṇagôtra)[1], d'où l'on tire de l'or d'une qualité supérieure. De là vient l'origine de son nom. Ce royaume est allongé de l'est à l'ouest et resserré du sud au nord; c'est ce qu'on appelle le royaume des femmes d'Orient. Depuis des siècles, c'est une femme qui règne; aussi, dit-on: *le royaume des femmes*. Son mari a pareillement le titre de roi, mais il reste étranger aux affaires de l'État. Là, les hommes ne s'occupent qu'à faire la guerre et à ensemencer les terres. Le sol est favorable à la culture du blé tardif[2], et l'on élève un grand nombre de moutons et de chevaux. Le climat est glacial. Les hommes sont d'un naturel violent et emporté.

Du côté de l'est, ce royaume touche au pays des *T'ou-fan* (Thibétains); au nord, il est limitrophe de *Yu-tien* (Khotan); et, à l'ouest, de *San-po-ho* (Sampaha?)[3].

En partant de *Mo-ti-pou-lo* (Matipoura), il fit environ quatre cents li au sud-est et arriva au royaume de *Kiu-pi-choang-na* (Gôviçana?)[4].

[1] En chinois, *Kin-chi* « famille d'or ».

[2] Dans le texte, il faut lire 麥 *me* « blé », au lieu de 來 *laï* « venir ».

[3] Ce royaume s'appelle aussi *Mo-lo-so* (Malasa?). Voyez, page 205, ligne 7, la fin de la notice relative au royaume de *K'iu-lou-to* (Koulouta).

[4] Inde centrale.

ROYAUME DE KIU-PI-CHOANG-NA.

(GÔVIÇANA?)

Le royaume de *Kiu-pi-choang-na* (Gôviçana?) a environ deux mille li de tour; la circonférence de la capitale est de quatorze à quinze li. Il est défendu par sa position qui est élevée et d'un accès difficile. La population est très-nombreuse. On rencontre de tous côtés des bosquets fleuris, des viviers et des étangs. Sous le rapport du climat et des produits du sol, ce royaume ressemble tout à fait à celui de *Mo-ti-pou-lo* (Matipoura). Les mœurs sont pures et honnêtes. Les habitants étudient avec ardeur et aiment à pratiquer la vertu. Beaucoup d'entre eux croient à l'hérésie et recherchent les jouissances de la vie présente. Il y a deux couvents où l'on compte une centaine de religieux qui tous étudient la doctrine du *petit Véhicule* (Hinayâna). Il y a une trentaine de temples des dieux (Dêvâlayas); les hérétiques des différentes sectes habitent pêle-mêle.

Au centre d'un grand couvent, qui s'élève à côté de la capitale, il y a un *Stoûpa* qui a été bâti par le roi *Wou-yeou* (Açôka). Il est haut d'environ deux cents pieds. Jadis, dans ce lieu, *Jou-laï* (le Tathâgata), expliqua, pendant un mois, les vérités les plus essentielles de la loi.

A côté, on voit encore un endroit où les quatre *Bouddhas* passés se sont assis et se sont promenés pour faire de l'exercice.

A côté, il y a deux *Stoûpas*, hauts chacun d'une dizaine de pieds, qui renferment des cheveux et des ongles de *Jou-laï* (du Tathâgata).

En partant de ce royaume, il fit environ quatre cents li au sud-est, et arriva au royaume de *'O-hi-tchi-ta-lo* (Ahikchêtra)[1].

ROYAUME DE 'O-HI-TCHI-TA-LO.

(AHIKCHÊTRA.)

Le royaume de *'O-hi-tchi-ta-lo* (Ahikchêtra) a environ trois mille li de tour; la circonférence de la capitale est de dix-sept à dix-huit li. Il est défendu par des obstacles naturels. Ce pays est favorable à la culture des divers grains et du froment. Il y a beaucoup de bois et de sources; le climat est tempéré. Les mœurs sont pures et honnêtes; les habitants aiment la religion et s'appliquent à l'étude; ils ont beaucoup de talent et de vastes connaissances. Il y a une dizaine de *Kialan* (Saṅghârâmas) où l'on compte environ mille religieux de l'école *Tching-liang-pou* (ou des Sammatiyas)[2],

---

[1] Inde centrale.

[2] Dans l'*Histoire de la vie et des voyages de Hiouen-thsang*, j'ai toujours lu «l'école des *Sammitîyas*». Je m'y croyais autorisé par le Dictionnaire *Fan-i-ming-i-tsi*, liv. XIII, fol. 18, où le mot *liang* «mesure», était donné comme répondant à *miti*; par conséquent, le mot *tching* «juste», pouvait être l'équivalent de *sat*. J'aurais dû alors écrire: les *Sammitîyas*, le *t* 丁 se changeant en *n* 尼 devant *m* 弭. Mais je vois dans un mémoire spécial sur les *dix-huit écoles*, que *San-mi-li-pou* veut dire l'école que tout le monde honore. On doit en conclure qu'il faut lire, avec Csoma de

qui se rattache au *petit Véhicule*. Il y a neuf temples des dieux; les hérétiques, au nombre d'environ trois cents, adorent le dieu *Tseu-ts'aï-thien* (Içvara Dèva); ce sont de ces sectaires qui se frottent le corps de cendres (Pâçoupatas)[1].

En dehors de la ville, à côté d'un étang de dragons (Nâgahrada), il y a un *Stoûpa* qui a été bâti par le roi *Wou-yeou* (Açôka). Jadis, en ce lieu, *Jou-laï* (le Tathâgata) expliqua la loi pendant sept jours, en faveur d'un roi des dragons (Nâgarâdja).

A côté, il y a quatre petits *Stoûpas*. C'est un endroit où les quatre *Bouddhas* passés se sont assis, et se sont promenés pour faire de l'exercice.

En partant de ce royaume, il fit de deux cent soixante à deux cent soixante et dix li au sud, passa le Gange, et, se dirigeant au sud-ouest, il arriva au royaume de *Pi-lo-chan-na* (Vìraçána?)[2].

ROYAUME DE PI-LO-CHAN-NA.
(VÎRAÇÁNA?)

Le royaume de *Pi-lo-chan-na* (Vìraçána?) a environ deux mille li de tour; la circonférence de la capitale est d'une dizaine de li. Sous le rapport du climat et

Körös, *Sammatîyas*, qui a précisément ce même sens. L'erreur de Hiouen-thsang et de l'auteur du Dictionnaire précité vient évidemment d'une mauvaise leçon.

[1] Cf. *I-tsie-king-in-i*, liv. XXII, fol. 20 r°.
[2] Inde centrale.

des produits du sol, ce royaume ressemble à *'O-hi-tchi-ta-lo* (Ahikchêtra). La violence et l'emportement dominent dans les mœurs. Les habitants se livrent à la culture des lettres; ils sont adonnés à l'hérésie, et il en est peu qui révèrent la loi du *Bouddha*. On voit deux *Kia-lan* (Sañghârâmas), renfermant environ trois cents religieux, qui étudient tous la doctrine du *grand Véhicule* (Mahâyâna). Il y a cinq temples des dieux (Dèvâlayas); les hérétiques des différentes sectes habitent pêle-mêle.

Dans l'intérieur d'un ancien couvent, situé au centre de la ville, il y a un *Stoûpa*. Quoiqu'il soit en ruines, il peut avoir encore une centaine de pieds de hauteur. Il a été bâti par le roi *Wou-yeou* (Açôka). Ce fut en cet endroit que jadis *Jou-laï* (le Tathâgata), quand il vivait dans le monde, expliqua, pendant sept jours, le livre sacré *Ouen-kiaï-tchou-king* [1].

A côté de ce couvent, on voit encore un endroit où les quatre *Bouddhas* passés se sont assis et se sont promenés pour faire de l'exercice.

En partant de ce royaume, il fit environ deux cents li au sud-est, et arriva au royaume de *Kie-pi-tha*[2] (Kapitha)[3].

---

[1] Littéralement : le *Soûtra* de celui qui a séjourné dans le monde appelé *Ouen-kiaï*. J'ignore le titre sanscrit.

[2] Anciennement *Kapitha* s'appelait *Song-kia-che* (Sañkâçya).

[3] Inde centrale.

ROYAUME DE KIE-PI-THA.

(KAPITHA.)

Le royaume de *Kie-pi-tha* (Kapitha) a environ deux mille li de tour; la circonférence de la capitale est d'une vingtaine de li. Sous le rapport du climat et des produits du sol, ce royaume ressemble à *Pi-lo-chan-na* (Viraçâna?). Les mœurs sont douces et faciles; la plupart des habitants se livrent à la culture des lettres. Il y a quatre couvents, où l'on compte un millier de religieux de l'école *Tching-liang-pou* (ou des Sammatîyas), qui se rattache au *petit Véhicule* (Hînayâna). Il y a dix temples des dieux; les hérétiques des différentes sectes habitent pêle-mêle; ils adorent tous le dieu *Ta-tseu-t'saï-thien* (Mahêçvara Dêva).

A environ vingt li, à l'est de la ville, il y a un grand *Kia-lan* (Sanghârâma), d'une construction magnifique, où la sculpture a déployé toutes ses merveilles. La vénérable statue du Saint (du *Bouddha*) est parée des plus riches ornements. Il y a plusieurs centaines de religieux qui étudient la doctrine de l'école *Tching-liang-pou* (ou des Sammatîyas); des hommes purs, au nombre de plusieurs fois dix mille, demeurent à côté de ce couvent.

Dans l'intérieur des grands murs du couvent, il y a trois escaliers précieux, qui sont placés dans la direction du sud au nord, et dont la descente est du côté de l'est. Ce fut par cette voie que descendit *Jou-laï* (le

Tathâgata) lorsqu'il revenait du ciel des trente-trois
(dieux) (ou des Dêvas trayastriñças)[1].

Jadis, *Jou-laï* (le Tathâgata), s'élevant au milieu de
la forêt du Vainqueur (*Djêtavana*), monta au palais des
dieux, et résida dans la salle de la bonne loi, où il expliqua la loi à sa mère; au bout de trois mois, il voulut
descendre sur la terre.

Alors, *Chi* (Indra), l'empereur du ciel, déployant sa
puissance surnaturelle, établit ces escaliers précieux.
Celui du milieu était en or, celui de gauche en cristal,
et celui de droite en argent.

Jou-laï (le Tathâgata) ayant quitté la salle de la bonne
loi, accompagné de la multitude des *Dévas*, descendit
par l'escalier du milieu. Le grand roi *Fan* (Mahâ Brahmâ), portant un chasse-mouche blanc, se tenait à sa
droite en foulant les degrés d'argent. *Chi* (Indra), l'empereur du ciel (Divaspati), le couvrant d'un parasol orné
de pierres précieuses, se tenait à sa gauche sur les degrés de cristal. La multitude des *Dêvas* s'élança dans les
airs, répandit une pluie de fleurs et célébra ses vertus.
Ces escaliers existaient encore il y a quelques centaines
d'années; mais, aujourd'hui, ils sont complétement en-
foncés en terre. Les rois des différents royaumes s'affli-
gèrent de ne pas les avoir vus de leurs yeux. Sur les
anciens fondements, ils construisirent, avec des briques
et des pierres ornées de matières précieuses, trois es-

---

[1] Conf. Burnouf, *Introd. au Bouddh.* tome I, page 604, et *Lotus*,
pages 219, 249, 279. L'encyclopédie *Fo-tsou-tong-ki* donne (liv. XXXI.
fol. 14) les noms de ces trente-trois dieux.

caliers qui sont semblables aux premiers. Leur hauteur est d'environ soixante et dix pieds. Ils ont élevé au-dessus une *maison pure* (un Vihâra), au centre de laquelle on voit une statue en pierre du *Bouddha*. Sur les degrés de gauche et de droite, on a placé les statues de *Chi* (Indra) et de *Fan* (Brahmâ). Ces dieux sont représentés sous leur forme première, et sont encore penchés comme pour descendre.

A côté, il y a une colonne en pierre, haute d'environ soixante et dix pieds, qui a été établie par le roi *Wou-yeou* (Açôka). Elle est rouge et luisante, sa matière est dure et d'un grain très-fin. Elle porte à son sommet un lion qui est couché du côté des escaliers. Des figures sculptées avec un art merveilleux ornent les quatre faces du monument, et, suivant que les hommes sont vertueux ou criminels, elles apparaissent (ou non) au milieu de la colonne.

A côté et à une petite distance des escaliers précieux, il y a un *Stoûpa*. C'est un endroit où les quatre *Bouddhas* passés se sont assis et se sont promenés pour faire de l'exercice. A côté, on voit un autre *Stoûpa*. Jadis, *Jou-laï* (le Tathâgata) se baigna en ce lieu. Tout auprès, on a élevé une *maison pure* (un Vihâra). C'est un endroit où *Jou-laï* (le Tathâgata) se livra à la méditation (Samâdhi).

A côté de la *maison pure* (du Vihâra), il y a de grandes assises de pierre, longues de cinquante pieds et hautes de sept pieds. C'est un endroit où *Jou-laï* (le Tathâgata) faisait de l'exercice. Sur toutes les traces qu'a laissées l'empreinte de ses pieds, on voit des figures de lotus.

A droite et à gauche des assises de pierre, il y a deux petits *Stoûpas* qui ont été construits par les soins de *Ti-chi* (Indra) et du roi *Fan* (Brahmâ).

En avant des Stoûpas d'*Indra* et de *Brahmâ*, il y a un endroit où la religieuse *Lien-hoa-se*[1] (Pouṇḍarîkavarṇâ?), ayant voulu voir la première le *Bouddha*, fut changée en roi *Tchakravarttî*[2]. *Jou-laï* (le Tathâgata) étant descendu du palais de *Tseu-t'saï-t'ien* (Îçvara Dêva), s'en revint dans l'île de *Tchen-pou* (Djamboudvîpa). En ce moment, *Sou-pou-ti* (Soubhoûti)[3] était tranquillement assis dans une grotte de pierre. Il pensa ainsi en lui-même : « Maintenant le *Bouddha* descend sur la terre; il a pour « cortége les hommes et les dieux. Pour moi, que dois-« je faire aujourd'hui? Ayant entendu les enseignements « du *Bouddha*, j'ai appris que toutes les lois[4] sont vides. « Je me suis attaché à la nature de toutes les lois, et « alors, avec l'œil de l'intelligence, j'ai vu le corps de « la loi (Dharmakâya). »

Dans ce moment, la religieuse *Lien-hoa-se* (Pouṇḍarîkavarṇâ?) ayant voulu voir la première le *Bouddha*, fut changée en roi *Tchakravarttî*, accompagné de sept choses précieuses, et ayant quatre corps de troupes pour son escorte et sa défense. Quand elle fut arrivée près de l'Honorable du siècle, elle redevint une religieuse. *Jou-laï* (le Tathâgata) lui dit : « Vous ne m'avez pas vu la

---

[1] C'est-à-dire, Couleur de lotus.
[2] En chinois, *Tch'ouen-lun-wang* « roi qui tourne la roue ».
[3] En chinois, *Chen-hien*. Mot à mot : « bien-apparaître », celui qui est né sous d'heureux auspices.
[4] Voyez, plus haut, page 159, note 2, ligne 16.

« première. *Chen-hien* (Soubhoûti) a reconnu le vide de
« toutes les lois, et, par là, il a vu le corps de la loi
« (*Dharmakâya*[1]). »

Dans l'enceinte des murs où l'on voit les vestiges du Saint (du *Bouddha*), des miracles se succèdent sans interruption.

Au sud-est du grand *Stoûpa*, il y a un dragon qui habite un étang. Il est le défenseur assidu des vestiges du Saint (du *Bouddha*), et comme ils sont secrétement protégés, il est difficile de les insulter. Par l'effet du temps, ils se sont dégradés d'eux-mêmes, mais nul homme ne saurait les effacer.

En partant de cet endroit, il fit moins de deux cents li au nord-ouest, et arriva au royaume de *Kie-jo-kio-che* (Kanyâkoubdja). (Inde centrale.)

---

[1] Suivant le Dictionnaire *San-thsang-fa-sou* (liv. VIII, fol. 13), tous les *Bouddhas* sont doués de trois corps; savoir : 1° *Tseu-sing-chin*, le corps de leur nature propre. Les *Jou-luī* (les Tathâgatas) possèdent des mérites d'une pureté sans bornes; c'est là ce qui constitue leur nature propre (*Tseu-sing*), qu'on appelle aussi *Fa-chin*, le corps de la loi (*Dharmakâya*). Le corps de la loi (*Ibid.* fol. 15) est vide et subtil comme l'éther; il circule partout, sans rencontrer d'obstacles; tous les *Bouddhas* en sont également doués. 2° *Pao-ching*, le corps dont les jouissances sont complètes (*Sambhôgakâya*). Les *Bouddhas* s'étant appliqués à cultiver leur vertu et leur intelligence infinies, ils ont acquis des mérites d'une pureté sans bornes; ils en jouissent eux-même éternellement, et ils augmentent ainsi la joie que leur procure la possession de la loi. 3° *Hoa-chin*, le corps doué de la faculté de se transformer (*Nirmânakâya*). Les *Bouddhas* possédant une puissance divine qui échappe à la pensée humaine, peuvent se transformer et apparaître en tous lieux pour expliquer la loi, afin que par là chaque homme obtienne toute sorte d'avantages et de félicités.

LIVRE CINQUIÈME.

ROYAUME DE KIE-JO-KIO-CHE.
(KANYÂKOUBDJA.)

Le royaume de *Kie-jo-kio-che* (Kanyâkoubdja) a environ quatre mille li de tour. La capitale est voisine du Gange; elle est longue d'une vingtaine de li, et large de quatre à cinq li. Les villes sont défendues par des murs solides et des fossés profonds[1]. On voit un grand nombre de tours et de pavillons[2], des bosquets fleuris, des étangs et des viviers dont l'eau est pure et claire comme un miroir; on y trouve en quantité les marchandises les plus rares des pays étrangers. Les habitants sont riches et heureux, et chaque famille nage dans l'opulence. Les fleurs et les fruits abondent en tous lieux; les semailles et les récoltes se font à des époques régulières. Le climat est tempéré; les mœurs sont pures et honnêtes. Les habitants ont des traits nobles et gracieux; ils portent des vêtements de satin d'une couleur brillante, s'ap-

---

[1] Il y a une faute dans le texte. Au lieu de 峻 *sun* « élevé », il faut lire 浚 *sun* « profond ». Conf. *P'ing-tseu-louï-pien*, liv. LXII, fol. 6 v°, ligne 13.

[2] Littéralement : les tours et les pavillons se regardent mutuellement.

pliquent ardemment à la culture des lettres, parlent avec clarté et discutent avec profondeur. Une moitié suit la vraie doctrine, et l'autre s'attache à l'erreur. Il y a une centaine de couvents, qui renferment environ dix mille religieux, et où l'on étudie, en même temps, le *grand* et le *petit Véhicule.* Il y a environ deux cents temples des dieux, et plusieurs milliers d'hérétiques.

A l'époque où les hommes jouissaient d'une longévité extraordinaire, l'ancienne capitale du royaume de *Kie-jo-kio-che* (Kanyâkoubdja) s'appelait *Keou-sou-mo-pou-lo* (Kousoumapoura)¹. Le roi était surnommé *Fan-cheou* (Brahmadatta). Grâce à la vertu et à la prudence qu'il avait possédées dans son existence antérieure, il était doué à la fois de talents civils et militaires. Sa puissance faisait trembler tout le *Tchen-pou* (Djamboudvîpa— l'Inde), et le bruit de son nom mettait en émoi les royaumes voisins. Il avait mille fils remplis de sagesse et de bravoure, et cent filles d'une charmante beauté.

A cette époque, il y avait un *Richi* qui demeurait à côté du Gange. Depuis plusieurs fois dix mille ans, il tenait son esprit plongé dans l'extase; son corps ressemblait à un arbre desséché. Un jour, des oiseaux voyageurs, qui perchaient en cet endroit, laissèrent tomber un fruit de *Ni-keou-liu* (Nyagrôdha) sur l'épaule du *Richi.* Après que les étés eurent succédé maintes fois aux hivers, ce fruit produisit une arbre large et touffu. Au bout d'un grand nombre d'années, le *Richi* sortit enfin

---

¹ En chinois, *Hoa-kong* « le palais des fleurs », et ailleurs (liv. VIII, fol. 1), *Hou-kong-tch'ing* « la ville aux palais fleuris ».

de son extase. Il voulut enlever cet arbre, mais il craignit de détruire les nids des oiseaux. Les hommes de son temps exaltèrent sa vertu, et le surnommèrent le *Richi du grand arbre* (Mahâvrikcha Richi?). Le *Richi* attacha ses yeux sur les rivages du fleuve (du Gange); puis, se promenant dans les bosquets, il aperçut les filles du roi qui marchaient à la suite les unes des autres, et folâtraient ensemble. L'amour du *monde des désirs* (Kâmadhâtou) s'éveilla en lui, et les appétits sensuels enflammèrent son cœur. Alors, montrant du doigt *la Ville des fleurs* (Kousoumapoura), il voulut aller saluer le roi et lui demander (une de ses filles).

Le roi, averti de l'arrivée du *Richi*, alla lui-même à sa rencontre, et lui parla ainsi d'un ton bienveillant : « Grand *Richi*, vous avez placé vos affections en dehors « des créatures; comment pouvez-vous agir aussi légè- « rement ? »

— « Sire, répondit le *Richi*, après avoir reposé, pen- « dant un grand nombre d'années au sein des forêts, je « suis sorti de l'extase. Comme je marchais en prome- « nant partout mes regards, j'ai aperçu les filles de Votre « Majesté, et le feu de l'amour s'est allumé dans mon « cœur. Je viens de loin pour vous en demander une. »

A ces mots, le roi éprouva un embarras extrême. « Maintenant, dit-il au *Richi*, retournez dans votre mai- « son, et veuillez attendre le jour du bonheur[1]. » Le *Richi* obéit aux ordres du roi, et s'en revint dans la forêt.

[1] Littéralement : l'heure heureuse, fortunée, pour dire le jour du mariage.

Le roi interrogea alors ses filles l'une après l'autre, mais aucune ne voulut répondre aux vœux du Rĭchi.

Le roi, redoutant la puissance du Rĭchi, se consumait de chagrin et de douleur. La plus jeune de ses filles, ayant épié un moment où le roi était libre, lui parla ainsi d'un ton calme : « Le roi, mon père, possède « mille fils, et tous les royaumes sont heureux d'obéir à « ses lois; pourquoi se consume-t-il de chagrin et de dou- « leur, comme s'il avait quelque chose à craindre? »

— « Le *Rĭchi du grand arbre* (Mahâvrĭkcha Rĭchi?), ré- « pondit le roi, a daigné jeter ses yeux sur vous, et me « demander une épouse; mais vous avez dédaigné toutes « de répondre à ses vœux. Ce Rĭchi est fort puissant, et « il peut, à son gré, susciter le malheur ou le bonheur. « S'il n'obtient pas l'objet de ses désirs, il s'abandon- « nera infailliblement à toute sa colère, il détruira mon « royaume, et abolira les sacrifices de mes ancêtres, de « sorte que mon déshonneur rejaillira jusque sur notre « premier roi. Je songe sérieusement à ces malheurs, et, « en vérité, j'ai bien sujet de trembler. »

Sa jeune fille lui fit ses excuses, et lui parla ainsi : « Quittez ce profond chagrin; nous seules sommes cou- « pables. Je désire sacrifier ma chétive personne pour « prolonger la durée de votre dynastie. »

A ces mots, le roi fut transporté de joie, et ordonna d'atteler son char pour la conduire à son époux. Quand il fut arrivé à la cabane du Rĭchi, il lui offrit ses remercîments, et lui dit : « Grand Rĭchi, puisque vous « avez daigné abaisser sur le siècle vos nobles affections

« qui s'élançaient au delà du monde, j'ose vous offrir
« cette jeune fille pour épouse. » Le *Rĭchi*, l'ayant regardée, éprouva un vif déplaisir. « Sire, dit-il, c'est
« par mépris pour ma vieillesse que vous voulez me ma-
« rier avec cette laideron! »

— « J'ai interrogé mes filles l'une après l'autre, re-
« partit le roi, mais elles n'ont pas voulu se rendre à vos
« vœux. Il n'y a eu que cette jeune fille qui ait exprimé
« le désir de devenir votre servante. »

Le *Rĭchi* entra en fureur, et prononça cette imprécation : « Que les quatre-vingt-dix-neuf autres de-
« viennent bossues en cet instant. Par suite de cette dif-
« formité, elles ne pourront se marier de leur vie. »

Le roi ayant envoyé vérifier le fait, elles étaient déjà bossues. Depuis cet événement, la ville changea de nom, et s'appela *Khio-niu-tch'ing* (Kanyâkoubdja), c'est-à-dire, la ville des filles bossues.

Le roi actuel est de la caste des *Feĭ-che* (Vâiçyas); il a pour surnom *Ko-li-cha-fa-t'an-na* (Harchavarddhana)[1]; il règne et possède tout le territoire; on compte trois rois en deux générations. Le surnom de son père était *Po-lo-kie-lo-fa-t'an-na* (Prabhâkaravarddhana)[2]; son frère aîné s'appelait *Ko-lo-che-fa-t'an-na* (Râdjavarddhana). *Wang-tseng*[3] (Râdjavarddhana) monta sur le trône en qualité de fils aîné, et gouverna d'une ma-

---

[1] En chinois, *Hi-tseng* « l'augmentation de la joie ».

[2] En chinois, *Tso-kouang-tseng*, c'est-à-dire « l'augmentation de celui qui procure l'éclat ». Au lieu de *Po-lo*, il faut *Po-lo-p'o* (Prabha).

[3] En chinois, *Wang-tseng*, c'est-à-dire « l'augmentation du roi. »

nière vertueuse. A cette époque, *Che-chang-kia*[1] (Çaçâṅgka), roi du royaume de *Kie-lo-na-sou-fa-la-na*[2] (Karṇasouvarṇa), dans l'Inde orientale, disait chaque jour à ses ministres : « Quand, dans le voisinage, il y a « un roi sage, c'est le malheur du royaume. » Là-dessus, il l'attira perfidement à un rendez-vous et le[3] tua.

Les habitants (de Kanyâkoubdja) ayant perdu leur prince, le royaume fut en proie au désordre. Alors un ministre nommé *Po-ni* (Bâṇî), qui jouissait d'une autorité imposante, parla ainsi à ses collègues : « Le des- « tin du royaume va se décider aujourd'hui. Le fils (aîné) « de notre premier roi est mort; le frère de ce prince « est bienveillant et humain, et le ciel l'a doué de piété « filiale et de respect. Par l'impulsion de son cœur, il « aimera ses parents et aura confiance dans ses sujets. « Je désirerais le voir hériter du trône. Qu'en pensez- « vous? Que chacun de vous dise son sentiment. »

Comme tous admiraient sa vertu, personne ne fut d'un avis différent. Alors, les ministres et les magistrats l'exhortèrent à monter sur le trône : « Prince royal, lui « dirent-ils, daignez nous écouter. Notre premier roi « avait accumulé des mérites et amassé des vertus, et « il avait régné avec gloire. Quand *Wang-tseng* (Râdja- « varddhana) lui eut succédé, nous pensâmes qu'il irait « jusqu'au terme de sa carrière. Mais, par l'incapacité « de ses ministres, il est allé se jeter sous le fer de son

---

[1] En chinois, *Youeï* « lune ».
[2] En chinois, *Kin-eul* « oreilles d'or, ou qui a de l'or aux oreilles ».
[3] C'est-à-dire, tua *Wang-tseng* (Râdjavarddhana).

« ennemi; ç'a été, pour le royaume, un immense dés-
« honneur. C'est nous qui sommes les coupables. L'o-
« pinion publique éclate dans les chants du peuple, et
« tout le monde se soumet sincèrement à votre vertu
« éclatante. Régnez donc glorieusement sur ce pays. Si
« vous pouvez venger les injures de votre famille, laver
« la honte du royaume et illustrer l'héritage de votre
« père, quel mérite sera comparable au vôtre? Nous vous
« en supplions, ne repoussez pas nos vœux. »

— « De tout temps, répondit le prince royal, l'héritage
« d'un royaume a été un lourd fardeau. Avant de monter
« sur le trône, on doit mûrement réfléchir. Pour moi, je
« n'ai, en vérité, qu'une vertu médiocre; mais aujour-
« d'hui que mon père et mon frère ne sont plus, si je re-
« fuse l'héritage de la couronne, pourrai-je, par là, faire
« le bien du peuple? Il est juste que j'obéisse à l'opinion
« publique et que j'oublie ma faiblesse et mon incapa-
« cité. Maintenant, sur les bords du Gange, il y a une
« statue de *Kouan-tseu-ts'aï-pou-sa* (Avalôkitêçvara Bô-
« dhisattva); comme il opère beaucoup de miracles, je
« désire aller le prier. » Il se rendit aussitôt auprès de la
statue, s'abstint de manger (jeûna) et fit de ferventes
prières. Le *Bôdhisattva,* touché de la sincérité de son
cœur, lui apparut en personne et l'interrogea ainsi :
« Que demandez-vous avec de si vives instances? »

— « Je n'ai fait qu'amasser des malheurs, répondit le
« prince royal; j'ai perdu mon père, qui était bon et affec-
« tueux, et mon frère aîné, modèle de douceur et d'hu-
« manité, a été odieusement massacré. Leur mort a été

« pour moi un double châtiment. Je vois moi-même que
« j'ai peu de vertu; cependant les habitants du royaume
« veulent m'élever aux honneurs, et demandent que je
« succède au trône pour illustrer l'héritage de mon père.
« Mais, comme mon esprit est obtus[1] et dénué de con-
« naissances, j'ose vous demander votre sainte opinion. »

Le *Pou-sa* (Bôdhisattva) lui dit : « Dans votre vie an-
« térieure, vous demeuriez dans cette forêt; vous étiez
« le *Bhikchou* d'un ermitage[2], et vous vous acquittiez de
« vos devoirs avec un zèle infatigable. Par l'effet de cette
« conduite vertueuse, vous êtes devenu le fils de ce roi.
« Le souverain du royaume de *Kin-eul* (Karṇasouvarṇa
« poura) ayant détruit la loi du *Bouddha*, il faut que vous
« succédiez à la couronne pour faire revivre la splendeur
« du royaume. Si vous vous pénétrez d'affection et de
« pitié, si votre âme compatit au malheur, avant peu
« vous régnerez sur les cinq Indes. Si vous voulez pro-
« longer la durée de votre dynastie, il faut que vous sui-
« viez mes instructions. Par ma protection secrète, je
« vous procurerai un bonheur éclatant, et nul roi voi-
« sin ne pourra vous résister. Mais ne montez point sur
« le *siége du lion* (Siñhâsana — sur le trône), et ne
« prenez point le titre de *grand roi* (Mahârâdja). »

Après avoir reçu ces instructions, il se retira. Il ac-

---

[1] Il y a une faute dans le texte, 時 *chi* « temps », au lieu de 昧 *meï* « obscur », l'opposé de « éclairé ».

[2] En chinois, le *Bhikchou* d'un *Lien-jo*. *Ermitage* me paraît rendre ici le mot indien *aranya* (vulgo *forêt*), auquel répond la transcription tronquée *Lien-jo*.

cepta alors l'héritage de la royauté, se désigna lui-même par le nom de prince royal (Koumâraràdja) et prit le titre de *Chi-lo-'o-t'ie-to* (Çilâditya)[1]. Là-dessus il donna les ordres suivants à tous ses sujets : « Le meurtre de « mon frère n'est pas encore vengé, et les royaumes voi- « sins ne sont point soumis à mes lois; je ne vois point « l'époque où je pourrai manger tranquillement. Vous « tous, magistrats, unissez vos cœurs et vos bras. »

Aussitôt, il rassembla toutes les troupes du royaume et fit exercer ses soldats. Il avait une armée de cinq mille éléphants; la cavalerie comptait vingt mille chevaux, et l'infanterie cinquante mille hommes. Il marcha de l'ouest à l'est pour châtier les rois insoumis. Les éléphants ne quittèrent point leurs selles, ni les hommes leurs cuirasses. Enfin, au milieu de la sixième année, il se rendit maître des cinq Indes. Après avoir agrandi son territoire, il augmenta encore son armée; le corps des éléphants fut porté à soixante mille, et celui de la cavalerie à cent mille. Au bout de trente ans, les armes se reposèrent, et, par sa sage administration, il répandit partout l'union et la paix. Il s'appliqua à l'économie, cultiva la vertu, et pratiqua le bien au point d'oublier le sommeil et le manger. Il défendit, dans les cinq Indes, l'usage de la viande, ajoutant que si quelqu'un tuait un être vivant, il serait condamné à mort, sans espoir de pardon. Près des bords du Gange, il fit élever plusieurs milliers de *Stoûpas*, qui avaient chacun une centaine de pieds. Dans les villes, grandes et petites,

---

[1] En chinois, *Kiaï-ji* « le soleil de la conduite morale ».

des cinq Indes, dans les villages, dans les carrefours, au croisement des chemins, il fit bâtir des maisons de secours[1] où l'on déposait des aliments, des breuvages et des médicaments[2] pour les donner en aumône aux voyageurs, aux pauvres et aux indigents. Ces distributions bienfaisantes ne cessaient jamais. Partout où le Saint (*Bouddha*) avait laissé la trace de ses pas, il faisait élever des *Kia-lan* (Sañghârâmas). Tous les cinq ans, il convoquait une assemblée, appelée *Wou-tche-ta-hoeï* (la grande assemblée de la Délivrance — Môkcha mahâ parichad). Il épuisait le trésor et les magasins de l'État pour faire du bien à tous les hommes. Il ne réservait que les armes qui n'étaient point propres à être données en aumône[3]. Chaque année, il réunissait les *Cha-men* (les Çramaṇas) des différents royaumes. Le troisième et le septième jour, il leur faisait les quatre offrandes. Il décorait richement le *Fauteuil de la loi* et faisait disposer, en grand nombre, les *siéges de l'explication*[4]. Il ordonnait aux religieux de discuter ensemble, et jugeait de leur force ou de leur faiblesse. Il récompensait les bons et châtiait les mé-

---

[1] En chinois, *T'sing-liu* « des cabanes pures » (Pounyaçâlâs).

[2] Il y a une faute dans le texte : 翳 *i* « écran », au lieu de 醫 *i* « médecin, traiter une maladie ».

[3] Il y a dans le texte, 檀捨 *than-che*, mot hybride, dont la première syllabe représente le mot sanscrit *dâna* « don »; la seconde a le sens de « donner en aumône ».

[4] On entend ici le fauteuil de l'orateur chargé d'exposer *la loi* (la doctrine), et les siéges des religieux qui devaient assister ou prendre part à l'explication des textes. Il y a, en chinois, *i-yen* « les nattes du sens » (*vulgo* justice).

chants, destituait les ignorants et élevait les hommes éclairés. Si quelqu'un observait fidèlement les règles de la discipline, s'il se distinguait par la pureté de sa vertu, le roi le faisait monter sur le *siége du lion* (Siñhâsana — sur son trône) et recevait lui-même, de sa bouche, l'enseignement de la loi. Si quelqu'un, bien que tenant une conduite pure et irréprochable, était dépourvu de savoir et d'érudition, il se contentait de lui donner des témoignages d'estime et de respect.

Si un homme oubliait les règles de la discipline, et laissait paraître ses vices au grand jour, le prince l'expulsait de son royaume et ne voulait plus le voir ni l'entendre. Lorsque les petits rois des royaumes voisins, leurs ministres et leurs grands officiers, pratiquaient le bien sans relâche, et cherchaient la vertu avec un zèle infatigable, il les conduisait par la main, les faisait asseoir sur son trône et les appelait ses *bons amis*. Quant à ceux qui tenaient une conduite différente, il dédaignait de leur parler en face. S'il avait besoin de consulter quelqu'un sur une affaire, il se mettait en rapport avec lui par un échange continuel de courriers. Souvent, il visitait lui-même ses domaines et examinait les mœurs des habitants. Il n'avait nulle part une résidence fixe; partout où il s'arrêtait, il faisait construire une cabane et y demeurait. Seulement, dans les trois mois de la saison des pluies (Varchâs), il suspendait ses excursions. Chaque jour, dans son palais de voyage, il faisait préparer des mets recherchés pour nourrir les hommes de différente croyance, savoir :

mille religieux et cinq cents Brâhmanes. Il divisait chaque jour en trois parties. Dans la première, il s'occupait des affaires publiques et du gouvernement; dans la seconde, il s'appliquait à des actes méritoires et cultivait le bien avec un zèle infatigable : le jour entier ne lui suffisait pas.

Dans le commencement, (*Hiouen-thsang*) ayant reçu une invitation du roi *Keou-mo-lo* (Koumâra), il lui avait répondu : « Je vais du royaume de *Mo-kie-t'o* (Magadha) « dans le royaume de *Kia-mo-liu-po* (Kâmaroûpa). »

A cette époque, le roi *Kiaï-ji* (Çîlâditya) visitait ses États. Comme il se trouvait dans le royaume de *Kie-tchou-ou-ki-lo* (Kadjoûghira), il donna l'ordre suivant au roi *Keou-mo-lo* (Koumâra) : « Il faut qu'avec le religieux étranger[1] du couvent de *Na-lan-t'o* (Nâlanda) « vous veniez promptement me voir. »

Là-dessus (le religieux), de compagnie avec *Keou-mo-lo* (Koumâra), se rendit auprès du roi. Après qu'il se fut délassé de ses fatigues, le roi *Kiaï-ji* (Çîlâditya) lui dit : « De quel royaume venez-vous? quel est « l'objet de vos désirs? »

— « Je viens, répondit le voyageur, du royaume « des grands *Thang*; je vous demande la permission de « chercher la loi du *Bouddha*. »

— « En quel pays se trouve le royaume des grands « *Thang*, lui demanda le roi? quelle distance le sé- « pare de celui-ci? »

— « Il est situé, répondit-il, au nord-est de ce

[1] Ce religieux étranger était *Hiouen-thsang*.

« royaume, et en est éloigné de plusieurs fois dix mille
« li. C'est le pays que les Indiens appellent *Mo-ho-tchi-*
« *na* (Mahâtchîna — la grande Chine). »

— « J'ai entendu dire, reprit le roi, que, dans le
« royaume de *Mo-ho-tchi-na* (Mahâtchîna), il y a un
« empereur appelé le *roi de Thsin*. Dans sa jeunesse, il
« se distingua par une pénétration merveilleuse; devenu
« grand, il montra, dans l'art de la guerre, un talent
« divin. Jadis, sous le règne précédent, l'empire était en
« proie au désordre; il était divisé et croulait de toutes
« parts; chacun courait aux armes, et les hommes étaient
« plongés dans le malheur. Mais l'empereur, appelé le
« *roi de Thsin*, qui avait conçu de bonne heure de vastes
« projets, déploya toute sa bienveillance et sa tendre
« pitié. Il sauva les hommes du naufrage et pacifia l'in-
« térieur des mers (l'empire). Ses lois et ses bienfaits
« se répandirent au loin. Les peuples des autres pays et
« des contrées étrangères embrassèrent ses réformes
« avec amour et se déclarèrent ses sujets. La multitude
« du peuple, qu'il nourrit généreusement, chante des
« morceaux de musique en l'honneur des victoires du
« *roi de Thsin*. Il y a déjà longtemps que j'ai entendu
« retentir ses louanges. L'éloge de ses vertus brillantes
« est-il réellement fondé? Est-ce bien là ce qu'on ap-
« pelle le royaume des grands *Thang?* »

— « Oui, lui répondit-il, *Tchi-na* (Chine) est le
« nom du royaume de nos premiers rois, et *Ta-thang*
« (les grands *Thang*) est celui de la dynastie actuelle.
« Jadis, lorsque le souverain n'avait pas encore hérité

« du trône, on l'appelait « le *roi de Thsin;* » mainte-
« nant qu'il a reçu le pouvoir suprême, on le nomme
« *Thien-tseu* (le fils du ciel — l'empereur).

« A la fin de la dynastie précédente[1], le peuple était
« sans maître; les armes de guerre s'agitaient pêle-mêle
« et immolaient les hommes. Le roi de *Thsin*, qui avait
« reçu du ciel une grande âme, fit éclater sa bienveil-
« lance et sa pitié. Grâce à la puissance de son bras,
« les méchants furent exterminés; les huit régions com-
« mencèrent à respirer, et les dix mille royaumes vin-
« rent lui offrir le tribut. Il nourrit avec bonté toutes
« les créatures; il révère les *trois Précieux*; il allége les
« impôts et diminue les supplices; le royaume a des
« ressources surabondantes, et le peuple jouit d'une
« paix sans bornes. Il serait difficile d'énumérer complé-
« tement ses grandes vues et ses magnifiques réformes. »

— « A merveille! s'écria *Kiaï-ji* (Çîlâditya); les peu-
« ples de cette contrée (de la Chine) doivent le bonheur
« à leur saint roi. »

A cette époque, le roi *Kiaï-ji* (Çîlâditya), étant sur le point de retourner dans la *Ville des filles bossues* (Kanyâkoubdja), convoqua une *Assemblée de la loi*. Précédé d'une multitude de plusieurs centaines de mille, il se tenait sur la rive méridionale du Gange. Le roi *Keou-mo-lo* (Koumâra), précédé d'une multitude de plusieurs dizaines de mille, occupait le bord septentrional. Ensuite les troupes, séparées par le fleuve qui coulait au milieu d'elles, s'avancèrent ensemble, par

---
[1] La dynastie des *Soui*.

eau et par terre. Les deux rois ouvraient la marche. Les quatre corps d'armée formaient une escorte imposante. Les uns, montés sur des bateaux, les autres, sur des éléphants, s'avançaient au son des tambours, des conques marines, des flûtes et des guitares. Au bout de quatre-vingt-dix jours, ils arrivèrent à la *ville des filles bossues* (Kanyâkoubdja), au milieu d'une grande forêt d'arbres en fleurs, qui était située à l'ouest du Gange. Dans ce moment, vingt rois des différents royaumes, qui avaient reçu d'avance les ordres de Çilâditya, avaient amené chacun les *Cha-men* (Çramaṇas) et les *Po-lo-men* (les Brâhmanes) les plus distingués de leur royaume; les magistrats et les guerriers étaient venus se joindre à la grande assemblée.

Le roi (Çilâditya) avait construit d'avance, au sud du Gange, un immense *Kia-lan* (Sañghârâma). A l'est du *Sañghârâma*, il avait élevé une tour, richement décorée, haute d'environ cent pieds. Au milieu, il y avait une statue d'or du *Bouddha*, de la même taille que le roi. Au midi de la tour, il avait dressé un autel construit avec des matières précieuses, pour y baigner la statue du *Bouddha*.

A quatorze ou quinze li, au nord-est de cet endroit, il construisit en outre un palais de voyage. On était alors dans le second mois du printemps. Dès le premier jour, il avait offert des mets exquis aux *Cha-men* (Çramaṇas) et aux *Po-lo-men* (Brâhmanes). Le vingt et unième jour, depuis le palais de voyage jusqu'au grand *Kia-lan* (couvent), il avait fait établir, sur les deux cô-

tés de la route, des pavillons qui resplendissaient des
plus riches ornements. Des musiciens, qui y restaient
en permanence, faisaient entendre tour à tour d'harmonieux concerts. Le roi fit sortir, de son palais de
voyage, une statue d'or, creuse au milieu et relevée
en bosse, qui était haute d'environ trois pieds. On la
transporta sur un grand éléphant qui était couvert
d'une housse d'un grand prix.

Le roi *Kiaï-ji* (Çilâditya), sous le costume de *Ti-chi*
(Indra), portait un parasol précieux et se tenait à gauche
de la statue. Le roi *Keou-mo-lo* (Koumâra), sous les
traits du roi *Fan* (Brahmâ), avait à la main un chasse-
mouche blanc, et se tenait du côté droit. Chacun d'eux
avait pour escorte un corps de cinq cents éléphants couverts de cuirasses. En avant et en arrière de la statue du
Bouddha, il y avait cent grands éléphants. Ils portaient
des musiciens qui battaient du tambour et remplis-
saient l'air de sons harmonieux. Le roi *Kiaï-ji* (Çilâditya) répandait à chaque pas, en l'honneur des *trois Précieux*, des perles fines, des pierres précieuses de toute
sorte et des fleurs d'or et d'argent. Il monta d'abord
sur l'autel, fait de matières précieuses, et lava la statue
avec une eau parfumée. Le roi la prit lui-même sur ses
épaules, et la porta au haut de la tour occidentale.
Puis, pour l'honorer, il offrit des dizaines, des centaines, des milliers de vêtements de soie, ornés de
toutes sortes de pierres précieuses. Dans ce moment,
il n'y avait que vingt *Çramaṇas* qui suivissent la statue;
les rois des divers royaumes lui servaient d'escorte.

Quand on eut fini de manger, le roi rassembla (dans une conférence) les hommes d'études différentes (les religieux et les Brâhmanes), qui discutèrent les expressions les plus abstraites et traitèrent des principes les plus relevés. A l'approche du soir, le roi s'en revint dans son palais de voyage. Chaque jour on conduisait ainsi la statue d'or, et on l'accompagnait en grande pompe comme la première fois. Mais, quand fut arrivé le dernier jour de l'assemblée, tout à coup le feu prit à la grande tour, et le pavillon à double étage qui s'élevait au-dessus de la porte du couvent, devint la proie des flammes. Le roi dit alors : « J'ai épuisé en aumônes les « richesses de mon royaume. A l'exemple de notre an- « cien roi, j'ai construit ce couvent, et j'ai voulu me « distinguer par des œuvres méritoires ; mais ma faible « vertu n'a point trouvé d'appui. A la vue de telles ca- « lamités et de si tristes augures, qu'ai-je besoin de « vivre davantage ? »

Alors il brûla des parfums, adressa d'humbles prières au *Bouddha,* et prononça ce serment : « Grâce « aux bonnes œuvres de ma vie antérieure, je suis de- « venu le roi des cinq Indes. Je désire, par la force de « ma vertu, éteindre ce terrible incendie. Si ce vœu « doit rester sans effet, puissé-je mourir à l'instant « même ! »

A ces mots, il s'élança en dehors de la porte ; le feu s'éteignit comme si on l'eût tout d'un coup étouffé, et la fumée disparut. Les rois, témoins de ce prodige, éprouvèrent un redoublement de crainte et de respect ;

mais lui, sans changer de visage, et du même ton de voix qu'auparavant, interrogea les rois en ces termes :

« Cet incendie subit a réduit en cendres les cons-
« tructions que je venais d'achever. Que pensez-vous de
« cet événement ? »

Les rois se prosternèrent à ses pieds, et lui répondirent, les yeux baignés de larmes.

« Nous espérions, dirent-ils, que le monument sacré
« que vous veniez d'achever, subsisterait jusqu'aux gé-
« nérations futures. Qui aurait pensé qu'au premier jour,
« il serait réduit en cendres ? Ajoutez à cela que les
« Brâhmanes s'en réjouissent au fond du cœur, et se
« félicitent les uns les autres. »

Le roi leur dit : « Par ce qui vient d'arriver, on peut
« reconnaître la vérité des paroles du *Bouddha*. Les Brâh-
« manes et les hommes d'études différentes soutiennent
« avec obstination que tout est éternel[1]. Mais notre grand
« maître (le *Bouddha*) nous a enseigné l'instabilité (de
« toutes choses). Pour moi, j'ai complété mes aumônes,
« et j'ai satisfait le vœu de mon cœur. En voyant cet in-
« cendie s'éteindre, je reconnais de nouveau la vérité
« des paroles de *Jou-laï*. Ç'a été un très-grand bonheur,
« et il n'y a nul sujet de s'abandonner aux larmes. »

[1] Il y a, en chinois, *Tchi-tch'ang-kien* « soutiennent l'idée de l'éternité (des hommes et des choses). » Le Dictionnaire *San-thsang-fa-sou* (liv. VII, fol. 7) explique ainsi cette expression : « *Tch'ang-kien* signifie, par exemple, l'idée que notre corps renaît après la mort ; puis, qu'il continue de mourir et de renaître sans interruption. » Dans notre passage, le roi fait sans doute allusion aux travaux faits de main d'homme, savoir, à la tour et au pavillon que le feu venait de consumer.

En achevant ces mots, il suivit les rois, et monta, du côté de l'est, au haut du grand *Stoûpa.* Arrivé sur le sommet, il promena partout ses regards, puis il descendit les degrés. Mais tout à coup un homme étrange courut à sa rencontre, un poignard à la main. Le roi, vivement pressé, fit quelques pas en arrière, et remonta l'escalier; puis, se baissant, il saisit cet homme pour le livrer aux magistrats.

En ce moment, les magistrats, remplis de crainte et de trouble, ne surent pas accourir à son secours. Tous les rois demandèrent qu'on exterminât cet homme. Mais le roi *Kiaï-ji* (Çilâditya), sans laisser percer dans ses traits la moindre colère, défendit qu'on le mît à mort. Le roi lui-même l'interrogea en ces termes :

« Quel mal vous ai-je fait, pour que vous ayez commis un tel attentat ? »

— « Grand roi, répondit-il, votre bienfaisance est « exempte de partialité, et les hommes du dedans et « du dehors vous doivent leur bonheur; mais moi, stu-« pide que je suis, et incapable de former de nobles pro-« jets, je me suis laissé entraîner par un mot des Brâh-« manes. Tout à coup, je suis devenu un assassin, et je « me suis chargé d'immoler Votre Majesté. »

Le roi lui dit : « Pourquoi les Brâhmanes ont-ils « formé ce coupable dessein ? »

— « Sire, répondit-il, après avoir réuni les princes « de tous les royaumes, vous avez vidé votre trésor et « vos magasins pour honorer les *Cha-men* (Çramaṇas) « et faire fondre une statue (d'or) du *Bouddha;* mais les

« Brâhmanes, que vous avez fait venir de loin, n'ont
« reçu de Votre Majesté aucune marque d'attention. Ils
« en ont ressenti une honte profonde, et ont chargé l'in-
« sensé qui vous parle de commettre cet infâme attentat. »

Là-dessus, le roi interrogea sévèrement les hérétiques et leurs partisans. Il y avait cinq cents *Po-lo-men*
(Brâhmanes), tous doués de talents supérieurs, qui
s'étaient rendus à l'appel du roi. Jaloux des *Cha-men*
(Çramaṇas), que le roi avait comblés d'hommages, ils
avaient lancé une flèche incendiaire qui avait mis le
feu à la tour précieuse. Ils espéraient que, par suite
des efforts qu'on ferait pour éteindre le feu, la foule
se disperserait en désordre, et ils voulaient profiter
de ce moment pour tuer le roi. Ayant manqué l'occasion qu'ils épiaient, ils avaient soudoyé cet homme,
afin qu'il courût sur lui dans un sentier étroit et le poi-
gnardât.

Dans ce moment, les ministres de tous les rois demandèrent l'extermination des Brâhmanes. Le roi punit
les chefs du complot, et fit grâce à leurs partisans. Il
déporta cinq cents Brâhmanes en dehors des frontières
de l'Inde, et s'en revint à la capitale.

Au nord-ouest de la ville, il y a un *Stoûpa* qui a été
bâti par le roi *Wou-yeou* (Açôka). Jadis, en cet endroit,
Jou-laï (le Tathâgata) expliqua les lois les plus excellentes.

A côté, on voit des endroits où les quatre *Bouddhas*
passés se sont assis et où ils se sont promenés pour
faire de l'exercice. Il y a, en outre, un petit *Stoûpa* qui

renferme des cheveux et des ongles de *Jou-laï* (du Tathâgata), et un autre qu'on appelle le *Stoûpa* de l'explication de la loi[1].

Du côté du sud, et tout près du Gange, il y a trois *Kia-lan* (Sañghârâmas), qui ont des murs semblables et des portes différentes. Les statues du *Bouddha* ont une beauté imposante; les religieux sont graves et silencieux; ils se font servir par plusieurs milliers de Brâhmanes. Dans une cassette ornée de pierres précieuses, que possède une maison pure (un *Vihâra*), il y a une dent du *Bouddha*, longue d'un pouce et demi (*sic*). Elle a un éclat merveilleux et une couleur extraordinaire qui change du matin au soir. On accourt de tous côtés; les magistrats et les hommes du peuple se réunissent ensemble et lui offrent leurs hommages. Chaque jour, la multitude se compte par centaines et par milliers. Les gardiens, voyant le bruit et la confusion s'accroître de jour en jour, ont établi une lourde taxe, et ont publié en tous lieux que quiconque voudrait voir la dent du *Bouddha*, aurait à payer une grande pièce d'or. Cependant, les dévots qui viennent voir et adorer la dent sont toujours aussi nombreux, et acquittent avec joie la taxe de la pièce d'or. Chaque jour de jeûne, on la sort[2] et on la place sur un piédestal élevé. Des centaines, des milliers d'hommes brûlent des par-

[1] Le *Stoûpa* construit dans le lieu où a été expliquée la loi.
[2] Le texte dit seulement : « On *sort*, on *place*. » L'auteur sous-entend les mots « la dent renfermée dans la boîte », ou plutôt, comme il est dit plus bas: « la boîte de la dent ».

fums et répandent des fleurs à pleines mains. Mais, quoi qu'on fasse, la boîte de la dent ne disparaît jamais sous les monceaux de fleurs.

En avant du *Kia-lan* (couvent), il y a, à droite et à gauche, deux *Vihâras*, hauts chacun d'environ cent pieds. Les fondements sont en pierre et le bâtiment en briques. Les statues du *Bouddha*, qui s'élèvent au milieu, sont ornées d'une multitude de pierres précieuses. On les fond tantôt en or ou en argent, tantôt en cuivre jaune. En avant de chacun de ces deux *Vihâras*, il y a un petit *Kia-lan* (couvent).

Au sud-est et à une petite distance de ces *Kia-lan* (couvents), il y a un grand *Vihâra*, dont les fondements sont en pierre et le bâtiment en briques. Il est haut d'environ deux cents pieds. Au centre, se trouve la statue de *Jou-laï* (du Tathâgata), qu'on a représenté debout. Elle a environ trente pieds de hauteur. On l'a fondue en laiton, et on l'a ornée de pierres précieuses d'une rare beauté.

Sur les murs en pierre qui entourent le *Vihâra*, d'habiles sculpteurs ont représenté, dans les plus grands détails, tous les actes de *Jou-laï* (du Tathâgata), lorsqu'il menait la vie d'un *Pou-sa* (Bôdhisattva).

Au sud et à une petite distance du *Vihâra* en pierre, on voit le temple du dieu *Soleil*.

Au sud, et non loin de ce monument, on voit le temple du dieu *Ta-tseu-ts'aï* (Mahêçvara Dêva). Ces deux temples sont construits avec une pierre bleue du plus bel éclat, et sont ornés d'admirables sculptures.

Ils ont exactement la forme et la dimension du *Vihâra* du *Bouddha*. Chacun de ces temples a mille serviteurs pour l'arroser et le balayer. Le bruit du tambour et des chants accompagnés de la guitare, s'y font entendre jour et nuit sans interruption.

A six ou sept li, au sud-est de la capitale et au sud du Gange, il y a un *Stoûpa,* haut d'environ deux cents pieds, qui a été bâti par le roi *Wou-ycou* (Açôka). Jadis, en cet endroit, *Jou-laï* (le Tathâgata) prêcha pendant six mois sur la non-éternité[1] du corps, sur le vide (l'inutilité) de ses macérations, et son impureté inhérente[2].

A côté, on voit divers endroits où se sont assis les quatre *Bouddhas* passés, et où ils se sont promenés pour faire de l'exercice. Il y a, en outre, un petit *Stoûpa* qui renferme des cheveux et des ongles de *Jou-laï* (du Tathâgata). Si un malade en fait respectueusement le tour avec une foi vive, il ne manque jamais de recouvrer la santé et d'obtenir le bonheur.

Au sud-est de la capitale, il fit une centaine de li et arriva à la ville de *Na-po-ti-po-kiu-lo* (Navadêvakoula). Elle est située sur la rive orientale du Gange; sa circonférence est d'une vingtaine de li. On y voit des

---

[1] On sait que, suivant les Bouddhistes, l'homme parcourt sans cesse le cercle de la transmigration. (Dict. *San-thsang-fa-sou*, liv. IV, fol. 27.) Voyez, plus haut, page 260, note 1.

[2] Le Dict. *San-thsang-fa-sou,* liv. XLVI, fol. 1, énumère trente-six sortes de choses impures, qui sont inhérentes au corps de l'homme, par exemple : les larmes, le crachat, la sueur, l'urine, les matières fécales, etc.

étangs d'eau pure et des bosquets fleuris qui s'y réfléchissent.

Au nord-ouest de la ville de *Na-po-ti-po-kiu-lo* (Navadêvakoula), et à l'orient du Gange, il y a un temple des dieux (Dévâlaya), dont les pavillons et les tours à plusieurs étages sont aussi remarquables par la beauté du travail que par leur structure extraordinaire.

A cinq li, à l'orient de la ville, il y a trois couvents dont les murs sont semblables et les portes différentes. On y compte environ cinq cents religieux. Ils étudient tous les principes de l'école *Choue-i-tsie-yeou* (l'école des Sarvâstivâdas), qui se rattache au *petit Véhicule*.

A environ deux cents pas en avant de ces couvents, il y a un *Stoûpa* qui a été bâti par le roi *Wou-yeou* (Açôka). Quoique sa base se soit enfoncée en terre, il a encore une centaine de pieds de hauteur. Jadis, en cet endroit, *Jou-laï* (le Tathâgata) expliqua la loi pendant sept jours. Dans l'intérieur de ce monument, il y a des *Che-li* (Çarîras — reliques) qui répandent constamment une lueur brillante.

A côté, on voit divers endroits où se sont assis les quatre *Bouddhas* passés, et où ils se sont promenés pour faire de l'exercice.

A trois ou quatre li, au nord des (trois) couvents, il y a sur le rivage du Gange un *Stoûpa*, haut d'environ deux cents pieds, qui a été bâti par le roi *Wou-yeou* (Açôka). Jadis, en cet endroit, *Jou-laï* (le Tathâgata) expliqua la loi pendant sept jours. A cette époque, il y eut environ cinq cents démons qui vinrent trouver le

Bouddha. Après avoir entendu l'explication de la loi et l'avoir comprise, ils quittèrent la voie des démons et naquirent parmi les *Dévas.*

A côté du *Stoûpa* construit dans l'endroit où fut expliquée la loi, on voit divers endroits où se sont assis les quatre *Bouddhas* passés et où ils se sont promenés pour faire de l'exercice.

A côté, il y a, en outre, un *Stoûpa* qui renferme des cheveux et des ongles de *Jou-laï* (du Tathâgata).

En partant de ce royaume, il fit environ six cents li au sud-est, passa le Gange, et, se dirigeant vers le sud, il arriva au royaume de *'O-yu-t'o* (Ayôdhyâ)[1].

ROYAUME DE 'O-YU-T'O.

(AYÓDHYÂ.)

Ce royaume a cinq mille li de tour; la circonférence de la capitale est d'une vingtaine de li. Ce pays abonde en grains, et produit une grande quantité de fleurs et de fruits. Le climat est tempéré, et les mœurs sont douces et faciles. Les habitants aiment à pratiquer la vertu, et cultivent les lettres avec ardeur.

Il y a une centaine de *Kia-lan* (Sañghârâmas), où l'on compte environ trois mille religieux. On y étudie à la fois le *grand* et le *petit Véhicule.*

Il y a dix temples des dieux; les hérétiques des différentes sectes sont en petit nombre.

Dans la capitale, il y a un antique couvent. Ce fut

[1] Inde centrale.

là que, pendant un séjour de plusieurs dizaines d'années, *Fa-sou-pan-tou-pou-sa*[1] (Vasoubandhou Bôdhisattva), composa différents traités sur le *grand* et le *petit Véhicule*.

A côté, on voit les antiques fondements de la salle où *Chi-thsin* (Vasoubandhou) faisait des conférences et expliquait la loi en faveur des rois des divers royaumes, des hommes éminents de tous les pays, des *Cha-men* (Çramaṇas), des *Po-lo-men* (des Brâhmanes), etc.

A quatre ou cinq li, au nord de la ville, et près du rivage du Gange[2], il y a un grand couvent, au milieu duquel s'élève un *Stoûpa* d'environ deux cents pieds, qui a été bâti par le roi *Wou-yeou* (Açôka). Dans cet endroit, *Jou-laï* (le Tathâgata) expliqua, pendant trois mois, en faveur des *Dévas*, les lois les plus excellentes.

A côté, il y a un *Stoûpa*. Là, on voyait jadis divers endroits où s'étaient assis les quatre *Bouddhas* passés, et où ils s'étaient promenés pour faire de l'exercice.

A quatre ou cinq li, à l'ouest du *Kia-lan* (couvent), il y a un *Stoûpa* qui renferme des cheveux et des ongles de *Jou-laï* (du Tathâgata).

Au nord du *Stoûpa* « des ongles et des cheveux », on voit encore les restes des fondements d'un *Kia-lan* (couvent). Ce fut en cet endroit que le maître des *Çâstras*,

---

[1] En chinois, *Chi-thsin* « l'ami du siècle ».

[2] *Gange* doit être ici un terme générique, adopté dans cette localité, car la rivière qui passe à *Ayôdhyâ* est le *Sarayou*. (Note de M. Vivien de Saint-Martin.)

Che-li-lo-to (Çrîlabdha)[1], de l'école appelée *King-pou* (l'école des Sâutrântikas), composa le *Pi-po-cha-lun* (Vibhâchâ çâstra).

A cinq ou six li au sud-ouest de la ville, au milieu d'un grand bois d'*An-mo-lo* (Âmras — manguiers), il y a un ancien *Kia-lan* (couvent). Ce fut là que '*O-seng-kia-pou-sa* (Asañga[2] Bôdhisattva) fit ses études[3] et dirigea les hommes du siècle. *Wou-tcho-pou-sa* (Asañga Bôdhisattva) étant monté au palais des dieux, expliqua à la grande multitude les principes sublimes des traités qu'il avait reçus de *Tse-chi-pou-sa* (Mâitrêya Bôdhisattva), savoir : du *Yu-kia-sse-ti-lun* (Yôgâtchârya bhoûmi çâstra), du *Tchoang-yen-ta-ching-king-lun* (Soûtrâlañkâra ṭîkâ), du *Tchong-pien-fen-pie-lun* (Madhyânta vibhañga çâstra), etc.

A environ cent pas, au nord-ouest de la forêt des '*An-mo-lo* (Âmras — manguiers), il y a un *Stoûpa* qui renferme des cheveux et des ongles de *Jou-laï* (du Tathâgata). Les fondements antiques qu'on voit à côté, occupent l'endroit où *Chi-thsin-pou-sa* (Vasoubandhou Bôdhisattva), descendant du ciel des *Touchitas* (Tou-

---

[1] En chinois, *Ching-cheou* « reçu par la victoire », traduction qui ne peut venir que de Çrîlabdha. Cette lecture est confirmée par *Koumâralabdha*, en chinois, *Thong-cheou* « reçu par l'enfant » (*Si-yu-ki*, liv. III, fol. 10). J'ai trouvé *Chi-li-lo-to*, transcrit en caractères thibétains, par Çrîrïddha; mais on ne saurait découvrir le mot *rïddha* dans *lo-to*, ni sa signification (prospère) dans *Cheou* « recevoir, reçu ».

[2] Précédemment, j'avais écrit *Asamgha*, d'après M. Burnouf; mais *Asañga* est le mot qui s'accorde avec la version chinoise, *wou-tcho* « qui n'a pas d'attachement ».

[3] En chinois, *tsing-i* « demander un supplément (d'explication) ».

chi-to), eut une entrevue avec *Wou-tcho-pou-sa* (Asañga Bôdhisattva). Ce *Bôdhisattva* était originaire de *Kien-t'o-lo* (Gândhâra). Dans les mille ans qui suivirent le *Nirvâṇa* du *Bouddha*, il naquit et parut dans le monde. Il reçut les leçons des maîtres et acquit l'intelligence de la doctrine. Il entra en religion dans l'école des *Mi-cha-se* (ou des Mahîçâsakas), et se livra à l'étude. Bientôt après, il revint de ses erreurs, et eut foi dans le *grand Véhicule* (Mahâyâna). Son disciple, *Chi-thsin-pou-sa* (Vasoubandhou Bôdhisattva), entra en religion dans l'école *Choue-i-tsie-yeou-pou* (l'école des Sarvâstivâdas), et y fit ses études. Il possédait de vastes connaissances et une forte érudition. Il avait pénétré la science et en avait sondé tous les problèmes. *Fo-t'o-seng-ho* (Bouddhasiñha)[1], disciple de *Wou-tcho* (Asañga), avait une conduite mystérieuse et impénétrable. Il possédait des talents supérieurs et jouissait d'une grande renommée.

Ces deux ou trois sages se disaient souvent l'un à l'autre : « Quiconque cultive la vertu, a le désir de voir « *Tse-chi* (Mâitrêya). Si vous quittez la vie le premier et « que vous obteniez l'accomplissement de vos anciens « vœux, il faudra que vous veniez m'en donner avis, afin « que je sache où vous êtes arrivé. »

Quelque temps après, *Sse-tseu-khio* (Bouddhasiñha)

---

[1] En chinois, *Sse-tseu-khio*, mot à mot : lion — intelligent. Le nom indien signifie « le lion parmi les intelligents », c'est-à-dire, l'homme le plus intelligent, suivant M. Théod. Goldstuecker. On ne voit pas pourquoi le traducteur chinois a transposé les deux parties de ce nom, comme s'il y avait, en sanscrit, *Siñhabouddha*.

mourut le premier, et il se passa trois ans sans qu'il rapportât la réponse promise. Presque aussitôt, *Chi-thsin-pou-sa* (Vasoubandhou Bôdhisattva) quitta aussi la vie. Six mois s'étant écoulés sans qu'il vînt rendre réponse, tous les hommes d'études différentes[1] se mirent à les poursuivre de leurs railleries. Ils s'imaginèrent que *Chi-thsin* (Vasoubandhou Bodhisattva) et *Sse-tseu-khio* (Bouddhasiñha) étaient tombés dans une des mauvaises voies[2], et avaient perdu sur-le-champ leurs facultés divines.

Quelque temps après, comme *Wou-tcho* (Asañga Bôdhisattva) enseignait à ses disciples, au commencement de la nuit, la méthode du *Samâdhi,* tout à coup l'éclat des lampes s'amortit, le ciel s'éclaira d'une vive lumière, et un saint *Richi* descendit du haut des airs. Aussitôt, il monta les degrés et entra dans le vestibule ; puis il alla saluer respectueusement *Wou-tcho* (Asañga). *Wou-tcho* (Asañga) lui dit : « Pourquoi venez-vous si « tard? Comment vous appelez-vous aujourd'hui? »

— « Depuis que j'ai quitté la vie, répondit-il, je « suis allé visiter le ciel des *Touchitas*. Au milieu de la « troupe qui entourait *Tse-chi* (Mâitrêya), un lotus ve-« nait de naître et s'était épanoui. *Tse-chi* (Mâitrêya) « prononça deux fois cette louange : Homme d'une vaste « intelligence[3], soyez le bien-venu! (Sougata, Vipoula-« pradjña?).

[1] Les Çramaṇas et les Brâhmanes.
[2] Savoir : la voie de l'enfer, la voie des démons faméliques, et la voie des brutes.
[3] En chinois. *Kouang-hoeï*. Telle est la qualification que *Mâitrêya*

« Après avoir fini de le saluer, en tournant autour de
« lui, je suis venu immédiatement vous rendre réponse. »
Wou-tcho-pou-sa (Asañga Bôdhisattva) lui dit :
« Où est maintenant *Sse-tseu-khio* (Bouddhasiñha)? »
— « Pendant que je tournais autour (de Mâitrêya),
« répondit-il, j'ai aperçu *Sse-tseu-khio* (Bouddhasiñha),
« qui était au milieu de la multitude du dehors, et
« s'abandonnait à la joie et au plaisir ; il n'avait pas le
« temps de me regarder. Comment aurait-il pu venir
« vous rendre réponse ? »
— « C'est une affaire finie, reprit *Wou-tcho-pou-sa*
« (Asañga Bôdhisattva). Quant à *Tse-chi* (Mâitrêya), quel
« air avait-il? Quelles lois expliquait-il ? »
— « *Tse-chi* (Mâitrêya), répondit-il, avait un visage
« plein de charmes ineffables. Les lois excellentes qu'il
« expliquait n'avaient pas un sens différent de celles
« d'ici-bas; mais la voix merveilleuse de ce *Bôdhisattva*
« avait un son pur et brillant, un timbre doux et gra-
« cieux. Ceux qui l'écoutaient oubliaient la fatigue et
« l'ennui, ceux qui recevaient (sa parole) ne pouvaient
« s'en rassasier. »

A environ quarante li au nord-ouest des ruines antiques de la salle où enseignait *Asañga*, on arrive à un ancien couvent qui, au nord, est voisin du Gange[1].

donne à *Vasoubandhou*, dans le ciel des *Touchitas*. Comme la liste des mille *Bouddhas* du *Bhadrakalpa* offre plusieurs exemples où *Kouang* « vaste », est rendu par *Vipoula*, et *Hoeï* « intelligence », par *Pradjñâ*, on peut supposer que le mot indien est *Vipoulapradjñâ*. Quant à l'expression *bien-venu* (*Chen-laï*), elle répond exactement à *Sougata*.

[1] Voir la note ci-dessus, page 268, note 2.

Dans l'intérieur, il y a un *Stoûpa* en briques, qui a environ cent pieds de hauteur. Ce fut en cet endroit que, dans l'origine, *Chi-thsin* (Vasoubandhou) eut, pour la première fois, le désir d'embrasser la doctrine du *grand Véhicule*. Vasoubandhou Bôdhisattva arriva en ce lieu lorsqu'il venait de l'Inde du nord. En ce moment, *Woutcho-pou-sa* (Asañga Bôdhisattva) ordonna à un de ses disciples d'aller au-devant de lui. Quand il fut arrivé dans ce couvent, il rencontra Vasoubandhou et eut une entrevue avec lui.

Le disciple de *Wou-tcho* (Asañga) s'arrêta en dehors de la porte et de la fenêtre; et, quand la moitié de la nuit se fut écoulée, il se mit à lire le livre appelé *Chi-ti-king* (Daçabhoûmi soûtra). Vasoubandhou l'ayant entendu, ouvrit son cœur à la vérité et éprouva un vif repentir. Or, par le passé, la loi, qui est d'une beauté admirable, n'était jamais arrivée à ses oreilles. « Les « fautes qui naissent de la médisance et de la calomnie, « se dit-il, tirent leur source de la langue; la langue est « la racine des crimes. Aujourd'hui, il faut que je l'ex- « tirpe et que je la coupe. »

En disant ces mots, il prit un couteau acéré, et se disposa à se couper la langue. Mais, dans ce moment, il aperçut *Wou-tcho* (Asañga), qui vint se poser tout droit devant lui, et l'exhorta en ces termes :

« La doctrine du *grand Véhicule* renferme des prin- « cipes d'une vérité sublime; tous les *Bouddhas* le glo- « rifient et la multitude des saints le vénère. Je veux « vous instruire; aujourd'hui, ouvrez vous-même votre

274 VOYAGES DES PÈLERINS BOUDDHISTES.

« esprit. Voici le moment de le faire. Y a-t-il rien d'aussi
« méritoire? D'après les saintes instructions du *Boud-*
« *dha,* ce n'est point se repentir que de se couper la
« langue. Jadis, avec votre langue, vous avez calomnié
« le *grand Véhicule;* aujourd'hui, exaltez, avec votre
« langue, le *grand Véhicule.* Corrigez vos fautes et re-
« nouvelez-vous vous-même, cela vaudra encore mieux.
« Quand vous auriez clos votre bouche et supprimé vos
« paroles, quel bien en résulterait-il? » En achevant ces
« mots, il disparut.

Chi-thsin (Vasoubandhou) obéit à ses ordres, et renonça aussitôt à se couper la langue. Le lendemain
matin, il se rendit auprès de *Wou-tcho* (Asaṅga), et,
après lui avoir demandé ses conseils, il reçut de sa
bouche les principes du *grand Véhicule.* Alors, il se livra
à de profondes recherches et donna l'essor à sa pensée.
Il composa, sur le *grand Véhicule,* une centaine de traités, qui jouissent d'une grande faveur et sont répandus
partout.

En sortant de ce pays, il fit environ trois cents li à
l'est, passa au nord du Gange [1], et arriva au royaume
de *'O-ye-mou-khie* (Hayamoukha) [2].

ROYAUME DE 'O-YE-MOU-KHIE.
(HAYAMOUKHA.)

Le royaume de *'O-ye-mou-khie* (Hayamoukha) a de deux

---
[1] Voyez plus haut, page 268, note 2.
[2] Inde centrale.

mille quatre cents à deux mille cinq cents li de tour. La capitale, qui est voisine du Gange[1], a une circonférence d'environ vingt li. Sous le rapport du climat et des produits du sol, ce royaume ressemble à *'O-yu-tho* (Ayôdhyâ). Les habitants sont d'un naturel simple et honnête; ils s'appliquent à l'étude et aiment la vertu. Il y a cinq couvents. Les religieux, dont le nombre s'élève à environ mille, étudient les principes de l'école *Tching-liang-pou*[2] (l'école des Sammatiyas), qui se rattache au *petit Véhicule.* Il y a une dizaine de temples des dieux; les hérétiques des différentes sectes habitent pêle-mêle.

A une petite distance au sud-est de la ville, et près du rivage du Gange, il y a un *Stoûpa* qui a été bâti par le roi *Wou-yeou* (Açôka); il est haut d'environ deux cents pieds. Jadis, dans cet endroit, *Jou-laï* (le Tathâgata) expliqua la loi pendant trois mois.

A côté de ce *Stoûpa,* on voit les siéges des quatre *Bouddhas* passés, et un endroit où ils se sont promenés pour faire de l'exercice, et ont laissé les traces de leurs pas. Il y a, en outre, un *Stoûpa,* construit en pierres de couleur bleue, qui renferme des cheveux et des ongles de *Jou-laï* (du Tathâgata).

A côté, on voit un couvent où l'on compte environ deux cents religieux. La statue du *Bouddha* est richement ornée; elle a un aspect grave et imposant, comme s'il vivait encore. On voit des tours et des pavillons aussi grands que splendides et d'une admirable construction,

[1] Voyez page 268, note 2.
[2] Voyez page 234, note 2.

qui s'élancent dans les airs. Ce fut là que jadis, le maître des Çâstras, *Fo-t'o-t'o-so*[1] (Bouddhadâsa), composa le traité intitulé *Ta-pi-p'o-cha-lun* (Mahâ vibhâchâ çâstra), qui se rattache au *petit Véhicule*.

En partant de ce pays, il fit environ sept cents li au sud-est, passa au midi du Gange, et au nord de la rivière *Yen-meou-na* (Yamounâ), et arriva au royaume de *Po-lo-ye-kia* (Prayâga)[2].

ROYAUME DE PO-LO-YE-KIA.

(PRAYÂGA.)

Le royaume de *Po-lo-ye-kia* (Prayâga) a environ cinq mille li de tour. La capitale, qui est située au confluent de deux fleuves, a environ vingt li de circuit. Dans ce pays, les grains viennent en abondance, et les arbres à fruits offrent une magnifique végétation. Le climat est tempéré; les mœurs sont douces et faciles; les habitants aiment à cultiver les lettres, et croient aux doctrines hérétiques.

Il y a deux couvents, où l'on ne compte qu'un petit nombre de religieux, qui tous étudient les principes

---

[1] Il y a, dans le texte, *Fo-t'o-t'o-p'o*. Le dernier mot, 婆 *p'o*, est incorrect; il faut 婆 *so*, ainsi que le montre la traduction chinoise qu'on lit en note, *Kio-sse* « le serviteur de l'Intelligent », c'est-à-dire du Bouddha (Bouddhadâsa). Les mêmes sons se traduisent aussi par *Fo-sse* « le serviteur de *Fo* » (du Bouddha). Cf. *Fan-i-ming-i-tsi*, liv. II, fol. 24 v°.

[2] C'est ainsi qu'on lit, liv. V, fol. 1. Ici le texte donne, par erreur, *Po-lo-na-kia* (那 *na* pour 邪 *ye*, qui répond à *yâ*).

du *petit Véhicule*. Il y a plusieurs centaines de temples des Dieux; le nombre des hérétiques est énorme.

Au sud-ouest de la capitale, au milieu d'un bois de *Tchen-po-kia* (Tchampakas), il y a un *Stoûpa* qui a été bâti par le roi *Wou-yeou* (Açôka). Quoique sa base se soit enfoncée en terre, il a encore une centaine de pieds de hauteur. Jadis, en cet endroit, *Jou-laï* (le Tathâgata) terrassa des hérétiques.

A côté, il y a un *Stoûpa* qui renferme une partie de ses cheveux et de ses ongles, et un endroit où il s'est promené et a laissé les traces de ses pas.

A côté du *Stoûpa* des cheveux et des ongles, il y a un ancien couvent. Ce fut en cet endroit que *Ti-p'o-pou-sa* (Dêva Bôdhisattva) composa le traité *Kouang-pe-lun* (Çata çâstra vâipoulyam), réfuta la doctrine du *petit Véhicule* et vainquit un Brâhmane.

Dans l'origine, lorsque *Dêva Bôdhisattva*, venant de l'Inde centrale, arriva dans ce couvent, il y avait dans la ville un Brâhmane qui se distinguait par l'élévation de son langage et une dialectique irrésistible. Recherchant à la fois l'apparence du mérite et sa réalité, il interrogeait ses adversaires et les réduisait au silence. Comme il savait, depuis longtemps, que *Dêva* avait sondé les profondeurs de la science, il conçut le projet de le terrasser. Avide de réputation, il lui demanda : « Comment vous appelez-vous? »

Ti-p'o (Dêva) lui dit : « Je m'appelle *Thien* (Dêva). — L'HÉRÉTIQUE. *Thien* (Dêva)! Qui est-ce? — DÉVA. Moi. — L'HÉRÉTIQUE. Moi! Qui suis-je? — DÉVA. Un

« chien. — L'HÉRÉTIQUE. Un chien! Qui est-ce? — DÊVA.
« Toi! — L'HÉRÉTIQUE. Toi! Qui es-tu? — DÊVA. *Thien*
« (Dêva). — L'HÉRÉTIQUE. *Thien* (Dêva)! Qui est-ce? —
« DÊVA. Moi. — L'HÉRÉTIQUE. Moi! Qui suis-je? — DÊVA.
« Un chien. — L'HÉRÉTIQUE. Qui est-ce qui est un chien?
« — DÊVA. Toi. — L'HÉRÉTIQUE. Toi! Qui es-tu? — DÊVA.
« *Thien* (Dêva). »

Après qu'ils eurent parlé ainsi tour à tour, l'hérétique finit par ouvrir son esprit. Depuis ce moment, il témoigna un profond respect pour la brillante réputation[1] de *Dêva*.

Dans la ville (la capitale), il y a un temple des dieux qui est d'une richesse éblouissante, et où éclatent une multitude de miracles. Suivant les livres des Indiens, c'est un lieu renommé où la multitude des hommes vient fonder son bonheur. Si l'on peut, dans ce temple, donner une seule pièce de monnaie, on acquiert plus de mérite que si l'on en donnait mille dans un autre endroit. De plus, si quelqu'un est capable de pousser le mépris de la vie jusqu'à se donner la mort dans ce temple, il obtient le bonheur éternel et les joies infinies des dieux.

Devant la salle principale du temple, il y a un grand arbre dont les branches et les feuilles touffues répandent une ombre épaisse. Il y a un démon anthropophage qui y a fixé sa demeure; c'est pourquoi, à gauche et à droite de cet arbre, on voit une grande quantité d'os-

---

[1] C'est ainsi que le Dictionnaire *King-tsie-tsouan-kou*, liv. XX, fol. 21, explique l'expression difficile 風猷 *Fong-yeou*.

sements humains. Dès qu'un homme est arrivé dans ce temple, il ne manque jamais de faire le sacrifice de sa vie. Il est entraîné à la fois par les prestiges de l'erreur et par les séductions des esprits. Depuis l'antiquité jusqu'à nos jours, cette coutume insensée n'a pas cessé un seul instant.

Dans ces derniers temps, il y eut un *P'o-lo-men* (un Brâhmane), dont le nom de famille était *Fils* (Pouttra). Il possédait de vastes connaissances et une grande pénétration, et se distinguait par sa vive intelligence et ses talents supérieurs. Quand il fut entré dans le temple, il dit à la multitude : « Ces hommes ont des mœurs per- « verses et des sentiments méprisables; il est difficile « de les ramener dans la bonne voie. Je vais faire comme « eux pour pouvoir ensuite les convertir. »

Il monta alors sur l'arbre, et, se penchant en bas, il dit à ses amis : « Je vais mourir. Je disais auparavant que « leur doctrine n'était qu'artifice et mensonge; mais au- « jourd'hui j'en reconnais la vérité. Les *Richis* et les mu- « siciens du ciel, nageant au milieu des airs, m'appellent « en ce moment vers eux. Il faut que de cet endroit « fortuné, je précipite ce corps méprisable. »

En disant ces mots, il voulut se jeter du haut de l'arbre pour se donner la mort. Ses amis tentèrent de l'en détourner; mais comme sa résolution était inébranlable, ils étendirent des vêtements tout autour de l'arbre, de sorte que, malgré sa chute, il put conserver la vie [1].

[1] Il y a une faute dans le texte : 驅 *Khiu* « mettre en fuite, chasser », au lieu de 軀 *Khiu* « corps ».

Longtemps après, il s'éveilla, et dit : « J'ai vu, au mi-
« lieu des airs, les *Dévas* qui m'appelaient vers eux. »
Mais il était attiré par des esprits pervers, et ne put
obtenir les joies du ciel.

A l'est de la capitale, au confluent de deux fleuves,
il y a un terrain riant et élevé, large d'une dizaine de
li. Toute sa surface est couverte d'un sable fin. Depuis
les temps anciens jusqu'à nos jours, les rois et les
hommes des grandes familles ne manquent jamais de
s'y rendre lorsqu'ils veulent faire des aumônes; et là, ils
distribuent des secours sans nombre. C'est pourquoi
on l'a appelé la *grande plaine des aumônes*. Maintenant,
le roi *Kiaï-ji* (Çilâditya), à l'exemple des rois ses aïeux,
répand d'immenses bienfaits. Les richesses qu'il a amas-
sées, les objets précieux qu'il a réunis en quantité[1] pendant cinq ans, il les distribue en un seul jour dans la
plaine des aumônes. Le premier jour, il érigea une grande
statue du *Bouddha,* couverte de riches ornements. Aussitôt, il prit des choses précieuses de la plus grande
beauté, et les offrit d'abord à la statue; secondement,
(il en donna de semblables) aux religieux sédentaires;
troisièmement, à la multitude qui était présente; qua-
trièmement, aux hommes qui se distinguaient par des
talents supérieurs, une érudition solide, des connaissances étendues et une rare capacité; cinquièmement,
aux disciples des Brâhmanes qui vivaient dans la re-

---

[1] Les mots *objets* jusqu'à *quantité*, répondent à quelques caractères
chinois qui étaient transposés dans le texte, et que j'ai dû remettre à
leur place, dans la dépendance du verbe *distribuer*.

traite et fuyaient les voies du monde ; sixièmement, aux veufs, aux veuves, aux orphelins, aux hommes sans famille, aux pauvres et aux mendiants.

En suivant cette gradation, il distribua complétement, à la multitude, une immense quantité d'objets précieux et de mets exquis. Après avoir vidé son trésor et distribué tous ses vêtements, il donna successivement la perle brillante qui ornait la crête de ses cheveux et les colliers qu'il portait sur lui. Depuis le premier moment, il n'éprouva aucun regret. Quand il eut tout donné en aumône, il s'écria : « Quel bonheur! toutes les richesses « que je possédais sont entrées dans un trésor solide « comme le diamant. »

Dès ce moment, les rois des différents royaumes lui offrirent chacun des vêtements précieux, et, avant que dix jours se fussent écoulés, le trésor et les magasins du roi se trouvèrent remplis.

A l'est de la grande *plaine des aumônes*, au confluent de deux fleuves, il y a tous les jours plusieurs centaines d'hommes qui se noient et meurent. Les habitants de ce pays s'imaginent que quiconque veut obtenir de renaître parmi les dieux, doit aller dans cet endroit, s'abstenir de nourriture et se noyer au fond des eaux. Suivant eux, il suffit de s'y baigner pour effacer la souillure de tous les crimes. De là vient que les hommes des autres royaumes et des contrées lointaines accourent en foule et s'arrêtent dans ce lieu. Pendant sept jours, ils s'abstiennent de toute nourriture, et s'arrachent ensuite la vie. On rapporte que même les singes des montagnes et les cerfs des lieux sauvages se promènent en troupe sur les bords du fleuve. Les uns s'y baignent et s'en reviennent, les autres renoncent à la nourriture et meurent.

A l'époque où le roi *Kiaï-ji* (Çilâditya) faisait la grande distribution d'aumônes, il y eut un singe qui habitait les bords du fleuve, et restait seul au pied d'un arbre. Il vivait à l'écart et s'abstenait de nourriture, de sorte qu'au bout de quelques jours, il mourut de faim. C'est pourquoi des Brâhmanes, qui se livraient à des austérités, avaient élevé au milieu du fleuve une haute colonne. Lorsque le soleil allait se lever, ils y montaient immédiatement. D'une main et d'un pied, ils saisissaient le sommet de la colonne; puis, s'appuyant sur une cheville latérale, à l'aide d'une main et d'un pied, ils se suspendaient en l'air, le corps étendu en avant, et se tenaient ainsi dans l'espace sans fléchir. Allongeant le cou et ouvrant les yeux, ils regardaient le soleil et tournaient de droite (à gauche)[1]. Quand le soir était venu, ils descendaient de la colonne. Il y avait plusieurs dizaines de dévots qui se livraient à ces pratiques. Ils espéraient, au moyen de ces austérités pénibles, échapper aux vicissitudes de la vie et de la mort. Quelques-uns y persévéraient pendant plusieurs dizaines d'années, sans jamais se relâcher.

En quittant ce pays, dans la direction du sud-ouest, on entre dans une grande forêt, infestée de bêtes féroces

---

[1] Il est vraisemblable qu'ils tournaient ainsi comme pour vénérer le soleil. Voyez page 87, note 1.

et d'éléphants sauvages, qui marchent en troupe et se jettent avec rage sur les voyageurs; de sorte qu'à moins d'être en grand nombre, il est difficile de la traverser.

Après avoir fait environ cinq cents li, il arriva au royaume de *Kiao-chang-mi* (Kâuçâmbî)[1].

ROYAUME DE KIAO-CHANG-MI.
(KÂUÇÂMBÎ.)

Le royaume de *Kiao-chang-mi* (Kâuçâmbî) a environ six mille li de tour; le circuit de la capitale est d'une trentaine de li. Ce pays est renommé pour sa fertilité; les produits du sol sont d'une abondance extraordinaire. On y récolte une grande quantité de riz et de cannes à sucre. Le climat est d'une chaleur tiède; la fermeté et la bravoure dominent dans les mœurs. Les habitants aiment à cultiver les lettres et à pratiquer la vertu. Il y a une dizaine de couvents qui sont en ruines et (presque) déserts; ils renferment environ trois cents religieux qui étudient la doctrine du *petit Véhicule*. On compte une cinquantaine de temples des dieux; le nombre des hérétiques est énorme.

Dans l'intérieur de la ville, au milieu d'un ancien palais, s'élève un grand *Vihâra*, haut d'environ soixante pieds. On y voit une statue du *Bouddha*, sculptée en bois de santal, au-dessus de laquelle est suspendu un dôme en pierre. Cette statue a été faite par les soins du roi *Ou-to-yen-na* (Oudayana). Elle opère souvent des

[1] Inde centrale.

prodiges, et répand une lueur divine. Les rois des différents royaumes, comptant sur leur puissance, voulurent un jour enlever cette statue; mais, quoiqu'ils eussent employé une multitude d'hommes, nul d'entre eux ne put l'emporter. Aussitôt ils en firent faire des copies et leur rendirent des hommages. Tous dirent qu'elles étaient d'une parfaite ressemblance. Elles devaient leur naissance à cette statue.

Dans l'origine, lorsque *Jou-laï* (le Tathâgata) venait d'acquérir l'intelligence accomplie (Samyak sambôdhi), il monta au palais des dieux pour expliquer la loi en faveur de sa mère, et fut trois mois sans revenir. Le roi de ce royaume, pensant à lui avec amour, eut le désir de faire exécuter son image. Il pria alors l'honorable *Mo-te-kia-lo-tseu* (Moudgalapouttra), d'user de sa puissance divine pour faire monter au palais des dieux un artiste habile, afin qu'il pût contempler de ses propres yeux la figure admirable du *Bouddha* et la sculpter en bois de santal [1].

Quand *Jou-laï* (le Tathâgata) fut descendu du palais des dieux, la statue que l'artiste avait sculptée en bois de santal, se leva et alla au-devant de l'Honorable du siècle [2]. L'Honorable du siècle lui dit d'un ton bienveil-

[1] Suivant l'Encyclopédie bouddhique *Fo-tsou-tong-ki*, liv. IV, fol. 5, cette statue était en or.

[2] Le roi *Oudayana* transporta sur un éléphant la statue d'or. La statue d'or alla au-devant de l'Honorable du siècle. Du haut en bas, la statue d'or ressemblait au *Bouddha* vivant. Elle fit tomber une pluie de fleurs et répandit une brillante lumière, puis elle salua le *Bouddha*. L'Honorable du siècle joignit les mains, et dit à la statue: «Je vous re-

lant : « Êtes-vous fatigué d'instruire (les hommes)?
« Éclairez et guidez les dernières générations ; c'est là
« le plus ardent de mes vœux. »

A environ cent pas à l'est du *Vihâra*, on voit les siéges des quatre *Bouddhas* passés, et un endroit où ils se sont promenés et ont laissé la trace de leurs pas.

A côté, et à une petite distance de ce lieu, on voit le puits de *Jou-laï* (Tathâgata koûpa), et la maison où il prenait des bains. Ce puits donne encore de l'eau, mais la maison est ruinée depuis longtemps.

Dans l'intérieur de la ville, à l'angle sud-est, on voit les fondements d'une antique habitation. C'était là que demeurait jadis le maître de maison *Kiu-chi-lo* (Gôchira?). Au centre, s'élèvent le *Vihâra* du *Bouddha* et un *Stoûpa* qui renferme une partie de ses ongles et de ses cheveux. Il y a, en outre, d'antiques fondements qui appartiennent aux bains du *Bouddha*.

A une petite distance au sud-est de la ville, il y a un ancien couvent. C'était là que le maître de maison *Kiuchi-lo* (Gôchira?) avait jadis son jardin. Au milieu de ce couvent, il y a un *Stoûpa*, haut d'environ deux cents

« commande et vous confie mes disciples; prenez-en soin après que je « serai entré dans le *Nirvâṇa*. » L'Encyclopédie bouddhique, à laquelle nous empruntons ce fait, rapporte le passage de notre texte, où la statue, à qui l'Honorable du siècle adresse cette singulière allocution, est décrite comme ayant été sculptée en bois de santal. Une note du même recueil ajoute que le roi de *Po-la-sse* (Perse) ayant appris cette nouvelle, fit faire, en or bruni, une statue du *Bouddha*, haute de cinq pieds, de sorte qu'à cette époque, le pays de *Yen-feou* (Djamboudvîpa) commença à posséder deux statues du *Bouddha*.

pieds, qui a été bâti par le roi *Wou-yeou* (Açôka). En cet endroit, *Jou-laï* (le Tathâgata) expliqua la loi pendant plusieurs années.

A côté de ce *Stoûpa*, on voit les siéges des quatre *Bouddhas* passés, et un endroit où ils se sont promenés et ont laissé la trace de leurs pas. Il y a encore un autre *Stoûpa*, qui renferme des cheveux et des ongles de *Joulaï* (du Tathâgata).

Au sud-est du couvent, au haut d'un pavillon à deux étages, il y a une chambre antique, construite en briques. C'est là que demeurait jadis *Chi-thsin-pou-sa* (Vasoubandhou Bôdhisattva), lorsqu'il composa le traité *Weï-tchi-lun* (Vidyâmâtrasiddhi çâstra); là, il réfuta la doctrine du *petit Véhicule*, et vainquit les hérétiques [1].

A l'est du couvent, au milieu d'une forêt d'*An-mo-lo* (Âmras — Manguiers), on voit d'antiques fondements. Ce fut en cet endroit que *Wou-tcho-pou-sa* (Asañga Bôdhisattva) composa son ouvrage intitulé *Hien-yang-ching-kiao-lun* (Traité pour mettre en lumière la sainte doctrine).

A huit ou neuf li au sud-ouest de la ville, on rencontre la caverne en pierre d'un dragon venimeux. Jadis, *Jou-laï* (le Tathâgata), après avoir dompté ce dragon venimeux, laissa son ombre dans cette grotte. Quoique ce fait soit rapporté dans les mémoires historiques, aujourd'hui on n'y voit absolument rien.

A côté de la grotte, il y a un *Stoûpa*, haut d'environ

---

[1] Il y a, en chinois, mit les hérétiques dans l'embarras, c'est-à-dire, leur proposa des difficultés insolubles, accablantes.

deux cents pieds, qui a été bâti par le roi *Wou-yeou* (Açôka).

A côté, on voit un endroit où *Jou-laï* (le Tathâgata) s'est promené pour faire de l'exercice, et un *Stoúpa* qui renferme une partie de ses cheveux et de ses ongles. Les malades qui viennent y prier obtiennent généralement leur guérison. Ce royaume est le dernier où s'éteindra la loi de *Chi-kia* (Çâkya). C'est pourquoi, depuis les rois jusqu'aux hommes du peuple, quiconque entre dans les frontières de ce royaume, éprouve de lui-même une émotion douloureuse, et il n'en est aucun qui ne s'en retourne les yeux baignés de larmes et le cœur oppressé de sanglots.

Après avoir fait environ sept cents li dans une vaste forêt, qui était située au nord-est de la caverne du dragon, il passa le Gange, et, se dirigeant au nord, il arriva à la ville de *Kia-che-pou-lo* (Kâçapoura), qui avait environ dix li de circuit, et dont les habitants étaient riches et heureux.

A côté de la ville, il y avait un ancien couvent; il n'en reste plus que les fondements. Ce fut en cet endroit que, jadis, *Hou-fa-pou-sa* (Dharmapâla Bôdhisattva) terrassa un Brâhmane. Le premier roi de ce royaume protégeait les fausses doctrines; il voulait abolir la loi du *Bouddha*, et témoignait le plus grand respect aux hérétiques.

Un jour, il fit venir du milieu des Brâhmanes, un docteur qui était doué d'une grande intelligence et de talents supérieurs, et comprenait clairement les questions les plus obscures et les plus abstraites. Il avait composé un livre rempli d'erreurs, en mille *çlôkas*, contenant trente-deux mille syllabes. Dans cet ouvrage, il décriait et calomniait la loi du *Bouddha*, et cherchait à justifier ses propres principes. Là-dessus, le roi convoqua, par un décret, la multitude des religieux pour qu'ils discutassent avec lui, ajoutant que, si les Brâhmanes étaient vainqueurs, il regarderait comme un devoir de détruire la loi du *Bouddha;* mais que, si les religieux n'avaient pas le dessous, il se couperait lui-même la langue pour confesser sa faute.

Dans ce moment, les religieux eurent peur d'être vaincus. S'étant réunis, ils délibérèrent entre eux, et dirent : « Le soleil de l'intelligence est déjà plongé au « fond des eaux, et le pont de la loi est sur le point de « se rompre. Comme le roi protége les Brâhmanes, il « nous serait impossible de leur tenir tête. Les choses « étant arrivées à ce point, comment trouver un moyen « de salut? »

L'assemblée entière garda le silence, et il n'y eut personne qui osât ouvrir un avis. *Hou-fa-pou-sa* (Dharmapâla Bôdhisattva), quoique fort jeune encore, s'était acquis de la réputation par sa rare intelligence et son habile dialectique, et la renommée de son noble caractère se répandait au loin. Il se leva au milieu de l'assemblée, et parla ainsi d'une voix forte :

« Quoique je sois dépourvu d'intelligence, je de-
« mande la permission d'exposer, en peu de mots, mes
« vues. Véritablement, il est juste qu'on se serve de moi

« pour répondre sur-le-champ aux ordres du roi. Si,
« par l'élévation de mon langage, je remporte la vic-
« toire, ce sera l'effet de la protection divine. Mais, si
« je succombe par la faiblesse de ma discussion, ce sera
« la faute de ma jeunesse. De cette façon, le succès ou
« la défaite se trouveront justifiés, et nul blâme n'at-
« teindra les disciples de la loi. »

— « Nous approuvons votre dessein, s'écria l'assem-
« blée; répondez sur-le-champ aux ordres du roi. »

Aussitôt après, il monta au fauteuil. Alors le Brâhmane exposa ses principes, et en développa le sens;
puis, ayant donné lecture de la thèse qu'il soutenait, il
attendit que son adversaire vînt le contredire.

Dharmapâla Bôdhisattva écouta ses paroles, et s'é-
cria en riant : « Je suis sûr de la victoire! Je vais mon-
« trer l'absurdité de ses raisonnements et le désordre
« de ses discours. »

— « Docteur, lui dit le Brâhmane d'une voix émue :
« N'ayez pas une si haute idée de vous-même. Si vous
« pouvez saisir complétement le sens de mes paroles,
« c'est alors que vous aurez vaincu. Prenez mon texte, et
« expliquez-le de point en point. »

Alors Dharmapâla, imitant le timbre de sa voix, exposa nettement le sens du texte, sans qu'on pût découvrir la moindre erreur dans son langage, ni le plus
léger défaut dans son élocution.

Quand le Brâhmane eut fini de l'entendre, il voulut
se couper la langue.

Hou-fa (Dharmapâla) lui dit : « Ce n'est pas en vous

« coupant la langue que vous montrerez du repentir,
« mais bien plutôt en entrant dans une meilleure voie. »
Aussitôt il expliqua la loi en faveur du Brâhmane. Celui-ci ouvrit son cœur à la foi et son esprit à la vérité ; le roi lui-même abandonna les fausses doctrines, et, docile à ses conseils, il montra un profond respect pour la droite loi.

A côté de l'endroit où *Hou-fa* (Dharmapâla) vainquit le Brâhmane, il y a un *Stoûpa* qui a été bâti par le roi *Wou-yeou* (Açôka). Quoique sa base se soit enfoncée en terre, il a encore environ deux cents pieds de hauteur. Jadis, en cet endroit, *Jou-laï* (le Tathâgata) expliqua la loi pendant six mois.

A côté, on voit un endroit où il s'est promené pour faire de l'exercice, et un *Stoûpa* qui renferme une partie de ses cheveux et de ses ongles.

En partant de cet endroit, il fit de cent soixante-dix à cent quatre-vingts li au nord, et arriva au royaume de *Pi-so-kia* (Vâisaka)[1].

ROYAUME DE PI-SO-KIA.
(VÂISAKA.)

Le royaume de *Pi-so-kia* (Vâisaka) a environ quatre mille li de tour ; la capitale a seize li de circuit. Ce pays produit beaucoup de grains et une grande abondance de fleurs et de fruits. Le climat est doux et tempéré ; les mœurs sont pures et honnêtes. Les habitants

---
[1] Inde centrale.

étudient avec une ardeur infatigable, et cherchent à faire le bien sans reculer d'un pas. Il y a une vingtaine de couvents, où l'on compte environ trois mille religieux, qui tous étudient les principes de l'école *Tching-liang-pou* (l'école des Sammatiyas). Il y a une cinquantaine de temples des dieux; le nombre des hérétiques est énorme.

Au sud de la capitale, et à gauche de la route, il y a un grand couvent. Jadis, l'Arhat *Ti-po-che-mo* (Dêvaçarma)[1] composa, en cet endroit, le traité *Tchi-chin-lun* (lisez *'O-pi-t'a-mo-tchi-chin-tso-lun* — Abhidharma Vidjñâ-nakâyapâda çâstra)[2], où il nie le *moi* et le *non-moi*[3]. Dans ce même couvent, l'Arhat *Kiu-po* (Gôpa) composa un traité intitulé : *Ching-kiao-yao-chi-lun*[4] « Traité des vérités essentielles de la sainte doctrine », où il affirme le *moi* et le *non-moi*[5]. Ces opinions contradictoires suscitèrent bientôt des disputes opiniâtres. Ce fut encore dans cet endroit que *Hou-fa-pou-sa* (Dharmapâla Bôdhisattva) vainquit, dans l'espace de sept jours, cent docteurs du *petit Véhicule*.

A côté du couvent, il y a un *Stoûpa*, haut de deux cents pieds, qui a été bâti par le roi *Wou-yeou* (Açôka). Jadis, en cet endroit, *Jou-laï* (le Tathâgata) consacra

---

[1] M. Burnouf (*Introduction au Bouddh.* page 448) lit, *Dêvasarman*. Mais, dans mon alphabet, le signe 設 *che* répond à la lettre स *ça*.

[2] Voyez l'*Histoire de Hiouen-thsang*, liv. III, p. 123.

[3] Littéralement, il dit : il n'y a pas *moi* (ni) *homme*.

[4] J'ignore le titre sanscrit.

[5] Littéralement, il dit : il y a *moi* (et) *homme*.

six ans à l'explication de la loi et à la conversion des hommes.

A côté du lieu où a été expliquée la loi, il y a un arbre extraordinaire, qui est haut de six à sept pieds. Malgré une longue succession de printemps et d'automnes, il reste constamment le même, sans augmenter ni diminuer. Jadis, *Jou-laï* (le Tathâgata), ayant fini de curer ses dents, jeta le petit morceau de branche dont il s'était servi. Cette branche prit racine et donna naissance à cet arbre, qui est resté florissant jusqu'à ce jour[1]. Les hérétiques et les Brâhmanes viennent à l'envi pour le couper et le détruire, mais il repousse aussitôt et reste le même qu'auparavant.

A côté et à une petite distance de cet arbre, on voit les siéges des quatre *Bouddhas* passés, et un endroit où ils se sont promenés pour faire de l'exercice, et ont laissé la trace de leurs pas. Il y a, en outre, un *Stoûpa* qui renferme une partie des cheveux et des ongles de *Jou-laï*. On voit une multitude de monuments sacrés qui semblent se toucher, ainsi que des étangs et des bois qui se réfléchissent dans leurs eaux limpides.

En partant de ce royaume, il fit environ cinq cents li au nord-est, et arriva au royaume de *Che-lo-fa-si-ti* (Çrâvastî)[2].

---

[1] Voyez page 54, ligne 25.
[2] Inde centrale.

LIVRE SIXIÈME.

ROYAUME DE CHE-LO-FA-SI-TI.
(ÇRÂVASTÎ.)

Le royaume de *Che-lo-fa-si-ti* (Çrâvastî) a environ six mille li de tour. La capitale est déserte et ruinée; l'étendue qu'elle avait n'est point consignée dans l'histoire. Les antiques fondements du palais du roi ont environ vingt li de tour. Quoiqu'ils soient, en grande partie, couverts de ruines, on y voit encore un certain nombre d'habitants. Ce pays produit une grande abondance de grains; le climat est doux, et les mœurs sont pures et honnêtes. Le peuple s'applique à l'étude et aime la vertu. Il y a plusieurs centaines de *Kia-lan* (couvents), la plupart délabrés, où l'on ne compte qu'un petit nombre de religieux qui étudient la doctrine de l'école *Tching-liang-pou* (l'école des Saṁmatiyas). Il y a cent temples des dieux; le nombre des hérétiques est énorme. A l'époque où *Jou-laï* (le Tathâgata) vivait dans le monde, c'était la capitale du royaume de *Po-lo-si-na-chi-to* (Prasènadjit).

Dans l'intérieur de l'ancien palais, on voit d'antiques fondements; ce sont les restes de la résidence royale de *Ching-kiun* (Prasènadjit).

Plus loin, à l'est et à une petite distance, il y avait d'anciens fondements ; on a élevé par-dessus un petit *Stoûpa*. C'était là qu'était jadis la grande *salle de la loi*, que le roi *Ching-kiun* (Prasênadjit) avait fait bâtir pour l'usage de *Jou-laï* (du Tathâgata).

A côté et à une petite distance de la *salle de la loi*, au-dessus d'antiques fondements, on a construit un *Stoûpa*. La tante du *Bouddha*, la religieuse *Po-lo-che-po-ti* (Pradjâpatî), possédait en ce lieu un *Vihâra* qui avait été bâti, pour elle, par le roi *Ching-kiun* (Prasênadjit).

Plus loin, à l'est, on voit un *Stoûpa*; c'est là qu'était l'ancienne demeure de *Sou-ta-to* (Soudatta).

A côté de la demeure du maître de maison *Chen-chi* (Soudatta), il y a un grand *Stoûpa*. Ce fut en cet endroit qu'un des sectaires, appelés *Yang-kiu-li-mo-lo* (Añgoulimâlyas), abjura ses erreurs. Les *Yang-kiu-li-mo-lo* (Añgoulimâlyas) sont des scélérats du royaume de *Che-lo-fa-si-ti* (Çrâvastî). Ils font du mal aux êtres vivants, et étendent leurs cruautés sur les villes et les royaumes. Ils tuent les hommes, prennent leurs doigts et en forment des guirlandes dont ils entourent leur tête. Comme ce sectaire voulait tuer sa mère, afin de compléter son nombre de doigts, l'Honorable du siècle, saisi de douleur et de compassion, alla le trouver pour le convertir. Quand il eut aperçu de loin l'Honorable du siècle, il éprouva une joie secrète, et dit en lui-même : « Aujourd'hui, je suis sûr de naître parmi les « dieux. Notre premier maître nous a laissé ses instruc- « tions, suivant lesquelles quiconque tuera le *Bouddha*

« ou sa propre mère, est destiné à naître infailliblement
« dans le ciel de *Fan* (Brahmâ). »

Il dit alors à sa mère : « Vieille femme, pour le mo-
« ment, je vous laisse. Il faut d'abord que je tue ce
« grand *Cha-men* (Mahâ Çramaṇa). »

A ces mots, il s'arma d'une épée et marcha à la rencontre de l'Honorable du siècle. Alors *Jou-laï* (le Tathâgata) recula à pas lents; mais l'infâme *Tchi-man*
(Aṅgoulimâlya) le poursuivit sans pouvoir l'atteindre.

L'Honorable du siècle lui dit : « Pourquoi persévé-
« rer dans vos criminels desseins? Pourquoi quitter la
« racine du bien et faire jaillir la source du mal? »

Dans ce moment, le *Tchi-man*[1] (l'Aṅgoulimâlya),
ayant entendu cette instruction, comprit toute l'hor-
reur de sa conduite. Sur-le-champ, il fit sa soumission
et demanda à être admis dans le sein de la loi[2]. Après
avoir déployé un zèle ardent, sans jamais se relâcher,
il obtint le fruit de *'O-lo-han* (la dignité d'Arhat).

A cinq ou six li au sud de la ville, se trouvait le bois
appelé *Che-to-lin* (Djêtavana). C'était le jardin de *Ki-
kou-to* (Anâthapiṇḍika)[3]. *Chen-chi* (Soudatta), ministre
du roi *Ching-kiun* (Prasênadjit), avait bâti en cet endroit un *Vihâra* pour le *Bouddha*. Jadis, c'était un *Kia-
lan* (Saṅghârâma); aujourd'hui, il est désert et en
ruines.

A gauche et à droite de la porte orientale, on avait

---

[1] L'homme qui porte une guirlande de doigts.
[2] C'est-à-dire au nombre des disciples du *Bouddha*.
[3] On dit aussi Anâthapiṇḍada.

élevé deux colonnes en pierre, hautes chacune de soixante-dix pieds. Sur le sommet de la colonne de gauche, on avait sculpté une coupole, et, sur le faîte de la colonne de droite, on avait taillé au ciseau le corps d'un éléphant. Ces deux colonnes avaient été érigées par le roi *Wou-yeou* (Açôka). Les bâtiments du *Kia-lan* (couvent) sont complétement ruinés; il n'en reste que les antiques fondements. On ne voit plus qu'une petite maison en briques qui s'élève toute seule au milieu des décombres; elle renferme une statue du *Bouddha*.

Jadis, après que *Jou-laï* (le Tathâgata) fut monté au ciel des trente-trois dieux (des dieux Trayastriñças) pour expliquer la loi en faveur de sa mère, le roi *Chingkiun* (Prasênadjit), ayant appris que le roi *Tch'ou-ngaï* (Oudayana) avait fait sculpter, en bois de santal, une statue du *Bouddha*, fit faire de même cette statue.

Le maître de maison *Chen-chi* (Soudatta) était doué d'humanité et d'intelligence; il avait amassé des richesses et savait les dépenser. Il secourait les pauvres et sauvait les indigents; il avait pitié des orphelins et montrait de la compassion aux vieillards. Ses contemporains, pour faire l'éloge de sa vertu, l'avaient surnommé *Ki-kou-to*[1] (Anâthapiṇḍika). Ayant été informé des mérites et des vertus du *Bouddha*, il conçut pour lui un profond respect, et eut le désir de lui bâtir un *Vihâra*. Il pria le *Bouddha* de daigner venir le voir. L'Honorable du siècle ordonna à *Che-li-tseu* (Çâripouttra) de l'accompagner et de l'aider de ses conseils. Comme le jardin

---

[1] Celui qui donne aux orphelins et aux hommes seuls, sans famille.

appelé *Che-to-youen* (Djêtavana), appartenant au prince royal, était situé dans un endroit riant et élevé, *Chen-chi* (Soudatta) alla aussitôt le trouver, et lui fit part de ses intentions. Le prince royal lui dit en badinant : « Si « vous couvrez d'or tout le sol, vous pourrez l'acheter. »

A ces mots, *Chen-chi* (Soudatta) fut transporté de joie. Sur-le-champ, il tira de l'or du trésor royal, et, pour se conformer à la parole du prince, il l'étendit sur la terre; mais il resta un petit espace qu'il ne put couvrir d'or. Le prince royal le pria de le laisser, et lui dit : « C'est, en vérité, l'excellent champ du *Bouddha*. Il faut « y planter la racine du bien. » Aussitôt, dans l'endroit vide, il construisit un *Vihâra*. L'Honorable du siècle s'y rendit sur-le-champ, et parla ainsi à *'O-nan-t'o* (Ânanda) : « Le terrain du jardin a été acheté par *Chen-chi* (Sou-« datta); les arbres du bois ont été donnés par *Che-to* « (Djêtâ). Ces deux hommes n'ont qu'un même cœur, « et accomplissent avec respect des œuvres méritoires. « A partir d'aujourd'hui, il convient d'appeler ce lieu le « *bois de Che-to* (Djêtavana) et le *jardin de Ki-kou-to* (Anâ-« thapindika). »

Au nord-est du jardin de *Ki-kou-to* (Anâthapindika), il y a un *Stoûpa*. Ce fut en cet endroit que *Jou-laï* (le Tathâgata) lava un *Pi-tsou* (Bhikchou) qui était malade. Jadis, lorsque *Jou-laï* (le Tathâgata) vivait dans le siècle, il y avait un *Pi-tsou* (Bhikchou) malade, qui était accablé de souffrances et demeurait dans la solitude. Le *Bouddha*, l'ayant vu, lui demanda quelle était la cause de ses souffrances, et pourquoi il vivait seul.

« Je suis indolent de mon naturel, répondit-il, et
« je n'ai pas la patience de m'occuper de ma maladie;
« c'est pourquoi mes souffrances ne font que s'aggraver;
« personne au monde ne me donne des soins. »

Dans ce moment, *Jou-laï* (le Tathâgata) fut ému de
pitié, et lui dit : « Homme vertueux, c'est moi qui serai
« aujourd'hui votre médecin. »

A ces mots, il le toucha de la main, et fit disparaître
en même temps sa maladie et ses douleurs. Ensuite,
il le fit sortir de sa cabane en le soutenant, le coucha
sur une autre natte, lui lava lui-même les mains et
les pieds, et lui mit de nouveaux vêtements. Le *Bouddha* dit au *Bhikchou* qu'il devait, à l'avenir, montrer du
zèle et de l'activité. Celui-ci ayant entendu ses instructions, fut pénétré de reconnaissance, et s'abandonna,
d'esprit et de corps, aux transports de la joie.

Au nord-ouest du jardin de *Ki-kou-to* (Anâthapiṇḍika), il y a un petit *Stoûpa*. Ce fut en cet endroit que
Mo-te-kia-lo-tseu (Moudgalapouttra) employa en vain sa
puissance divine pour soulever la ceinture de *Che-li-
tseu* (Çâripouttra). Jadis, lorsque le *Bouddha* se trouvait sur les bords du lac *Wou-je-nao* (Anavatapta), les
hommes et les dieux étaient tous réunis, à l'exception
de *Che-li-tseu* (Çâripouttra) qui n'avait pas eu le temps
de se joindre à l'assemblée. Le *Bouddha* ordonna à *Mo-
te-kia-lo* (Moudgalapouttra) d'aller le trouver et de l'a-
mener à la réunion.

Mo-te-kia-lo (Moudgalapouttra) obéit à ses ordres,
et se rendit auprès de *Che-li-tseu* (Çâripouttra), qui était

alors occupé à raccommoder son vêtement de religieux. *Mo-te-kia-lo* (Moudgalapouttra) lui dit : « L'Ho-
« norable du siècle, qui se trouve en ce moment sur
« les bords du lac *Wou-je-nao* (Anavatapta), m'a ordonné
« de vous appeler auprès de lui. »

Che-li-tseu (Çâripouttra) lui dit : « Arrêtez-vous un
« instant. Attendez que j'aie fini de raccommoder mon
« vêtement. Je partirai alors avec vous. »

— « Si vous ne partez pas promptement, lui dit *Che-*
« *li-tseu* (Çâripouttra), je vais employer ma puissance di-
« vine et transporter votre maison en pierre au milieu
« de la grande assemblée. »

Che-li-tseu (Çâripouttra) délia aussitôt la ceinture de
son vêtement, la posa à terre, et lui dit : « Si vous en-
« levez cette ceinture, mon corps se mettra peut-être
« en mouvement. » *Mo-te-kia-lo* (Moudgalapouttra) déploya toute sa puissance divine pour enlever la ceinture, mais il ne put la faire bouger. La terre en fut ébranlée. Alors, à l'aide de ses pieds divins, il s'en revint auprès de *Fo* (du *Bouddha*), et vit *Che-li-tseu* (Çâripouttra) qui était déjà assis au milieu de l'assemblée. *Mo-te-kia-lo* (Moudgalapouttra) baissa la tête, et dit en soupirant : « Je reconnais aujourd'hui que la force
« des facultés divines ne vaut pas la force de l'intelli-
« gence. »

A côté, et à une petite distance du *Stoûpa* de l'enlèvement de la ceinture[1], il y a un puits qui, jadis,

[1] C'est-à-dire du *Stoûpa* où *Moudgalapouttra* voulut soulever la ceinture de *Çâripouttra*.

lorsque *Jou-laï* (le Tathâgata) vivait dans le siècle, fournissait de l'eau pour l'usage du *Bouddha*.

A côté de ce puits, il y a un *Stoûpa* qui a été bâti par le roi *Wou-yeou* (Açôka). Là, on voit un endroit où *Jou-laï* (le Tathâgata) et *Che-li-tseu* (Çâripouttra) ont fait de l'exercice et ont expliqué la loi. (Le roi) avait élevé en l'honneur de tous les deux une colonne et un *Stoûpa*. Les esprits protègent en secret ces monuments, et des prodiges merveilleux y éclatent de temps à autre. Tantôt, on entend une musique céleste, tantôt on respire des odeurs divines. Il serait difficile d'énumérer en détail tous ces présages de bonheur.

A une petite distance, derrière le couvent, est un endroit où des *Fan-tchi* (des Brahmatchârîs) hérétiques tuèrent une femme débauchée pour calomnier le *Bouddha*. Mais *Jou-laï* (le Tathâgata) est doué de dix forces (Daçabala) et exempt de crainte (Abhaya) ; il possède tous les genres de prudence ; les hommes et les dieux le révèrent, et les saints et les sages lui obéissent avec respect. En ce moment, les Brâhmanes délibérèrent entre eux et dirent : « Il faut employer un stratagème « pour qu'il soit calomnié et honni au milieu des reli- « gieux. »

Alors, ils attirèrent et soudoyèrent cette femme débauchée, afin qu'elle feignît de vouloir entendre la loi. Quand la multitude des religieux en eut été instruite, ils la tuèrent en secret, enterrèrent son cadavre au pied d'un arbre, et dénoncèrent ce crime au roi en poussant des cris de vengeance.

Le roi ayant ordonné de faire des recherches, on trouva son cadavre dans le jardin de *Che-to* (Djêtavana)¹. Alors les hérétiques (les Brâhmanes) crièrent à haute voix : « Le grand *Cha-men, Kiao-ta-mo* (le grand Çra-
« maṇa Gâutama) vantait constamment sa continence et
« son humanité. Mais aujourd'hui, il a eu commerce
« avec cette femme, et l'a tuée pour lui fermer la bou-
« che. Après ces actes de débauche et de meurtre, que
« dire maintenant de sa continence et de son huma-
« nité ? » Mais aussitôt les dieux s'écrièrent du haut des airs : « Les Brâhmanes sont des scélérats : tout cela n'est
« qu'une infâme calomnie. »

A environ cent pas à l'est du couvent, il y a une fosse large et profonde. C'est l'endroit où *Ti-po-ta-to* (Dêvadatta)², pour avoir voulu faire périr le *Bouddha* par le poison, tomba tout vivant dans l'enfer. *Ti-po-ta-to* était le fils du roi *Ho-wang*³ (Drônôdana râdjâ). En se livrant avec ardeur à l'étude pendant douze ans, il avait lu et appris les quatre-vingt mille (*sic*) recueils de la loi. Ensuite, poussé par l'intérêt (l'ambition), il chercha à acquérir des facultés divines. Il fréquenta des amis vicieux, et, après avoir délibéré avec eux, il leur dit un jour : « Je possède trente signes du grand homme ;
« c'est presque autant que le *Bouddha*⁴. Une grande mul-

---

¹ C'est-à-dire, dans le jardin du prince royal, surnommé le *Vainqueur* (Djêtâ).
² En chinois, *Thien-cheou* « donné par les dieux ».
³ C'était l'un des oncles paternels du *Bouddha*.
⁴ Voyez page 164, note 2.

« titude m'entoure ; en quoi différé-je de *Jou-laï* (du Ta-
« thâgata) ? ».

Après leur avoir communiqué ces réflexions, il essaya de semer la division parmi les religieux. Mais *Che-li-tseu* (Çâripouttra) et *Mou-te-kia-lo-tseu* (Moudgalapouttra), dociles aux ordres du *Bouddha*, et doués par lui d'une puissance divine, expliquèrent la loi et exposèrent son enseignement; et aussitôt les religieux revinrent à la concorde et à l'union. *Ti-po-ta-to* (Dêvadatta) ne renonça pas pour cela à ses mauvais desseins. Il introduisit sous ses ongles un poison subtil, afin de tuer le *Bouddha* en allant lui offrir ses hommages. Pour exécuter ce coupable projet, il accourut de loin en cet endroit. Mais la terre s'entr'ouvrit aussitôt, et il tomba tout vivant dans l'enfer.

Au sud de cet endroit, il y a une grande fosse. Ce fut là que *Kiu-kia-li-pi-tsou* (le Bhikchou Koukâli)[1], pour avoir calomnié *Jou-laï* (le Tathâgata), tomba vivant dans l'enfer.

A environ huit cents pas au midi de la fosse de *Kiu-ka-li* (Koukâli), il y a une autre fosse, large et profonde. Ce fut en cet endroit que la fille du Brâhmane *Tchen-tche* (Tchañçtcha), pour avoir calomnié *Jou-laï* (le Tathâgata), tomba toute vivante dans l'enfer. Un jour que le *Bouddha* expliquait, en faveur des hommes et des dieux, le résumé des lois les plus excellentes, une

---

[1] *Kiu-kia-li* était un disciple de Dêvadatta (*T'iao-ta*). Ce nom vient de *kou* « mauvais », et de *kâla* « temps ». On l'appelait aussi *Kiu-po-li* (Gôpâli). Dictionnaire *Fan-i-ming i-tsi*, liv. V, fol. 20, r°, l. 10.

femme, qui faisait partie des disciples des Brâhmanes, ayant vu de loin l'Honorable du siècle entouré d'une multitude respectueuse, songea ainsi en elle-même : « Je veux aujourd'hui déshonorer *Kiao-ta-mo* (Gâutama) « et détruire sa bonne renommée, afin que mes maîtres « jouissent seuls d'une brillante réputation. » Alors elle attacha secrètement sur son ventre une écuelle de bois, et se rendit dans le jardin de *Ki-kou-to* (Anâthapiṇḍika), puis elle cria à haute voix, au milieu de la grande assemblée des religieux : « Cet homme qui explique la « loi a eu commerce avec moi ; l'enfant que je porte « dans mon sein est de la race de *Çâkya*. » Parmi les hérétiques, il n'y en eut pas un qui ne crût à ses paroles ; mais les hommes droits et sincères surent bien que c'était une calomnie. En ce moment, *Chi* (Indra), le maître des dieux, voulant dissiper tous les doutes, se changea en un rat blanc, et coupa avec ses dents le cordon qui retenait l'écuelle. Le bruit que fit ce cordon en se brisant, émut la grande assemblée. Tous les témoins[1] de cet événement sentirent redoubler leur joie. Un homme se leva alors du milieu de l'assemblée, et, tenant à la main l'écuelle de bois, la montra à cette femme, et lui dit : « Est-ce là votre enfant ? »

En ce moment, la terre s'entr'ouvrit d'elle-même, et la fille du Brâhmane y tomba toute entière. Elle entra dans l'enfer le plus reculé (*Avîtchi*), et reçut ainsi son châtiment.

Ces trois fosses sont sans bornes et sans fond. Lors-

[1] Littéralement : tous ceux qui virent et entendirent.

que les canaux et les étangs débordent, à l'époque des pluies continuelles de l'automne et de l'été, on ne voit jamais les eaux s'arrêter dans ces fosses profondes.

A soixante ou soixante-dix pas à l'est du couvent, il y a un *Vihâra*, haut d'une soixantaine de pieds. Au milieu, s'élève une statue du *Bouddha*, qui est assis et tourné du côté de l'orient. Jadis *Jou-laï* (le Tathâgata) discuta en cet endroit avec des Brâhmanes.

Plus loin, à l'est, il y a un temple des dieux, qui est de la même dimension que le *Vihâra*. Lorsque le soleil levant répand sa lumière, l'ombre du temple des dieux ne couvre pas le *Vihâra*, et quand le soleil est sur le point d'épancher ses derniers rayons, l'ombre du *Vihâra* cache aussitôt le temple des dieux.

A trois ou quatre li à l'est du *Vihâra* qui couvre de son ombre (le temple des dieux), il y a un *Stoûpa*. C'est un endroit où l'honorable *Che-li-tseu* (Çâripouttra) discuta avec des Brâhmanes. Jadis, le maître de maison *Chen-chi* (Soudatta) avait acheté le jardin du prince royal *Che-to* (Djêtâ), dans le dessein d'y ériger un *Vihâra* pour *Jou-laï* (le Tathâgata). A cette époque, l'honorable *Che-li-tseu* (Çâripouttra) accompagna le maître de maison et l'aida de ses conseils [1].

Six docteurs hérétiques (Brâhmanes) ayant cherché à lutter pour la puissance divine, *Che-li-tseu* (Çâripouttra) les terrassa et les convertit l'un après l'autre.

---

[1] Il y a, en chinois, *Chen-kouei* « inspecter et calculer ». Ces mots semblent indiquer que *Çâripouttra* traça lui-même le plan du *Vihâra* et en surveilla la construction.

Devant un *Vihâra* qui est à côté, on a bâti un *Stoûpa*. En cet endroit, *Jou-laï* dompta les Brâhmanes et reçut une invitation d'une femme nommée *Pi-che-khie* (Viçâkhâ)[1].

Au sud du *Stoûpa* (qui rappelle) l'invitation précédente, est un lieu où *Pi-lou-tse-kia* (Viroûdhaka), ayant levé des troupes pour exterminer la race de *Çâkya*, vit le *Bouddha* et remmena ses soldats. Après que le roi *Pi-lou-tse-kia* (Viroûdhaka) eut succédé à la couronne, indigné de son ancien déshonneur, il leva des troupes et mit en mouvement une multitude immense. Quand toutes les compagnies furent rangées, il ordonna à son armée de se mettre en marche. A cette époque, un Bhikchou ayant été instruit de ses projets, alla en prévenir *Fo* (le Bouddha). Dans ce moment, l'Honorable du siècle était assis sous un arbre desséché. Le roi *Pi-lou-tse-kia* (Viroûdhaka) ayant aperçu de loin l'Honorable du siècle, descendit de son char et lui offrit ses hommages; puis il lui dit en se retirant : « Voici des arbres « touffus et florissants; pourquoi ne pas vous asseoir « sous leur ombre, et vous reposer de préférence au « bas d'un arbre desséché et sur des feuilles pourries? »

— « Ma famille, répondit l'Honorable du siècle, est « comme les branches et les feuilles d'un arbre. Main-

[1] C'était la fille d'un riche marchand, qui répandait d'abondantes aumônes sur les religieux, et qui poussa la libéralité jusqu'à faire construire pour le *Bouddha* un *Vihâra*, qu'on appela *Poûrvârâma*. On peut voir sa biographie dans Spence Hardy, *A Manual of Buddhism*, pages 220 à 227.

« tenant que les branches et les feuilles vont être dé-
« truites[1], comment compter sur l'abri de leur ombre? »
— « L'Honorable du siècle, repartit le roi, ne s'inté-
« resse qu'à sa famille. Je puis m'en retourner. »

Là-dessus, il contempla le saint (le *Bouddha*), et, ayant éprouvé une vive émotion, il remmena son armée et retourna dans son royaume.

A côté de l'endroit d'où l'on remmena l'armée, il y a un *Stoûpa*. C'est là que furent massacrées les filles des *Çâkyas*. Le roi *Pi-lou-tse-kia* (Viroûḍhaka) ayant tué les *Çâkyas* et remporté la victoire, choisit cinq cents filles pour peupler son harem. Les filles des *Çâkyas* se sentirent transportées de colère; elles jurèrent avec indignation qu'elles n'obéiraient pas, et accablèrent d'injures les fils de la famille royale. Quand le roi en eut été informé, il entra en fureur et ordonna de les exterminer toutes. Les bourreaux, dociles aux ordres du roi, leur coupèrent les mains et les pieds, et les précipitèrent dans une fosse profonde. En ce moment, les filles des *Çâkyas*, en proie à de cruelles souffrances, invoquèrent le *Bouddha*, l'Honorable du siècle. Celui-ci ayant vu, de ses yeux divins, leurs douleurs et leurs angoisses, ordonna à un *Pi-tsou* (Bhikchou) de relever son vêtement et de partir pour aller expliquer, aux filles des *Çâkyas*, les lois les plus subtiles et les plus abstraites, savoir : les chaînes des cinq désirs, le sort de ceux qui roulent dans les trois (mauvaises) voies, la séparation

---

[1] Allusion au sort de la race de *Çâkya*, que le roi *Viroûḍhaka* voulait exterminer.

des personnes qui s'aiment, et l'éloignement éternel que cause le passage de la vie à la mort.

En ce moment, les filles des *Çâkyas* ayant entendu les instructions du *Bouddha*, renoncèrent aux souillures du monde et obtinrent la pureté de *l'œil de la loi*. Elles moururent toutes en même temps, et naquirent ensemble parmi les dieux. Alors *Chi* (Çakra), le maître des dieux, prit la forme d'un *Po-lo-men* (d'un Brâhmane), recueillit leurs ossements et les brûla. Les hommes des siècles suivants ont consigné le souvenir de cet événement.

A côté, et à une petite distance du *Stoûpa* qui rappelle le massacre des *Çâkyas*, il y a un grand étang desséché. Ce fut en cet endroit que le roi *Pi-lou-tse-kia* (Viroûḍhaka) fut englouti dans l'enfer.

Quand l'Honorable du siècle eut vu les filles des *Çâkyas*, il s'en revint dans le jardin de *Ki-kou-to* (Anâthapiṇḍika), et dit aux *Bhikchous* : « Dans sept jours, le roi « actuel, *Pi-lou-tse-kia* (Viroûḍhaka), sera consumé par « le feu. »

Le roi ayant été informé de la prédiction du *Bouddha*, fut saisi d'une horrible frayeur. Quand le septième jour fut arrivé, partout régnaient le calme et l'allégresse, sans nulle apparence de danger. Le roi s'abandonna aux transports de la joie. Il ordonna alors aux femmes de son harem d'aller au bord de l'étang. Il folâtra et but gaiement avec elles ; mais il craignait encore de voir surgir un feu dévorant. Pendant qu'il voguait sur les eaux pures de l'étang, les flots débordèrent, des flammes brûlantes s'élevèrent en tourbillons et consumèrent son léger bateau. Le roi tomba tout vivant dans l'enfer le plus reculé (*Avîtchi*), où il subit de cruelles tortures.

A trois ou quatre li au nord-ouest du couvent, on arrive à la forêt *des Yeux recouvrés* (Âptanêtravana?); on y voit les vestiges de *Jou-laï* (du Tathâgata), qui s'y promena pour faire de l'exercice. Dans tous les lieux où les saints se sont livrés à la méditation (*Samâdhi*), on a placé des inscriptions et on a élevé des *Stoûpas* pour conserver leur souvenir.

Jadis, il y avait, dans ce royaume, une troupe de cinq cents brigands qui ravageaient les hameaux et les bourgs, et pillaient les villes et les royaumes. Le roi *Ching-kiun* (Prasênadjit) les ayant saisis tous, leur arracha les yeux et les abandonna dans une épaisse forêt. Les brigands, en proie à la souffrance, invoquèrent le *Bouddha* et implorèrent sa pitié. Dans ce moment, *Jou-laï* (le Tathâgata) se trouvait dans le *Vihâra* de *Che-to* (Djêtâ)[1]. Ayant entendu leurs plaintes douloureuses, il ouvrit son cœur à la bienveillance, et fit souffler un vent pur qui apporta des plantes médicinales des montagnes neigeuses. La cavité de leurs yeux en ayant été remplie, ils recouvrèrent aussitôt la vue, et aperçurent l'Honorable du siècle qui se tenait debout devant eux. Ils conçurent la pensée d'obtenir l'intelligence (Bôdhi), s'abandonnèrent à la joie et se prosternèrent devant lui. Ensuite,

---

[1] Au lieu de cette expression, on écrit souvent *Djêtavana*, pour *Djêtrĭvana*. Sur cette forme, qui appartient au pali, voyez Burnouf, *Introduction au Bouddhisme*, page 22, note 2.

ils jetèrent leurs bâtons et s'en allèrent. Ces bâtons restèrent plantés en terre et y prirent racine.

A environ soixante li au nord-ouest de la capitale, il y a une ville antique. Dans le *Kalpa* des sages (Bhadrakalpa), à l'époque où les hommes vivaient vingt mille ans, ce fut dans cette ville que naquit *Kie-ye-fo* (Kâçyapa Bouddha).

Au sud de la ville, il y a un *Stoûpa*. Ce fut en cet endroit que ce *Bouddha*, après avoir acquis l'intelligence accomplie (Samyak sambôdhi), vit son père pour la première fois.

Au nord de la ville, il y a un *Stoûpa* qui renferme les *Che-li* (Çarîras — reliques) du corps entier de *Kia-ye-fo* (Kâçyapa Bouddha). Ces deux monuments ont été bâtis par le roi *Wou-yeou* (Açôka).

En partant de ce royaume, il fit environ cinq cents li au sud-est, et arriva au royaume de *Kie-pi-lo-fa-sou-tou* (Kapilavastou)[1].

ROYAUME DE KIE-PI-LO-FA-SOU-TOU.

(KAPILAVASTOU.)

Le royaume de *Kie-pi-lo-fa-sou-tou* (Kapilavastou) a environ quatre mille li de tour. Il y a dix villes désertes qui offrent un aspect sauvage. La ville royale est en ruines, et l'on ne sait plus quelle était l'étendue de son circuit. Le palais qui existait dans l'intérieur de la capitale, avait de quatorze à quinze li de tour. Il était

[1] Inde centrale.

entièrement construit en briques. Ses restes sont encore hauts et solides; il est désert depuis des siècles. Les villages sont médiocrement peuplés; il n'y a point de roi, seulement chaque ville a un chef particulier. La terre est grasse et fertile, les semailles et les récoltes ont lieu à des époques régulières; les saisons ne se dérangent jamais; les mœurs des habitants sont douces et faciles. Jadis, il y avait environ mille couvents dont les ruines subsistent encore.

A côté du palais, on voit un couvent renfermant une trentaine de religieux de l'école *Tching-liang-pou* (l'école des Sammatiyas), qui se rattache au *petit Véhicule*. Il y a deux temples des dieux; les hérétiques habitent pêle-mêle.

Dans l'intérieur du palais, il y a d'anciens fondements. C'était là qu'était le palais principal du roi *Tsing-fan* (Çouddhôdana râdjâ). Par-dessus ces fondements, on a bâti un *Vihâra*, au centre duquel s'élève la statue du roi.

A côté et à une petite distance de cet endroit, il y a d'anciens fondements. C'était là qu'était la chambre à coucher de la princesse *Mo-ho-mo-ye* (Mahâmâyâ)[1]. Par-dessus, on a bâti un *Vihâra*, au milieu duquel s'élève la statue de cette princesse.

A côté, il y a un *Vihâra*. Ce fut en cet endroit que *Chi-kia-pou-sa* (Çâkya Bôdhisattva) descendit dans le sein de sa mère. Au centre, on a représenté le *Pou-sa*

---

[1] En chinois, *Ta-chou* « la grande magie ». Le mot sanscrit, *mâyâ*, signifie plutôt « illusion ».

(le Bôdhisattva) au moment où il descend pour s'incarner. Suivant l'école *Chang-tso-pou*[1] (l'école des Âryasthaviras), le *Bôdhisattva* s'est incarné dans la nuit du trentième jour du mois *Ou-ta-lo-'an-cha-tch'a* (Outtarâchâḍha), qui répond, en Chine, au quinzième jour de la cinquième lune. Mais, suivant les autres écoles, il s'est incarné dans la nuit du vingt-troisième jour de ce même mois, qui répond, chez nous, au huitième jour de la cinquième lune.

Au nord-est de l'endroit où le *Bôdhisattva* descendit dans le sein de sa mère, il y a un *Stoûpa*. Ce fut dans cet endroit que le *Rĭchi 'O-sse-to* (Asita) tira l'horoscope du prince royal.

Le jour où le *Bôdhisattva* vint au monde, on vit apparaître un grand nombre d'heureux présages. En ce moment, le roi *Tsing-fan* (Çouddhôdana), appela des devins, et leur dit : « Voici un enfant qui vient de « naître ; quelles seront ses bonnes ou mauvaises qua- « lités ? Recueillez votre esprit et répondez-moi claire- « ment. »

— « D'après les prédictions des premiers saints, lui « répondirent-ils, et par suite des heureux présages qui

---

[1] Les Âryasthaviras. Je tire cette synonymie de l'ouvrage intitulé : *Sse-kiao-i-tchou-ki-pou-ting*, liv. III, fol. 8 r°, l. 5. *Ibid*. L'école *Chang-tso-pou* (l'école des *Âryasthaviras*) produisit deux autres écoles, savoir : *Sioue-chan-pou*, ou *l'école des montagnes neigeuses* (l'école des Hâimavatas), et l'école des *Sa-po-to* (l'école des Sarvâstivâdas). Nous voyons encore dans le Dictionnaire *I-tsie-king-in-i*, liv. XXIII, fol. 15 v°, l. 9, que l'école *I-tsie-yeou-pou*, ou l'école des *Sarvâstivâdas*, est issue de l'école *Chang-tso-pou* (l'école des Âryasthaviras).

« ont éclaté à sa naissance, s'il reste dans la maison, ce
« sera un saint roi Tchakravartti (*Tch'ouen-lun*); s'il quitte
« la famille (s'il embrasse la vie religieuse), il doit ob-
« tenir l'intelligence accomplie (Anouttara samyak sam-
« bôdhi). »

Dans ce même temps, *'O-sse-to* (Asita) arriva d'un pays lointain. Il frappa à la porte et demanda audience. Le roi en fut enchanté; il alla lui-même à sa rencontre et lui offrit ses hommages, puis il l'invita à s'asseoir sur un siége orné de pierres précieuses. « Je ne pensais
« pas, lui dit-il, que le grand *Richi* daignerait aujour-
« d'hui me rendre visite. »

— « J'étais tranquillement assis dans le palais des
« dieux, répondit le *Richi,* lorsque tout à coup je vis la
« multitude des dieux bondir d'allégresse. »

— « D'où viennent, leur demandai-je, ces transports
« de joie extraordinaire ? »

— « Grand *Richi*, répondirent-ils, il faut que vous
« sachiez que, dans l'île de *Tchen-pou* (Djamboudvîpa),
« la première femme du roi *Tsing-fan* (Çouddhôda-
« na), qui est de la race de *Çâkya,* a mis au monde,
« aujourd'hui même, un prince royal qui doit obtenir
« l'intelligence accomplie (Samyak sambôdhi) [1], et pos-
« séder toute sorte de prudence [2]. Après avoir appris
« cet événement, je suis accouru pour le contempler ;
« mais une chose m'afflige : je suis vieux et décrépit,

[1] Dans le texte, il n'y a que *San-pou-ti* (Sambôdhi).

[2] Ce passage répond sans doute à la qualification de *Siddhârtha* ou de *Sarvârthasiddha,* qu'on donne au prince royal.

« et je ne verrai point les saintes influences de sa
« vertu. »

A la porte méridionale de la ville, il y a un *Stoûpa*. Ce fut en cet endroit que le prince royal lutta pour la force avec les *Çâkyas* et lança en l'air un éléphant. Le prince royal, par son habileté dans les arts et ses talents nombreux, l'emportait sur tous ses semblables.

(Le fils du)[1] grand roi *Tsing-fan* (Çouddhôdana), le cœur rempli d'allégresse, se disposait à s'en retourner. Son cocher (Tch'aṇḍaka) lui amena un éléphant. Au moment où il allait sortir de la ville, *Ti-p'o-ta-to* (Dèvadatta), qui était fier de sa force, arriva de dehors et interrogea ainsi le cocher : « Qui est-ce qui veut mon-
« ter cet éléphant si richement paré ? »

— « Le prince royal, répondit-il, est sur le point
« de s'en retourner. C'est pourquoi je vais le trouver et
« lui amène cet éléphant. »

Ti-p'o-ta-to (Dêvadatta) transporté de fureur, entraîna l'éléphant, le frappa au front et lui lança des coups de pied dans la poitrine. L'éléphant tomba et obstrua le chemin, de sorte qu'il était impossible de passer. Comme il ne se trouvait personne qui pût l'ôter de là, la multitude des hommes se trouvait arrêtée. *Nan-t'o* (Soundarananda), étant arrivé quelque temps après, demanda qui avait tué cet éléphant.

— « C'est *Ti-p'o-ta-to* (Dêvadatta) », lui répondit-on. Il traîna alors l'éléphant en dehors du chemin. Le prince

---

[1] Il y avait ici un non-sens que fait disparaître l'addition entre parenthèses. Voyez, plus bas, lignes 16 à 18.

royal étant arrivé à son tour, demanda qui avait commis cette mauvaise action et tué cet éléphant.

On lui répondit : « C'est *Ti-p'o-ta-to* (Dêvadatta) qui l'a « tué pour obstruer la porte de la ville. *Nan-t'o* (Soun-« daranauda) l'a traîné et a débarrassé le chemin. »

Le prince royal enleva alors l'éléphant, et, l'ayant lancé dans les airs, le fit passer par-dessus les fossés de la ville. A l'endroit où tomba l'éléphant, (la terre s'enfonça, et) il se forma une fosse profonde, que, depuis cette époque, la tradition populaire a continué d'appeler *la Fosse de l'éléphant* (Hastigarta).

A côté de cette fosse, on voit un *Vihâra*, au centre duquel s'élève la statue du prince royal.

A côté, il y a encore un *Vihâra*. C'était là qu'était la chambre à coucher de la première des femmes du prince royal. Au centre, on a placé les statues de *Ye-chou-t'o-lo* (Yaçôdharâ) et de *Lo-hou-lo* (Râhoula). Dans un *Vihâra* situé à côté de l'ancienne chambre à coucher, on a représenté le prince royal dans l'attitude d'un disciple qui reçoit des leçons. C'était là qu'étaient les antiques fondements de la salle d'étude du prince royal.

A l'angle sud-est de la ville, il y a un *Vihâra*, au centre duquel on a placé la statue du prince royal, qui s'élance dans les airs sur un éléphant blanc. Ce fut en cet endroit qu'il traversa la ville. En dehors de chacune des quatre portes de la ville, il y a un *Vihâra*. Au centre, on a placé les statues d'un vieillard, d'un malade, d'un mort et d'un religieux [1]. Le prince royal,

[1] Voy. le *Lalita vistâra*, trad. par M. Foucaux, ch. xiv, p. 182 et suiv.

en se promenant[1], vit ces objets et en ressentit une telle émotion qu'il se dégoûta du monde. Alors son esprit s'ouvrit, et il ordonna à son cocher de rebrousser chemin.

Après avoir fait environ cinquante li au sud de la capitale, il arriva à une ville antique, où il y avait un *Stoûpa*. Dans le *Kalpa* des sages (Bhadrakalpa), à l'époque où les hommes vivaient soixante mille ans, ce fut dans cette ville que naquit *Kia-lo-kia-tch'un-t'o-fo* (Krakoutchtchanda Bouddha)[2].

A une petite distance, au sud de cette ville, il y a un *Stoûpa*. Ce fut en cet endroit qu'il vit son père, après avoir obtenu l'intelligence complète. Au sud-est de la ville, il y a un *Stoûpa* qui renferme les reliques de ce *Jou-laï* (de ce Tathâgata).

Devant ce *Stoûpa*, on a élevé une colonne en pierre, haute d'une trentaine de pieds, sur le sommet de laquelle on a sculpté l'image d'un lion. Sur les côtés, on a gravé l'histoire du *Nirvâṇa* (de Krakoutchtchanda). Cette colonne a été construite par le roi Açôka.

Après avoir fait environ trente li au nord-est de la

---

[1] Je crois que chaque *Vihâra* renfermait une de ces statues, et répondait ainsi à chacune des quatre promenades du prince royal. Si, au contraire, on s'attachait strictement au pied de la lettre, il faudrait admettre que chaque *Vihâra* renfermait à la fois les quatre statues dont il est question.

[2] Je lis ainsi, d'après l'édition tétraglotte des noms des *Bouddhas* du *Bhadrakalpa*. L'orthographe du *Si-yu-ki* est incorrecte. La troisième syllabe doit être 鳩 *Kieou* (*kou*), au lieu de 迦 *Kia* (*ka*). Conf. Dictionnaire *Fan-i-ming-i-tsi*, liv. I, fol. 18 v°, l. 2.

ville natale de *Kia-lo-kia-tch'un-t'o-fo* (Krakoutchtchanda Bouddha), il arriva à une grande ville antique, au centre de laquelle s'élevait un *Stoûpa*. Dans le *Kalpa* des sages (Bhadrakalpa), à l'époque où les hommes vivaient quarante mille ans, ce fut la ville natale de *Kia-no-kia-meou-ni-fo* (Kanakamouni Bouddha). A une petite distance au nord-est, il y a un *Stoûpa*. Ce fut en cet endroit qu'il convertit son père, après avoir acquis l'intelligence accomplie.

Plus loin, au nord, il y a un *Stoûpa* qui renferme les *Che-li* (Çarîras — reliques) de ce *Jou-laï* (de ce Tathâgata). Devant ce *Stoûpa*, on a élevé une colonne en pierre, haute d'une vingtaine de pieds. Sur le sommet, on a sculpté l'image d'un lion, et, sur le côté, on a gravé l'histoire du *Nirvâṇa* (de Kanakamouni). Cette colonne a été construite par le roi Açôka.

A environ quarante li au nord-est de la ville, il y a un *Stoûpa*. Ce fut en cet endroit que le prince royal, étant assis à l'ombre d'un arbre, examina des laboureurs. Là, il se livra à la méditation et obtint d'être délivré des désirs des sens. Le roi *Tsing-fan* (Çouddhôdana) vit le prince royal assis à l'ombre d'un arbre et plongé dans la méditation.

En ce moment, le soleil lançait ses derniers rayons, et cependant l'ombre de l'arbre ne changeait pas de place. Il reconnut que le prince royal était doué d'une sainteté divine, et sentit redoubler pour lui son estime et son respect.

Au nord-ouest de la capitale, on compte les *Stoûpas*

par centaines et par milliers. C'est dans ce lieu que fut massacrée la race des *Çâkyas*.

Après que le roi *Pi-lou-tse-kia* (Viroûḍhaka) eut vaincu les *Çâkyas*, il les emmena prisonniers avec leurs familles, au nombre de neuf mille neuf cent quatre-vingt-dix fois dix mille têtes (quatre-vingt-dix-neuf millions neuf cent mille), et les fit tous massacrer. Leurs cadavres s'accumulèrent comme des monceaux de paille, et leur sang qui avait coulé à flots forma un large lac. Les hommes, secrètement avertis par les dieux, recueillirent leurs os et leur donnèrent la sépulture.

Au sud-ouest du lieu où furent massacrés les *Çâkyas*, il y a quatre petits *Stoûpas*. Ce fut là que quatre *Çâkyas* résistèrent à un corps d'armée. Dans l'origine, lorsque le roi *Ching-kiun* (Prasênadjit)[1] eut succédé à la couronne, il voulut épouser une femme de la famille des *Çâkyas*. Mais ceux-ci, qui le méprisaient comme n'étant point de leur race, le trompèrent en lui donnant une servante. Il offrit pour les fiançailles de magnifiques présents. Le roi *Ching-kiun* (Prasênadjit) la reconnut solennellement pour son épouse légitime. Elle mit au monde un fils qui devint le roi *Pi-lou-tse-kia* (Viroûḍhaka). Viroûḍhaka voulut aller voir son oncle maternel pour étudier sous sa direction. Quand il fut arrivé au sud de cette ville, il vit un nouveau palais, destiné à l'enseignement, et s'y reposa. Les *Çâkyas*, en ayant été informés, le chassèrent en l'accablant d'injures. « Vil

---

[1] Cette lecture est d'accord avec la transcription *Po-lo-sse-na-chi-to*, et la traduction chinoise, *Ching-kiun* « vainqueur de l'armée ».

« fils d'une esclave, lui dirent-ils, comment oses-tu ha-
« biter dans cette maison ? Cette maison a été bâtie par
« les Çâkyas; elle ressemble à la demeure du *Bouddha*. »

Après que *Pi-lou-tse-kia* (Viroûḍhaka) eut succédé
à la couronne, il voulut venger son ancien affront. Il
leva des troupes et fit camper son armée en cet endroit.
Quatre hommes de la race des *Çâkyas*, qui étaient occupés à labourer les champs, accoururent pour les repousser. Quand les ennemis se furent retirés, ils entrèrent eux-mêmes dans la ville. Leurs parents jugèrent
que l'héritier d'un roi Tchakravarttî (*Lun-wang*) était le
fils légitime du roi de la loi, et qu'en osant commettre
des actions cruelles et se livrer de sang-froid au
meurtre, ils avaient déshonoré leur famille. Ils brisè-
rent les liens qui les unissaient à eux et les exilèrent au
loin[1]. Ces quatre hommes ayant été chassés, s'enfuirent
au nord sur les montagnes neigeuses. Le premier devint roi d'*Ou-tchang-na* (Oudyâna); le second, roi de
Fan-yen-na (Bamyan); le troisième, roi de *Hi-mo-ta-lo*
(Himatala), et le quatrième, roi de *Chang-mi* (Çâmbî).
Leur puissance s'est transmise de siècle en siècle, et
leur postérité s'est continuée sans interruption.

A trois ou quatre li au sud de la ville, dans un bois
de *Ni-keou-liu* (de Nyagrôdhas — figuiers), il y a un
Stoûpa qui a été bâti par le roi *Wou-yeou* (Açôka). Ce
fut en cet endroit que *Chi-kia-jou-laï* (Çâkya Tathâgata),

---

[1] Il paraît étrange que ces nobles champions, pour avoir résisté aux
troupes du meurtrier de la grande famille des *Çâkyas*, aient été chassés
de la ville et exilés par leurs propres parents.

s'en retournant dans son royaume après avoir obtenu l'intelligence accomplie, vit son père (Çouddhôdana râdjâ) et lui expliqua la loi.

Le roi *Tsing-fan* (Çouddhôdana), sachant que *Jou-laï*, après avoir vaincu l'armée des démons, voyageait pour convertir les hommes, éprouva un ardent désir de le voir, et songea à lui offrir ses hommages. Il envoya un messager à *Jou-laï* (au Tathâgata), et lui adressa cette invitation : « Jadis, vous étiez convenu de revenir sans « faute dans votre famille, lorsque vous auriez obtenu « la dignité de *Bouddha*. Mais vous vous êtes contenté « de le dire. Voilà le moment de m'honorer de votre « visite. »

Le messager étant arrivé auprès du *Bouddha*, lui fit connaître les intentions du roi. « Dans sept jours, lui « dit *Jou-laï* (le Tathâgata), je reviendrai sans faute dans « ma famille. »

Quand le messager fut de retour, il alla en informer le roi *Tsing-fan* (Çouddhôdana). Alors le roi ordonna à ses sujets d'arroser et de balayer les chemins, et d'y répandre une grande quantité de fleurs odorantes. Suivi de ses nombreux officiers, il parcourut un espace de plus de quarante li, et arrêta son char pour aller à sa rencontre. En ce moment, *Jou-laï* se trouvait au milieu d'une grande assemblée; huit *Vadjrapanis*[1] formaient son escorte et les quatre[2] rois du ciel ouvraient

---

[1] En chinois, *Pa-kin-kang*; mot à mot : huit diamants, c'est-à-dire huit génies armés d'une massue de diamant.

[2] Savoir : Viroûḍhaka, Viroûpâkcha, Dhrïtarâchṭra et Vâiçravaṇa.

la marche. *Ti-chi* (Indra), avec les dieux du *monde des désirs* (Kâmadhâtou), se tenait à sa gauche; le roi *Fan* (Brahmâ), avec les dieux du *monde des formes* (Roûpadhâtou), se tenait à sa droite. Les *Pi-tsou* (Bhikchous) étaient rangés derrière lui. Le *Bouddha* s'élevait au milieu de la multitude, comme la lune qui resplendit parmi les étoiles. Ébranlant les trois mondes [1] par sa puissance divine, effaçant les sept planètes par son éclat éblouissant, il traversa les airs et arriva dans son royaume natal.

Quand le roi (Çouddhôdana) et les ministres qui l'accompagnaient eurent fini de lui rendre leurs hommages, ils revinrent tous ensemble dans le royaume, et s'arrêtèrent dans le couvent de Nyagrôdha.

A côté, et à une petite distance de ce couvent, il y a un *Stoûpa*. Ce fut en cet endroit que *Jou-laï* (le Tathâgata), étant assis sous un grand arbre, le visage tourné vers l'orient, reçut de sa tante (Mahâpradjàpatî) un *Kia-cha* [2] (Kachâya — vêtement brun de religieux) tissu avec des fils d'or.

Un peu plus loin, s'élève un *Stoûpa*. Ce fut là que *Jou-laï* (le Tathâgata) convertit huit fils de rois et cinq cents personnes de la race des Çâkyas.

En dedans de la porte orientale de la ville, à gauche du chemin, on rencontre un *Stoûpa*. Jadis, en cet en-

---

[1] Le monde des désirs (Kâmadhâtou), le monde des formes (Roûpadhâtou), le monde sans formes (Aroûpadhâtou).

[2] Le Dictionnaire *Mahâvyoutpatti*, fol. 302, donne *tchîvara* comme synonyme de *Kia-cha*.

droit, le prince royal *Siddhârtha*[1] se livra à l'étude des arts.

En dehors de la porte, on voit le temple du dieu *Tseu-ts'aï* (Îçvara Dêva). Dans ce temple, il y a une statue en pierre de ce dieu, qui est d'une grandeur imposante. Ce fut dans ce temple qu'entra le prince royal lorsqu'il était encore dans les langes. Le roi *Tsing-fan* (Çouddhôdana), revenant un jour du jardin de *La-fa-nî*[2], alla au-devant du prince royal. Comme il passait devant ce temple, il dit : « Le temple de ce *Dêva* est « le théâtre d'une multitude de prodiges. Les enfants « de la race des *Çâkyas* qui invoquent son secours, en « ressentent infailliblement les heureux effets. Il faut y « conduire le prince royal, et offrir au dieu de respec- « tueux hommages. »

Dans ce moment, sa nourrice[3] le prit dans ses bras et entra dans le temple. Alors, la statue de pierre du Dieu se leva et alla au-devant du prince royal. Quand celui-ci fut sorti, la statue du Dieu alla se rasseoir sur son piédestal.

En dehors de la porte méridionale de la ville, à gauche de la route, il y a un *Stoûpa*. Ce fut en cet endroit que le prince royal lutta avec les *Çâkyas* pour l'habileté dans les arts, et traversa avec sa flèche des tambours de fer[4].

---

[1] En chinois, *I-tsie-i-tch'ing* « celui qui a accompli tout dessein. On dit aussi *Sarvârthasiddha*.

[2] D'après le *Lalita vistâra* (page 83, note 3), il faut lire *Loumbinî*.

[3] Il y a, en chinois, *Fou-mou* « l'institutrice ».

[4] Il y en avait cinq. Voyez le *Lalita vistâra*, page 149.

A environ trente li au sud-est de cet endroit, il y a un petit *Stoûpa*. A côté du *Stoûpa*, il y a une source dont l'eau est claire comme un miroir. Ce fut en cet endroit que le prince royal lutta avec les *Çâkyas* pour la force et l'habileté. Lorsque sa flèche eut quitté l'arc et qu'elle eut traversé les tambours en dépassant le but, elle tomba sur la terre et s'y enfonça jusqu'à la plume. Elle fit jaillir un courant d'eau pure, que la tradition populaire a continué d'appeler la *Source de la flèche* (Çarakoûpa)[1]. Quand un homme est malade, s'il boit de cette eau ou s'en lave la tête, il obtient ordinairement sa guérison. Les habitants des contrées lointaines prennent de la vase (de cette fontaine) et la remportent chez eux. En quelque endroit qu'ils souffrent, ils la délayent et s'en enduisent le front. Par l'effet de la protection secrète du Dieu, ils recouvrent la plupart la santé.

Après avoir fait de quatre-vingts à quatre-vingt-dix li au nord-est de la *Source de la flèche* (Çarakoûpa), il arriva au bois de *La-fa-ni*[2] (Lavanî). Il y a un étang, pur et clair comme un miroir, où se baignaient les *Çâkyas*, et dont la surface est embellie par une multitude de fleurs[3].

A vingt-quatre ou vingt-cinq pas au nord de cet étang, il y avait des arbres appelés *Wou-yeou-chou*

---

[1] En chinois, *Tsien-thsiouen*. Voyez le *Lalita vistâra*, page 149.
[2] L'orthographe correcte est *Loumbinî* (Burnouf, *Introd. au Bouddh.* page 382, note 2). On écrit aussi *Loung-mi-ni*, *Lun-min* et *Lan-pi-ni*. Voy. le *Fo-koue-ki*, page 219, note 18.
[3] C'étaient sans doute des lotus de diverses couleurs.

(Açôkas), mais aujourd'hui ils sont complétement desséchés. Ce fut en cet endroit que le *Pou-sa* (Bôdhisattva) vint au monde, le huitième jour de la seconde moitié du mois *Feï-che-khie* (Vâiçâkha), qui répond, dans ce pays (en Chine), au huitième jour de la troisième lune. Mais, suivant l'école *Chang-tso-pou* (l'école des Âryasthaviras), ce fut le quinzième jour de la seconde moitié du mois *Feï-che-khie* (Vâiçâkha), qui répond ici au quinzième jour de la troisième lune.

Plus loin, à l'est, il y a un *Stoûpa* qui a été bâti par le roi *Wou-yeou* (Açôka). Ce fut en cet endroit que deux dragons [1] baignèrent le prince royal.

Quand le *Pou-sa* (Bôdhisattva) fut venu au monde, il marcha sans être soutenu, fit sept pas vers chacun des quatre côtés du monde, et s'écria : « Au haut du ciel, « au-dessous du ciel, moi seul suis honorable. A partir « de ce moment, je suis à ma dernière naissance. » Partout où il portait ses pas, on voyait sortir de grands lotus. Deux *Nâgas* surgirent tout à coup du sein de la terre, s'arrêtèrent au milieu des airs, et chacun d'eux lança de l'eau de sa bouche, l'un de la froide, et l'autre de la chaude, pour baigner le prince royal.

A l'est du *Stoûpa* élevé dans l'endroit où fut baigné le prince royal, il y a deux sources limpides, près desquelles on a élevé deux *Stoûpas*. Ce fut en cet endroit que les deux dragons (les deux rois des *Nâgas*) [2] sortirent

---

[1] Voyez le *Lalita vistâra*, page 89, ligne 7.
[2] Suivant le *Lalita vistâra* (page 88), ces rois des *Nâgas* s'appelaient *Nanda* et *Oupananda*.

tout à coup du sein de la terre. Quand le *Pou-sa* (le Bôdhisattva) fut né, ses parents proches et éloignés accoururent tous avec empressement pour chercher de l'eau et le baigner. Devant la princesse (Mâyâdêvî), deux sources jaillirent subitement, l'une froide et l'autre chaude. Aussitôt ils en prirent et le lavèrent.

Au midi des sources, il y a un *Stoûpa*. Ce fut en cet endroit que *Chi* (Indra), le maître des dieux, reçut dans ses mains le *Pou-sa* (le Bôdhisattva). Au moment où le *Pou-sa* (Bôdhisattva) commença à sortir du sein de sa mère, *Chi* (Indra), le maître des dieux, tenant un vêtement céleste d'une beauté merveilleuse, se mit à genoux et reçut le nouveau-né.

Plus loin, il y a quatre *Stoûpas*. Ce fut dans cet endroit que les quatre rois du ciel tinrent le *Pou-sa* (le Bôdhisattva) dans leurs bras.

Quand le *Pou-sa* (le Bôdhisattva) fut sorti par le côté droit de sa mère, les quatre rois du ciel le reçurent dans un vêtement de coton de couleur d'or, et le placèrent sur un banc en or. Puis, s'étant avancés en face de sa mère, ils lui dirent : « Princesse, comme vous avez « donné le jour à ce fils fortuné, il est juste, vraiment, « qu'on soit enchanté et ravi. Si tous les dieux sont « pleins d'allégresse, à plus forte raison les hommes du « siècle doivent-ils nager dans la joie ! »

A côté, et à une petite distance des *Stoûpas* (qui ont été élevés à l'endroit) où les quatre rois du ciel tinrent le *Pou-sa* (le Bôdhisattva) dans leurs bras, il y avait une grande colonne de pierre, au sommet de laquelle on avait sculpté un cheval. Elle avait été élevée par le roi *Wou-yeou* (Açôka). Dans la suite des temps, elle fut foudroyée par un méchant dragon. Cette colonne gît à terre, brisée par le milieu.

A côté, il y a une petite rivière qui coule au sud-est. Les habitants du pays l'appellent la *rivière d'huile*. Quand la princesse *Mo-ye* (Mâyâ) fut accouchée, les dieux transformèrent cette rivière en un étang clair et limpide, afin que la princesse pût s'y baigner et se purifier. Maintenant, l'huile s'est changée en eau; mais cette eau est encore douce et onctueuse.

En partant de ce royaume, il se dirigea vers l'est, et, après avoir fait environ deux cents li à travers des plaines désertes et des forêts sauvages, il arriva au royaume de *Lan-mo* (Râmagrâma)[1].

ROYAUME DE LAN-MO.
(RÂMAGRÂMA.)

Le royaume de *Lan-mo* (Râmagrâma) est désert depuis bien des années; l'étendue qu'il avait n'est point notée dans l'histoire. Les villes sont dépeuplées et ne renferment que de rares habitants.

Au sud-est de l'ancienne capitale, il y a un *Stoûpa* en briques, qui a un peu moins de cent pieds de hauteur. Jadis, après le *Nirvâṇa* de *Jou-laï* (du Tathâgata), le premier roi de ce pays ayant obtenu sa part des reliques, les rapporta dans son royaume, et, pour les

[1] Inde centrale.

honorer, il éleva ce *Stoûpa*. Des miracles y éclatent de temps en temps, et quelquefois (ces reliques) répandent une lueur divine.

A côté de ce *Stoûpa*, il y a un étang d'eau pure. Chaque jour les dragons en sortaient pour se promener, et se métamorphosant en hommes, ils tournaient respectueusement autour du *Stoûpa*[1]. Des éléphants sauvages, réunis en troupe, cueillaient des fleurs et les répandaient. Encouragés par une puissance secrète, ils continuaient sans interruption ces actes méritoires. C'est le *Stoûpa* où le roi *Wou-yeou* (Açôka) avait déposé sa part des reliques. Ceux que devaient construire les sept autres rois étaient déjà commencés. Quand il fut arrivé dans ce royaume, il voulut mettre la main à l'œuvre; mais le dragon de cet étang, craignant qu'il n'envahît son domaine, prit la figure d'un Brâhmane, et, se prosternant aux pieds de l'éléphant, lui parla ainsi :

« Grand roi, vous avez voué vos affections à la loi « du *Bouddha*, et vous avez largement semé dans le « champ du bonheur. J'ose vous prier de détourner « votre char et de daigner venir dans ma demeure. »

— « Où est votre demeure, lui dit le roi; est-elle « proche ou éloignée ? »

---

[1] Voyez tome I, page 128, ligne 15. J'ai suivi ici le texte de *Hoeï-i*, qui est plus net et plus précis que le *Si-yu-ki*. J'y trouve une expression curieuse et difficile : 行道 *Hing-tao* (*vulgo*, marcher dans la voie), qui, dans le langage des Bouddhistes, signifie tourner, en signe de respect, autour d'un objet qu'on révère. (Dictionnaire japonais-chinois *Zyo-gen-zi-ko*, page 165, ligne 14.)

— « Je suis le roi des dragons de cet étang, répondit
« le Brâhmane; comme j'ai appris que Votre Majesté vou-
« lait jeter les fondements d'un bonheur excellent [1], j'ai
« osé venir pour solliciter l'honneur de sa visite. »

Le roi ayant accueilli cette invitation, entra aussitôt
dans le palais du dragon. Il y avait déjà longtemps qu'il
était assis, lorsque le dragon s'avança et dit :

« C'est à cause de mes mauvaises actions que j'ai
« reçu ce corps de dragon. J'espère qu'en faisant des
« offrandes aux reliques, je pourrai effacer mes crimes
« passés. Je désire que le roi aille lui-même auprès du
« *Stoûpa*, qu'il l'examine et offre aussi ses hommages
« (aux reliques). »

Quand le roi *Wou-yeou* (Açôka) eut fini de voir, il
fut saisi de crainte, et dit :

« Tous les objets dont vous vous servez pour faire
« des offrandes, ne ressemblent point à ceux qui sont
« en usage parmi les hommes. »

— « S'il en est ainsi, repartit le dragon, je désire
« ardemment que vous ne les détruisiez pas. »

Le roi *Wou-yeou* (Açôka), reconnaissant qu'il n'était
pas de force à lutter avec le dragon, renonça à la construction qu'il projetait. A l'endroit où le dragon est sorti
de l'étang, on a placé une inscription.

A côté, et à une petite distance du *Stoûpa*, il y a un
couvent où l'on ne compte qu'un petit nombre de religieux, qui ont un maintien calme et réservé. Un seul
Cha-mi (Çrâmanêra) est chargé de toutes les affaires du

[1] C'est-à-dire, fonder un *Stoûpa*.

couvent. Lorsqu'il arrive un religieux d'un pays éloigné, on l'accueille avec les plus grandes marques de
respect, et on ne manque pas de le retenir trois jours,
pendant lesquels on lui fait les quatre offrandes. Voici
ce qu'on lit, à ce sujet, dans les anciennes descriptions
de ce pays : « Jadis, il y eut des *Pi-tsou* (Bhikchous) qui,
sur l'invitation de leurs confrères, arrivèrent d'un pays
lointain, et allèrent rendre hommage au *Stoûpa*. Ils
virent une troupe d'éléphants qui allaient et venaient.
Les uns coupaient de l'herbe avec leurs dents, les autres
répandaient de l'eau avec leur trompe. Chacun d'eux
apportait des fleurs rares, et tous ensemble ils en faisaient hommage (au *Stoûpa*). En ce moment, les religieux les ayant vus, furent saisis d'un sentiment de douleur. Il y eut un *Pi-tsou* (Bhikchou) qui, renonçant à la
connaissance complète de la discipline, voulut rester
en cet endroit pour offrir aussi ses hommages. Il prit
congé des religieux, et leur dit : « Par suite d'un bon-
« heur extraordinaire, je me suis intrus dans votre com-
« pagnie. Bien des mois et des années se sont écoulés
« depuis ; les pratiques auxquelles je me suis livré sont
« sans nombre. Ce *Stoûpa* renferme des reliques du
« *Bouddha*; par l'influence secrète de sa vertu sainte,
« une troupe d'éléphants arrose la terre. Il me serait
« doux de vivre au milieu d'eux, et je regarderais
« comme un véritable bonheur de terminer ici le reste
« de ma vie. »

— « C'est une chose digne de louanges, lui répon-
« dirent les religieux. Nous autres, qui sommes couverts

« de souillures, nous n'avons pas assez de sagesse pour
« former un tel projet. Pour vous, ayez constamment
« soin de votre personne, et n'interrompez point vos
« pieux devoirs. »

« Dès qu'il se fut séparé des religieux, il exprima de
nouveau ses vœux sincères, et se voua joyeusement à
la solitude, avec la résolution d'y persévérer jusqu'à la
fin de sa vie. Alors, il se construisit une cabane couverte
de chaume, amena de l'eau et forma un large étang. Il
cueillait des fleurs de chaque saison, arrosait et balayait
le *Stoûpa*, et le parait richement. Il s'écoula ainsi un
grand nombre d'années, sans que sa dévotion se ralentît
un seul instant. Les princes des royaumes voisins en
ayant été instruits, lui témoignèrent la plus haute estime. Ils donnèrent à l'envi de l'argent et des pierres
précieuses, et bâtirent ensemble ce *Kia-lan* (Sañghârâma). Puis ils prièrent le *Bhikchou* d'y demeurer et
d'administrer les affaires des religieux. Depuis cette
époque, l'œuvre première s'est continuée sans interruption, et c'est toujours un *Cha-mi* (Çrâmaṇêra) qui
a la direction générale de ce couvent. »

A l'est du couvent du *Cha-mi* (Çrâmaṇêra), il fit environ cent li à travers une vaste forêt, et arriva à un
grand *Stoûpa*, qui avait été bâti par le roi *Wou-yeou*
(Açôka). Ce fut en cet endroit que le prince royal,
après avoir traversé la ville, ôta ses vêtements précieux,
détacha son collier, et ordonna à son cocher de s'en retourner. Le prince royal ayant traversé la ville au milieu de la nuit, arriva en cet endroit au point du jour.

Fidèle aux desseins qu'il nourrissait depuis longtemps, il s'exprima ainsi : « Aujourd'hui, je sors enfin de ma « prison et je brise mes liens. » Ce fut en cet endroit qu'il quitta son char pour la dernière fois. Du milieu de son diadème divin, il détacha la précieuse perle *Mo-ni* (Maṇi), et donna ainsi ses ordres à son cocher : « Prends cette perle précieuse, retourne sur tes pas, et « va dire au roi, mon père, qu'aujourd'hui je me re- « tire au loin. Je me sépare de lui pour un noble mo- « tif ; je veux rompre avec les choses passagères, et me « délivrer de tous les péchés. »

Tchen-to-kia (Tch'aṇḍaka) lui dit : « Comment pou- « vez-vous prendre une telle résolution ? Faudra-t-il que « je m'en retourne avec un char vide ? »

Le prince royal l'ayant consolé par des paroles bien-veillantes, il en fut touché et s'en retourna.

A l'est du *Stoûpa du retour*[1], il y a un arbre *Tchen-pou* (Djambou). Quoique ses branches et ses feuilles soient tombées, son tronc aride est encore debout.

A côté de cet arbre, il y a un petit *Stoûpa*. Ce fut en cet endroit que le prince royal échangea avec un chasseur, contre un vêtement en peau de cerf, l'habit précieux qui lui restait. Après que le prince royal eut coupé ses cheveux et changé ses habits, quoiqu'il eût ôté son collier, il lui restait encore un vêtement céleste. « Ce « costume est trop magnifique, se dit-il ; comment pour- « rai-je le changer ? »

---

[1] C'est-à-dire, à l'est du *Stoûpa* construit dans l'endroit où le cocher du *Bouddha* rebroussa chemin et *s'en retourna*.

En ce moment, un dieu de la demeure pure (Çouddhâvâsa) prit la forme d'un chasseur vêtu d'une peau de cerf, et portant un arc et des flèches.

Le prince royal, élevant son vêtement, dit au chasseur : « Je désire l'échanger avec vous; veuillez, je vous « prie, agréer ma demande. »

Le chasseur ayant consenti avec empressement, le prince royal ôta son vêtement de dessus et le lui donna. Quand cet échange eut été terminé, le chasseur reprit son corps divin, et, tenant le vêtement du *Bouddha*, il s'élança dans les airs et disparut.

A côté, et à une petite distance de l'endroit où le prince royal échangea son vêtement, il y a un *Stoûpa* qui a été bâti par le roi *Wou-yeou* (Açôka). Ce fut en cet endroit que le prince royal eut la tête rasée. Le prince royal ayant pris un couteau des mains de *Tch'en-to-kia* (Tch'aṇḍaka), coupa lui-même sa chevelure. *Chi* (Indra), le maître des dieux, la recueillit et l'emporta au palais des dieux pour lui rendre ses hommages. Dans ce moment, un fils des dieux de la demeure pure (Çouddhâvâsa), prit la figure d'un coiffeur, et, tenant dans sa main un rasoir, s'avança à pas lents.

Le prince royal lui dit : « Êtes-vous capable de raser « les cheveux? Veuillez me faire la faveur d'enlever les « miens. » Le coiffeur métamorphosé obéit à ses ordres, et lui rasa aussitôt les cheveux.

L'époque où le prince royal traversa la ville, et celle où il embrassa la vie religieuse, ne sont pas bien déterminées. Les uns disent que le *Pou-sa* (le Bôdhisattva), à l'âge de dix-neuf ans (suivant d'autres, vingt-neuf ans), traversa la ville, et embrassa la vie religieuse le huitième jour de la seconde moitié du mois *Feï-che-khie* (Vâiçâkha), époque qui répond, en Chine, au huitième jour de la troisième lune. Quelques-uns disent que ce fut le quinzième jour de la seconde moitié du mois *Feï-che-khie* (Vâiçâkha), qui répond ici au quinzième jour de la troisième lune.

Au sud-est du *Stoûpa* (construit dans l'endroit où) le prince royal fit raser ses cheveux, il fit de cent quatre-vingts à cent quatre-vingt-dix li à travers des plaines sauvages, et arriva à un bois de *Ni-keou-lou-t'o* (de Nyagrôdhas). Il y avait là un *Stoûpa*, haut d'une trentaine de pieds. Jadis, après le *Nirvâṇa* de *Jou-laï* (du Tathâgata), lorsque ses reliques eurent été partagées, les *Po-lo-men* (Brâhmanes) n'ayant rien obtenu, se rendirent à l'endroit où elles avaient été brûlées, recueillirent les restes des charbons et des cendres, et, les ayant rapportés dans leur royaume natal, ils bâtirent ce monument sacré et leur offrirent des hommages. Depuis cette époque, des prodiges extraordinaires y éclatent sans interruption. Les hommes affligés de maladie, qui viennent prier en cet endroit, obtiennent la plupart leur guérison.

A côté du *Stoûpa des cendres et des charbons,* il y a un ancien couvent, au milieu duquel on voit un endroit où se sont assis les quatre *Bouddhas* passés, et où ils se sont promenés pour faire de l'exercice.

A gauche et à droite de l'ancien couvent, il y a plusieurs centaines de *Stoûpas*. Le plus grand de tous a été bâti par le roi *Wou-yeou* (Açôka). Quoiqu'il soit en grande partie enfoncé en terre, il a encore une centaine de pieds de hauteur.

En partant de ce royaume, dans la direction du nord-est, il marcha longtemps au milieu d'une vaste forêt, suivant des chemins scabreux et remplis d'obstacles et de dangers. Des bœufs de montagne et des éléphants sauvages infestaient les routes ; des bandes de brigands et des troupes de chasseurs épiaient le passage des voyageurs et ne cessaient de leur faire du mal.

Après qu'il fut sorti de cette forêt, il arriva au royaume de *Keou-chi-na-kie-lo* (Kouçinagara)[1].

ROYAUME DE KEOU-CHI-NA-KIE-LO.

(KOUÇINAGARA.)

Dans le royaume de *Keou-chi-na-kie-lo* (Kouçinagara), les murs de la capitale sont en ruines, et les villages n'offrent qu'une triste solitude. Les fondements en briques de l'antique capitale occupent un circuit d'une dizaine de li. Les habitants sont rares et disséminés ; les bourgs et les hameaux sont déserts.

A l'angle nord-est des portes de la capitale, il y a un *Stoûpa* qui a été bâti par le roi *Wou-yeou* (Açôka). Là est l'antique maison de *Chun-t'o* (Tchounda). Au milieu de cette maison, il y a un puits qui a été creusé lorsqu'on voulut faire des offrandes (au *Stoûpa*). Quoiqu'il

[1] Inde centrale.

se soit écoulé depuis bien des mois et des années, l'eau est encore pure et limpide.

A trois ou quatre li au nord-ouest de la capitale, on passe le fleuve *'O-chi-to-fa-ti* (Adjitavatî)[1].

A une petite distance de la rive occidentale, on arrive à une forêt d'arbres *So-lo* (Sâlas). Cet arbre ressemble au *Ho*, mais son écorce est d'un blanc verdâtre, et ses feuilles sont lisses et brillantes. On voit quatre de ces arbres qui ont une élévation extraordinaire ; ce fut en cet endroit[2] que *Jou-laï* (le Tathâgata) entra dans le *Nirvâṇa*. Il y a un grand *Vihâra* en briques, au milieu duquel s'élève une statue qui représente *Jou-laï* (le Tathâgata) au moment où il entre dans le *Nirvâṇa*; il est couché, la tête tournée du côté du nord.

A côté d'un *Vihâra* en briques, il y a un *Stoûpa* qui a été bâti par le roi *Wou-yeou* (Açôka). Quoique sa base se soit enfoncée en terre, sa hauteur est encore d'environ deux cents pieds. On a élevé en face une colonne en pierre pour rappeler les circonstances du *Nirvâṇa* de *Jou-laï* (du Tathâgata). Elle porte, il est vrai, une inscription, mais on n'y a pas écrit le jour ni le mois de cet événement. Suivant les anciens documents historiques, le *Bouddha* entra dans le *Nirvâṇa* à l'âge de quatre-vingts ans, le quinzième jour de la seconde moitié du mois

---

[1] En chinois, *Wou-ching* « invincible ». C'est le nom qu'on lui a toujours donné de siècle en siècle. Anciennement, on écrivait incorrectement *'O-li-lo-po-ti-ho*. Jadis, on l'appelait aussi *Chi-laï-na-fa-ti* (Hiraṇyavatî) ; en chinois, *Yeou-kin-ho* « la rivière qui a (qui roule) de l'or ».
(Note de l'ouvrage.)

[2] C'est-à-dire, entre ces arbres.

Feï-che-khie (Vâiçâkha), époque qui répond, en Chine, au quinzième jour de la troisième lune. Mais, si l'on s'en rapporte à l'école *Chouc-i-tsie-yeou* (l'école des Sarvâstivâdas), le *Bouddha* est entré dans le *Nirvâṇa*, le huitième jour de la seconde moitié du mois *Kia-la-ti-kia* (Kârtika), époque qui répond, en Chine, au huitième jour de la neuvième lune. Quant au temps qui s'est écoulé depuis le *Nirvâṇa* du *Bouddha*, les écoles diffèrent d'opinion. Les uns comptent environ mille deux cents ans[1]; les autres environ mille trois cents ans. Quelques-uns comptent environ quinze cents ans, enfin, suivant d'autres, il s'est écoulé plus de neuf cents ans, mais pas tout à fait mille ans.

A côté, et à une petite distance du *Vihâra*, il y a un *Stoûpa*. Ce fut en cet endroit que jadis, *Jou-laï* (le Tathâgata), à l'époque où il menait la vie d'un *Pou-sa* (Bôdhisattva), remplit le rôle de roi des francolins[2] (Kapiñdjalarâdja), et éteignit un incendie.

Jadis, dans ce pays, il y avait une forêt vaste et épaisse, remplie d'oiseaux et de quadrupèdes, les uns

[1] Suivant l'*Histoire de la vie de Hiouen-thsang*, page 304, le *Ta-thang-si-yu-ki* a été rédigé en 648. D'après ce premier calcul, l'époque du *Nirvâṇa* remonterait à l'an 552 avant J.-C. La seconde opinion (treize cents ans) le fait remonter à 652; la troisième opinion (quinze cents ans) à 852, et la quatrième (de neuf cents à mille ans) entre 252 et 352. La première date est celle qui se rapproche le plus de celle des Çingalais (543), qui paraît généralement adoptée.

[2] Il y a, en chinois, 雉 *Tchi* (*vulgo*, faisan.—Medhurst, *perdrix*). Le Dictionnaire *Fan-i-ming-i-tsi*, liv. VI, fol. 16, donne ce signe comme correspondant au mot sanscrit *Kia-pin-che-lo* (Kapiñdjala), perdrix du genre francolin.

habitant des nids, les autres des cavernes. Un jour, un vent terrible s'éleva des quatre points du ciel, et des flammes violentes volèrent en tourbillons. Dans ce moment, il y eut un francolin qui, ému de douleur et de pitié, alla se plonger dans un courant d'eau pure; puis, s'élançant dans les airs, il aspergea la forêt avec ses ailes. Au même instant, *Chi* (Indra), le maître des dieux, se pencha vers l'oiseau, et lui dit : « Pourquoi êtes-vous
« assez borné pour fatiguer ainsi vos ailes ? Un vaste in-
« cendie vient d'éclater, et déjà il consume les arbres des
« forêts et les herbes des plaines. Comment un être aussi
« chétif que vous pourrait-il l'étouffer ? »

Le francolin (Kapiñdjala) lui repartit : « Vous qui par-
« lez, qui êtes-vous ? »

— « Moi, répondit-il, je ne suis que *Chi* (Indra),
« le maître des dieux. »

— « Maintenant, dit le francolin, *Chi* (Indra), le
« maître des dieux, possède une vertu d'une grande puis-
« sance, et il ne forme nul désir qui ne s'accomplisse.
« Détourner un malheur et conjurer un péril, serait,
« pour lui, une chose aussi facile que de poser le doigt
« dans la paume de sa main. Si ma demande reste sans
« effet, sur qui retombera la faute ? Mais, en ce mo-
« ment, le feu étend ses ravages; ce n'est pas le temps
« de beaucoup parler. »

Aussitôt, l'oiseau prit son vol et s'élança encore au milieu du courant. Mais, à l'instant même, le maître des dieux (Indra) prit de l'eau dans le creux de sa main et en arrosa la forêt. L'incendie s'éteignit, la fumée se dissipa, et les êtres vivants (les oiseaux et les quadrupèdes) furent sauvés. De là vient qu'on l'appelle aujourd'hui le *Stoûpa de celui qui a éteint l'incendie*.

A côté, et à une petite distance du lieu où le francolin (voulut) éteindre le feu, il y a un *Stoûpa*. Ce fut en cet endroit que *Jou-laï* (le Tathâgata), menant la vie d'un *Pou-sa* (d'un Bôdhisattva), prit la forme d'un cerf et fit le sacrifice de sa vie. Dans la haute antiquité, il y avait en cet endroit une vaste forêt. Un jour, un incendie s'éleva dans une plaine sauvage qui en occupait le centre. Les oiseaux et les quadrupèdes étaient réduits à la dernière extrémité. Devant eux, coulait un torrent rapide qui les arrêtait. Quelque temps après, pressés par la violence du feu, ils se plongèrent dans l'eau jusqu'au dernier, et y perdirent la vie. Le cerf, ému de pitié, se plaça en travers du torrent, qui lui perçait la peau et lui brisait les os, et fit tous ses efforts pour les sauver du naufrage. Un lièvre boiteux étant arrivé peu après, le cerf, bravant la fatigue et la douleur, le fit passer à l'autre rive. Mais, ses forces étant épuisées, il s'enfonça dans l'eau et mourut. Les dieux recueillirent ses os et élevèrent ce *Stoûpa*.

A l'ouest et à une petite distance de l'endroit où le cerf sauva les animaux du naufrage, il y a un grand *Stoûpa*. Ce fut en cet endroit que *Sou-po-t'o-lo* (Soubhadra)[1] entra dans le *Nirvâṇa*. Dans l'origine, *Chen-hien* (Soubhadra) était un maître des Brâhmanes. A l'âge de cent vingt ans, il avait acquis, grâce à sa longue exis-

[1] En chinois, *Chen-hien* « celui qui est très-vertueux ».

tence, une sagesse accomplie. Ayant appris que le *Bouddha* allait entrer dans le *Nirvâṇa*, il se rendit au milieu des deux arbres (*Sâlas*), et interrogea ainsi 'O-nan (Ânanda) : « *Bouddha*, l'Honorable du siècle est (dit-on)
« sur le point d'entrer dans le *Nirvâṇa;* comme je con-
« serve des doutes, je désire l'interroger moi-même. »

— « Le *Bouddha*, lui dit 'O-nan (Ânanda), va entrer
« dans le *Nirvâṇa;* je vous en prie, ne le troublez point. »

— « J'ai appris, dit-il, qu'il était difficile de rencon-
« trer le *Bouddha*, l'Honorable du siècle, et aussi difficile
« d'entendre la droite loi. J'ai des doutes profonds, et
« je crains beaucoup de ne pas obtenir ce que je désire. »

Chen-hien (Soubhadra) entra aussitôt, et interrogea le premier le *Bouddha :* « Il y a, dit-il, diverses réu-
« nions d'hommes qui se donnent eux-mêmes le titre
« de maîtres, professent chacun une doctrine particu-
« lière, et prétendent instruire et diriger le peuple.
« *Kiao-ta-mo* (Gâutama) est-il capable de les connaître
« tous? »

— « J'ai approfondi complétement toutes leurs opi-
« nions, » lui dit le *Bouddha;* et alors il se mit à lui expliquer la loi.

Dès que *Chen-hien* (Soubhadra) l'eut entendu, son cœur devint pur et son âme s'ouvrit à la foi. Il demanda à entrer en religion et à recevoir toutes les règles de la discipline.

« Est-ce que vous en êtes capable? lui dit *Jou-laï* (le Ta-
« thâgata). Les *Tîrthîkas*[1], les dissidents, et ceux qui as-

[1] En chinois, *Waï-tao*. (Dictionnaire *Mahâvyoutpatti*, fol. 144.)

« pirent au titre de *Çramaṇa*, doivent subir une épreuve
« de quatre ans, pour qu'on voie leurs actions et qu'on
« examine leur caractère. Lorsque leur attitude est calme
« et silencieuse, et que leurs paroles sont sincères et
« vraies, ils peuvent alors, au sein de ma loi, mener la
« vie pure des religieux : cela ne dépend que de l'homme;
« qu'y a-t-il là de difficile ? »

Chen-hien (Soubhadra) lui dit : « Honorable du siècle,
« votre âme respire une tendre pitié, et vous secourez
« tous les hommes, sans acception de personnes. Quand
« j'aurai subi l'épreuve des quatre ans d'étude, j'accom-
« plirai docilement les trois devoirs. »

— « Je vous l'ai déjà dit, reprit le *Bouddha;* cela dé-
« pend uniquement des efforts de l'homme. »

Alors *Chen-hien* (Soubhadra) embrassa la vie religieuse et reçut toutes les règles de la discipline. Il
s'appliqua à l'étude avec un grand zèle, et son corps
et son âme s'animèrent d'un courage invincible. Dès
ce moment, il n'eut plus de doutes sur la loi, et en
donna, dans sa personne, un témoignage éclatant. En
effet, peu de temps après minuit, il obtint la dignité
de *Lo-han* (d'Arhat). Se sentant délivré de tous ses péchés et bien affermi dans la pureté de la conduite, il
ne put souffrir de voir le *Bouddha* entrer dans le *Nirvâṇa*. Bientôt après, au milieu de l'assemblée des religieux, il se plongea dans l'*extase du feu* (Agnidhâtou
samâdhi); puis, faisant éclater ses facultés divines, il
entra le premier dans le *Nirvâṇa*. Ce fut le dernier
disciple de *Jou-laï* (du Tathâgata), et il entra avant

son maître dans le *Nirvâṇa.* Or, *Soubhadra* était précisément le lièvre boiteux[1], que le cerf avait sauvé le dernier.

A côté de l'endroit où *Chen-hien* (Soubhadra) entra dans le *Nirvâṇa,* il y a un *Stoûpa.* Ce fut en ce lieu que des génies armés d'une massue de diamant (Vadjrapaṇini[2]), tombèrent par terre.

L'Honorable du siècle, animé d'une grande pitié et obéissant à l'ordre des temps, jugea utile de paraître dans le monde. Quand il eut fini de convertir les hommes, il se plongea dans les joies du *Nirvâṇa.* Se plaçant entre deux arbres (*Sâlas*), il tourna sa tête vers le nord et s'endormit. Alors des génies, armés d'une massue de diamant, voyant le *Bouddha* entrer dans le *Nirvâṇa,* s'abandonnèrent à la douleur, et s'écrièrent à haute voix : « *Jou-laï* (le Tathâgata) nous abandonne; il est « entré dans le grand *Nirvâṇa.* Nous restons sans pro- « tecteur et sans appui ! Une flèche empoisonnée nous « a percé le sein, et le feu de la douleur nous brûle « et nous consume. »

A ces mots, ils lâchèrent leur massue de diamant, et tombèrent à terre suffoqués par la douleur. Longtemps après, ils se relevèrent, et, le cœur plein de tristesse et d'amour, ils parlèrent ainsi entre eux : « Pour « traverser la vaste mer de la vie et de la mort, qui « est-ce qui nous servira de nacelle et de rames ? Pour

---

[1] Voyez plus haut, page 337.

[2] En chinois, *Tchi-kin-kang.* Littéralement : tenant le diamant, c'est-à-dire, une massue de diamant.

« marcher dans les ténèbres d'une longue nuit, qui est-
« ce qui sera désormais notre lampe et notre flambeau? »

A côté de l'endroit où les génies armés de la massue de diamant tombèrent à terre, il y a un *Stoûpa*. Ce fut en ce lieu que, pendant sept jours, on offrit des hommages à *Jou-laï* (au Tathâgata), après qu'il fut entré dans le *Nirvâṇa*.

Lorsque *Jou-laï* (le Tathâgata) se disposait à entrer dans le *Nirvâṇa*, une lumière brillante éclaira l'univers. Les hommes et les dieux s'étant réunis tous ensemble, il n'y en eut aucun qui n'éprouvât une émotion douloureuse. « Maintenant, se dirent-ils les uns
« aux autres, l'Honorable du siècle, doué d'une intel-
« ligence sublime, va se plonger dans le *Nirvâṇa*. Le
« bonheur de toutes les créatures est épuisé, et les
« hommes du siècle restent sans appui. »

Jou-laï (le Tathâgata) se coucha, du côté droit, sur le lit du lion (*Siṅhâsana*), et parla ainsi à la grande assemblée : « Ne dites point que *Jou-laï* (le Tathâgata)
« se plonge pour toujours dans le *Nirvâṇa*. Le corps de
« la loi [1] subsistera éternellement, à l'abri de tout chan-
« gement. Il faut renoncer à la paresse, et chercher de
« bonne heure les moyens de salut [2]. »

---

[1] En sanscrit, *Dharmakâya*. Suivant le Dictionnaire *San-thsang-fa-sou*, liv. VIII, fol. 15, le corps de la loi est vide et subtil comme l'éther; il circule en tous lieux sans rencontrer d'obstacles; tous les *Bouddhas* en sont également doués. Voyez, plus haut, page 241, note 1.

[2] L'expression chinoise, *Kiaï-t'o* « se délivrer de », veut dire ici « échapper à la loi de la transmigration », ce que les Bouddhistes considèrent comme le salut suprême.

A ces mots, les *Bhikchous*, etc., poussèrent des soupirs et s'abandonnèrent à la douleur.

Alors *'O-ni-liu-t'o* (Anirouddha) parla en ces termes aux *Bhikchous* : « Cessez, cessez de gémir ainsi ; ce serait « exciter les railleries des dieux. »

Dans ce moment, les *Mo-la* (Mallas)[1], ayant fini d'offrir leurs hommages, voulurent porter un cercueil d'or, et se rendre au lieu où le corps devait être brûlé[2]. Mais *Anirouddha* prit la parole et leur dit : « Arrêtez ! les « dieux désirent qu'on le retienne pour lui offrir leurs « hommages pendant sept jours. »

Là-dessus, les dieux, tenant des fleurs célestes d'une beauté merveilleuse, parcoururent les airs en exaltant les vertus du Saint. Chacun d'eux déploya toute la sincérité de son âme, et ils offrirent ensemble leurs pieux hommages.

A côté de l'endroit où fut arrêté le cercueil, il y a un *Stoûpa*. Ce fut en cet endroit que la princesse *Moho-mo-ye* (Mahâmâyâ) pleura le *Bouddha*.

Lorsque *Jou-laï* (le Tathâgata) fut entré dans le *Nirvâṇa*, et qu'on eut fini de l'ensevelir et de le déposer dans le cercueil, *'O-ni-liu-t'o* (Anirouddha) monta au palais des dieux, et parla ainsi à la princesse *Mo-ye* (Mâyâ) : « Le roi de la loi, doué d'une sainteté su- « blime, repose maintenant dans le *Nirvâṇa*. »

[1] Il y a une faute dans le texte, où, au lieu de 未 *Oueï*, il faut lire 末 *Mo*.

[2] En chinois, *Ni-thie-pan-na*. Ce mot signifie l'action de *brûler, consumer* (liv. VI, fol. 16 r°, ligne 1). J'ignore sa lecture en sanscrit.

A cette nouvelle, *Mo-ye* (Mâyâ) poussa des sanglots et tomba évanouie; ensuite, avec la multitude des dieux, elle arriva entre les deux arbres (*Sâlas*). Quand elle eut vu le *Seng-kia-tchi* (Saṅghâṭi — vêtement de religieux), le vase et le bâton, elle les toucha et poussa des cris douloureux. Elle s'évanouit encore; puis, ayant recouvré la voix, elle s'écria : « C'en est fait du bonheur des « hommes et des dieux! L'œil du monde s'est éteint. « Maintenant les créatures se trouvent sans secours et « sans maître. »

Par la puissance divine du *Tathâgata*, le cercueil d'or s'ouvrit de lui-même et répandit une brillante lumière. Il joignit les mains, se mit sur son séant, et parla d'un ton bienveillant à sa tendre mère : « Vous avez daigné « venir de bien loin. Vous tous qui pratiquez la loi, « cessez, je vous en prie, de vous abandonner ainsi à « la douleur. »

'O-nan (Ânanda), étouffant ses sanglots, adressa cette demande au *Bouddha* : « Dans les siècles à venir, si l'on « m'interroge, que répondrai-je ? »

Il lui dit[1] : « Le *Bouddha* est entré dans le *Nirvâṇa*; « sa tendre mère *Mo-ye* (Mâyâ) est descendue du palais « des dieux, et s'est rendue au milieu des deux arbres « (*Sâlas*). Alors *Jou-laï* (le Tathâgata), en faveur des « hommes dénués de piété filiale, s'est levé du milieu « de son cercueil d'or, a joint les mains et a expliqué « la loi. »

[1] C'est comme s'il y avait : le *Bouddha* lui répondit, dites ceci : Le *Bouddha* est entré dans le *Nirvâṇa*, etc.

Au nord de la ville, on passe un fleuve[1], et, à trois cents pas plus loin, on rencontre un *Stoûpa*. Ce fut en cet endroit que l'on brûla le corps de *Jou-laï* (du Tathâgata). Maintenant la terre est d'un noir jaune, et offre un mélange de cendres et de charbons. Si un homme, animé d'une foi sincère, vient en ce lieu demander des reliques, il en trouve quelquefois.

Quand *Jou-laï* (le Tathâgata) fut entré dans le *Nirvâṇa*, les hommes et les dieux furent remplis d'une profonde douleur. Ils construisirent un cercueil avec sept matières précieuses, enveloppèrent son corps avec mille pièces de coton, répandirent des fleurs odorantes, et dressèrent des étendards et des parasols. La multitude des *Mo-lo* (Mallas) porta la litière et se mit en marche; les uns précédaient, les autres suivaient le cercueil. Après avoir passé au nord le fleuve *Kin-ho* (Hiraṇyavatî), ils remplirent la bière d'huile parfumée, amassèrent une quantité de bois odorant, et y mirent le feu pour brûler le corps. Deux des pièces de coton ne furent point consumées; l'une touchait la peau, l'autre était placée tout à fait en dehors. Ils distribuèrent les reliques en faveur des hommes. Les cheveux et les ongles restèrent seuls dans le même état et n'éprouvèrent aucune altération.

A côté de l'endroit où fut brûlé le corps, il y a un *Stoûpa*. Ce fut là que *Jou-laï* (le Tathâgata) montra ses deux pieds en faveur du grand *Kia-ye-po* (Mahâ Kâçyapa).

[1] Le fleuve *Adjitavatî*, qu'on appelle aussi *Hiraṇyavatî*.

Lorsque le cercueil d'or eut été descendu (de la litière) et qu'on eut entassé du bois odorant, il fut impossible d'allumer le feu pour brûler le corps. Toute l'assemblée fut remplie de stupeur.

'*O-ni-liu-t'o* (Anirouddha leur dit : « Attendez seule« ment l'arrivée du grand *Kia-ye* (Mahâ Kâçyapa). »

En ce moment, le grand *Kâçyapa,* accompagné de cinq cents disciples, vint en personne du sein des forêts, et se rendit à la ville de *Keou-chi* (Kouçinagara). Il interrogea '*O-nan* (Ânanda) et lui dit : « Est-il pos« sible de voir le corps de l'Honorable du siècle? »

'*O-nan* (Ânanda) répondit : « Il est enveloppé de mille « pièces d'étoffe de coton et renfermé dans un double « cercueil. Le bois odorant est déjà amoncelé, et tout à « l'heure on va le brûler. »

En ce moment, de l'intérieur du cercueil, le *Bouddha* sortit ses deux pieds. Sur la figure des (deux) roues[1], il vit une couleur extraordinaire, et en demanda la cause à '*O-nan* (Ânanda).

« Dès le premier moment que le *Bouddha* est entré « dans le *Nirvâṇa,* répondit-il, les hommes et les dieux « se sont abandonnés à la douleur. Les larmes de cette « grande multitude ont coulé ensemble et ont produit « cette couleur extraordinaire. »

Kâçyapa offrit ses hommages, tourna respectueusement autour du cercueil et fit entendre des louanges. Alors le bois odorant s'enflamma de lui-même et produisit un feu dévorant.

[1] Voyez, plus haut, page 101, note 1.

Lorsque *Jou-laï* (le Tathâgata) fut entré dans le *Nirvâṇa*, il sortit trois fois du cercueil. La première fois, il montra ses bras, et demanda à *'O-nan* (Ânanda) si (Kâçyapa) était arrivé [1]. La seconde fois, il se leva sur son séant, et expliqua la loi en faveur de sa mère. En dernier lieu, il fit voir ses deux pieds et les montra au grand *Kia-che* (Kâçyapa).

A côté de l'endroit où il fit voir ses pieds, il y a un *Stoûpa* qui a été bâti par le roi *Wou-yeou* (Açôka). Ce fut en ce lieu que huit rois obtinrent leur part des reliques. On a élevé au-devant une colonne en pierre, où l'on a gravé une inscription qui rappelle cet événement.

Après que le *Bouddha* fut entré dans le *Nirvâṇa* et que son corps eut été brûlé, les rois de huit royaumes arrivèrent avec quatre corps de troupes [2]. Ils envoyèrent un Brâhmane nommé *Tchi-sing* [3] (Rĭdjoubhâva?), pour

[1] Dans ce moment, *Kâçyapa* était absent. Il se trouvait avec cinq cents disciples sur le mont *Ki-che-kiu* (Grĭdhrakoûṭa), à une distance de cinquante *Yeou-sun* (Yôdjanas) de la ville de *Keou-chi* (Kouçinagara). On lit dans le *Chi-kia-pou*, liv. IX, fol. 19: «Il sortit du cercueil ses bras de couleur d'or, et demanda à Ânanda : « Kâçyapa est-il arrivé en ce mo- «ment?» — «Pas encore,» répondit Ânanda. Aussitôt, il s'enveloppa une seconde fois dans le linceul de coton, rentra dans le cercueil, garda le silence et ne parla plus.»

Le *Si-yu-ki* omet ici le nom de *Kia-ye* (Kâçyapa), et n'offre que les cinq mots 問阿難治路 *Wen-'o-nan-tchi-lou* (*vulgo*, interroger — *'O-nan* — gouverner — route); de sorte que cette phrase serait restée inintelligible, si elle n'eût été éclaircie par le passage ci-dessus.

[2] Savoir, les éléphants, les chevaux, les chars et l'infanterie.

[3] En chinois, *Tchi-sing-po-lo-men*. L'expression *Tchi-sing* peut signi-

dire aux champions (Mallas) de *Keou-chi* (Kouçina-gara) : « Dans ce royaume, le guide des hommes et des
« dieux[1] s'est éteint dans le *Nirvâṇa* ; c'est pourquoi nous
« sommes venus de loin pour vous demander une partie
« de ses reliques. »

— « Le *Tathâgata*, répondirent les champions (Mal-
« las), a daigné abaisser sa grandeur et descendre dans
« ce pays infime. Il s'est éteint dans le *Nirvâṇa*, le guide
« éclairé du monde ! Il est mort, le tendre père des
« hommes ! Les reliques de *Jou-laï* (du Tathâgata)
« doivent naturellement recevoir des hommages ; mais
« c'est en vain que vous avez fait un pénible voyage ;
« vous n'en obtiendrez jamais. »

Alors les grands rois leur en demandèrent d'une voix humble. Se voyant accueillis par un refus, ils réité-rèrent leurs instances et dirent : « Puisque nos prières
« respectueuses ne sont pas agréées, notre puissante
« armée n'est pas loin. »

Mais le Brâhmane *Tchi-sing* (Rĭdjoubhâva?) éleva la voix et leur dit : « Réfléchissez bien ; l'Honorable du
« siècle, qui était doué d'une tendre pitié, s'est montré
« humain et a pratiqué la vertu ; sa renommée retentira
« jusque dans les *kalpas* les plus éloignés : c'est, je

---

fier « au naturel droit », ou répondre à une expression sanscrite qui se-rait le nom de ce Brâhmane, par exemple, *Rĭdjoubhâva*.

[1] Jusqu'ici, j'ai traduit 天人 *Thien-jin* par « les dieux ». (Voyez, plus haut, p. 200, note 3.) Mais ici, nous rencontrons une expression consacrée, 天人導師 *Thien-jin-tao-sse*, qui répond au sanscrit *Nayaka dêvamanouchyânâm* « le guide des dieux et des hommes ».

« pense, ce que vous savez tous. Si, aujourd'hui, vous
« recourez à la violence, c'est une chose tout à fait in-
« juste. Maintenant voici les reliques; il faut les diviser
« en huit parts égales, afin que chacun de vous puisse
« les honorer. Pourquoi aller jusqu'à employer la force
« des armes? »

Les champions (les Mallas) obéirent à ses paroles, et se disposèrent aussitôt à diviser les reliques en huit parts. Mais le Maître des dieux (Indra) parla ainsi aux huit rois : « Les dieux doivent aussi en avoir leur part;
« gardez-vous d'abuser de votre puissance pour les leur
« disputer. »

Les rois des dragons, 'O-na-p'o-ta-to (Anavatapta), Wen-lin[1] et I-na-po-to-lo[2] (Élâpatra), délibérèrent à leur tour, et dirent : « Ne nous oubliez pas (dans le par-
« tage). Si vous employiez la force, malgré votre multi-
« tude, vous ne sauriez lutter avec nous. »

Le Brâhmane *Tchi-sing* (R̃idjoubhâva?) leur dit : « Ne
« vous disputez pas avec tant de bruit. Il faut que vous
« donniez à tous une part des reliques. »

Alors il fit trois parts : l'une pour les dieux, la seconde pour la multitude des dragons (*Nâgas*), et il laissa la troisième pour les hommes.

Les huit rois ayant obtenu une double part, les dieux, les dragons (*Nâgas*) et les rois des hommes en éprouvèrent une profonde douleur.

---

[1] Lisez *Mou-tchi-lin-t'o* (Moutchilinda). Cf. *Si-yu-ki*, liv. VIII, f. 24 v°, ligne 6. Voyez aussi le *Lalita vistâra*, page 354.

[2] Lisez *I-la-po-to-lo* (Élâpatra). Cf. *Si-yu-ki*, liv. III, fol. 9 r°, lig. 5.

Après avoir fait environ deux cents li au sud-ouest du *Stoûpa* du partage des reliques, il arriva à une grande ville[1] où habitait un Brâhmane qui possédait de grandes richesses. Il refusait absolument de se mêler à la foule. Il avait étudié à fond les traités des *cinq Sciences*[2] et était plein d'estime et de respect pour les *trois Précieux*. Tout près de sa demeure, il avait bâti un couvent et avait épuisé ses richesses pour le décorer magnifiquement. Si par hasard une troupe de religieux, allant ou venant, se trouvait harassée au milieu de sa route, il les priait de s'y arrêter, et déployait tout son zèle pour leur offrir les choses nécessaires. Tantôt ils s'arrêtaient une nuit, tantôt ils demeuraient jusqu'à sept jours.

Quelque temps après, le roi *Che-chang-kia* (Çaçâñka) ayant détruit la loi du *Bouddha*, les religieux se dispersèrent. Au bout d'un grand nombre d'années, le Brâhmane conservait encore pour eux de profonds sentiments d'intérêt et de pitié. Un jour, dans ses excursions, il aperçut un *Cha-men* (Çramaṇa) aux sourcils épais et à la chevelure blanche, qui arrivait, en s'appuyant sur son bâton. Le Brâhmane courut au-devant de lui, lui demanda d'où il venait, l'invita à entrer dans la maison des religieux, et lui fit toute sorte d'offrandes. Le lendemain matin, il lui présenta une bouillie de riz cuit dans du lait pur. Le *Cha-men* (Çramaṇa),

[1] Il y a ici une faute dans le texte : 眾 *Tchong* «multitude», au lieu de 中 *Tchong* «milieu».
[2] Voyez, plus haut, pages 73-74.

l'ayant reçue, en goûta une cuillerée, et la versa immédiatement dans son vase, en poussant de profonds soupirs.

Le Brâhmane, qui le servait à table, se prosterna devant lui et l'interrogea en ces termes : « Ô homme « d'une vertu éminente, vous répandez des bienfaits « suivant les circonstances, et, pour mon bonheur, vous « avez daigné me visiter. N'auriez-vous pas reposé pen- « dant la nuit? Cette bouillie de riz ne serait-elle pas « de votre goût? »

Le religieux lui dit d'une voix compatissante : « Je « plains les créatures dont le bonheur est si faible et si « fragile. Mais laissons ce propos; quand j'aurai terminé « mon repas, je vous parlerai » Le religieux, ayant fini de manger, releva son vêtement et partit.

« Tout à l'heure, lui dit le Brâhmane, vous avez pro- « mis de me parler; pourquoi maintenant gardez-vous « le silence? »

— « Je n'ai pas oublié ma promesse, repartit le reli- « gieux; seulement, il ne m'est pas aisé de m'expliquer. « Mais comme ma conduite vous a peut-être inspiré « des doutes, naturellement vous désirez m'entendre. « Il faut donc maintenant que je vous parle en peu de « mots : Si, tout à l'heure, je soupirais, ce n'était point « par dédain pour votre bouillie de riz. Depuis plu- « sieurs centaines d'années, je n'en ai pas goûté. Jadis, « lorsque *Jou-laï* (le Tathâgata) vivait dans le monde, « je le suivais à tout instant. Lorsqu'il était à Râdjagrïha « (*Wang-che-tch'ing*), dans le *Vihâra* de la forêt des

« Bambous (Vênouvana), il se penchait sur le bord d'un
« courant d'eau pure et nettoyait son vase; il s'y lavait
« tantôt la bouche, tantôt les mains et les pieds. Mais,
« hélas! le lait pur d'aujourd'hui ne vaut pas l'eau in-
« sipide de l'antiquité. Cela vient de ce que la vertu des
« hommes et des dieux est bien diminuée. »

—— « Cela est vrai, reprit le Brâhmane; mais, dites-
« moi, homme d'une vertu éminente, avez-vous vu de
« vos yeux le *Bouddha?* »

—— « Oui, lui répondit le religieux. N'avez-vous pas
« entendu parler d'un fils du *Bouddha*, nommé *Lo-hou-lo*
« (Râhoula)? C'est moi-même. Afin de protéger la droite
« loi, je ne suis pas encore entré dans le *Nirvâṇa*. »

En achevant ces mots, il disparut. Aussitôt le Brâhmane enduisit de parfums la chambre où avait couché
le religieux; il l'arrosa et la balaya avec soin, y plaça
sa statue, et lui rendit les mêmes hommages que s'il
eût été vivant.

Le voyageur se remit en route, et, après avoir fait
environ cinq cents li à travers une vaste forêt, il arriva
au royaume de *P'o-lo-ni-sse* (Vârâṇaçî — Bénarès).

LIVRE SEPTIÈME.

ROYAUME DE P'O-LO-NI-SSE.
(VÂRÂNAÇÎ.)

Le royaume de *P'o-lo-ni-sse* (Vârânaçî — Bénarès) a environ quatre mille li de tour. Du côté de l'ouest, la capitale est voisine du Gange; elle est longue de dix-huit à dix-neuf li, et large de cinq à six li. Les villages sont très-rapprochés et renferment une nombreuse population. On voit des familles énormément riches, dont les maisons sont remplies d'objets rares et précieux. Les habitants sont doux et polis, et font le plus grand cas des hommes passionnés pour l'étude. La plupart d'entre eux croient aux doctrines hérétiques, et il en est peu qui révèrent la loi du *Bouddha*. Le climat est tempéré; les grains viennent en abondance; les arbres à fruits ont un aspect florissant, et la terre est couverte d'herbes touffues. Il y a une trentaine de couvents, où l'on compte environ trois mille religieux : tous étudient les principes de l'école *Tching-liang-pou* (l'école des Sam̃matiyas), qui se rattache au *petit Véhicule*. On voit une centaine de temples des Dieux. Il y a environ dix mille hérétiques qui, la plupart, révèrent le dieu *Ta-tseu-thsaï*

(Mahêçvara Dêva). Les uns se coupent les cheveux, les autres en conservent une touffe sur le sommet de la tête, vont nus et n'ont aucune sorte de vêtement (les *Nirgranthas*). Quelques-uns se frottent le corps avec de la cendre (les *Pâçoupatas*), et se livrent avec ardeur à de pénibles macérations, pour obtenir d'échapper à la vie et à la mort [1].

Dans la capitale, il y a vingt temples des Dieux. On y voit des tours à plusieurs étages, et des chapelles magnifiques, construites en pierres sculptées avec art et en bois richement peint. Des arbres touffus les couvrent de leur ombre, et des courants d'eau pure circulent tout autour. La statue du Dieu (Mahêçvara Dêva), qui est faite avec du *Teou-chi* (laiton), a un peu moins de cent pieds de hauteur. Son aspect est grave et majestueux, et, à sa vue, on est pénétré d'une crainte respectueuse, comme s'il était encore vivant.

Au nord-est de la capitale, et à l'occident du fleuve de *P'o-lo-ni-sse* (Vârâṇaçî) [2], il y a un *Stoûpa* qui a été bâti par le roi *Wou-yeou* (Açôka); sa hauteur est d'environ cent pieds. On a élevé en face une colonne en pierre; elle est bleue et aussi pure qu'un miroir; sa surface est claire et polie comme la glace, et l'on y aperçoit constamment l'ombre de *Jou-laï* (du Tathâgata).

Après avoir fait environ dix li au nord-est du fleuve de *P'o-lo-ni-sse* (Vârâṇaçî), il arriva au couvent du bois

[1] C'est-à-dire, pour échapper à la loi de la transmigration.
[2] C'est-à-dire, à l'occident du Gange.

des Cerfs (Mrĭgadâva)[1], qui est divisé en huit parties, et tout entouré de murs. On y voit des balustrades et des pavillons à double étage, d'une admirable construction. Les religieux, dont le nombre s'élève à quinze cents, étudient la doctrine de l'école *Tching-liang-pou* (l'école des Sammatiyas), qui se rattache au *petit Véhicule*. Au milieu de l'enceinte murée, il y a un *Vihâra*, haut de deux cents pieds, dont le sommet est surmonté d'un fruit de *'An-mo-lo* (Âmra — manguier), fabriqué avec de l'or relevé en bosse. Les fondements et les escaliers sont construits en pierre. Tout autour du monument, on a pratiqué cent lignes de niches en briques, disposées les unes au-dessus des autres, et dont chacune contient une statue du *Bouddha*, faite avec de l'or relevé en bosse. Au centre de ce *Vihâra*, s'élève une statue du *Bouddha* faite en *Teou-chi* (laiton). Elle a exactement la taille de *Jou-laï* (du Tathâgata) que l'on a représenté tournant la roue de la loi[2].

Au sud-ouest du *Vihâra*, il y a un *Stoûpa* en pierre qui a été bâti par le roi *Wou-yeou* (Açôka). Quoique sa base se soit enfoncée en terre, il a encore environ cent pieds de hauteur. Devant ce monument, on a élevé une colonne en pierre qui a environ soixante-dix pieds. La pierre est polie comme du jade et aussi brillante qu'un miroir. Les personnes qui prient avec ferveur y aper-

---

[1] Il y a, en chinois, *Lou-ye* « la plaine sauvage des cerfs », on dit aussi *Lou-youen* « le parc des cerfs ». Conf. *Fan-i-ming-i-tsi*, liv. VII, fol. 8 v°.

[2] C'est-à-dire, prêchant sa doctrine.

çoivent une multitude de figures; en tout temps, chacun y voit des images qui répondent à ses vertus ou à ses vices. Ce fut en cet endroit que *Jou-laï* (le Tathâgata), après avoir acquis l'intelligence accomplie, commença à tourner la roue de la loi.

Le *Stoûpa* qui s'élève à côté du précédent, marque l'endroit où *'O-jo-kiao-tch'in-jou* (Âdjñâta Kâuṇḍinya), etc.[1], ayant vu le *Pou-sa* (le Bôdhisattva) quitter ses macérations, cessèrent subitement de le suivre et de veiller à sa sûreté. Quand ils furent arrivés en cet endroit, ils se livrèrent eux-mêmes à la méditation.

Le *Stoûpa* qui s'élève à côté du précédent, occupe la place où cinq cents Pratyêkabouddhas (*To-kio*) entrèrent ensemble dans le *Nie-pan* (Nirvâṇa). On voit encore trois autres *Stoûpas*. Les trois *Bouddhas* passés se sont assis en ce lieu et s'y sont promenés pour faire de l'exercice.

A côté de l'endroit où les trois *Bouddhas* ont marché pour faire de l'exercice, il y a un *Stoûpa*. Ce fut là que *Meï-ta-li-ye-pou-sa* (Mâitrêya Bôdhisattva) reçut une prédiction qui lui annonçait qu'il arriverait à l'état de *Bouddha*. Jadis, lorsque *Jou-laï* (le Tathâgata) se trouvait à Râdjagrĭha (*Wang-che-tch'ing*), sur le pic du Vautour (Gṛĭdhrakoûṭa), il parla ainsi aux *Pi-tsou* (Bhikchous) : « Dans les siècles à venir, lorsque les ha-
« bitants de cette île de *Tchen-pou* seront devenus justes

---

[1] Les autres compagnons du *Bouddha* sont Açvadjit, Vâchpa, Mahânâma, Bhadrika. Cf. *Lalita vistâra*, page 235. Dans le *Lalita vistâra*, on lit *Âdjñâna*.

« et droits, et que les hommes auront une longévité de
« quatre-vingt mille ans, il y naîtra un fils de *Po-lo-men*
« (Brâhmane) nommé *T'se-chi* (Mâitrêya). Son corps sera
« de la couleur de l'or le plus pur, et répandra une lu-
« mière éclatante. Il renoncera à la famille, obtiendra
« l'intelligence supérieure (Paramabôdhi)[1], et, dans
« trois grandes assemblées, il exposera la loi en faveur
« de tous les hommes. Ceux qu'il doit faire passer à
« l'autre rive (c'est-à-dire convertir et sauver) sont les
« nombreux mortels à qui j'ai légué ma loi, afin de les
« conduire au bonheur. Pour ce qui regarde les *trois*
« *Précieux*, ils leur voueront, de tout cœur, un profond
« respect. Soit qu'ils restent dans la famille ou l'aban-
« donnent, soit qu'ils observent les préceptes ou les
« transgressent, tous auront le bonheur d'être convertis
« et guidés dans le bien; tous obtiendront le fruit de
« *Bôdhi*[2] et la délivrance finale. En expliquant la loi
« dans trois grandes assemblées, il sauvera les disciples
« à qui j'ai légué ma loi; ensuite il convertira leurs amis
« vertueux qui ont la même vocation. »

« En ce moment, *T'se-chi-pou-sa* (Mâitrêya Bôdhi-sattva), ayant entendu ces paroles du *Bouddha*, se leva de son siège, et dit au *Bouddha* : « Je désire devenir cet

[1] En chinois, *Tching-kio*, expression que le Dictionnaire *San-thsang-fa-sou* (liv. V, fol. 4 r°) donne pour synonyme de *Po-lo-mo-pou-ti* (Paramabôdhi).

[2] Il y a, en chinois, *Tching-ko* « voir de ses yeux le *fruit* », expression synonyme de *Tchi-ko* « arriver au fruit ». (Cf. *Sse-kiao-i*, liv. VIII, fol. 8 v°.) On dit plus clairement : arriver au fruit de *Bôdhi* ou de l'intelligence. (Cf. *San-thsang-fa-sou*, liv. XVII, fol. 25, ligne 5.)

« Honorable du siècle, du nom de *T'se-chi* (Mâitrêya). » Alors *Jou-laï* (le Tathâgata) lui parla ainsi : « Suivant « le vœu que vous venez d'exprimer, vous verrez face « à face ce fruit[1]. Ce que je viens de dire tout à l'heure « sera dû à l'influence de vos instructions. »

A l'ouest de l'endroit où *T'se-chi-pou-sa* (Mâitrêya Bôdhisattva) reçut cette prédiction, il y a un *Stoûpa*. Ce fut là que *Chi-kia-pou-sa* (Çâkya Bôdhisattva) reçut aussi une prédiction. Dans le *Kalpa* des sages (Bhadrakalpa), lorsque la vie des hommes durait vingt mille ans, *Kia-ye-po-fo* (Kâçyapa Bouddha) apparut dans le monde; il tourna la roue de la loi excellente, convertit les mortels, et reçut de *Hou-ming-pou-sa* (Prabhâpâla Bôdhisattva)[2] la prédiction suivante : « Ce *Pou-sa* (Bô- « dhisattva), dans les siècles à venir, à l'époque où la « vie des hommes aura une durée de cent ans, doit ob- « tenir la dignité de *Bouddha*, sous le nom de *Chi-kia-* « *meou-ni* (Çâkyamouni). »

Au sud et à peu de distance de l'endroit où *Chi-kia-pou-sa* (Çâkya Bôdhisattva) reçut cette prédiction, on voit d'anciennes assises de pierre qui s'élèvent sur un endroit où les quatre *Bouddhas* passés se sont promenés pour faire de l'exercice. Leur longueur est d'environ cinquante pas, et leur hauteur de sept pieds. Elles se composent de pierres bleues. On y a placé la statue de *Jou-laï* (du Tathâgata) dans l'attitude d'un homme

---

[1] C'est-à-dire, vous deviendrez ce *Bouddha*. Cf. Burnouf, *Introduction au Bouddhisme*, page 254.

[2] En chinois, le *Bôdhisattva* qui conserve la lumière.

qui se promène. Son corps est d'une taille surhumaine; tout son extérieur respire une majesté imposante. Du haut du cône charnu qui fait saillie sur sa tête, s'échappe une mèche de cheveux flottants. Là apparaissent des prodiges célestes, et la puissance divine se montre avec éclat.

Dans l'enceinte des murs du couvent, il y a une multitude de monuments sacrés. On y compte plusieurs centaines de *Vihâras* et de *Stoûpas*; nous en citons seulement deux ou trois, car il serait difficile de les décrire en détail.

A l'ouest des murs du *Seng-kia-lan* (Sañghârâma), il y a un étang d'eau pure et limpide, qui a environ deux cents pas de circonférence; *Jou-laï* (le Tathâgata) s'y baigna autrefois.

Plus loin, à l'ouest, on voit un grand étang qui a cent quatre-vingts pas de circonférence; *Jou-laï* (le Tathâgata) y lava son vase de religieux.

Plus loin, au nord, il y a un autre étang qui a cent cinquante pas de tour; *Jou-laï* (le Tathâgata) y lava son vêtement. Ces trois étangs sont tous habités par des dragons. Leur eau est profonde, douce au goût, pure et transparente. Jamais elle n'augmente ni ne diminue. Lorsque des hommes au cœur orgueilleux viennent se baigner dans ces étangs, des *Kin-pi-lo* (Koumbhîras — crocodiles) en font périr un grand nombre; mais si l'on est pénétré d'un profond respect, on y peut puiser de l'eau sans rien craindre.

A côté de l'étang où le *Bouddha* lava son vêtement,

sur une grande pierre de forme carrée, on voit les traces du *Kia-cha* (Kachâya — du vêtement brun) de *Jou-laï* (du Tathâgata). Les raies du tissu ont un ton brillant, et se détachent nettement comme si elles étaient ciselées. Les hommes animés d'une foi sincère viennent chaque jour y offrir leurs hommages. Mais si des hérétiques ou des malfaiteurs foulent cette pierre avec un sentiment de mépris, le roi-dragon, qui habite cet étang, déchaîne sur-le-champ les vents et la pluie.

A une petite distance de ces étangs, il y a un *Stoûpa*. Jadis, à l'époque où *Jou-laï* (le Tathâgata) menait la vie d'un *Pou-sa* (d'un Bôdhisattva), et était un roi des éléphants, armé de six défenses, un chasseur, ayant voulu enlever ces dents précieuses, endossa, par ruse, un *Kia-cha* (Kachâya — vêtement brun de religieux), tendit son arc et attendit sa proie. Le roi des éléphants, par respect pour le *Kia-cha* (Kachâya), arracha aussitôt ses défenses et les lui donna.

A une petite distance du lieu où le roi des éléphants arracha ses défenses, il y a un *Stoûpa*. Dans le temps où *Jou-laï* (le Tathâgata) menait la vie d'un *Pou-sa* (Bôdhisattva), ému de pitié en voyant que les hommes du siècle n'observaient point les rites[1], il prit la forme d'un oiseau, et, s'étant approché d'un singe et d'un éléphant blanc, il leur demanda, dans cet endroit même : « Quel est celui de vous qui a vu le premier cet arbre « *Ni-keou-liu* (Nyagrôdha — figuier sacré)? » Chacun d'eux ayant fait sa réponse, ils se placèrent aussitôt par

---

[1] C'est-à-dire, les devoirs de la civilité.

rang d'âge. Les bons effets de cette conduite se répandirent peu à peu de tous côtés; les hommes surent distinguer[1] les supérieurs des inférieurs, et les religieux et les laïcs suivirent leur exemple.

Non loin de cet endroit, au milieu d'une grande forêt, il y a un *Stoûpa*. Ce fut en cet endroit que jadis *Jou-laï* (le Tathâgata) trancha un grand débat avec *Ti-p'o-ta-to* (Dêvadatta), lorsqu'ils étaient tous deux des rois des cerfs. Jadis, en ce lieu, au milieu d'une vaste forêt, il y avait deux troupeaux de cerfs composés chacun de cent têtes. A cette époque, le roi de ce royaume (Bénarès) chassait dans des plaines basses et humides. Le *Pou-sa* (Bôdhisattva), roi des cerfs, s'avança vers le roi et lui adressa cette prière : « Grand roi ! vous chas- « sez au milieu des plaines, vous mettez le feu (aux « herbes) et vous faites voler des flèches; tous nos com- « pagnons et nos sujets[2] vont périr ce matin même, « et bientôt leurs corps tomberont en putréfaction, de « sorte que vous ne trouverez plus rien à manger. Nous « désirons fournir chaque jour, à tour de rôle, un cerf « au roi. Le roi pourra se nourrir de viande fraîche, « et, nous-mêmes, nous prolongerons ainsi notre frêle « existence. » Le roi fut charmé de cette proposition; il ordonna au cocher de rebrousser chemin, et s'en revint dans son palais. Depuis ce moment, les cerfs des deux troupeaux se sacrifièrent tour à tour.

Or, dans le troupeau de *Ti-p'o-ta-to*, (Dêvadatta), il

---

[1] Littéralement : connurent le haut et le bas.
[2] C'est-à-dire, tous les cerfs qui sont sous nos ordres.

y avait une biche pleine dont le tour était venu d'aller à la mort ; elle s'adressa à son maître, et lui dit : « Quoique « je doive mourir aujourd'hui, le tour de mon petit n'est « pas encore arrivé. »

Le roi des cerfs entra en colère, et lui dit : « Qui « est-ce qui n'attache pas du prix à la vie ? »

La biche dit en soupirant : « Notre roi n'a pas d'en- « trailles ! Je vais mourir au premier jour. » Elle alla conter sa détresse au *Bôdhisattva*, roi des cerfs. Le roi des cerfs lui dit : « Quel sujet de douleur ! Comme une « mère affectueuse, vous étendez vos bienfaits jusqu'à « l'être qui n'est pas encore né. Eh bien ! je veux aujour- « d'hui prendre votre place. »

Aussitôt, il se rendit à la porte du roi. Les hommes qui se trouvaient le long de la route, se transmirent cette nouvelle, et dirent à haute voix : « Ce grand roi « des cerfs se rend en ce moment à la ville. » Les habitants de la capitale, les magistrats comme les hommes du peuple, coururent à l'envi pour le voir.

Le roi ne voulut point croire à cette nouvelle. Mais quand le gardien de la porte du palais la lui eut annoncée, il finit par y ajouter foi. Puis, s'adressant au roi des cerfs, il lui dit : « Pourquoi êtes-vous venu subite- « ment ici ? »

Le cerf lui dit : « Il y a une biche qui doit mourir ; « mais elle porte un petit qui n'a pas encore vu le jour. « Comme je ne puis souffrir ce malheur, j'ose vous offrir « de mourir à sa place. »

A ces mots, le roi dit en soupirant : « Moi, je suis

« un cerf avec un corps d'homme; et vous, un homme
« avec un corps de cerf. » Là-dessus, il rendit la liberté
à tous les cerfs, et ne voulut plus qu'ils lui sacrifiassent
leur vie. Par suite de cet événement, il abandonna cette
forêt aux cerfs, et l'appela *la Forêt donnée aux cerfs*[1]. De
là vint le nom de *Forêt des cerfs* (Mrïgadâva).

A deux ou trois li au sud-ouest du couvent, il y a un
Stoûpa, haut d'environ trois cents pieds. C'est un monument large et élevé, où brillent les matières les plus
rares et les plus précieuses. Comme il n'a point de niches disposées par étages, on a placé (à son sommet)
une sorte de vase de religieux, renversé. Quoique ce
Stoûpa soit surmonté d'une flèche, il n'est point couronné d'une coupole en forme de cloche[2].

A côté, il y a un petit *Stoûpa*. Ce fut en cet endroit
que *'O-jo-kiao-tch'in-jou* (Âdjnâta Kâuṇḍinya) et autres,
au nombre de cinq, renoncèrent à leur convention[3] et
allèrent au-devant du *Bouddha*.

Dans l'origine, le prince royal *So-p'o-ho-la-tha-si-tho*[4]

[1] En chinois, *Chi-lou-lin*. J'ai écrit *forêt des cerfs*, parce que c'est l'expression qui répond au *Mrïgadâva* des textes indiens; mais il y a, en chinois, *Lou-ye* « plaine sauvage des cerfs »; on dit aussi *Lou-youen* « le parc des cerfs ».

[2] En chinois, *Lun-to*, littéralement : *roue-cloche*. Je ne trouve nulle part cette expression. Mais comme *Lun-siang* « figure de roue » signifie la *coupole* d'un *Stoûpa* (Cf. *Fan-i-ming-i-tsi*, liv. XX, fol. 15), je suis porté à croire que *Lun-to* a ici le sens que je lui ai attribué.

[3] Nous voyons plus bas (page 369, lignes 5, 6), qu'ils étaient convenus de rester muets en face du *Bouddha*, et de ne point aller à sa rencontre pour le saluer.

[4] En chinois, *I-tsie-i-tch'ing* « celui qui a accompli tout dessein »;

(Sarvârthasiddha), après qu'il fut sorti de la ville, alla se fixer sur les montagnes et se cacher dans les vallées ; il oubliait sa personne pour se dévouer à la loi. Alors le roi *Tsing-fan* (Çouddhôdana râdjâ) donna les ordres suivants à trois personnes de sa famille [1] et aux (deux) oncles maternels (du prince royal). « Mon fils,
« *I-tsie-i-tch'ing* (Sarvârthasiddha) a quitté la famille pour
« se livrer à l'étude. Il voyage seul sur les montagnes et
« dans les plaines; il vit à l'écart au milieu des forêts.
« C'est pourquoi je vous ordonne de suivre ses pas pour
« savoir où il réside. Dans l'intérieur du palais, vous êtes
« ses oncles paternels et maternels; au dehors, vous êtes
« à la fois des princes et des ministres. Il faut absolu-
« ment que vous sachiez ce qu'il fait et où il demeure. »

Après avoir reçu les ordres du roi, ces cinq hommes partirent à la suite les uns des autres pour l'entourer de leur protection. Ensuite, ils cherchèrent eux-mêmes les moyens d'échapper à la vie et à la mort. Puis, ils dirent entre eux : « Lorsqu'on aspire à l'intelligence,
« l'obtient-on par les austérités ou au sein de la joie ? »

Deux d'entre eux répondirent : « C'est dans le calme autrefois, on écrivait *Si-ta-to* (Siddhârtha). C'est une abréviation erronée. C'est ainsi que s'exprime la note chinoise ; mais on dit fort bien *Siddhârtha* dans le même sens. Voyez l'Index du *Lalita vistâra* de M. E. Foucaux.

[1] Suivant le *Fo-tsou-tong-ki*, liv. II, fol. 19, c'étaient : 1° *An-pi* (Açvadjit) ; 2° *P'o-ti* (Bhadrika), second fils de *Kan-lou-wang* (Amṛitôdana râdjâ) ; 3° *Mo-ho-nan* (Mahânâma), fils de *Hou-fan-wang* (Drônôdana râdjâ), auxquels on ajoute, 4° *Chi-li-kia-ye* (Daçabala Kâçyapa), et 5° *Kiao-tch'in-jou* (Âdjnâta Kâuṇḍinya), qui étaient les oncles maternels du prince royal.

« et la joie qu'on obtient l'intelligence. » Mais les trois autres soutinrent que c'était par de pénibles macérations qu'on arrivait à l'intelligence. Les deux premiers et les trois autres se disputaient encore, sans avoir éclairci la question proposée, lorsque le prince royal, réfléchissant aux vérités sublimes, imita la conduite de ces hérétiques qui se soumettent à de dures austérités, et ne mangent (chaque jour) que quelques grains de chènevis et de riz cru pour soutenir leur corps. Les deux premiers l'ayant vu, se dirent entre eux : « Ce que fait le « prince royal n'est pas conforme à la vraie voie [1]. L'in- « telligence doit s'obtenir par des moyens agréables; « mais aujourd'hui, il se livre à de pénibles austérités; « il ne peut être notre compagnon. Laissons-le et éloi- « gnons-nous. Songeons aux moyens d'acquérir le fruit « (l'intelligence). Depuis six ans, le prince royal se livre « à la pénitence, et il n'a pas encore vu le fruit de *Pou-ti* « (Bôdhi). Si nous examinons ses macérations, nous re- « connaîtrons que ce n'est pas là le vrai moyen. Mais « quand il aura reçu une bouillie de riz au lait [2], il ob- « tiendra l'intelligence. »

[1] *Chi-kia-pou*, liv. II, fol. 29 : les austérités qu'il pratique ne sont pas le vrai moyen d'arriver à la délivrance finale.

[2] « Nul doute que le *Bôdhisattva*, après avoir pris cette nourriture, ne parvienne à l'intelligence. (*Lalita vistâra*, p. 258.) » Il doit y avoir ici une lacune dans le texte, car nous ne voyons pas, comme dans le livre cité ci-dessus, les soins que prend *Soudjâtâ* pour préparer la bouillie de riz avec le lait de mille vaches dont elle enlève la crême la plus pure, et l'offrir ensuite au *Bôdhisattva*. Plus bas (page 366, ligne 18), l'auteur fait dire aux trois interlocuteurs que le *Bôdhisattva* a déjà reçu

En entendant ces paroles, les trois autres dirent en soupirant : « Il était sur le point de mettre le sceau à « ses mérites; mais aujourd'hui il recule. Pendant six « ans, il s'est voué à la pénitence, et en un jour il va en « perdre le fruit. »

Là-dessus, se suivant l'un l'autre, ils se mirent à sa recherche. Les deux premiers les ayant vus, s'assirent dans une position convenable, et conversèrent d'un ton grave et élevé; puis, reprenant ensemble leur discussion, ils tinrent ce langage : « Jadis, nous avons vu *I-« tsie-i-tch'ing* (Sarvârthasiddha) quitter le palais du roi « et se rendre dans une vallée déserte; se dépouiller de « ses habits précieux et se couvrir d'une peau de cerf; « déployer un zèle ardent et faire d'énergiques efforts; « mener une vie chaste et se tourmenter l'esprit pour « chercher la sublime loi, et arriver au fruit suprême. « Mais aujourd'hui, voilà qu'il a déjà reçu d'une jeune « bouvière[1] une bouillie de riz au lait. Il a détruit le « germe de l'intelligence et ruiné ses desseins. Nous le « voyons maintenant, il ne réussira à rien. »

Les deux autres leur dirent : « Pourquoi, seigneurs, « avez-vous vu cela si tard? Il se conduit comme un « fou[2]. Auparavant, il demeurait dans les profondeurs

cette bouillie de riz, et par là s'est mis dans l'impossibilité d'arriver à son noble but.

[1] Cette jeune fille s'appelait *Soudjâtâ* « la bien née ». Cf. *Lalita vistâra*, page 260.

[2] La même idée se retrouve dans le *Lalita vistâra*, page 255, ligne 1 : « Il prend une nourriture abondante. Au milieu des aumônes dont il se nourrit, est-ce qu'il est devenu un insensé sans jugement ? »

« du palais, il vivait heureux dans le rang le plus ho-
« norable et le plus glorieux. Ne pouvant maîtriser sa
« volonté, il a été se cacher au loin sur les montagnes
« et dans les bois; il a renoncé au trône de roi Tcha-
« kravarttî (*Tch'ouen-lun-wang*), pour mener la vie d'un
« homme vil et abject. Est-il digne qu'on pense encore
« à lui? Lorsqu'on en parle, le cœur se serre de tris-
« tesse. »

Cependant le *Pou-sa* (le Bôdhisattva) s'étant baigné dans la rivière *Ni-lien* (Nâirañdjanâ), s'assit sous l'arbre de *Pou-ti* (Bôdhidrouma), arriva à l'intelligence accomplie, et fut surnommé le *maître des dieux et des hommes*. Il resta immobile et silencieux, ne songeant qu'à découvrir ceux qui méritaient d'être sauvés. « Ce fils de
« *Yeou-theou-lan*[1], dit-il, s'est livré à la méditation qui
« exclut toute pensée (Nâivasañdjñâ samâdhi)[2]. Il est
« digne de recevoir la loi excellente. »

Les *Dêvas* qui se promenaient au milieu des airs, lui annoncèrent cette nouvelle : « Il y a déjà sept jours
« que le fils de *Yeou-theou-lan* (Oudraka Râma pouttra)
« a quitté la vie. »

Jou-laï (le Tathâgata) poussa de profonds soupirs (et dit) : « Pourquoi ne m'a-t-il pas rencontré? Lorsqu'il

[1] Ce mot est incorrect. On lit dans le *Fan-i-ming-i-tsi* (liv. V, fol. 2 r°, ligne 11) : *Yeou-to-lo-lo-mo-tse* (ce qui donne *Oudra*, fils de *Râma*); mais, d'après une note de Burnouf (*Introduction au Bouddhisme*, page 386), il faut lire ici *Oudraka*, fils de *Râma*. Le *Lalita vistâra*, page 233, donne *Roudraka*, fils de *Râma*.

[2] En chinois : *Feï-siang-ting*. Voy. le *Vocabulaire pentaglotte*, liv. II, fol. 34.

« était sur le point d'entendre la loi excellente, pour-
« quoi a-t-il subitement changé d'existence ? »

Ensuite, il regarda de nouveau avec attention, et
chercha au milieu du monde. « Il y a encore (dit-il),
« *'O-lan-kia-lan* (Ârâḍa Kâlâma), qui est arrivé à l'état
« où l'on est dégagé de tout (Akiñtchavyâyatana), il faut
« que je lui communique les principes sublimes (de ma
« doctrine). »

Les *Dêvas* dirent encore : « Il y a cinq jours[1] qu'il n'est
« plus. » *Jou-laï* (le Tathâgata) soupira de nouveau, en
déplorant son peu de bonheur. Il réfléchit derechef,
et se dit : « A qui dois-je encore enseigner la loi ? Dans
« le bois des cerfs[2] (Mrĭgadâva), il y a cinq hommes[3]
« que je dois, avant les autres, instruire et guider. »

Dans ce même moment, *Jou-laï* (le Tathâgata) se leva
de dessous l'arbre de *Pou-ti* (Bôdhidrouma — l'arbre
de l'intelligence), et se rendit dans le parc des cerfs
(Mrĭgadâva). Le calme respirait dans toute sa personne,
qui répandait au loin une lumière divine ; ses cheveux
avaient l'éclat du jade et son corps était jaune comme l'or
pur. Il s'avança d'un pas tranquille pour diriger ces cinq
personnages. Ceux-ci apercevant de loin *Jou-laï* (le Tathâgata), se dirent entre eux : « Celui qui vient là est
« *I-tsie-i-tch'ing* (Sarvârthasiddha). Les mois et les an-
« nées s'écoulent sans qu'il puisse obtenir le fruit de la

---

[1] *Lalita vistâra*, page 377 : il y a trois jours.
[2] En chinois, *Chi-lou-lin*. Littéralement : le bois donné aux cerfs.
[3] Ce sont Âdjñâta Kâuṇḍinya, Açvadjit, Vâchpa, Mahânâma et Bhadrika.

« sainteté (Bôdhi). Le but de son ambition lui est déjà
« échappé. Voilà pourquoi il nous cherche pour dis-
« ciples. Il faut que chacun de nous reste muet devant
« lui ; gardons-nous de nous lever pour aller à sa ren-
« contre et le saluer. »

Jou-laï s'approcha d'eux à pas lents, émouvant tous
les êtres par sa majesté divine. Ces cinq personnages,
oubliant leur convention, s'avancèrent vers lui en le
saluant; puis, après l'avoir interrogé, ils le suivirent
avec respect. *Jou-laï* les attira peu à peu à lui, et leur
enseigna les principes sublimes (de la loi). Après avoir
fini de séjourner dans des demeures fixes pendant la
saison des pluies, ils obtinrent de voir face à face le
fruit de *Bôdhi*[1].

Quand il eut fait deux ou trois li à l'est du *bois des
cerfs* (Mrĭgadâva), il arriva à un *Stoûpa*. A côté, on voyait
un étang desséché dont la circonférence était de quatre-
vingts pas, et qu'on appelait l'*étang sauveur*[2] (Djîva-
kahrada?) et l'*étang du héros*[3] (Tyâgihrada?). Voici ce
qu'on lit à ce sujet dans les anciennes descriptions (de
ce royaume) :

« Il y a plusieurs centaines d'années, qu'un solitaire
demeurait près de cet étang. Il avait construit une cabane pour vivre loin du monde. Il avait étudié la magie

---

[1] Voyez plus haut, page 64, note 1.
[2] En chinois, *Khieou-ming-tch'i*. Je propose *Djîvaka*, parce que je trouve cette expression comme répondant au mot *Khieou-ming* « qui sauve la vie », dans le nom du trois cent quarante-quatrième Bouddha du *Bhadrakalpa*.
[3] En chinois, *Lie-sse-tch'i*.

et avait approfondi la science des dieux. Il avait le pouvoir de changer de petits fragments de briques en pierres précieuses, et de métamorphoser les animaux; mais il ne pouvait encore se faire porter par les vents et les nuages, et suivre, dans les airs, le char des immortels. Il parcourut des figures mystérieuses, et scruta les secrets des anciens pour chercher encore la science des *Richis*. Ses livres lui disaient : « Les *Richis*, doués
« d'un pouvoir divin, possèdent l'art de vivre éternelle-
« ment. Si vous voulez acquérir cette science, il faut
« d'abord prendre une résolution inébranlable, cons-
« truire un autel ayant dix pieds de circonférence, et
« ordonner à un héros, renommé par sa fidélité et son
« courage, de s'armer d'un long sabre, de se tenir de-
« bout au coin de l'autel, d'étouffer sa respiration, et
« de rester muet du soir au matin. Celui qui cherche à
« devenir un *Richi*, doit s'asseoir au milieu de l'autel,
« tenir dans sa main un long sabre, réciter des prières
« magiques, et concentrer en lui-même sa faculté de
« voir et d'entendre. A l'approche du matin, il s'élèvera
« au rang de *Richi*. Le sabre acéré qu'il tenait en main
« se changera en une précieuse épée; il s'élancera au ciel
« et marchera dans les airs; il deviendra le roi de la
« troupe des *Richis*. En brandissant son épée, il don-
« nera ses ordres et réussira dans tous ses désirs. Il ne
« sera plus sujet à la décrépitude ni à la vieillesse, à la
« maladie ni à la mort. »

« Quand le solitaire eut obtenu le secret de devenir un *Richi*, il se mit à voyager pour trouver un homme d'un caractère héroïque, et se livra à des recherches actives pendant longues années, sans trouver l'objet de ses vœux. Dans la suite du temps, il rencontra dans la ville un homme qui marchait en poussant des cris douloureux. Le solitaire ayant vu sa figure, éprouva un vif sentiment de joie ; puis, s'approchant de lui, il l'interrogea avec douceur, et lui dit : « Pourquoi êtes-vous « réduit à faire entendre ces plaintes déchirantes? »

— « Étant pauvre et indigent, répondit-il, je tra« vaillais à la journée pour subvenir à mes besoins. Mon « maître m'ayant vu dans ce triste état, m'employa avec « une confiance entière, et me promit de m'accorder, au « bout de cinq ans, une grande récompense. Là-dessus, « je travaillai avec ardeur, oubliant la peine et la fa« tigue. Mais lorsque la cinquième année allait s'accom« plir, ayant un jour commis une faute, je fus honteu« sement fouetté, et ne pus rien obtenir. En pensant à « ce malheur, je me consume de chagrin, (et je me de« mande) qui aura pitié de moi? »

« Le solitaire lui ordonna de voyager avec lui. Quand ils furent arrivés à sa cabane, à l'aide d'une métamorphose due à son pouvoir magique, il lui procura à l'instant un repas excellent ; ensuite il le fit baigner dans l'étang, le revêtit d'habits neufs, et lui donna cinq cents pièces d'or. Il ajouta : « Quand vous les aurez dépen« sées, il faut venir m'en demander d'autres ; je vous « en prie, ne me dédaignez pas [1]. »

« Depuis cette époque, il lui fit souvent de riches pré-

[1] En chinois, 無 外 *Wou-waï.* 外 人 *Waï-jin,* s'explique,

sents, répandit secrètement sur lui de grands bienfaits et remplit son cœur de reconnaissance. Le vaillant champion demanda à sacrifier sa vie pour le payer de toutes ses bontés.

« Je cherchais un brave champion, lui dit le soli-
« taire. Au bout d'un grand nombre d'années, j'ai eu
« le bonheur de le rencontrer en vous, et votre figure
« remarquable répond au portrait que je m'en étais
« fait. Je n'ai qu'une chose à vous demander, c'est seu-
« lement de ne pas proférer un mot pendant toute une
« nuit. »

—« Que parlez-vous, répondit le champion, de gar-
« der seulement le silence ? Quand il faudrait mourir
« pour vous, je ne m'y refuserais pas. »

« Là-dessus, il construisit un autel; et, pour obtenir l'art divin des *Rĭchis*, il accomplit chaque chose suivant la formule prescrite. Il s'assit en attendant le coucher du soleil. A l'approche de la nuit, chacun s'acquitta de son devoir particulier. Le solitaire récita des prières magiques, et le brave champion tint en main son sabre acéré. Mais, un peu avant le crépuscule du matin, tout à coup, il poussa des cris perçants. Dans ce moment, une masse de feu descendit du ciel, et des tourbillons de flammes et de fumée s'élevèrent comme des nuages. Le solitaire emmena promptement cet homme et le fit entrer dans l'étang, afin qu'il échappât à la mort; puis il l'interrogea ainsi : « Je vous avais recommandé de

en mandchou, par *dan dabouraḱo* « regarder quelqu'un avec dédain, et ne pas permettre qu'il s'approche de nous ».

« garder le silence; pourquoi avez-vous poussé des cris
« de terreur? »

« Le champion lui dit : « Après que j'eus reçu vos
« ordres et que le milieu de la nuit fut arrivé, mon
« esprit se troubla comme dans un songe, et des pro-
« diges surprenants apparurent successivement à mes
« yeux. Je vis mon ancien maître qui venait m'adresser
« des paroles bienveillantes. Quoique j'eusse conservé
« une vive reconnaissance pour ses bienfaits, je me con-
« tins, sans lui répondre un seul mot. Cet homme en-
« tra en colère; aussitôt je fus mis à mort, et je restai
« quelque temps dans ce triste état[1]. En voyant mon
« propre cadavre, je poussai de profonds soupirs, et je
« formai encore le vœu de ne point parler pendant des
« siècles, pour reconnaître vos bienfaits. Bientôt après,
« j'obtins de renaître dans la maison d'un Brâhmane de
« l'Inde du midi. Quand ma nouvelle mère m'eut conçu
« et mis au monde, j'endurai toutes sortes de peines et
« de souffrances. Toujours pénétré de vos bontés, je ne
« proférai jamais un seul mot. Après avoir terminé mes
« études, pris le bonnet viril et contracté mariage, je
« perdis mon père et ma mère, et ma femme me donna

---

[1] Il y a ici, en chinois, une locution fort difficile. 受中陰
身 *Cheou-tchong-in-chin*, mot à mot : recevoir — milieu — obscur —
corps. Nous en trouvons heureusement le sens dans le Dictionnaire *San-thsang-fa-sou*, liv. XXXI, fol. 7. Le corps est appelé 中陰 *Tchong-in* (milieu — obscur), ou 中陰身 *Tchong-in-chin* (milieu — obscur — corps), lorsqu'après la mort, l'homme à qui il appartenait n'a
pas encore reçu une nouvelle existence.

« un fils. En pensant chaque jour à vos anciens bien-
« faits, je me contins encore et renonçai à parler. Tous
« mes parents et mes proches étaient stupéfaits de mon
« silence. Lorsque j'eus passé l'âge de soixante-cinq ans,
« ma femme me dit : « Il faut que vous parliez; si vous
« vous obstinez à vous taire, je tuerai votre fils. »

« Je me dis alors : « Je suis bien avancé en âge, et je
« me vois déjà cassé de vieillesse; cet enfant est le seul
« que je possède. Si j'ai poussé ces cris, c'était unique-
« ment pour désarmer ma femme et l'empêcher de le
« tuer. »

— « C'est ma faute, repartit le solitaire. Toute cette
« perturbation n'était que l'œuvre du *Mâra* (du dé-
« mon.) »

« Le brave champion lui témoigna sa reconnaissance.
Il gémit amèrement de l'insuccès de son dessein, et
mourut d'indignation et de colère. Comme il avait
échappé au désastre du feu, l'étang fut appelé *l'étang
sauveur* (Djivakahrada); et, d'un autre côté, parce que
cet homme était mort pour avoir voulu montrer sa reconnaissance, on l'appela aussi *l'étang du héros* (Tyâgihrada?). »

A l'ouest de l'étang du héros (Tyâgihrada?), on
voit le *Stoûpa* des trois quadrupèdes. A l'époque où
Jou-laï (le Tathâgata) menait la vie d'un *Pou-sa* (Bôdhisattva), ce fut en cet endroit qu'il brûla son corps.
Au commencement des *kalpas* (des siècles), dans cette
forêt, il y avait un renard, un lièvre et un singe qui,
quoique d'espèces différentes, étaient liés d'une étroite

amitié. A cette époque, *Chi* (Çakra), le maître des dieux, voulut éprouver ceux qui menaient la vie de Bôdhisattva. Il descendit sur la terre, et, prenant la forme d'un vieillard, il parla à ces trois animaux : « Mes enfants, leur dit-il, vous plaisez-vous dans ce « lieu calme et retiré? N'éprouvez-vous aucune crainte? »

— « Nous foulons des herbes touffues, lui répon- « dirent-ils; nous nous promenons dans une forêt « épaisse; et, quoiqu'étant d'espèces différentes, nous « nous plaisons ensemble; nous sommes tranquilles et « heureux.

— « Quand j'eus appris, repartit le vieillard, que « vous étiez liés d'une étroite amitié, oubliant le poids « des ans, je suis venu exprès de bien loin pour vous « chercher. Aujourd'hui, je suis pressé par la faim; que « me donnerez-vous à manger? »

— « Veuillez, lui dirent-ils, rester un peu ici; nous « allons courir nous-mêmes et nous mettre en quête. »

Là-dessus, d'un cœur unanime et oubliant leurs intérêts, ils allèrent, chacun de leur côté, pour lui chercher de la nourriture. Le renard, ayant côtoyé une rivière, apporta entre ses dents une carpe fraîche; le singe, au milieu de la forêt, cueillit des fruits et des fleurs d'une espèce extraordinaire; puis ils vinrent ensemble au lieu où s'était arrêté le vieillard, et les lui offrirent. Mais le lièvre seul revint à vide, et se mit à gambader à droite et à gauche.

« D'après ce que je vois, lui dit le vieillard, vous « n'avez point partagé les sentiments du singe et du re-

« nard. Chacun d'eux m'a montré son dévouement ; mais
« le lièvre est revenu à vide, et seul il ne m'a point
« donné de nourriture. Ces paroles suffisent pour le
« faire connaître. »

Le lièvre, entendant ces reproches sévères, parla
ainsi au renard et au singe : « Amassez une quantité
« de bois et d'herbes, je ferai alors quelque chose. »

A ces mots, le renard et le singe coururent à l'envi,
et apportèrent des herbes et des branches. Lorsqu'ils en
eurent fait un monceau élevé et qu'un feu ardent allait
s'allumer, le lièvre dit : « Ô homme plein d'humanité,
« je suis petit et faible ; et, comme je n'ai pu trouver
« ce que je cherchais, j'ose offrir mon humble corps
« pour vous fournir un repas. »

A peine avait-il cessé de parler, qu'il se jeta dans le
feu et y trouva aussitôt la mort.

En ce moment, le vieillard reprit son corps de roi des
dieux (Çakra), recueillit les ossements du lièvre, et,
après avoir poussé longtemps de douloureux soupirs,
il dit au renard et au singe : « Comment a-t-il été le
« seul qui ait pu faire un tel sacrifice? Je suis vivement
« touché de son dévouement ; et pour n'en pas laisser
« périr la mémoire, je vais le placer dans le disque de
« la lune, afin que son nom passe à la postérité. » C'est
pourquoi tous les Indiens disent que c'est depuis cet
événement qu'on voit un lièvre dans la lune [1].

Dans la suite, on a élevé un *Stoûpa* en cet endroit.

En partant de ce pays, il suivit le cours du Gange,

[1] En sanscrit, un des noms de la lune est *çaçî*, mot dérivé de *çaça*

et, après avoir fait environ trois cents li à l'est, il arriva au royaume appelé *Tchen-tchou-koue*, ou le royaume du maître des combats (Yôdhapatipoura?)[1].

ROYAUME DE TCHEN-TCHOU.

(YÔDHAPATIPOURA?)

Ce royaume a environ deux mille li de tour. La capitale, qui est voisine du Gange, a environ dix li de circuit. Les habitants sont riches et heureux; les villes et les villages sont fort rapprochés. Le sol est gras et fertile; les grains se sèment et se récoltent à des époques régulières. Le climat est doux et tempéré. Les mœurs sont pures et honnêtes; mais les hommes sont d'un caractère farouche, et croient en même temps à l'hérésie et à la vérité[2]. Il y a une dizaine de couvents; ils renferment un peu moins de mille religieux, qui tous suivent la doctrine du *petit Véhicule*. On compte

« un lièvre ». Les Chinois, en représentant le disque de la lune, placent au centre un lièvre qui pile du riz.

[1] Inde centrale. Ce royaume est le seul dont *Hiouen-thsang* donne le nom en chinois, au lieu de nous en offrir la prononciation en caractères phonétiques. Dans l'Encyclopédie bouddhique *Fa-youen-tchou-lin* (liv. XXXVIII, fol. 19), nous le voyons appelé *Tchen-wang-koue*, ou le *Royaume du roi des combats* (Yôdharâdjapoura?), ce qui nous démontre que les mots *Tchen-tchou* sont une traduction et non une transcription.

[2] Un homme ne peut être à la fois orthodoxe et hérétique. Cette expression, que je suis obligé de rendre littéralement, signifie, je crois, que parmi eux il y a des hommes dévoués de cœur au culte de la vérité, et d'autres qui sont adonnés à l'hérésie.

vingt temples des dieux, où les hérétiques habitent pêle-mêle.

Au nord-ouest de la capitale, il y a un couvent au centre duquel s'élève un *Stoûpa* qui a été construit par le roi *Wou-yeou* (Açôka). On lit dans l'*In-tou-ki* (les Mémoires sur l'Inde) : « Dans ce *Stoûpa*, il y a un *ching* de *che-li* (Çarîras — reliques) de *Jou-lai* (du Tathâgata). » Jadis, l'Honorable du siècle demeura dans ce couvent, et y expliqua pendant sept jours la loi excellente, en faveur des dieux.

A côté de ce couvent, on voit encore les siéges des trois *Bouddhas* passés, et un endroit où ils se sont promenés pour faire de l'exercice. Tout près de là, on remarque aussi la statue de *Ts'e-chi-pou-sa* (Mâitrêya Bôdhisattva). Quoiqu'elle soit d'une petite taille, elle respire une majesté céleste. Sa puissance divine se manifeste d'une manière mystérieuse, et, de temps en temps, éclatent des prodiges extraordinaires.

Après avoir fait environ deux cents li à l'est de la capitale, il arriva au couvent appelé *'O-pi-t'o-kie-la-na-seng-kia-lan* (Aviddhakarṇa sañghârâma)[1]. L'enceinte des murs n'est pas vaste; mais cet édifice est orné de sculptures extrêmement remarquables. On y voit des bassins où se réfléchissent les fleurs, des tours et des pavillons, dont les toits se touchent. Les religieux sont graves et respectueux, et s'acquittent de leurs devoirs avec une régularité parfaite. Voici ce qu'on lit à ce sujet dans les anciennes descriptions historiques : « Jadis, dans le

[1] Le couvent (de ceux qui ont) les oreilles non percées.

royaume de *Tou-ho-lo* (Toukharâ), situé au nord des grandes montagnes neigeuses, il y avait deux ou trois *Cha-men* (Çramaṇas), passionnés pour l'étude, qui étaient animés des mêmes sentiments. Chaque jour, dans leurs moments de loisir, après avoir fini leurs dévotions et leurs prières, ils se disaient entre eux : « Les « principes excellents (de la loi) sont pleins d'obscurité « et de mystère; ce n'est point par des entretiens qu'on « peut les approfondir. Les monuments sacrés brillent « partout avec éclat; il faut les chercher pas à pas, s'en « informer à des amis dévoués, et aller les contempler « de nos propres yeux. »

« Là-dessus, les deux ou trois amis prirent le bâton de religieux et se mirent à voyager ensemble. Une fois arrivés dans l'Inde, ils voulurent se loger dans les couvents; mais on les traita avec mépris, comme appartenant aux pays frontières, et personne ne daigna leur donner asile. Extérieurement, ils souffraient du froid et de l'humidité, et, intérieurement, ils étaient tourmentés par la faim. Leur visage était hâve et leur corps maigre et desséché.

« A cette époque, le roi de ce pays, se promenant près de la banlieue, aperçut ces religieux étrangers. Il témoigna sa surprise, et demanda de quel pays étaient ces mendiants, quel motif les amenait, pourquoi ils n'avaient pas les oreilles percées, et portaient des vêtements sales et usés.

« Nous sommes du royaume de *Tou-ho-lo* (Toukharâ), « répondit un des *Cha-men* (Çramaṇas). Ayant reçu avec

« respect la doctrine sacrée, nous avons renoncé au
« monde, et, avec quelques amis animés de la même
« ferveur que nous, nous voulons contempler et adorer
« les monuments sacrés. Mais hélas! par l'effet de notre
« malheureuse destinée, la multitude des religieux nous
« repousse avec mépris, et nul *Cha-men* (Çramaṇa) de
« l'Inde ne daigne nous donner asile. Nous voudrions
« retourner dans notre pays natal ; mais nous n'avons pas
« encore accompli notre pieux pèlerinage. C'est pour-
« quoi, bien que nous soyons accablés de fatigues et de
« souffrances, nous ne cesserons nos démarches qu'après
« avoir obtenu l'objet de nos vœux. »

« En entendant ces paroles, le roi se sentit ému de
pitié. Sur-le-champ, il fit ériger un monastère dans ce
lieu fortuné, et rendit le décret suivant, qu'on écrivit
sur une pièce de coton blanc : « Si j'ai l'honneur d'être
« placé au-dessus des hommes, et si j'occupe parmi
« eux le rang le plus illustre, j'en suis redevable au se-
« cours divin des *trois Précieux*. Comme je suis le roi des
« hommes, c'est à moi d'exécuter les commandements
« du *Bouddha*. Tous ceux qui portent des habits de cou-
« leur (tous les religieux) ont droit à mon assistance et
« à mes bienfaits. J'ai fondé ce couvent pour y appeler
« respectueusement les voyageurs. A partir de ce mo-
« ment, tous les religieux qui ont les oreilles percées
« ne pourront s'arrêter ni demeurer dans ce couvent, qui
« est le mien. » Voilà l'origine du nom que reçut ce monastère [1].

---

[1] Le monastère de ceux dont les oreilles ne sont point percées.

Après avoir fait environ cent li au sud-est du couvent *'O-pi-t'o-kie-la-na* (Aviddhakarṇa saṅghârâma), il passa le Gange au sud, et arriva à la ville de *Mo-ho-so-lo* (Mahâsâra ou Mahâsâlâ), dont tous les habitants étaient des *Brâhmanes*, et ne suivaient point la loi du *Bouddha*. Cependant, dès qu'ils eurent aperçu ces *Chamen* (Çramaṇas), ils commencèrent par leur demander quel était l'objet de leurs études. Ayant reconnu qu'ils possédaient des connaissances solides, ils leur montrèrent un profond respect.

Au nord du Gange, il y a un temple consacré au dieu *Na-lo-yen* (Nârâyaṇa Dêva). On y voit des pavillons et des tours à double étage, décorés de la manière la plus brillante. Les statues des dieux sont sculptées en pierre avec un art merveilleux, et il y éclate des prodiges sans nombre.

Après avoir fait une trentaine de li à l'est du temple du dieu *Na-lo-yen* (Nârâyaṇa Dêva), il rencontra un *Stoûpa* qui a été bâti par le roi *Wou-yeou* (Açôka). Il est en grande partie enfoncé en terre. En face de ce monument, on a élevé une colonne en pierre qui a environ vingt pieds de hauteur. Elle est surmontée d'une figure de lion, et porte une inscription gravée qui rappelle la défaite des démons. Jadis, dans cet endroit, il y avait des démons des déserts, qui, abusant de leur force et de leur puissance, se repaissaient du sang et de la chair des hommes. Ils se plaisaient à faire du mal aux êtres vivants, et causaient des malheurs sans nombre. *Jou-laï* (le Tathâgata), prit en pitié les hommes qu'enlevait une mort prématurée[1]. A l'aide de sa puissance divine, il convertit tous ces démons, les amena à révérer le Refuge (Çaraṇa)[2], et leur imposa la défense du meurtre.

Les démons ayant reçu ses instructions, tournèrent autour de lui en signe de respect[3]. Sur ces entrefaites, ils enlevèrent un bloc de pierre et invitèrent le *Bouddha* à s'y asseoir. Ils avaient le désir d'entendre de sa bouche la droite loi, de dompter leur esprit et garder ses préceptes. Depuis cette époque, les infidèles réunirent tous leurs efforts pour enlever cette pierre, mais ils eurent beau se mettre à l'œuvre au nombre de dix mille, ils ne purent jamais faire bouger de place le siége que les démons avaient posé. Des bosquets verdoyants et des étangs d'eau pure[4] règnent à droite et à gauche du monument. Les hommes qui s'en approchent ne peuvent se défendre d'un sentiment de crainte.

A côté, et à une petite distance du lieu (où le *Bouddha*) dompta les démons, il y a plusieurs couvents. Quoiqu'ils soient, la plupart, fort délabrés, on y voit encore des religieux qui tous suivent la doctrine du *grand Véhicule*.

En partant de ce pays, il fit une centaine de li au

[1] En chinois: qui n'obtenaient pas leur mort, c'est-à-dire, une mort naturelle.

[2] C'est-à-dire, à chercher respectueusement un refuge auprès des *trois Précieux*.

[3] Voyez plus haut, page 87, note 1.

[4] Il y a ici une faute dans le texte: 情 *Thsing* «passion», au lieu de 清 *Thsing* «pur».

sud-est, et arriva à un *Stoûpa* dont la base était enfoncée en terre, et qui n'avait plus que quelques dizaines de pieds de hauteur. Jadis, après que *Jou-laï* (le Tathâgata) fut entré dans le *Nirvâṇa*, les grands rois de huit royaumes se partagèrent ses reliques. Le *Po-lo-men* (le Brâhmane) qui mesurait les reliques, enduisit de miel l'intérieur du vase dont il se servait. Après avoir distribué les reliques aux huit rois, le Brâhmane prit son vase et s'en retourna. Ayant obtenu ainsi des reliques qui s'y étaient collées, il éleva un *Stoûpa*, et les déposa avec le vase au centre de ce monument. De là vint le nom de ce *Stoûpa*[1].

Dans la suite, le roi *Wou-yeou* (Açôka) ouvrit le *Stoûpa*, et en retira le vase qui contenait les reliques; puis il reconstruisit ce monument et l'agrandit. Quelquefois, quand arrive un jour de jeûne, on voit s'échapper de ce *Stoûpa* une lumière éclatante.

En partant de ce royaume, il passa le Gange au nord-est, fit de cent quarante à cent cinquante li, et arriva au royaume de *Feï-che-li* (Vâiçâlî)[2].

[1] *Hiouen-thsang* ne dit pas quel était le nom indien de ce *Stoûpa*. Le mot employé ici pour *vase*, étant 瓶 *P'ing*, qui, plus bas (liv. VIII, fol. 19 v°), répond au mot sanscrit *karka*, nous pourrions supposer qu'il s'appelait *Karkastoûpa*. Mais nous voyons dans Burnouf (*Introduction au Bouddhisme*, page 372), que le *Stoûpa* élevé par le Brâhmane qui avait fait le partage des reliques, s'appelait *Drônastoûpa*, le *Stoûpa* du *Drôna*, c'est-à-dire, le *Stoûpa* du vase qui contenait un *Drôna* (mesure indienne) de reliques.

[2] Inde du nord.

ROYAUME DE FEÏ-CHE-LI.

(VÂIÇÂLÎ.)

Le royaume de *Feï-che-li* (Vâiçâlî) a environ cinq mille li de tour. Le sol est gras et fertile, et les fleurs viennent en abondance. Les fruits de l'*An-mo-lo* (Âmra — manguier) et du *Mcou-tche* (Môtcha — bananier), y sont communs et fort estimés. Le climat est tempéré, les mœurs sont pures et honnêtes. Les habitants aiment la vertu et estiment le savoir; on trouve parmi eux des hérétiques et de vrais croyants. Il y a plusieurs centaines de couvents, qui sont la plupart en ruines. Les trois ou quatre[1] qui subsistent ne renferment qu'un très-petit nombre de religieux. On compte plusieurs dizaines de temples des dieux; les hérétiques des différentes sectes habitent pêle-mêle. Ceux qui vont nus (les *Nirgranthas*) ont une foule énorme de partisans.

La ville de *Feï-che-li* (Vâiçâlî) est en grande partie ruinée; ses anciens fondements occupent une circonférence de soixante à soixante-dix li. Le palais du roi peut avoir de quatre à cinq li de tour; il sert de demeure à un petit nombre d'habitants.

A cinq ou six li au nord-ouest du palais, on arrive à un couvent dont les religieux sont en petit nombre. Ils étudient les principes de l'école *Tching-liang-pou* (l'école des Saṁmatiyas), qui se rattache au *petit Véhicule*.

A côté de cet endroit, il y a un *Stoûpa*. Ce fut là que

---

[1] En chinois, trois ou cinq.

jadis *Jou-laï* (le Tathâgata) expliqua le livre de *Pi-mo-lo-kie* (Vimalakîrttî soûtra), et que *P'ao-tsi*[1] (Ratnâkara), fils d'un maître de maison, et beaucoup d'autres, lui offrirent des parasols précieux[2].

À l'est de ce monument, il y a un *Stoûpa*. Ce fut en cet

---

[1] Quoique *Hiouen-thsang* ne donne pas la transcription du mot indien qui répond à 寶積 *P'ao-tsi* « amas de pierres précieuses », nous pouvons proposer, avec quelque assurance, *Ratnâkara* « mine de pierres précieuses »; 1° parce que cette même expression chinoise forme le nom du cent deuxième *Bouddha* du *Bhadrakalpa*, appelé *Ratnâkara*; 2° parce que l'on trouve dans le Dictionnaire *Fan-i-ming-i-tsi* (liv. I, fol. 18) la transcription phonétique de ce mot indien, traduite par *P'ao-tsi*. Enfin, le mot 積 *tsi* répond à *âkara*, dans *Dharmâkara* et *Djñânâkara*, noms du quatre-vingt-dix-neuvième et du cent quatre-vingt-septième *Bouddha* du *kalpa* des sages.

[2] On lit dans le Dictionnaire *San-thsang-fa-sou*, liv. IV, fol. 24 : « Dans la ville de *Pi-ye-li* (Vâiçâlî), il y avait un maître de maison dont le fils s'appelait *P'ao-tsi* (Ratnâkara). Celui-ci, et cinq cents maîtres de maison, portant tous des parasols ornés de sept matières précieuses, vinrent les offrir au *Bouddha*. Le *Bouddha*, par l'effet de sa puissance divine, les transforma tous en un seul parasol qui couvrit le grand millier de mondes, et l'image entière de ce vaste monde apparut au centre du parasol. Ces cinq cents parasols figuraient les *cinq ombres* (五陰 *ou-in*, — en sanscrit, *pañtcha skandhas*, les cinq aggrégats); leur réunion en un seul figurait le cœur de l'homme, qui est *un*, pour montrer que la loi des *cinq ombres* représente dans son ensemble le cœur qui est *un*. » Par *ou-in* « les cinq ombres », on entend l'ombre de la *forme* (roûpa); l'ombre de la *perception* (vêdana); l'ombre de la *pensée* (sañdjñâna); l'ombre de *l'action* (sañskâra); l'ombre de la *connaissance* (vidjñâna). *Ibid.* liv. XXIV, fol. 9. Ici, le mot 陰 *in* « ombre », renferme l'idée de *couvrir* et de *cacher*. On veut dire que ces cinq choses peuvent *couvrir* et *cacher* la nature vraie de l'homme, et l'empêcher de se montrer dans toute sa pureté.

endroit que *Che-li-tseu* (Çâripouttra) et autres obtinrent la dignité d'*Arhat*[1].

Au sud-est du lieu où *Che-li-fo* (Çâripouttra) obtint la dignité d'*Arhat*, il y a un *Stoûpa* qui a été bâti par un roi de *Feï-che-li* (Vâiçâlî). Après que le *Bouddha* fut entré dans le *Ni-pan* (le *Nirvâṇa*), le premier roi de ce royaume obtint en partage une portion de ses reliques, et, pour les honorer, éleva exprès ce monument.

On lit dans le *In-tou-ki* (les *Mémoires sur l'Inde*) : « Dans ce *Stoûpa*, il y avait autrefois un *Drôṇa*[2] de reliques du *Bouddha*. Le roi *Wou-yeou* (Açôka) ayant ouvert ce *Stoûpa*, prit neuf *teou* « boisseaux » de reliques, et n'en laissa qu'un. Dans la suite des temps, il y eut un roi de ce royaume qui voulut une seconde fois ouvrir le *Stoûpa* et prendre les reliques; mais, au moment où il allait se mettre à l'œuvre, la terre trembla, et il n'osa plus violer ce monument. »

Au nord-ouest de cet endroit, il y a un *Stoûpa* qui a été bâti par le roi *Wou-yeou* (Açôka). A côté, s'élève

---

[1] Il y a, en chinois, 無學之果 *Wou-hio-tchi-ko* « le fruit de ceux qui n'étudient plus, qui sont affranchis de l'étude. » Voyez plus haut, page 173, note 1.

[2] Wilson (*Sanscrit Dictionary*) : « Mesure égale à un *âḍhaka*, ou sept livres anglaises et onze onces *avoir du poids*. » Il y a, en chinois, une mesure appelée 斛 *Ho*, qui renferme dix boisseaux. J'ai mis un *drôṇa*, parce que, dans le nom de 斛飯王 *Ho-fan-wang* (Drôṇôdana râdjâ, l'un des oncles du *Bouddha*), le mot chinois 斛 *Ho* répond au mot sanscrit *Drôṇa*. Burnouf (*Introduction au Bouddhisme*, page 372) fait mention d'un autre *Stoûpa*, appelé *Drôṇastoûpa*, c'est-à-dire le *Stoûpa* qui renferme un *Drôṇa* de reliques. Cf. page 381, note 1.

une colonne en pierre, haute de cinquante à soixante pieds, au sommet de laquelle on a représenté la figure d'un lion.

Au midi de la colonne de pierre, il y a un étang qui a été creusé, pour l'usage du *Bouddha*, par une troupe de singes (Markaṭahrada)[1]. Jadis *Jou-laï* (le Tathâgata) s'arrêta dans cet endroit.

A une petite distance, à l'ouest de cet étang, il y a un *Stoûpa*. En cet endroit les singes, tenant le pot (*pâtra*) de *Jou-laï* (du Tathâgata), montèrent sur un arbre et recueillirent du miel.

A une petite distance, au midi de l'étang, il y a un *Stoûpa*. Ce fut en cet endroit que les singes offrirent du miel au *Bouddha*.

A l'angle nord-ouest de l'étang, on voit encore une statue de singe.

A trois ou quatre li au nord-est de l'étang, il y a un *Stoûpa* qui a été construit sur les fondements de l'antique demeure de *Pi-mo-lo-ki* (Vimalakîrtti)[2]. On y voit éclater beaucoup de prodiges.

A une petite distance de ce *Stoûpa*, il y a une chapelle consacrée aux Esprits. Elle ressemble à un amas de briques. La tradition lui a conservé le nom de *Mon-*

---

[1] Cet étang est connu sous le nom de *Markaṭahrada*, ou « l'étang des singes ». Conf. Dictionnaire *Fan-i-ming-i-tsi*, liv. I, fol. 13 r°, et *San-thsang-fa-sou*, liv. XXIV, fol. 20. Burnouf (*Introduction au Bouddhisme*, page 74) l'appelle *l'étang du singe*, faute d'avoir connu ce passage, qui n'était pas encore traduit de son temps.

[2] En chinois, *Wou-heou-tching* (celui qui a) un nom ou une réputation sans tache.

ceau de pierres (Açmakoûṭa?)[1]. Ce fut en cet endroit que *Wou-heou-tching* (Vimalakîrtti) tomba malade et expliqua la loi.

A une petite distance de ce lieu, il y a un *Stoûpa*. C'est là qu'était jadis la maison de *P'ao-tsi* (Ratnâkara), fils d'un maître de maison (de Vâiçâlî).

A une petite distance de cet endroit, il y a un *Stoûpa*. C'est là que s'élevait l'antique maison de la fille de l'arbre *'An-mo-lo* « la fille du manguier » (Âmradârikâ)[2].

---

[1] En chinois, 積石 *Tsi-chi* (*aggesti lapides*). Je proposerais *Açmakoûṭa*, parce que je vois 石 *chi* « pierre », répondre à *açmâ* (dans le Dictionnaire *Fan-i-ming-i-tsi*, liv. XIII, fol. 13 v°), et 積 *tsi*, à *koûṭa*, dans le mot *Ratnakoûṭa* « amas de pierres précieuses », qui est le nom d'une section des livres bouddhiques, appelée, en chinois, 寶積經 *P'ao-tsi-king* (Ratnakoûṭa soûtra).

[2] Le Dictionnaire *Fan-i-ming-i-tsi*, liv. XX, fol. 4, raconte la légende suivante : « Un arbre, appelé *'An-mo-lo* (Âmra — manguier), ayant fleuri un jour, produisit une jeune fille. Les habitants de *Vâiçâlî* en furent émerveillés, et lui firent don d'un jardin d'*Âmras*. Dès que ce jardin fut tombé en sa possession, elle en devint la gardienne, ce qui lui fit donner le nom de *Naï-chou-cheou-hou*, ou *Gardienne des Âmras* (Âmrapâlî). En considération des vertus qu'elle avait pratiquées dans sa vie antérieure, elle eut le bonheur de voir le *Bouddha*, et, dans le transport de sa joie, elle lui offrit ce jardin. Le *Bouddha* l'accepta et vint y habiter. Ce jardin était appelé *Naï-youen* et *'An-lo-youen* (par abréviation pour *'An-mo-lo-youen*, — Âmravana) ». Nous ferons remarquer que les Chinois ont rendu par *jardin* le mot *vana*, qui veut dire « un bois, une forêt ».

Le même Dictionnaire rapporte (liv. VIII, fol. 1) une autre légende, plus longue et plus curieuse, dont nous allons donner la traduction. On lit dans le *Naï-niu-king* (Âmradârikâ soûtra) : « Dans le royaume de *Wei-ye-li* (Vâiçâlî), un *Fan-tchi* (Brahmatchârî) avait planté cet

Ce fut en cet endroit que la tante du *Bouddha* (Pradjâ-patî) et d'autres *Pi-tsou-ni* (Bhikchounîs — religieuses) entrèrent dans le *Ni-pan* (Nirvâṇa).

A trois ou quatre li au nord du couvent, il y a un *Stoûpa*. Ce fut en cet endroit que *Jou-laï* (le Tathâgata)

arbre 柰 *Naï* (Âmra). L'arbre produisit une jeune fille, qu'il éleva jusqu'à l'âge de quinze ans. Comme elle était douée d'une grande beauté, le bruit de cet événement se répandit dans les royaumes les plus éloignés, de sorte que sept rois vinrent la demander en mariage. Le *Brahmatchârî* en fut effrayé. Il plaça alors la jeune fille dans un pavillon élevé, et dit aux sept rois : « Ce n'est pas moi qui lui ai donné « le jour; elle est le merveilleux produit d'un arbre. Si je la donne à l'un « de vous, les six autres seront irrités contre moi. Maintenant qu'elle est « dans le pavillon, délibérez entre vous, et que celui qui devra l'ob- « tenir, la prenne pour épouse. Je ne veux rien décider à cet égard. » Mais, pendant la nuit, le roi *Ping-cha* (Vimbasâra) pénétra dans le pavillon par une excavation souterraine, monta à l'étage le plus élevé et partagea la couche de la jeune fille. « Si vous donnez le jour à un fils, « lui dit-il, vous le remettrez entre mes mains. » En disant ces mots, il détacha sa bague d'or qui portait un cachet, et la remit à la jeune fille comme un moyen de reconnaissance. Après quoi, il sortit du pavillon. Il dit ensuite à ses nombreux serviteurs : « J'ai eu possession de la jeune « fille. » Alors l'armée de *Vimbasâra* poussa des clameurs joyeuses. Là-dessus, les six autres rois renoncèrent à leurs prétentions et s'en retournèrent. « Dans la suite, la jeune fille mit au monde un fils qu'on appela (*ibid.* liv. V, fol. 17 v°) *Chi-po-kia* (Djivaka, — en chinois, *Kou-houo* et *Neng-houo*). Quand il eut atteint l'âge de huit ans, il prit le cachet et alla se présenter au roi *Ping-cha* (Vimbasâra). Celui-ci lui décerna le titre de prince royal (Koumâra râdjâ), qu'il garda pendant deux ans, jusqu'à la naissance de *Che-wang* (du roi *Che*, c'est-à-dire, d'Adjâtaçatrou). Il lui céda alors ses droits au trône, et dit (à *Vimbasâra*) : « Aujourd'hui, ô roi, il vous est né un fils légitime; il est juste « qu'il ait l'honneur de vous succéder un jour. » A ces mots, il renonça à la couronne et se retira. »

s'arrêta, lorsque, suivi des hommes et des *Kinnaras*[1], il se dirigeait vers la ville de *Keou-chi-na* (Kouçinagara) pour entrer dans le *Pan-ni-pan*[2] (Parinirvâṇa).

Un peu plus loin, au nord-ouest, il y a un *Stoûpa*. Ce fut en cet endroit que le *Bouddha* contempla pour la dernière fois la ville de *Feï-che-li* (Vâiçâli).

A une petite distance au sud de cette ville, il y a un *Vihâra* devant lequel on a élevé un *Stoûpa*. Là était le jardin que la fille de l'*An-mo-lo* (la fille de l'*Âmra* — Âmradârikâ) donna au *Bouddha*.

A côté du jardin des *Âmras* (Âmravana), il y a un *Stoûpa*. Ce fut en cet endroit que le *Bouddha* annonça son *Ni-pan* (Nirvâṇa). Jadis, en ce lieu, le *Bouddha* parla à *'O-nan* (Ânanda), et lui dit : « Celui qui possède « les quatre facultés surnaturelles (*Tchatourabhidjñâs*), « peut subsister pendant un *kalpâ* entier. Maintenant, « combien de temps doit vivre encore *Jou-laï* (le Ta- « thâgata)? »

Il répéta plusieurs fois cette question, mais *'O-nan* (Ânanda) ne lui répondit point, parce que son esprit était troublé par le démon (le Mâra).

'O-nan (Ânanda) se leva ensuite de son siége, et, au

---

[1] Il y a, en chinois, 人與非人 *Jin-yu-feï-jin* « des hommes et des non hommes » (*Kinnaras*). Le Dictionnaire *Fan-i-ming-i-tsi* (liv. IV, fol. 20) explique ainsi l'origine de ce nom : « C'étaient des musiciens célestes. Ils portaient des cornes sur la tête, de sorte qu'en les voyant on se demandait si c'étaient des hommes ou non.

[2] L'extinction définitive. Cf. Burnouf, *Introduction au Bouddhisme*, page 590, et *ibid.* fol. 74, note 2, où ce mot est écrit en cingalais, *Parinibbâna*.

milieu du bois, il resta plongé dans le silence et le recueillement.

En ce moment, le *Mâra* s'avança vers le *Bouddha*, et lui adressa cette prière : « Il y a bien longtemps que
« *Jou-laï* (le Tathâgata) demeure dans le monde, et qu'il
« instruit et convertit les hommes. Ceux qui ont eu le
« bonheur d'être délivrés de la transmigration, sont
« aussi nombreux que les grains de poussière ou de
« sable. Voici le moment où il doit goûter la joie de l'ex-
« tinction (du *Nirvâṇa*) »

L'Honorable du siècle prit quelques grains de poussière, et les plaça sur son ongle ; puis il dit au *Mâra* :
« Y a-t-il plus de grains de poussière dans toute la terre
« que sur mon ongle ? »

— « Il y en a plus dans toute la terre », répondit-il.

— « Eh bien ! lui dit le *Bouddha*, le nombre de ceux
« que j'ai convertis peut se comparer aux grains de pous-
« sière qui sont sur mon ongle ; et ceux que je n'ai pas
« encore convertis, aux grains de poussière de toute la
« terre. D'ici à trois mois, je dois entrer dans le *Ni-pan*
« (Nirvâṇa). »

En entendant ces paroles, le *Mâra* se retira transporté de joie.

'*O-nan* (Ânanda), au milieu de la forêt, eut tout à coup un songe extraordinaire[1]. Il vint trouver le *Bouddha*, et lui parla ainsi : « Comme je reposais au milieu
« de la forêt, j'ai vu en songe un grand arbre, dont les
« branches et le feuillage touffus répandaient une ombre

---

[1] Voyez Burnouf, *Introduction au Bouddhisme*, page 80, ligne 27.

« épaisse, lorsque tout à coup, il s'éleva un vent furieux
« qui le brisa et en dispersa les débris, sans qu'il en res-
« tât le moindre vestige. Ne serait-ce point un présage
« qui annonce que l'Honorable du siècle va entrer dans
« le *Nirvâṇa?* Mon cœur a été rempli de crainte, et
« c'est pour cela que je suis venu vous adresser cette
« demande. »

Le *Bouddha* parla ainsi à *'O-nan* (Ânanda) : « Je vous
« ai déjà annoncé cet événement; mais, dans ce mo-
« ment, votre esprit était obscurci par le démon (Mâra).
« Il n'est plus temps de me prier de rester (dans le
« monde). Le roi des démons m'a exhorté à entrer
« promptement dans le *Nirvâṇa*, et je le lui ai promis,
« en fixant l'époque. C'est là ce que présageait votre
« songe. »

Non loin de l'endroit où le *Bouddha* fit connaître l'é-
poque de son *Nirvâṇa*, il y a un *Stoûpa*. Ce fut en cet
endroit que mille fils virent leur mère. Jadis, il y avait
un *Rĭchi* qui vivait caché au milieu des cavernes et des
vallées. Dans le second mois du printemps, il s'était
baigné au milieu d'une eau pure. Une biche qui y était
venu boire aussitôt après, fut fécondée à l'instant, et
mit au monde une fille d'une beauté extraordinaire ;
seulement ses pieds ressemblaient à ceux d'une biche.
Le *Rĭchi* l'ayant aperçue, la recueillit et l'éleva. Dans
la suite, comme il lui avait ordonné d'aller chercher
du feu, elle se rendit dans la chaumière d'un autre
Rĭchi, et partout où elle marchait, des lotus naissaient
sous ses pas. Ce *Rĭchi* en fut émerveillé, et lui promit

du feu, à condition qu'elle ferait le tour de sa chaumière. La fille de la biche ayant obéi à ses instructions, obtint du feu et s'en revint. En ce moment, le roi *Fan-yu*[1] (Brahmânandita?), se livrant au plaisir de la chasse, vit les fleurs de lotus et en suivit les traces. Au moyen de ces fleurs, il chercha la jeune fille, et fut charmé de ce prodige; puis, il la fit monter sur son char et s'en revint. Un devin tira son horoscope et lui prédit qu'elle mettrait au monde mille fils.

A cette nouvelle, les autres femmes méditèrent sa perte. Quand elle fut arrivée à son terme, elle donna naissance à une fleur de lotus. Cette fleur avait mille pétales, et sur chaque pétale reposait un fils. Les autres femmes la poursuivirent de leurs calomnies. Elles crièrent d'une voix unanime que c'était un présage de malheur, et jetèrent dans le Gange la fleur de lotus, qui vogua au gré des flots.

Le roi de *Ou-chi-yen* (Oudjiyana), qui se promenait dans le sens du courant, vit un coffre enveloppé d'un nuage jaune que les flots apportaient vers lui. Il le prit, et, l'ayant ouvert, il vit qu'il contenait mille fils. Il leur donna des nourrices et les éleva. Parvenus à l'âge adulte, ils étaient doués d'une force remarquable. Fier de posséder ces mille fils, il étendit de tous côtés ses frontières. Profitant des victoires dues à la puissance de ses armes, il fut sur le point de venir camper dans ce royaume (Vâiçâlî).

A cette nouvelle, le roi *Fan-yu* (Brahmânandita?)

[1] *Fan-yu* paraît signifier « réjoui par *Brahmâ*. »

fut saisi de terreur. Son armée était incapable de tenir tête à l'ennemi, et il ne savait quel parti prendre.

Dans ce moment, la fille aux pieds de biche, sachant au fond de son cœur que c'étaient ses fils, vint trouver le roi et lui dit : « Maintenant, les ennemis appro-
« chent des frontières ; les supérieurs et les inférieurs
« sont désunis. Mais cette humble femme a songé en
« elle-même qu'elle était capable de vaincre d'aussi re-
« doutables ennemis. »

Le roi refusa de la croire, et resta quelque temps plongé dans le chagrin et la terreur. Alors la fille de la biche monta sur une tour qui dominait la ville, et attendit l'arrivée des assiégeants. Quand les mille fils eurent complétement cerné la ville, la fille de la biche leur cria : « Ne commettez point un acte de rébellion ;
« je suis votre mère et vous êtes mes fils. »

Les mille fils lui dirent : « Comment pouvez-vous pro-
« férer un tel mensonge ? »

Alors la fille de la biche, pressant des mains ses deux mamelles, en fit jaillir mille jets de lait, qui, grâce à l'affection naturelle qui s'était réveillée en eux, vinrent tous tomber dans leurs bouches.

Là-dessus, ils quittèrent leurs cuirasses et jetèrent leurs armes, reconnurent leur mère et rentrèrent dans leur famille. Les deux royaumes confondirent leur joie, et tout le peuple goûta la paix et le bonheur.

Non loin du lieu où les mille fils reconnurent leur mère, il y a un *Stoûpa* qui occupe un endroit où le *Bouddha* s'est promené pour faire de l'exercice. Là,

s'adressant à la multitude, il avait dit : « Jadis, en cet
« endroit, j'ai reconnu ma mère et je suis rentré dans
« ma famille. Si l'on veut connaître les mille fils, c'é-
« taient les mille *Bouddhas* du *kalpa* des sages (Bha-
« drakalpa)[1]. »

A l'est de l'endroit où (le *Bouddha*) fit connaître son existence primitive[2], il y a d'antiques fondements sur lesquels on a bâti un *Stoûpa*. Il répand en tout temps une lueur éclatante. Ceux qui viennent y prier obtiennent quelquefois l'objet de leurs vœux. Ce fut là que *Jou-laï* (le Tathâgata) expliqua les livres sacrés *Pou-men-t'o-lo-ni-king* (Samantamoukha dhâraṇî soûtra), etc. On voit encore les fondements de la salle où il enseignait, et qui était située dans un pavillon à double étage.

A côté, et non loin de la *salle de l'enseignement*, il y a un *Stoûpa* qui renferme les reliques de la moitié du corps d'*O-nan* (Ânanda).

A une petite distance de cet endroit, il y a des centaines de *Stoûpas*. Ceux qui ont voulu en déterminer le nombre n'y ont jamais réussi. Ce fut là que mille *To-kio* (Pratyêkabouddhas) entrèrent dans le *Nirvâṇa*. Au dedans, au dehors et tout autour de la ville de *Feï-che-li* (Vâiçâlî), les monuments sacrés sont tellement nombreux, qu'il serait difficile de les citer tous. Jadis on rencontrait à chaque pas des sites charmants et des

[1] *Çâkyamouni* occupe le quatrième rang dans la liste de ces mille *Bouddhas*. Il peut dire, par conséquent, qu'il était l'un des mille fils qui ont reconnu leur mère.

[2] Voyez, plus haut, page 137, note 1.

villes antiques. Mais après une longue suite d'années, après une immense succession d'étés et d'hivers, les arbres de la forêt sont tombés en pièces, et l'étang lui-même[1] s'est desséché. On ne reconnaît plus rien que les restes des troncs pourris.

Après avoir fait de cinquante à soixante li au nord-ouest de la capitale, il arriva à un grand *Stoûpa*. Ce fut là que les *Li-tch'e-p'o* (Litchhavas)[2] prirent congé de *Jou-laï* (du Tathâgata). Lorsque *Jou-laï* (le Tathâgata) quitta la ville de *Feï-che-li* (Vâiçâlî) pour se rendre dans le royaume de *Keou-cki-na* (Kouçinagara), les *Li-tch'e-p'o* ayant appris que le *Bouddha* allait entrer dans le *Nirvâṇa*, l'accompagnèrent en poussant des cris. L'Honorable du siècle voyant leur douleur et leur affection, et ne trouvant aucune parole pour les calmer, produisit aussitôt, par l'effet de sa puissance divine, un vaste fleuve aux bords escarpés, et dont les flots roulaient avec impétuosité. Les *Li-tch'e-p'o* (Litchhavas) s'arrêtèrent suffoqués de sanglots. *Jou-laï* (le Tathâgata) laissa son vase de religieux pour qu'il leur servît de souvenir.

A un peu moins de deux cents li au nord-ouest de la capitale de *Feï-che-li* (Vâiçâlî), on rencontre une ville antique qui est déserte depuis des siècles, et où l'on n'aperçoit que de rares habitants. Elle possède un *Stoûpa*. Jadis, en cet endroit, *Fo* (le Bouddha), en faveur de la grande multitude des *Pou-sa* (des Bôdhisattvas), des hommes et des dieux, raconta que dans

---

[1] L'étang des singes (*Markaṭahrada*).
[2] Burnouf (*Introd. au Bouddh.* page 530) les appelle *Litchhavis*.

une de ses anciennes existences, lorsqu'il menait la vie d'un *Bôdhisattva*, il avait régné dans cette ville en qualité de roi Tchakravartti (*Tcho'uen-lun-wang*), sous le nom de *Mo-ho-ti-p'o*[1] (Mahâdêva). Il possédait les sept choses précieuses, et devait étendre son empire sur les quatre continents. Mais, voyant la décadence et les changements de toutes choses, et considérant l'instabilité de l'existence, il songea secrètement à prendre un essor sublime. Il détacha son cœur du trône, abandonna son royaume, sortit de la famille, et, après avoir adopté des vêtements de couleur (brune), il se livra à l'étude.

Après avoir fait quatorze ou quinze li au sud-est de la ville, il arriva à un grand *Stoûpa*. Ce fut en cet endroit que sept cents sages s'associèrent et se réunirent. Cent dix ans après le *Nirvâṇa* du *Bouddha*, il y avait dans la ville de *Feï-che-li* (Vâiçâlî), des *Pi-tsou* (Bhikchous) qui s'étaient écartés de la loi du *Bouddha*, et violaient les règles de la discipline. A cette époque, un vieillard respectable, nommé *Ye-che-t'o* (Yaçada), demeurait dans le royaume de *Kiao-so-lo* (Kôsala); un autre vieillard, nommé *San-pou-kia* (Sambôgha), demeurait dans le royaume de *Mo-thou-lo* (Mathourâ); un vieillard nommé *Li-po-to* (Lipata) demeurait dans la ville de *Han-jo* (Handjna?); un vieillard nommé *Fou-che-sou-mi-lo* (Poudjasoumira?) demeurait dans le royaume de *So-lo-li-fo* (Sâlarîbhou?). Ces grands *Lohan* (Arhats) étaient maîtres d'eux-mêmes; ils connaissaient les trois Recueils (Tripiṭaka), et possédaient les

---

[1] En chinois, *Ta-thien* « le grand *Dêva* ».

trois sciences (Trividyâ). Ils avaient acquis une brillante renommée et étaient connus de tout le monde. Ils étaient tous les disciples du vénérable *'O-nan* (Ânanda).

En ce moment, *Ye-che-to* (Yaçada) envoya des messagers pour informer les sages et les saints qu'ils devaient tous se réunir dans la ville de *Feï-che-li* (Vâiçâlî). Mais il manquait encore un homme pour compléter le nombre de sept cents.

Dans ce moment, *Fou-che-sou-mi-lo* (Poudjasoumira?) ayant vu, de ses yeux célestes, que les sages et les saints étaient réunis et délibéraient sur les choses de la loi, il fit usage de sa puissance divine, et arriva au milieu de l'assemblée. Alors, au sein de la grande multitude, *San-pou-kia* (Sambôgha) rejeta sur l'épaule droite les pans de son vêtement; et, ayant fléchi les genoux, il s'écria d'une voix haute : « Que la multitude ne pousse « point de clameurs; qu'elle soit respectueuse et pen- « sive. Jadis, le roi de la loi, qui était doué d'une sain- « teté éminente, saisit heureusement les circonstances « et entra dans le *Nirvâṇa*. Quoiqu'il se soit écoulé de- « puis cette époque bien des mois et des années, l'en- « seignement de sa parole subsiste encore. Maintenant « les *Pi-tsou* (Bhikchous) de la ville de *Feï-che-li* (Vâi- « çâlî) sont tombés dans le relâchement, et violent les « règles de la discipline. Il y a dix choses dans lesquelles « ils désobéissent à la doctrine des dix forces [1]. Mainte- « nant, vénérables juges, vous connaissez à fond ceux

[1] Burnouf a inséré, page 781 et suiv. du *Lotus*, une dissertation de quinze pages sur les *dix forces* d'un *Bouddha*. Comme il serait trop

« qui suivent ou transgressent les observances de la dis-
« cipline. Soumis tous aux instructions du vertueux 'O-
« nan (Ânanda), nous songeons à reconnaître les bien-
« faits du *Bouddha* et à publier de nouveau sa sainte
« doctrine. »

En ce moment, il n'y eut personne de la grande assemblée qui n'éprouvât une émotion douloureuse. Aussitôt, ils appelèrent les *Pi-tsou* (Bhikchous), les répri-
mandèrent sévèrement d'après le *Pi-na-ye* (Vinaya, —
la Discipline), et les firent rentrer dans le devoir. Ils
déracinèrent leurs pratiques vicieuses, et publièrent
avec éclat la sainte doctrine du *Bouddha*.

Après avoir fait de quatre-vingts à quatre-vingt-dix
li au midi du lieu où s'étaient rassemblés les sept cents
sages, il arriva au couvent de *Chi-feï-to-pou-lo* (Svèta-
poura?). On y voyait de hautes tours, d'une grande magnificence, et des pavillons à double étage qui s'élançaient dans les airs. Les religieux avaient un maintien
grave et respectueux ; ils étudiaient tous la doctrine du
grand Véhicule.

A côté de ce couvent, on remarquait les siéges des
quatre *Bouddhas* passés, et un endroit où ils s'étaient
promenés pour faire de l'exercice.

A côté s'élevait un *Stoûpa* qui avait été bâti par le roi
Wou-yeou (Açôka). Ce fut en cet endroit que, jadis, *Jou-
laï* (le Tathâgata), se dirigeant au midi, vers le royaume
de *Mo-kie-t'o* (Magadha), se tourna du côté du nord pour

long d'en donner même l'analyse, je suis obligé d'y renvoyer le lecteur.

considérer la ville de *Feï-che-li* (Vâiçâlî). Il s'arrêta là, au milieu de sa route, et laissa la trace de ses pas.

Après avoir fait environ trente li au sud-est du couvent de *Chi-feï-to-pou-lo* (Çvètapoura?), il remarqua qu'au midi et au nord, les rives du Gange possédaient chacune un *Stoûpa*. Ce fut là que l'honorable 'O-nan (Ânanda) partagea (les reliques de) son corps entre deux royaumes. 'O-nan (Ânanda), du côté de son père, était cousin germain de *Jou-laï*[1]. Il avait beaucoup appris, et réunissait toutes les connaissances; il était savant et doué d'une forte intelligence.

Après que le *Bouddha* eut quitté le monde, il succéda au grand *Kia-ye* (Mahâ Kâçyapa), dans la mission de défendre la droite loi, et devint le guide et le maître des hommes d'étude. Un jour, comme il se trouvait dans le royaume de *Mo-kie-t'o* (Magadha) et se promenait au milieu d'une forêt pour faire de l'exercice, il aperçut un *Cha-mi* (Çrâmanêra) qui récitait un livre du *Bouddha*, mais il confondait les articles et les phrases, et brouillait tous les mots.

'O-nan (Ânanda) l'ayant entendu, s'éprit d'un vif intérêt pour lui, et, s'approchant tout doucement, il voulut lui faire des observations et l'instruire. Mais le *Cha-mi* (Çrâmanêra) éclata de rire, et lui dit : « Vous êtes « bien vieux, ô grand sage ! et ce que vous me dites là « n'est que du radotage. Mon maître est doué de hautes

---

[1] Il était fils de *Pe-fan-wang* (Çouklôdana râdjâ), frère de *Tsing-fan-wang* (Çouddhôdana râdjâ). Ce dernier fut le père du prince royal *Siddhártha*, nommé plus tard le *Bouddha*.

« lumières ; il est dans la force de l'âge, et comme j'ai
« reçu moi-même ses instructions, je suis sûr de ne
« m'être point trompé. »

A ces mots, 'O-nan (Ânanda) garda le silence ; il se
retira, et dit en soupirant : « Quoique je sois avancé en
« âge, dans l'intérêt de tous les hommes, je désirerais
« rester longtemps sur la terre, pour défendre la droite
« loi. Mais les hommes sont couverts de souillures, et
« il est difficile de les instruire. Il est donc inutile que
« je reste davantage. Il faut que je me hâte d'entrer dans
« le *Nirvâṇa*. »

Là-dessus, il quitta le royaume de *Mo-kie-t'o* (Magadha), et s'embarqua sur le Gange pour se rendre à *Feï-che-li* (Vâiçâlî).

En ce moment, le roi de *Mo-kie-t'o* (Magadha) apprit
le départ d'*Ânanda*. Comme il chérissait sa vertu, il fit
préparer immédiatement ses chars de guerre pour courir après lui et l'inviter à revenir. Son armée, composée de plusieurs centaines de mille guerriers, était campée sur la rive méridionale du fleuve. Lorsque le roi
de *Vâiçâlî* eut été informé de l'arrivée d'*Ânanda*, son
cœur fut rempli à la fois de douleur et de joie. Il
équipa aussi son armée, et courut au-devant de lui. Ses
soldats, au nombre de plusieurs centaines de mille,
établirent leurs tentes sur le rivage du nord. Les deux
armées étaient en présence ; les drapeaux et les étendards dérobaient la vue du soleil.

'O-nan (Ânanda), craignant qu'ils n'en vinssent aux
mains et ne se massacrassent entre eux, s'élança du mi-

lieu du bateau et s'éleva dans les airs; ensuite, par un miracle de sa puissance divine, il entra aussitôt dans le Nirvâṇa. Il fit apparaître un globe de feu qui consuma ses os. De plus, ses os se divisèrent en deux parts, dont l'une tomba sur le rivage du midi, et l'autre sur le rivage du nord.

Alors les deux rois obtinrent chacun la moitié de ses reliques. Tous les corps d'armée poussèrent des cris douloureux et s'en retournèrent dans leur patrie, où l'on éleva des *Stoûpas* pour les honorer.

En partant de ce royaume, il fit environ cinq cents li au nord-est, et arriva au royaume de *Fo-li-chi* (Vrĭdji)[1].

ROYAUME DE FO-LI-CHI.
(VRĬDJI.)

Le royaume de *Fo-li-chi* (Vrĭdji) a environ quatre mille li de tour. Il est allongé de l'est à l'ouest, et resserré du sud au nord. Le sol est gras et fertile; les fleurs et les fruits viennent en abondance. Le climat est un peu froid, les habitants sont d'un naturel vif et emporté; la plupart sont adonnés à l'hérésie, et il en est peu qui croient à la loi du *Bouddha*. Il y a une dizaine de couvents, où l'on compte moins de mille religieux. On y étudie à la fois la doctrine du *grand* et du *petit Véhicule*. Il y a plusieurs dizaines de temples des dieux; les hérétiques sont en grand nombre. La capitale du

---

[1] Inde du nord. Les habitants du nord l'appellent le royaume de *San-fa-chi* (Samvadji poura).

royaume s'appelle *Tch'en-chou-na* (Tchhaçouṇa?)[1] ; la majeure partie est en ruines. Dans l'enceinte de l'ancien palais, il y a encore environ trois mille maisons ; on dirait un bourg ou une petite ville.

Au nord-est d'un grand fleuve, il y a un couvent dont les religieux, qui sont en petit nombre, se distinguent par la pureté de leur conduite et l'élévation de leur savoir.

En partant de cet endroit, dans la direction de l'ouest, il rencontra, sur le rivage du fleuve, un *Stoûpa*, haut d'une trentaine de pieds, qui était bordé, au sud, par un long courant. Ce fut en cet endroit que l'Honorable du siècle, doué d'une grande compassion (Mahâkarouṇa), convertit une troupe de pêcheurs. Jadis, du temps du *Bouddha,* cinq cents pêcheurs s'étant associés ensemble, se livraient à la pêche des habitants des eaux. Un jour, dans le courant de ce fleuve, ils prirent un grand poisson qui avait dix-huit têtes, pourvues chacune de deux yeux. Au moment où les pêcheurs s'apprêtaient à le tuer, *Jou-laï* (le Tathâgata), qui se trouvait alors dans le royaume de *Feï-che-li* (Vâiçâlî), les aperçut avec ses yeux divins. Se sentant ému de pitié, il profita de ce moment pour les convertir ; et, par suite de cette circonstance, il ouvrit leur cœur à la foi. Alors, s'adressant à la grande multitude, (il

---

[1] Plus haut, l'on a vu 占 (*vulgo, tch'en*), représenter le son *tchha,* dans *Litchhavas.* Je trouve *chou* 戍 pour *çou*, dans *Çoukra* « l'étoile de Vénus ». (Dictionnaire *Fan-i-ming-i-tsi*, liv. IV, fol. 18.) Quant au mot 拏, il figure constamment le *na* cérébral (ण, ṇa).

dit) : « Dans le royaume de *Fo-li-chi* (Vrïdji), il y a un
« grand poisson ; je veux le conduire dans la bonne
« voie, afin d'ouvrir l'esprit aux pêcheurs. Il faut que
« vous connaissiez les circonstances. »

Là-dessus, la grande multitude l'ayant environné de
tous côtés, à l'aide de sa puissance divine, il s'élança
dans les airs. Quand il fut arrivé sur le rivage du fleuve,
il s'assit, comme de coutume, les jambes croisées. Alors,
s'adressant aux pêcheurs, il leur dit : « Ne tuez pas ce
« poisson. Par l'effet de ma vertu surnaturelle, j'ouvri-
« rai à ce grand poisson la porte du bonheur, et je lui
« ferai sentir ma majesté imposante. Je lui révélerai son
« ancienne existence ; je le rendrai capable de parler la
« langue des hommes et de comprendre les sentiments
« humains. »

En ce moment, *Jou-laï* (le Tathâgata), qui le connaissait d'avance, l'interrogea ainsi : « Dans votre exis-
« tence précédente, quel crime avez-vous commis pour
« rouler dans une mauvaise voie et recevoir cet ignoble
« corps ? »

Le poisson lui dit : « Jadis, ayant hérité du bonheur,
« j'étais né dans une noble famille. C'est moi qui étais
« le grand Brâhmane *Kie-pi-tha* (Kapitha). Fier de mon
« origine, j'insultais les autres hommes ; enorgueilli de
« mon vaste savoir, je méprisais les lois établies. Poussé
« par le dédain et l'arrogance, je calomniais les *Boud-*
« *dhas*, j'outrageais les religieux par des paroles igno-
« minieuses, et je les comparais à de vils animaux,
« comme les chameaux, les ânes, les éléphants, les che-

« vaux. C'est par suite de cette conduite coupable que
« j'ai reçu cet ignoble corps. Cependant, grâce aux
« bonnes œuvres de ma vie antérieure, j'ai eu le bon-
« heur de naître dans le siècle du *Bouddha*, de voir de
« mes yeux les heureux effets de sa sainteté, et de re-
« cevoir moi-même ses saintes instructions. »

Là-dessus, il confessa ses crimes et se repentit de sa conduite passée. *Jou-laï* (le Tathâgata), profitant de cette circonstance, le convertit comme étant un de ceux qu'il devait éclairer et diriger dans le bien.

Après avoir entendu la loi, le poisson termina sa vie. Grâce à la force de ce bonheur, il obtint de renaître dans le palais des dieux. Alors il considéra son corps, et se demanda pourquoi il était né dans cet heureux séjour. Comme il connaissait son ancienne existence, il songea à reconnaître les bienfaits du *Bouddha* qui venait de l'associer à la multitude des dieux. Quand il eut fini de le saluer en se prosternant à ses pieds, il tourna respectueusement autour de lui; puis il se retira et resta debout. Ensuite, il lui offrit des fleurs célestes d'un parfum délicieux. L'Honorable du siècle cita son exemple aux pêcheurs, et leur expliqua la loi excellente. Alors, ouvrant leur cœur avec émotion, ils lui témoignèrent un respect sincère et un profond repentir. Ils déchirèrent leurs filets, brûlèrent leurs bateaux, revinrent à la vérité et reçurent la loi. Après avoir revêtu des habits de couleur et entendu la sublime doctrine, ils renoncèrent à la corruption du monde et obtinrent tous le fruit de la sainteté (la dignité d'Arhat).

Après avoir fait une centaine de li au nord-est de l'endroit où furent convertis les pêcheurs, à l'ouest de l'ancienne ville, il rencontra un *Stoûpa*, bâti par le roi *Wou-yeou* (Açôka), qui était haut d'une centaine de pieds. Jadis, en cet endroit, le *Bouddha* expliqua la loi pendant six mois et convertit les *Dêvas*.

A cent quarante ou cent cinquante pas au nord de cet endroit, il y a un petit *Stoûpa*. Jadis, en ce lieu, *Jou-laï* (le Tathâgata) établit les règles de discipline en faveur des *Pi-tsou* (Bhikchous). Un peu plus loin, à l'ouest, on voit un *Stoûpa* qui renferme des cheveux et des ongles de *Jou-laï* (du Tathâgata). Jadis, en cet endroit, *Jou-laï* (le Tathâgata)[1].....

Les habitants des villes voisines, comme des plus éloignées, y accourent en foule, brûlent des parfums, répandent des fleurs odorantes et y entretiennent constamment des lampes et des flambeaux allumés.

En partant de ce pays, dans la direction du nord-ouest, il fit de quatorze à quinze cents li, franchit une montagne, entra dans une vallée, et arriva au royaume de *Ni-po-lo* (Nipala — Népal)[2].

---

[1] Cette phrase n'est point finie et ne présente aucun sens qui puisse motiver les actes de dévotion dont il est parlé plus bas. Je crois qu'ici il y a une lacune de plusieurs lignes qui devaient énoncer quelque acte remarquable de *Jou-laï*, et nous apprendre par suite de quelles circonstances on avait renfermé, dans ce *Stoûpa*, des cheveux et des ongles du *Bouddha*.

[2] Inde centrale.

ROYAUME DE NI-PO-LO.

(NIPALA.)

Le royaume de *Ni-po-lo* (Nipala) a environ quatre mille li de tour. Il est situé au milieu des montagnes neigeuses. La capitale a une vingtaine de li de circuit. Ce pays offre une suite de montagnes et de vallées; il est favorable à la culture des grains et abonde en fleurs et en fruits. On en tire du cuivre rouge, des *yaks*[1] et des oiseaux du nom de *Ming-ming* (Djîvañdjîva). Dans le commerce, on fait usage de monnaies de cuivre rouge. Le climat est glacial, les mœurs sont empreintes de fausseté et de perfidie; les habitants sont d'un naturel dur et farouche; ils ne font aucun cas de la bonne foi et de la justice, et n'ont aucunes connaissances littéraires; mais ils sont doués d'adresse et d'habileté dans les arts. Leur corps est laid et leur figure ignoble. Il y a parmi eux des hérétiques et de vrais croyants. Les couvents et les temples des *Dévas* se touchent les uns les autres. On compte environ deux mille religieux qui étudient à la fois le *grand* et le *petit Véhicule*. On ne connaît pas exactement le nombre des Brâhmanes et des dissidents. Le roi est de la caste des *Thsa-ti-li* (Kchattriyas), et appartient à la race des *Li-tchhe-p'o*

---

[1] Espèce de bœufs des pays froids qui ont un poil extrêmement long et soyeux. Le Muséum d'histoire naturelle de Paris en possède un certain nombre que M. de Montigny, consul à *Shang-haï*, a fait venir de la Mongolie en 1854.

(Litchhavas). Ses sentiments sont purs et sa science éminente. Il a une foi sincère dans la loi du *Bouddha*. Dans ces derniers temps, il y avait un roi appelé *Yan-chou-fa-mo*[1] (Añçouvarmma), qui se distinguait par la solidité de son savoir et la sagacité de son esprit. Il avait composé lui-même un Traité sur la connaissance des sons (Çabdavidyâçàstra); il estimait la science et respectait la vertu. Sa réputation s'était répandue en tous lieux.

Au sud-est de la capitale, il y a un petit étang. Si l'on y jette du feu, une flamme brillante s'élève aussitôt à la surface de l'eau; si l'on y jette d'autres objets, ils changent de nature et deviennent du feu[2].

En sortant de ce pays, il revint au royaume de *Feï-che-li* (Vâiçâlî), passa le Gange au midi, et arriva au royaume de *Mo-kie-t'o* (Magadha).

[1] En chinois, *Kouang-weï* « celui qui a un casque brillant. »
[2] On veut dire que les matières combustibles qu'on y jette deviennent aussitôt incandescentes et brûlent.

LIVRE HUITIÈME.

ROYAUME DE MO-KIE-T'O.
(MAGADHA.)

PREMIÈRE PARTIE.

Le royaume de *Mo-kie-t'o* (Magadha) a environ cinq mille li de tour. Les villes ont peu d'habitants, mais les villages sont fort peuplés. Le sol est gras et fertile, et les grains viennent en abondance. On y récolte du riz d'une espèce extraordinaire, dont le grain est gros et d'un goût exquis[1]; il est remarquable par l'éclat de sa couleur. On l'appelle communément le *riz à l'usage des grands*. Comme le pays est bas et humide, les villages ont été établis sur des plateaux élevés. Après le premier mois de l'été et avant le second mois de l'automne, les plaines sont inondées, et l'on peut y circuler en bateau. Les mœurs sont simples et honnêtes; la température habituelle est une douce chaleur. Les habitants honorent et estiment ceux qui ont la passion de l'étude, et montrent un profond respect pour la loi du *Boud-*

[1] Ce riz paraît être celui qu'on appelle *Mahâçâli* et *Sougandhika*. (Dictionnaire d'*Hématchandra*, éd. de Bœthlingk, page 218, n° 47.)

dha. Il y a une cinquantaine de couvents où habitent environ dix mille religieux, qui tous étudient avec respect la doctrine du *grand Véhicule.* On compte plusieurs dizaines de temples des dieux ; les hérétiques sont en grand nombre.

Au midi du Gange, il y a une ville antique dont la circonférence est d'environ soixante et dix li. Quoiqu'elle soit déserte depuis bien longtemps, ses fondements subsistent encore. Jadis, à l'époque où la vie des hommes avait une durée illimitée, on l'appelait *Keousou-mo-pou-lo* (Kousoumapoura)[1]. Le palais du roi était embelli par une multitude de fleurs; telle fut l'origine de son nom. Quand on fut arrivé à l'époque où la vie des hommes durait plusieurs milliers d'années, elle changea de nom, et prit celui de *Po-tch'a-li-tseu-tch'ing*[2] (Pâṭalipouttra poura).

Dans le commencement, il y avait un *Po-lo-men* (un Brâhmane) doué de talents élevés et d'un vaste savoir. Plusieurs milliers de disciples venaient recevoir ses leçons. Tous ses élèves étant sortis ensemble pour se promener, il y en eut un qui paraissait inquiet et découragé. Ses camarades lui demandèrent la cause de son chagrin. « Maintenant, répondit-il, je suis dans la force « de l'âge. Bien des mois et des années se sont écou- « lés depuis que je voyage tout seul (pour mon ins- « truction), et pourtant je n'ai pas encore achevé mes

---

[1] En chinois, *Hiang-hoa-kong-tch'ing* « la ville où le palais du roi est orné de fleurs odorantes ».

[2] On dit aussi Vimbasâra. Voyez page 389, ligne 17.

« études. Cette seule idée ne fait qu'accroître ma dou-
« leur. »

Là-dessus, ses condisciples lui dirent en badinant :
« Aujourd'hui même, nous allons vous chercher une
« épouse et vous marier. » Alors, ils présentèrent fictivement deux hommes et deux femmes, comme étant
les père et mère du jeune homme et de la jeune fille[1].
Ensuite, on alla s'asseoir sous un arbre appelé *Po-tch'a-
li* (Pâṭali), c'est-à-dire, sous un *Niu-si-chou*[2]. On cueillit
des fruits de la saison, on but de l'eau d'un ruisseau limpide, on traita de tous les détails du mariage, et l'on
pria les parents d'en indiquer l'époque.

Alors le père supposé de la jeune fille cueillit une
branche fleurie et la donna à l'étudiant, en disant :
« Voici votre excellente épouse; de grâce, ne me refu-
« sez pas. » L'étudiant fut ravi de joie. Après le coucher
du soleil, on parla de s'en retourner; mais le jeune
homme, épris d'amour, s'obstina à rester.

« Tout ce qui a été dit jusqu'ici, reprirent ses con-
« disciples, n'était qu'un pur badinage; nous vous prions
« de revenir avec nous, car cette forêt est pleine de
« bêtes féroces, et nous craindrions qu'elles ne vous
« fissent périr. »

Mais le jeune homme resta, allant et venant à côté

[1] J'ai traduit ainsi pour éviter une répétition inutile. Voici le mot
à mot du texte : fictivement, ils placèrent deux personnes (pour) être
le père et la mère du garçon, deux personnes (pour) être le père et
la mère de la fille.

[2] Ce nom chinois, qui signifie « l'arbre du gendre », répond au mot
Pâṭali (*Bignonia suaveolens*).

de l'arbre. Après le coucher du soleil, une lumière extraordinaire éclaira la plaine; des flûtes et des guitares rendirent des sons nobles et purs, et le sol se couvrit de somptueux tapis. Tout à coup, il vit un vieillard, qui, s'appuyant sur son bâton, vint lui parler avec douceur. Ensuite, parut une femme âgée, qui amenait une jeune fille. Ils étaient accompagnés d'une suite nombreuse qui remplissait la route, et s'avançait, avec des habits de fête, aux sons d'une musique harmonieuse.

Alors le vieillard montra du doigt la jeune fille, et lui dit : « Voici, ô prince[1], votre jeune épouse. »

Pendant sept jours, le jeune homme prit part, au milieu des chants et de la musique, à de joyeux festins. Ses camarades, craignant qu'il n'eût été dévoré par les bêtes fauves, se mirent en campagne pour le chercher. Ils le virent, assis tout seul, à l'ombre de l'arbre, comme s'il se trouvait en face d'un hôte éminent. Ils le prièrent de s'en retourner avec eux, mais il refusa de leur obéir. Quelque temps après, il entra dans la ville pour aller rendre visite à ses parents et à ses connaissances. Il leur raconta tous les détails de cette aventure, dont le récit les jeta dans le plus grand étonnement. Ensuite, il se rendit avec ses amis au milieu de la forêt. Ils virent que l'arbre fleuri s'était changé en un édifice majestueux; des esclaves et des serviteurs allaient et venaient de tous côtés. Le vieillard les accueil-

---

[1] Ici, 君 *Kiun* «prince», est une expression de politesse exagérée, qui répond, chez nous, à *monsieur*.

lit avec bienveillance, et leur fit servir des mets exquis aux sons d'une musique charmante.

Après cette magnifique réception, les amis s'en revinrent en ville et racontèrent partout ce qu'ils avaient vu. Au bout d'un an accompli, le jeune homme eut un fils, et parla ainsi à sa femme : « Maintenant, je « voudrais m'en retourner, et cependant je ne puis me « décider à me séparer de vous. Mais, si je reste en- « core, je serai exposé à toutes les intempéries des sai- « sons [1]. »

La jeune femme ayant entendu ces paroles, alla les rapporter à son père. Le vieillard dit alors à l'étudiant : « Pour qu'un homme vive content et heureux, qu'a-t-il « besoin de retourner dans son pays natal? Maintenant, « je vais vous bâtir une maison; je vous en prie, ne nous « abandonnez pas [2]. »

Là-dessus, tous ses serviteurs entreprirent cette construction, et l'achevèrent en moins d'un jour.

Le roi quitta l'ancienne cité des fleurs (Kousouma- poura), et transféra sa cour dans cette ville. Comme les esprits avaient bâti la ville en faveur de ce fils, de-

---

[1] En chinois, *Tsi-k'i-p'iao-lou* « je coucherai au milieu des tourbillons de vents, je demeurerai dans la rosée. »

[2] Il y a, en chinois, 宜無有異志 *I-wou-yeou-i-tchi*, ce qui semblerait signifier « il convient que vous n'ayez pas des sentiments différents, ou ne changiez pas de sentiments ». Mais l'expression 有異志 *Yeou-i-tchi* a souvent le sens de « être disposé à faire défection, à abandonner le parti de quelqu'un, à le quitter comme si l'on n'avait plus d'attachement pour lui. » Le *Peï-wen-yun-fou*, liv. LXIII, fol. 163, offre plusieurs exemples de cette remarquable acception.

puis cette époque, ce pays fut appelé la *Ville du fils de l'arbre Po-tch'a-li* (Pâṭalipouttra poura)[1].

Au nord de l'ancien palais du roi, il y a une colonne en pierre, haute de plusieurs dizaines de pieds. Ce fut en cet endroit que le roi *Wou-yeou* (Açôka) avait construit un enfer. Dans la première centaine d'années qui suivit le *Nirvâṇa* de *Chi-kia-jou-laï* (Çâkya Tathâgata), il y eut un roi nommé *'O-chou-kia* (Açôka), qui était l'arrière petit-fils du roi *Pin-pi-so-lo* (Bimbisâra)[2]. Il quitta la *Ville de la maison du roi* (Râdjagrĭha), transféra sa cour à *Po-tch'a-li* (Pâṭali), et fit construire une seconde enceinte autour de l'ancienne ville. Depuis cette époque, il s'est écoulé bien des siècles, et aujourd'hui il n'en reste plus que les antiques fondements. Les couvents, les temples des dieux et les *Stoûpas*, dont on voit les ruines, se comptaient par centaines. Il n'y en a plus que deux ou trois qui subsistent encore. Seulement, au nord de l'ancien palais et près du Gange, il y a une petite ville qui renferme un millier de maisons.

Dans l'origine, lorsque le roi *Wou-yeou* (Açôka) eut hérité du pouvoir suprême, il se mit à exercer la plus cruelle tyrannie. Il construisit un enfer pour faire souffrir les hommes. Il l'entoura de hautes murailles, et éleva des pavillons aux quatre angles. On y voyait de vastes chaudières, placées sur des brasiers ardents, des lames tranchantes, des épées acérées, et toutes sortes d'instruments de torture qui le faisaient ressembler au

---

[1] Le *Palibothra* de Ptolémée et de Strabon.
[2] On dit aussi Vimbasâra. Voyez page 389, ligne 17.

sombre séjour[1]. Il recruta une troupe de scélérats et les préposa sur cette prison. Dans le commencement, il prenait les criminels qui avaient violé les lois du royaume, et, sans examiner la nature de leurs délits, il les précipitait en masse dans le malheur. Dans la suite, ceux même qui passaient à côté de cette prison, étaient saisis et massacrés. Tous ceux qui arrivaient étaient voués à la mort. Il fermait ainsi la bouche à ses victimes.

A cette époque, il y eut un *Cha-men* (Çramaṇa) qui venait d'être admis au nombre des religieux. En parcourant les villages pour demander l'aumône, il arriva par hasard à la porte de la prison. Les scélérats qui en étaient les gardiens, se saisirent de lui et voulurent le faire périr. Le *Cha-men* (Çramaṇa), frappé de terreur, leur demanda la permission d'adorer (le *Bouddha*) et de confesser ses fautes. Tout à coup, il vit amener dans la prison un homme chargé de chaînes, à qui on avait coupé les mains et les pieds, et dont le corps était horriblement déchiré. En un clin d'œil, tous ses membres furent broyés et dispersés.

A cette vue, le *Cha-men* (le Çramaṇa) éprouva un profond sentiment de pitié. Il médita sur l'impermanence de la matière (anitya), et vit face à face le fruit d'*Arhat*[2]. Les satellites de la prison lui dirent : « Il faut

[1] En chinois : c'était l'image de la *route ténébreuse*, expression qui répond à l'*enfer* des Bouddhistes.

[2] Il y a, en chinois, 無學果 *Wou-hio-ko* « le fruit de ceux qui sont dégagés de l'étude », c'est-à-dire, le fruit ou rang d'*Arhat*, qui

« mourir. » Comme il avait vu face à face le fruit de la sainteté (la dignité d'*Arhat*), son cœur était devenu indifférent à la vie comme à la mort. Quoiqu'on l'eût jeté dans une chaudière d'eau bouillante, il s'y trouva comme dans un bassin d'eau fraîche. Sur-le-champ, parut un immense *lotus* qui lui servit de siége. Les directeurs de la prison furent saisis de stupeur, et envoyèrent promptement avertir le roi. Celui-ci vint lui-même pour voir ce prodige de ses propres yeux, et exalta avec chaleur cette marque de la protection divine. Les directeurs de la prison dirent alors : « Ô grand
« roi! il faut que vous mouriez. »

— « Pourquoi cela? » demanda le roi.

— « Dans le commencement, répondirent-ils, le roi
« a adressé aux intendants de la prison des supplices
« un décret ainsi conçu : « Quiconque arrivera jusqu'aux
« murs de la prison, sera immédiatement mis à mort. »

est le quatrième degré de sainteté. (Dictionnaire *San-thsang-fa-sou*, liv. XVI, fol. 3.) : On veut dire que les hommes qui ont obtenu ce rang élevé, ont renoncé aux idées du monde des formes (Roûpadhâtou) et du monde sans formes (Aroûpadhâtou) ; ils ont acquis le complément des quatre connaissances distinctes ; ils sont sortis des trois mondes (pour n'y plus renaître) ; enfin, ils voient face à face le *Nirvâṇa*, de sorte qu'ils n'ont plus aucune loi à étudier. C'est pourquoi on les appelle 無學 *Wou-hio* « ceux qui n'étudient plus ». (Voyez page 173, note 1.)

Les quatre connaissances distinctes sont : 1° la connaissance distincte du sens (*artha*) ; 2° la connaissance distincte de la loi (*dharma*) ; 3° la connaissance distincte des explications (*niroukti*) ; 4° la connaissance distincte de l'intelligence (*pratibhâna*). (Burnouf, *Introduction au Bouddhisme*, page 839.)

« Le décret ne dit point que le roi pourra y entrer et
« échapper seul à la mort. »

— « Eh bien! dit le roi, comme cette loi a été une
« fois établie, il n'y a pas de raison pour la changer.
« Lorsque, dans l'origine, j'ai rendu ce décret, croyez-
« vous que je vous aie exceptés? Depuis longtemps vous
« vous êtes rendus indignes de vivre. C'est une faute
« que je me reproche. »

Aussitôt il ordonna aux satellites de la prison de les jeter dans une chaudière ardente. Quand les intendants de la prison eurent été exterminés, le roi put sortir librement. Sur ces entrefaites, il renversa les murs, combla les fossés, détruisit la prison et adoucit la rigueur des peines.

A une petite distance, au sud de l'enfer[1], il y a un *Stoûpa*. Il s'est enfoncé en terre, et il n'en reste plus que la coupole qu'on a couverte de riches ornements et entourée d'une balustrade en pierre. C'était un des quatre-vingt-quatre mille *Stoûpas*[2]. Le roi *Wou-yeou*

---

[1] C'est-à-dire, du lieu de supplices qu'*Açôka* avait fait établir à l'instar de l'enfer.

[2] M. E. Burnouf a donné, dans son *Introduction au Bouddhisme*, page 360 et suivantes, un fragment étendu de la légende d'*Açôka*, dont le texte chinois, traduit exactement sur le même manuscrit indien, au commencement du VIIe siècle, se trouve à Paris, dans la grande Encyclopédie bouddhique *Fa-youen-tchou-lin*, liv. LXVI, fol. 12 et suiv. Or, dans ce dernier ouvrage, il est dit très-clairement qu'*Açôka* fit *bâtir, construire* quatre-vingt-quatre mille *Stoûpas*. M. Eug. Burnouf connaissait ce fait comme tous les savants qui se sont occupés du Bouddhisme; cependant, entre les deux sens que lui offrait l'expression sanscrite *Dharma râdjikâ* « monument de la loi » (qui répond bien au mot *Stoûpa*

(Açôka) l'avait fait construire par la main des hommes au milieu de son palais. Ce *Stoûpa* renfermait un *ching*[1] de reliques de *Jou-laï* (du Tathâgata). Des miracles y éclatent sans cesse, et il répand constamment une lumière divine.

Après que le roi *Wou-yeou* (Açôka) eut détruit la prison, il rencontra un grand *'O-lo-han* (Arhat), nommé *Kin hou* (Oupagoupta), qui, par des moyens habiles, l'attira à lui et profita des circonstances pour le convertir.

Le roi dit à l'*Arhat :* « Grâce aux bonnes œuvres de

du texte chinois), et « *édit* de la loi », qu'il trouve, dit-il, par conjecture, ajoutant *ordre de roi*, *devoir de roi*, il a choisi ce dernier sens, et a écrit : « *Açôka* établira quatre-vingt-quatre mille *édits* de la loi », tandis qu'on lit dans la traduction chinoise du même texte sanscrit : « *Açôka* fera *construire*, *bâtir* quatre-vingt-quatre mille *Stoûpas*. »

On va voir, dans la suite de la légende que nous traduisons, que ces quatre-vingt-quatre mille *Stoûpas* furent bâtis simultanément dans toute l'Inde par les démons, et qu'ils y déposèrent les reliques extraites par *Açôka* des *Stoûpas* où les avaient renfermées les huit rois entre lesquels ces restes avaient été partagés après le *Nirvâṇa* du *Tathâgata*.

La légende traduite par M. Eug. Burnouf nous offre, page 373, plusieurs passages, qui montrent avec la dernière évidence qu'il s'agit plus haut de la construction de quatre-vingt-quatre mille *Stoûpas*, et non de la promulgation de quatre-vingt-quatre mille *édits* de la loi :

« Le roi fit fabriquer quatre-vingt-quatre mille boîtes d'or, d'argent, de cristal, de *lapis lazuli* ; puis il y fit enfermer les reliques. Il déposa ensuite les quatre-vingt-quatre mille vases entre les mains des *Yakchas* (qui devaient bâtir les quatre-vingt-quatre mille *Stoûpas*) ».

« Ayant retiré les reliques du *Richi* des sept constructions anciennes, le descendant des Mâuryas (*Açôka*) fit élever le même jour dans le monde quatre-vingt-quatre mille *Stoûpas*, resplendissants comme les nuages d'automne. »

[1] Cinquante-trois centilitres, suivant M. Natalis Rondot.

« mon existence passée, j'ai eu l'honneur d'être placé
« sur le trône. Mais mes fautes et mes imperfections[1]
« m'ont empêché de voir le *Bouddha* vivant et de pro-
« fiter de ses leçons. Maintenant, comme *Jou-laï* (le Ta-
« thâgata) a laissé au monde les restes sacrés de son
« corps, je veux construire d'autres *Stoûpas.* »

— « Grand roi, lui répondit l'*Arhat*, mon vœu le plus
« ardent est de vous voir, par la force de votre vertu,
« commander à tous les esprits, et jurer solennellement
« de protéger les *trois Précieux*. Maintenant, le moment
« en est venu. »

Là-dessus, il lui exposa en détail les motifs qui le guideraient dans l'offrande de la terre[2], et la prédiction de *Jou-laï* (du Tathâgata), au sujet des mérites qu'il acquerrait par de pieuses constructions.

Après avoir entendu ces paroles, le roi *Wou-yeou* (Açôka) tressaillit de joie ; il appela les démons et les esprits[3], et leur donna ainsi ses ordres : « Le roi de la

---

[1] Il y a, en chinois, *Tchang-louï* « les obstacles et les embarras ». Les Bouddhistes en comptent quatre sortes : 1° les obstacles qui viennent des doutes, par suite des désirs, de la colère, de l'aveuglement d'esprit ; 2° les obstacles qui viennent des mauvaises actions ; 3° les obstacles qui viennent des châtiments que nous avons mérités ; 4° les obstacles qui viennent des vues erronées, qui nous laissent en butte aux démons et nous font perdre l'intelligence. (Dictionnaire *San-thsang-fasou*, liv. XVIII, fol. 10.)

[2] On lit plus bas, fol. 5 r°, ligne 9 : « Comme le roi *Açôka* était doué d'une foi inaltérable, il fit don du *Djamboudvîpa* au Bouddha, à la *Loi* et à l'*Assemblée* (des religieux). »

[3] Dans la légende d'*Açôka* (traduite en partie par M. Burnouf, pages 373-430), ce sont les *Yakchas* que ce roi appelle.

« loi (le *Bouddha*) a guidé les êtres intelligents dans leur
« intérêt et leur a procuré le bonheur. Pour moi, grâce
« aux bonnes actions de mon existence précédente, j'ai
« obtenu l'honneur d'être placé au-dessus des hommes.
« *Jou-laï* (le Tathâgata) ayant laissé ses vénérables restes,
« je veux faire de nouvelles constructions pour les hono-
« rer. Vous autres, démons et esprits, unissez vos efforts
« et vos volontés, pour que, jusqu'aux extrémités du
« *Tchen-pou* (Djamboudvîpa), dans chaque ville possé-
« dant un *Keou-tchi* (un Kôṭi de souvarṇas), vous éleviez
« un *Stoûpa* destiné à recevoir les reliques du *Bouddha*.
« L'idée sera venue de moi, mais c'est vous qui aurez
« tout le mérite de l'exécution; je ne veux point reven-
« diquer pour moi seul les avantages de cette pieuse
« entreprise. Il faut que chacun de vous construise un
« de ces monuments; vous viendrez ensuite prendre
« mes autres ordres. »

Après avoir reçu ces instructions, les démons et les esprits se mirent à l'œuvre dans tous les lieux désignés. Aussitôt que leur travail fut achevé, ils vinrent tous ensemble pour demander les ordres du roi. *Açôka* ayant ouvert les *Stoûpas* qu'avaient construits les huit rois, divisa les reliques et les remit aux démons et aux esprits; puis il dit à l'*Arhat* (Oupagoupta) : « Dans tous
« les lieux que j'ai en vue, je souhaite qu'on dépose au
« même moment les reliques; quoique ce soit le vœu
« de mon cœur, ce désir n'est pas encore accompli. »

— « Appelez les démons et les esprits, dit l'*Arhat* au
« roi, et dites-leur qu'au jour fixé, lorsque le disque du

« soleil sera obscurci et qu'il aura l'apparence d'une
« main, ce sera le moment de déposer les reliques. »

Le roi ayant reçu cet avis, donna ses ordres aux démons et aux esprits. Quand le moment fut venu, le roi *Wou-yeou* (Açôka) observa le disque du soleil. A l'heure de midi, l'*Arhat*, usant de sa puissance surnaturelle, étendit la main et cacha le soleil. Dans les lieux où les *Stoûpas* avaient été bâtis, tous les habitants furent témoins de ce phénomène. Ainsi, dans ce même moment, cette œuvre méritoire[1] fut universellement accomplie.

A côté et non loin du *Stoûpa*, au milieu d'un *Vihâra*, il y a une large pierre, sur laquelle a marché le *Tathâgata*. On y voit encore l'empreinte de ses deux pieds. Elle est longue d'environ dix-huit pouces et large de six. A droite et à gauche de cette double empreinte, on voit l'image de la roue (du *Tchakra*); les dix doigts portent des ornements de fleurs, des corps de poissons s'élèvent en relief[2], et une lumière brillante s'en dégage en tout temps. Jadis le *Tathâgata*, lorsqu'il était sur le point d'entrer dans le *Nirvâṇa*, se dirigea au nord, vers la ville de *Keou-si-na* (Kouçinagara). En regardant au midi le royaume de *Mo-kie-t'o* (Magadha), il posa les pieds sur cette pierre, et parla ainsi à *'O-nan* (Ânanda):

[1] Savoir: le dépôt des reliques.
[2] Dans les *Transactions de la Société Asiatique* de Londres, tome III, on voit l'empreinte du pied du *Bouddha* couverte d'une multitude de figures, parmi lesquelles on remarque des fleurs, des poissons et la roue mystique (*Tchakra*), que l'auteur mentionne ici. Voy. plus haut, p. 101, note 1.

« Aujourd'hui, pour la dernière fois, je laisse cette
« empreinte de mes pieds. A la veille d'entrer dans
« le *Nirvâṇa*, je contemple le royaume de *Mo-kie-t'o*
« (Magadha). Dans cent ans, il y aura un roi nommé
« *Wou-yeou* (Açôka), qui s'illustrera dans le monde ; il
« établira ici sa cour et régnera sur ce pays. Il proté-
« gera les *trois Précieux*, et commandera aux démons et
« aux esprits. »

Quand le roi *Wou-yeou* (Açôka) eut succédé au trône, il transporta sa cour en cet endroit, bâtit une ville, et entoura d'un mur la pierre qui portait les traces divines. Comme elle était voisine de son palais, il lui offrait constamment ses hommages.

Dans la suite, les rois des autres royaumes voulurent, à l'envi, l'enlever et l'emporter. Mais quoique cette pierre ne fût pas grande, malgré les efforts d'une multitude nombreuse, il fut impossible de la changer de place. Dans ces derniers temps, le roi *Che-chang-kia* (Çaçâñka), ayant aboli la loi du *Bouddha*, se rendit aussitôt dans le lieu où était la pierre, et voulut effacer les traces sacrées ; mais à peine avait-elle été taillée à coups de ciseau, qu'elle redevenait unie, et que les ornements reparaissaient comme auparavant.

Là-dessus, il s'éloigna du cours du Gange, et s'en revint immédiatement dans son pays natal.

Le *Stoûpa* qui s'élève à côté occupe un endroit où étaient les siéges des quatre *Bouddhas* passés, et où ils avaient laissé leurs traces en se promenant pour faire de l'exercice.

A côté et à une petite distance du *Vihâra* qui possède les vestiges du *Bouddha*, il y a une grande colonne en pierre, haute d'une trentaine de pieds. L'inscription qu'elle portait est aujourd'hui mutilée et incomplète; en voici le résumé :

« Le roi *Wou-yeou* (Açôka), qui était doué d'une foi inébranlable, a donné trois fois le *Chen-pou-tcheou* (Djamboudvipa) au *Bouddha*, à *la Loi* et à *l'Assemblée*[1]; trois fois il s'est racheté lui-même à l'aide de tous les objets précieux qu'il possédait. » Tel est l'abrégé de cette inscription.

Au nord de l'ancien palais, il y a une grande maison en pierre. En dehors, elle ressemble à une haute montagne; en dedans, elle est large de plusieurs *tchang* (dizaines de pieds). Le roi *Wou-yeou* (Açôka) avait chargé les démons et les esprits de bâtir cette demeure pour son frère cadet, qui avait embrassé la vie religieuse. Dans le commencement, *Açôka* avait un jeune frère utérin, nommé *Mo-hi-in-to-lo* (Mahêndra), qui était issu d'une noble famille. En dépit des ordonnances du roi, il portait un costume au-dessus de son rang, étalait un luxe effréné et s'abandonnait à la cruauté. Tout le peuple en était indigné. Les ministres et les personnages les plus vénérables vinrent trouver le roi et lui adressèrent des représentations : « Votre « frère cadet, lui dirent-ils, est plein d'orgueil, et il « fait sentir sa puissance avec une audace qui passe

---

[1] En sanscrit, *Bouddha, Dharma, Sañgha;* c'est ce qu'on appelle les *trois Précieux* (Triratna).

« toutes les bornes. Quand l'administration est juste,
« le royaume est bien gouverné; quand les hommes sont
« d'accord, le souverain est en paix. Ces sages maximes
« sont bien anciennes. Nous désirons tous vous voir
« maintenir les lois du royaume et livrer votre frère
« aux mains de la justice. »

Açôka parla à son frère cadet avec une voix pleine de larmes. « J'ai reçu, lui dit-il, l'héritage du trône pour
« protéger les hommes. Vous, qui êtes mon propre
« frère, comment avez-vous pu oublier mon affection
« et mes bienfaits? Si je ne commence pas par vous cor-
« riger et vous conduire au bien, j'encourrai moi-même
« la rigueur des lois pénales. D'un côté, je crains la
« colère de mes ancêtres; de l'autre, je me sens pressé
« par l'opinion publique. »

Mo-hi-in-t'o-lo (Mahêndra) frappa la terre de son front et confessa ses crimes : « J'ai manqué, dit-il, de circons-
« pection dans ma conduite, et j'ai osé violer les lois du
« royaume; je désire que vous me donniez une seconde
« vie et m'accordiez un répit de sept jours. »

Là-dessus, le roi l'enferma dans une chambre noire qu'il fit garder étroitement. Il lui envoyait des mets exquis et ne le laissait manquer de rien. Le lendemain, les gardiens crièrent à haute voix : « Voilà déjà un jour
« de passé; il n'en reste plus que six. » Quand fut arrivé le sixième jour, comme il avait été en proie au chagrin et à la terreur et avait fait tous ses efforts pour se corriger, il obtint la dignité d'*Arhat*, s'éleva dans les airs et opéra des miracles. Aussitôt, il s'arracha à la cor-

ruption du siècle et alla habiter au loin les cavernes et les vallées.

Le roi *Wou-yeou* (Açôka) alla le trouver en personne et lui dit : « Auparavant, pour observer strictement les « lois du royaume, je voulais vous infliger un châtiment « sévère. Pouvais-je penser que vous vous élèveriez à « une pureté sublime et que vous obtiendriez le fruit de « la sainteté (la dignité d'*Arhat*)? Puisque aujourd'hui « vous êtes dégagé de tout attachement, vous pouvez « revenir dans le royaume. »

—— « Autrefois, lui dit son frère cadet, j'étais retenu « dans le filet des affections (mondaines), et mon cœur « se livrait follement aux charmes de la musique et de « la volupté. Maintenant que je suis sorti d'une ville « pleine de dangers[1], je me trouve heureux sur les « montagnes et dans les vallées; je veux quitter la so- « ciété des hommes et vivre pour toujours dans la so- « litude. »

Le roi lui dit : « Si vous voulez calmer votre esprit et « votre cœur, qu'avez-vous besoin de vous ensevelir dans « les cavernes des montagnes? Pour seconder vos des- « seins, je veux vous bâtir une demeure. »

Aussitôt, il appela les démons et les esprits, et leur dit : « Demain, je dois donner un magnifique festin. Je « vous invite tous à cette fête joyeuse; mais il faut que « chacun de vous apporte une grosse pierre pour se « faire lui-même un siége. »

---

[1] *Wei-tch'ing.* Je crois que c'est une allusion aux dangers qu'offre, aux gens vertueux, le séjour des villes.

Les esprits ayant reçu ces ordres, arrivèrent tous ensemble à l'époque convenue. Avant que l'assemblée se séparât, le roi dit aux esprits : « Les siéges de pierre « sont rangés en long et en large ; il faut que vous les « entassiez vous-mêmes, et comme le travail ne vous « cause aucune fatigue, je vous prie de me construire « avec ces pierres une maison vide. »

Les esprits obéirent, et en moins d'un jour ils eurent achevé leur tâche. Alors, le roi *Wou-yeou* (Açôka) alla lui-même au-devant (de son frère) et l'invita à se fixer dans cette maison en pierre [1].

Au midi de l'enfer qui était situé au nord de l'ancien palais, il y a une vaste auge en pierre. Ce vase énorme fut fait par les esprits, transformés en ouvriers, par ordre du roi *Açôka*. Lorsqu'il voulait donner du riz cuit aux religieux, c'était dans ce bassin de pierre qu'il l'amassait.

Au sud-ouest de l'ancien palais, il y a une petite montagne de pierre. Dans les cavernes et les vallées qui l'entourent, on compte plusieurs dizaines de maisons en pierre que le roi *Wou-yeou* (Açôka) avait fait construire par les démons et les esprits pour *Kin-hou* (Oupagoupta) et autres *Arhats*.

A côté, on voit une ancienne tour, dont les restes forment un monceau de pierres; un étang, que rident les brises légères, déploye ses flots purs comme un miroir. Les habitants des royaumes voisins et ceux des contrées lointaines l'appellent l'*Eau sainte*. Si quelqu'un en boit

---

[1] Littéralement : dans cette cabane de montagne.

ou s'y baigne, il efface immédiatement les souillures de ses crimes.

Au sud-ouest de la montagne, il y a cinq *Stoûpas*. La base de ces monuments s'est enfoncée en terre, mais ce qui en reste a encore une certaine élévation. Quand on les regarde de loin, ils ressemblent à des monticules. Chacun d'eux a, de face, plusieurs centaines de pas. Les hommes des siècles suivants ont construit par-dessus de petits *Stoûpas*. On lit dans les Mémoires sur l'Inde : « Jadis, lorsque le roi *Wou-yeou* (Açôka) eut fini de construire quatre-vingt-quatre mille *Stoûpas*, il lui restait encore cinq *ching* de reliques du *Bouddha*; ce fut pour cette raison qu'il bâtit cinq *Stoûpas*, dont la construction admirable effaçait tous les autres et où éclataient des prodiges extraordinaires. Par là, il voulut honorer la personne de *Jou-laï* (du Tathâgata), composée de cinq parties [1]. Les hommes de peu de foi raisonnaient entre eux à ce sujet : « Jadis, disaient-ils, le roi *Nan-« tho* (Nanda) a construit ces cinq dépôts pour y amasser « les sept matières précieuses. » Dans la suite, il y eut un roi, d'une foi peu sincère, qui, instruit des conjectures qui avaient été émises autrefois, et poussé par une aveugle cupidité, fit marcher ses troupes et vint, en

---

[1] En chinois, *Ou-fen-fa-chin*. Suivant le Dictionnaire *San-thsang-fa-sou*, liv. XXII, fol. 4, il a rassemblé cinq parties (cinq éléments) pour composer son corps. Ce sont : 1° *Se* « la couleur ou la partie matérielle qui est accessible à la vue » (Roûpa) ; 2° *Cheou* « la perception » (Vêdanâ); 3° *Siang* « la réflexion » (Sañdjñâna); 4° *Hing* (*vulgo* action) « la faculté d'accomplir des actes » (Sañskâra) ; 5° *Tchi* « la connaissance » (Vidjñâna).

personne, pour pratiquer des fouilles. Mais, tout à coup, la terre fut ébranlée, la montagne s'écroula, des nuages sombres voilèrent le soleil, et, du milieu des *Stoûpas*, on entendit sortir un bruit terrible, semblable au grondement du tonnerre. Les chefs et les soldats tombèrent à la renverse, les éléphants et les chevaux s'enfuirent épouvantés; le roi, lui-même, s'avoua vaincu et abjura ses projets de rapine. Beaucoup de personnes prétendent que ce fait est loin d'être avéré; mais nous, pleins de confiance dans les mémoires des anciens, nous le croyons parfaitement vrai. »

Au sud-est de l'ancienne ville, on voit le couvent appelé *K'iu-tch'a-'o-lan-mo*[1] (Koukkoutârâma), qui a été bâti par le roi *Wou-yeou* (Açôka). Lorsque ce roi commença à croire à la loi de Bouddha, il fit construire ce monument, pour planter la racine du bien, et y appela mille religieux. Les laïcs et les hommes doués de sainteté leur firent les quatre offrandes et leur fournirent tous les ustensiles nécessaires. Il y a bien longtemps que ce couvent est en ruines, mais ses fondements subsistent encore aujourd'hui.

A côté du couvent, il y a un grand *Stoûpa*, appelé *'O-mo-lo-kia* (Amalaka). *'O-mo-lo-kia* (Amalaka) est le nom d'un fruit de l'Inde qu'on emploie en médecine[2]. Le

---

[1] En chinois, *Khi-youen* « le jardin du coq ». Le texte omet la répétition de la première syllabe, qui est nécessaire pour figurer le mot *koukkoutu* « coq ». Le nom de ce couvent est incomplet. D'après le Dictionnaire *Fan-i-ming-i-tsi*, liv. VII, fol. 17, il faut lire : *K'iu-k'iu-tch'a-po-t'o-seng-kia-lan* (Koukkouṭa pâda sañghârâma) « le couvent du Pied-du-Coq ».

[2] *Myrobolan emblic.*

roi *Wou-yeou* (Açôka) étant tombé malade, il empira de jour en jour. Sentant qu'on ne le sauverait pas, il voulut donner en aumône tout ce qu'il avait de plus précieux pour fonder le champ du bonheur[1]. Mais les ministres puissants, qui avaient en main l'administration, le détournèrent de ce projet. Quelque temps après, comme il prenait son repas, il conserva un fruit de *'O-mo-lo-kia* (Amalaka). S'étant amusé à manier ce fruit jusqu'à ce qu'il fût meurtri et réduit de moitié, il le prit dans sa main et poussa de profonds soupirs. Ensuite, il appela ses ministres et leur dit : « Quel est aujourd'hui « le maître du *Tchen-pou-tcheou* (du Djamboudvîpa — « de l'Inde) ? »

— « Sire, répondirent-ils, il n'y en a pas d'autre que « Votre Majesté. »

— « Cela n'est pas, reprit le roi; dans ce moment je « ne suis point le maître, car je ne puis disposer que de « cette moitié de fruit. Hélas! (se dit-il) dans le monde, « les richesses et les honneurs sont plus en danger « qu'une lampe exposée au vent. A la vérité, je suis à « la tête d'un vaste royaume et l'on m'appelle un grand « roi; mais, à la veille de quitter la vie, je me sens dé-« pourvu de tout, et je subis le joug de mes ministres « trop puissants. L'empire ne m'appartient pas, et je ne « possède plus que la moitié d'un fruit. »

Là-dessus, il donna les ordres suivants aux officiers qui étaient à ses côtés : « Prenez cette moitié de fruit

---

[1] C'est-à-dire, pour faire des œuvres méritoires qui pussent lui procurer le bonheur dans une autre existence.

« et rendez-vous au couvent du Coq (Koukkouṭa sañ-
« ghârâma); donnez-la aux religieux, et parlez-leur ainsi
« (de ma part) : « Celui qui était jadis le maître unique
« du *Tchen-pou-tcheou* (du Djamboudvîpa), et qui main-
« tenant n'est plus *roi* que d'une moitié d' *'O-mo-lo-kia*
« (Amalaka), se prosterne devant les religieux doués
« d'une éminente vertu, et les prie de recevoir de lui
« cette dernière aumône. Il a perdu tout ce qu'il pos-
« sédait, et ne peut plus disposer aujourd'hui que de
« cette moitié de fruit. Rempli de pitié pour les pauvres
« et les indigents, il espère augmenter ainsi les semences
« de son bonheur. »

Le président des religieux (Sthavira) prit la parole en
ces termes : « Le grand roi *Wou-yeou* (Açôka) se pro-
« posait depuis longtemps de nous accorder une géné-
« reuse assistance, mais il est miné par la fièvre, et
« d'infâmes ministres ont usurpé le pouvoir. Les trésors
« qu'il avait amassés n'étant plus en sa possession, il vous
« fait l'aumône de cette moitié de fruit. »

Pour obéir aux ordres du roi, et faire partager
cette aumône à tous les religieux, il appela l'économe
du couvent (Karmmadâna) et lui ordonna de faire cuire
ce fruit dans du bouillon, et d'en recueillir les pepins.
Ils élevèrent ce *Stoûpa* pour reconnaître ses bienfaits et
honorer ses dernières volontés.

Au nord-ouest du *Stoûpa* de l' *'O-mo-lo-kia* (de l'Amalaka), au milieu d'un ancien *Kia-lan* (Saṅghârâma), il
y a un *Stoûpa*. On raconte qu'à l'époque où l'on commença à établir l'usage de frapper sur la plaque sonore

appelée *Kien-tch'ouï* (Ghaṇṭâ)[1], il y avait dans cette ville une centaine de couvents. Les religieux avaient un maintien grave et sévère, et se distinguaient par la pureté de leur conduite et l'élévation de leur savoir. C'est pourquoi les hérétiques avaient la langue enchaînée et n'osaient ouvrir la bouche. Mais, dans la suite des temps, les religieux moururent l'un après l'autre, et nul de leurs disciples ne se trouva capable de succéder aux sages qui les avaient précédés. Les maîtres et les amis des hérétiques répandaient leurs leçons et perfectionnaient leurs talents. Sur ces entrefaites, ils convoquèrent leurs partisans, qui arrivèrent par milliers[2] et se réunirent dans les couvents des religieux. Puis ils dirent à voix haute : « Frappez à grands coups sur le *Kien-tch'ouï* « (Ghaṇṭâ), et convoquez les hommes d'étude. Quand la « multitude des hommes stupides[3] se sera réunie avec « nous, nous voulons combattre leurs erreurs et les ter- « rasser. »

Sur-le-champ, ils s'adressèrent au roi, et le prièrent de comparer le fort et le faible des deux partis.

Les maîtres hérétiques se montrèrent doués de ta-

---

[1] Le *Fan-i-ming-i-tsi*, liv. XVIII, fol. 16, nous apprend que, dans l'assemblée convoquée par *Kâçyapa*, on frappa sur la plaque de *cuivre* appelée *Kien-tch'ouï*, et plus correctement *Kien-ti* (Ghaṇṭâ). Suivant le *Ou-fen-liu* (Mahîçâsaka vinaya), on donnait le nom de *Kien-ti* (Ghaṇṭâ) à toute espèce d'instrument sonore en terre cuite (*ong*), en bois (*mou*), en cuivre (*thong*) et en fer (*thie*). Cette plaque sonore tenait lieu de la cloche, dont on ne faisait pas encore usage dans ces temps reculés.

[2] Littéralement : au nombre de mille, au nombre de dix mille.

[3] Ce sont les religieux que les hérétiques qualifient ainsi.

lents supérieurs et d'un profond savoir; mais les religieux, quoiqu'en plus grand nombre, ne présentèrent que des raisonnements médiocres et une élocution basse et vulgaire.

Les hérétiques s'écrièrent : « Nous avons vaincu dans « la discussion. A partir de ce moment, que, dans les « *Seng-kia-lan* (les Sañghârâmas), il ne soit plus permis « de frapper sur le *Kien-tch'ouï* (le Ghaṇṭâ) pour rassem- « bler la multitude. »

Le roi agréa leur demande, et sanctionna la convention qui avait été établie avant la conférence. Les religieux furent couverts de honte, et se retirèrent au milieu des sarcasmes et des railleries. Pendant dix ans entiers, ils ne frappèrent point sur le *Kien-tch'ouï* (le Ghaṇṭâ). A cette époque, vivait *Na-kia-'o-la-chou-na-pou-sa* (Nâgârdjouna Bôdhisattva), originaire de l'Inde du midi, qui avait obtenu dans sa jeunesse des éloges distingués, et qui, parvenu à l'âge mûr, effaçait par sa renommée les hommes de son siècle. Renonçant aux plaisirs des sens, il avait quitté la famille pour se livrer à l'étude. Il avait approfondi les principes les plus subtils de la doctrine, et était arrivé au premier degré [1].

Il avait un grand disciple nommé *Ti-po* (Dêva), qui était doué de prudence et de sagacité, de lumières et de pé-

---

[1] C'est-à-dire (suivant les Bouddhistes), qu'il était entré dans la première des quatre voies qui conduisent tôt ou tard au *Nirvâṇa*. (Voyez Spence Hardy, *Eastern monachism*, page 280.) Il portait dès lors le titre de *Çrôtâpanna*. Au second rang, viennent les *Sacṛidâgâmins*; au troisième, les *Anâgâmins*; au quatrième, les *Arhats*.

nétration. Rien n'échappait à sa rare intelligence. Un jour, il s'adressa à son maître, et lui dit : « Dans la ville « de *Po-tch'a-li* (Pâṭalipouttra), les hommes d'étude ont « été vaincus dans une conférence par les hérétiques, « et il y a déjà douze ans qu'ils ne font plus résonner « le *Ghaṇṭâ*. Je veux briser la montagne des erreurs et « allumer le flambeau de la droite loi. »

— « Les hérétiques de la ville de *Po-tch'a-li* (Pâṭa-« lipouttra), répondit *Long-meng* (Nâgârdjouna), possè-« dent un vaste savoir; vous n'êtes point de leur force. « Je vais aujourd'hui y aller moi-même. »

— « Pour briser des plantes pourries, repartit *Ti-p'o* « (Dêva), qu'est-il nécessaire de renverser une mon-« tagne? Après avoir reçu vos instructions, je me fais « fort de terrasser les hérétiques. Mon illustre maître « posera les principes des hérétiques, et moi, suivant « l'ordre du texte, je les réfuterai de point en point [1]. « Quand vous aurez vu clairement lequel des deux partis « est le plus fort ou le plus faible, je me mettrai ensuite « en route. »

Alors *Long-meng* (Nâgârdjouna) s'efforça de soutenir les principes des hérétiques, mais *Ti-p'o* (Dêva) les réfuta de point en point. Au bout de sept jours, *Long-meng* (Nâgârdjouna) fut vaincu [2]. Après quoi, il dit en

[1] On comprend qu'il s'agit ici d'une discussion préalable, dans laquelle *Nâgârdjouna* prend fictivement le rôle d'un docteur hérétique, pour donner à *Dêva* l'occasion d'essayer ses forces, et de voir d'avance s'il sera en état de soutenir avec succès la lutte qu'il a projetée.

[2] Il ne faut pas oublier qu'ici *Nâgârdjouna* n'est vaincu que comme l'avocat supposé des principes des hérétiques.

soupirant : « Les raisonnements erronés sont aisés à dé-
« truire, les fausses doctrines sont difficiles à défendre.
« Partez maintenant; vous êtes sûr de les terrasser. »

Ti-p'o-pou-sa (Dêva Bôdhisattva) s'était acquis de bonne heure une brillante réputation. Quand les Brâhmanes de la ville de *Po-tch'a-li* (Pâṭalipouttra) eurent appris son projet, ils se convoquèrent les uns les autres, et, s'étant réunis, ils allèrent sur-le-champ parler au roi. « Grand roi, lui dirent-ils, autrefois vous avez daigné « nous écouter, et vous avez défendu aux *Cha-men* (Çra- « maṇas) de faire résonner le *Ghaṇṭâ*. Nous désirons au- « jourd'hui que vous rendiez un décret pour ordonner « aux gardiens des portes de ne laisser entrer dans la ville « aucun religieux des pays voisins. Nous craignons qu'ils « ne se liguent ensemble pour leur commune défense, « et qu'ils ne réussissent à vous faire annuler votre an- « cien décret. »

Le roi consentit à leur demande, et ordonna une surveillance sévère. *Ti-p'o-pou-sa* (Dêva Bôdhisattva) étant arrivé, ne put pénétrer dans la ville. Dès qu'il eut connaissance du décret royal, il changea de vêtements, roula son *Kia-cha* (Kachâya) et le cacha dans un paquet d'herbes, releva ses vêtements pour courir aisément, et entra en ville avec son fardeau. Arrivé au milieu de la ville, il jeta les herbes et endossa son vêtement. Quand il fut parvenu à ce couvent, il chercha à se reposer. Ayant peu de connaissances, il ne trouva personne pour l'héberger. Aussitôt, il alla passer la nuit au haut de la tour du *Ghaṇṭâ*. Aux premières lueurs du jour, il frappa violemment sur le *Ghaṇṭâ*. La multitude l'ayant entendu, alla en observation, et reconnut que l'auteur de ce bruit était le *Bhikchou* étranger, arrivé la veille. Sur-le-champ, les mêmes sons furent répétés dans tous les couvents de la ville.

A ce bruit, le roi prit des informations, et ne put découvrir d'abord qui avait commencé le premier. Mais quand on fut arrivé à ce couvent, tout le monde dénonça *Ti-p'o* (Dêva). *Ti-p'o* (Dêva) dit alors : « Le *Ghaṇṭâ* « est destiné à convoquer la multitude. A quoi bon le « laisser suspendu si l'on ne s'en sert pas ? »

— « Autrefois, répondirent les gens du roi, les reli- « gieux ayant été vaincus dans une discussion publique, « il leur fut défendu de battre le *Ghaṇṭâ*. Il y a déjà « douze ans de cela. »

— « Est-ce possible ? reprit *Ti-p'o* (Dêva). Eh bien ! « je vais aujourd'hui faire retentir de nouveau le tam- « bour de la loi. »

Les envoyés vinrent rendre réponse au roi, et lui dirent : « Il y a un *Cha-men* (Çramaṇa) étranger qui veut « laver l'ancien affront des religieux. »

Alors le roi convoqua les hommes d'étude, et rendit ce décret : « Quiconque succombera dans la défense « de ses principes, devra s'offrir à la mort pour confes- « ser sa défaite. »

Là-dessus, les Brâhmanes étalèrent à l'envi des étendards et des tambours, et débitèrent bruyamment leurs opinions hostiles ; chacun d'eux lança tous les traits de son éloquence. *Ti-p'o-pou-sa* (Dêva Bôdhisattva) étant monté au fauteuil, écouta d'abord l'exposé de leur doctrine, et la réfuta de point en point. En moins d'une heure, il terrassa tous les hérétiques. Le roi et les ministres furent ravis de joie, et firent élever ce vénérable monument pour honorer sa vertu sublime.

Au nord du *Stoûpa* du *Ghaṇṭâ* [1], il y a d'anciens fondements. C'était là que demeurait jadis un Brâhmane qui tenait son éloquence des esprits. Anciennement, il y avait dans cette ville un Brâhmane qui s'était construit une cabane dans un bois sauvage; il n'avait aucune relation avec le monde, et adorait les esprits pour obtenir le bonheur. Fort de l'appui des démons, il raisonnait d'un ton élevé et discutait avec ardeur; ses paroles élégantes faisaient retentir les échos. Si quelqu'un venait lui proposer une question difficile, il baissait un rideau et donnait sa réponse. Parmi les hommes mûris dans l'étude et doués de talents supérieurs, nul ne pouvait l'effacer. Les magistrats et les hommes du peuple étaient émus en sa présence et l'admiraient comme un saint. A cette époque, vivait *'O-chi-po-kiu-cha-pou-sa* (Açvaghôcha Bôdhisattva). Sa science embrassait toutes choses, et, dans sa carrière, il avait su faire usage des *trois Véhicules* [2]. Il disait souvent aux personnes qui l'entouraient : « Ce Brâhmane est savant sans avoir reçu au-

[1] Littéralement : au nord du *Stoûpa* de celui qui avait battu le *Ghaṇṭâ*, c'est-à-dire, du *Stoûpa* élevé en l'honneur de *Déva Bôdhisattva*.
[2] Suivant le *Manuel des Çramaṇas* (*Cha-men-chi-yong*), fol. 30, l'expression *San-ching* « trois Véhicules », désigne le Véhicule des *Bôdhisattvas*, le Véhicule des *Pratyêkabouddhas*, et le Véhicule des *Çrâvakas*. Voyez, plus haut, page 74, note 1.

« cunes leçons; il a de l'érudition sans avoir approfondi
« l'antiquité; il vit à l'écart, dans la solitude et le silence,
« et il efface tout le monde par l'éclat de sa renommée.
« Pourrait-il posséder de tels talents s'il n'avait pour
« auxiliaires et pour associés les démons et les esprits?
« Il leur emprunte toute son éloquence, et, si on lui
« parle, il ne daigne pas répondre; mais dès que sa pa-
« role s'est fait entendre, personne n'est capable de lui
« répliquer. Il faut que j'aille le voir et que je sache
« qui il est. »

Sur-le-champ, il se transporta près de sa cabane et lui dit : « Il y a bien longtemps que j'admire votre bril-
« lant mérite. Veuillez, de grâce, relever votre rideau,
« pour que j'ose vous exposer mes vues et mes sen-
« timents. » Mais le Brâhmane l'accueillit avec un air d'indifférence et de mépris; il abaissa son rideau pour lui répondre, et refusa jusqu'à la fin de lui parler en face.

Ma-ming (Açvaghôcha), qui connaissait les démons, éprouva un vif sentiment d'orgueil, et, lorsque l'entretien fut terminé, il se retira. Puis, parlant à ceux qui l'entouraient, il s'écria : « Je le connais maintenant; je
« suis sûr de le terrasser. » Il vint aussitôt trouver le roi et lui dit : « Je désire que vous daigniez me per-
« mettre de conférer avec ce docteur solitaire et de dis-
« cuter à outrance. »

—— « Savez-vous quel homme c'est? dit le roi, avec
« émotion. Si vous ne possédez pas la triple science[1]; si

[1] Voyez, plus haut, page 159, note 3.

« vous n'êtes pas doué des six facultés surnaturelles [1], « comment pourrez-vous discuter avec lui? » Il ordonna qu'on apprêtât son char, pour assister en personne à la conférence et la suivre dans tous ses détails.

Alors, *Ma-ming* (Açvaghôcha) traita les points les plus subtils des trois Recueils, exposa le sens général des cinq Sciences [2], parla d'un bout à l'autre [3] avec une facilité merveilleuse, et discuta habilement d'un ton noble et élevé. Lorsque le Brâhmane eut fini de parler à son tour, *Ma-ming* (Açvaghôcha) lui repartit : « Vous « n'avez pas saisi ma pensée; il est juste que vous l'ex- « pliquiez de nouveau. »

En ce moment, le Brâhmane se tut, sans desserrer les dents.

« Pourquoi ne pas résoudre la difficulté? lui dit *Ma-* « *ming* (Açvaghôcha), d'un ton irrité; les démons que « vous adorez devraient bien vous fournir des raisons. »

A ces mots, il souleva le rideau pour voir cet homme extraordinaire. Mais le Brâhmane s'écria, tout transi de crainte : « C'est assez, c'est assez ! »

Ma-ming (Açvaghôcha) se retira, et dit : « Ce pré- « tendu docteur vient de perdre à l'instant sa brillante « renommée. On peut lui appliquer cet axiome : Une « vaine réputation n'est pas de longue durée. »

— « Sans votre mérite extraordinaire, s'écria le roi, « qui aurait pu découvrir la fausseté de ses principes? Le

---

[1] Voyez page 168, note 3.
[2] Voyez page 174, note 2.
[3] Littéralement : en long et en large.

« sage, qui a le talent de connaître les hommes, il-
« lustre ses ancêtres et n'a pas de successeurs[1]. Le
« royaume possède une loi constante qui ordonne d'ho-
« norer des actions aussi éclatantes. »

A environ deux cents pas de l'angle sud-ouest de la
ville, on voit les restes des fondements d'un couvent.
A côté, il y a un *Stoûpa*, qui brille de temps en temps
d'une lumière céleste, et où éclatent quelquefois des
prodiges divins. On y vient en foule des lieux voisins
comme des pays éloignés, et il n'y a personne qui n'y
prie avec ferveur. Là sont les siéges des quatre *Bouddhas* passés, et on y voit les traces qu'ils ont laissées
en se promenant pour faire de l'exercice.

Au sud-ouest de l'ancien couvent, il fit environ cent
li et arriva au couvent de *Ti-lo-chi-kia* (Tilaçâkya?). Cet
édifice a quatre cours, des belvédères et des pavillons
à trois étages, des tours d'une grande élévation et des
portes qui se répètent et communiquent l'une à l'autre.
Il a été construit par le dernier descendant de *Pin-pi-
so-lo* (Bimbisâra). Ce prince distinguait et appelait les
grands talents, et il invitait, de tous côtés, les lettrés
d'un mérite supérieur. Les hommes d'étude des autres
pays et les sages éminents des contrées lointaines accou-

---

[1] Il y a, en chinois, 絕後 *Tsioue-heou*, expression qui signifie
ordinairement « ne pas avoir de postérité ». (Morrison, *Chinese Diction*
part. II, n° 10833.) Mais ici l'auteur veut dire que l'homme dont il
s'agit, reste supérieur à tous ceux qui viennent après lui. Cette acception remarquable est confirmée par un passage que cite le *Pei-wen
yun-fou*, liv. LV, fol. 88, et où il est question d'un grand peintre qui
effaça par son talent les artistes qui l'avaient précédé et suivi.

raient avec leurs pareils et se pressaient en foule[1]. Il y a mille religieux qui étudient tous la doctrine du *grand Véhicule*. Sur le chemin qui conduit à la porte du milieu, on voit trois *Vihâras*, surmontés chacun d'une coupole et de clochettes suspendues en l'air; plusieurs rangs d'étages s'élèvent de la base au sommet. Ces *Vihâras* sont entourés de balustrades; les portes et les fenêtres, les colonnes et les poutres, les parois des murs et les escaliers sont couverts de bas-reliefs en cuivre doré, entremêlés des plus riches ornements. Dans le *Vihâra* du milieu, il y a une statue droite du *Bouddha*, haute de trente pieds. A gauche s'élève la statue de *To-lo-pou-sa* (Tala Bôdhisattva?), et, à droite, celle de *Kouan-tseu-thsaï-pou-sa* (Avalôkitêçvara Bôdhisattva). Ces trois statues sont en laiton fondu. Leur aspect divin inspire une crainte respectueuse, et les effets de leur puissance se répandent secrètement au loin. Chaque *Vihâra* renferme un *ching* de reliques. Il s'en échappe quelquefois une lueur céleste, et, de temps en temps, on voit éclater de merveilleux prodiges.

A environ quatre-vingt-dix li au sud-ouest du couvent de *Ti-lo-chi-kia* (Tilaçâkya?), on arrive à une grande montagne qui est enveloppée de sombres nuages. Des *Rïchis* y font leur demeure, des serpents venimeux et des dragons cruels habitent ses cavernes, des bêtes féroces et des oiseaux de proie se cachent dans

---

[1] En chinois, ils allaient et venaient, se suivant de l'épaule; comme si l'on disait : se touchant les uns les autres, en raison de leur grand nombre.

ses forêts. Sur le sommet de cette montagne, il y a une énorme pierre au-dessus de laquelle on a bâti un *Stoûpa*, haut d'une dizaine de pieds, C'est un endroit où le *Bouddha* s'est livré à la méditation. Jadis *Jou-laï* (le Tathâgata), descendant du ciel, s'arrêta sur cette montagne. Il s'assit sur cette pierre, se plongea dans l'extase complète et y resta pendant une nuit entière. Les dieux et les *Rĭchis* rendirent leurs hommages à *Jou-laï* (au Tathâgata), firent résonner une musique divine et répandirent une pluie de fleurs célestes. Quand *Jou-laï* (le Tathâgata) fut sorti de l'extase, les dieux, remplis d'amour pour lui, construisirent un *Stoûpa* avec de l'argent, de l'or et des pierres précieuses. Nous sommes séparés du Saint par un immense intervalle. Pendant ce temps, les pierres précieuses se sont changées en pierres ordinaires. Depuis l'antiquité jusqu'à nos jours, nul homme n'y est allé. Lorsqu'on regarde de loin cette haute montagne, on aperçoit une multitude de longs serpents et d'animaux féroces, d'une espèce extraordinaire, qui tournent avec respect autour du *Stoûpa*. Les dieux et les *Rĭchis*, se suivant en foule, adorent le *Bouddha* et célèbrent ses louanges.

Sur la crête orientale de la montagne, il y a un *Stoûpa*. Jadis, *Jou-laï* (le Tathâgata) marcha en cet endroit, lorsqu'il s'arrêta pour contempler le royaume de *Mo-kie-t'o* (Magadha).

Sur le penchant d'une colline qui est située à environ trente li au nord-ouest de cette montagne, il y a un couvent d'une grandeur remarquable, qui s'appuie sur un passage de montagne ; on voit de hauts pavillons qui s'élèvent dans l'intervalle des rochers. Ce couvent renferme une cinquantaine de religieux qui étudient tous la doctrine du *grand Véhicule*. Jadis, dans cet endroit, *Kiu-na-mo-ki* (Gouṇamati)[1] terrassa un hérétique. Dans le commencement, il y avait sur cette montagne un hérétique nommé *Mo-ta-p'o* (Mâdhava). Il suivait le système appelé *Seng-khie* (Sañkhyâ)[2], et s'appliquait à l'étude de la sagesse. Il avait approfondi les livres sacrés et profanes, et avait discuté à perte de vue sur l'être et le non-être. Il surpassait, par sa réputation, les hommes célèbres du passé, et, par son mérite, il effaçait tous ses contemporains. Le roi était rempli pour lui d'estime et de respect, et l'appelait le *Trésor du royaume*. Les hommes du peuple le regardaient avec admiration et tout le monde le nommait le *Précepteur des familles*. Les hommes d'étude des royaumes voisins recevaient ses instructions et exaltaient sa vertu ; ils le comparaient aux plus illustres maîtres. C'était vraiment un homme d'un immense savoir. Il possédait deux villes, et tout le pays d'alentour formait son apanage.

A cette époque, dans l'Inde du midi vivait *Te-hoeï* (Gouṇamati), qui avait montré dans son enfance une vive intelligence, et avait acquis de bonne heure une brillante réputation. A force d'étude, il avait compris

---

[1] En chinois, *Te-hoeï*, celui qui est doué d'intelligence.
[2] Le système philosophique de la *Sañkhyâ*, fondé par *Kapila*. Dictionnaire *Fan-i-ming-i-tsi*, liv. XIV, fol. 18.

tous les principes des *trois Recueils*, et avait approfondi la doctrine des quatre vérités sublimes[1]. Quand il eut appris que *Mo-ta-p'o* (Mâdhava) traitait, dans ses discussions, les questions les plus profondes et les plus subtiles, il eut le désir de le combattre et de le vaincre.

[1] En chinois, *Sse-ti*. Ces vérités sublimes (*Ârya satyâni*) sont, selon le Dictionnaire pentaglotte, liv. I, fol. 76: *Douḥkha* « la douleur »; *Anitya* « l'impermanence de la matière »; *Çoûnya* « le vide »; *Anâtmaka* « le non-moi ». M. Eug. Burnouf a donné, à la suite du *Lotus*, pages 517-530, un long mémoire sur les quatre vérités sublimes du Bouddhisme. Parmi un grand nombre de définitions, j'en trouve une (page 518) qui se trouve d'accord pour l'identité des noms, mais non pour le commentaire, avec le Dictionnaire *San-thsang-fa-sou*, liv. XIV, fol. 13. « Suivant les Bouddhistes d'Ava, dit M. Burnouf, les quatre vérités fondamentales, ou lois morales de l'univers (à la connaissance desquelles Çâkyamouni parvint intuitivement, le matin même du jour où il atteignit au rang suprême de *Bouddha* parfait), sont : 1° *Douḥkha* « la douleur »; *Samoudaya* « la production »; *Nirôdha* « la cessation ou l'arrêt », et *Mârga* « la voie ». Ces quatre vérités sont exprimées d'une manière plus précise dans le *Lalita vistâra*, traduit par M. Foucaux, tome II, pages 121, 392 et suiv. Ce sont : 1° la douleur, condition nécessaire de l'existence, 2° la production de l'existence causée par les passions ; 3° la cessation des passions ; 4° le moyen d'arriver à cette cessation. Voici maintenant l'explication du Dictionnaire *San-thsang-fa-sou*. 1° *Kou-ti* « la vérité de la douleur ». Les *Çrâvakas* voient clairement que la vie et la mort sont une source de douleurs. 2° *Tsi-ti* « la vérité de l'accumulation ». Les *Çrâvakas* voient clairement que le trouble d'esprit qui naît de la cupidité, de la colère et du doute, peut attirer et accumuler les douleurs de la vie et de la mort. 3° *Tao-ti* « la vérité de la voie » (*Mârga*). Les *Çrâvakas* voient clairement que la voie de la conduite morale (*Çîla*), de la méditation (*Samâdhi*), de l'intelligence (*Pradjñâ*) peut conduire au *Nirvâṇa*. 4° *Mie-ti* « la vérité de l'extinction ». Les *Çrâvakas* étant fatigués des douleurs de la vie et de la mort, voient d'une manière distincte que le *Ni-pan* (Nirvâṇa) procure véritablement la joie de l'extinction.

Il appela un de ses disciples et le chargea de lui porter une lettre ainsi conçue : « J'ai appris avec respect que « *Mâdhava* se plaît dans la quiétude et la joie. Il faut « que vous repreniez avec ardeur vos anciennes études, « sans songer à la fatigue. Dans trois ans, je veux effa-« cer votre brillante renommée. »

La seconde et la troisième année, il envoya de même des messagers pour lui porter de ses nouvelles. Quand il fut sur le point de partir, il écrivit de nouveau une lettre, où il disait : « Le terme convenu est expiré; où en « sont vos études et vos travaux? Voilà que j'arrive; il faut « bien que vous le sachiez. »

Mo-ta-p'o (Mâdhava) fut saisi de terreur. Il adressa les ordres suivants à tous ses disciples et aux habitants des (deux) villes : « A partir d'aujourd'hui, vous ne de-« vez point donner asile aux *Cha-men* (Çramaṇas), que « je regarde comme des hérétiques. Transmettez-vous « mutuellement cette défense, et gardez-vous de l'en-« freindre. »

A cette époque, *Te-hoeï-pou-sa* (Gouṇamati Bôdhisattva) arriva, son bâton à la main. Quand il fut parvenu à la ville de *Mo-ta-p'o* (Mâdhava), les gardiens, fidèles à la convention, refusèrent de lui donner asile. Ce n'est pas tout : ce Brâhmane se mit à l'injurier, et lui dit : « Pourquoi te singulariser ainsi avec tes che-« veux tondus et ton vêtement étrange? Il faut que tu « partes à l'instant même; ne va pas t'arrêter ici. »

Te-hoeï-pou-sa (Gouṇamati Bôdhisattva) voulait terrasser cet hérétique; mais, comme il avait un vif désir de passer la nuit dans la ville, il s'excusa d'un ton affectueux et plein d'humilité : « Vous autres, dit-il, vous « tenez une conduite pure en étudiant les vérités du « siècle; moi aussi, je tiens une conduite pure[1], en re- « cherchant les vérités transcendantes. Puisque nous « nous ressemblons tous deux par la pureté de la con- « duite, pourquoi me repoussez-vous ? »

Le Brâhmane ne lui répondit point, et ne s'occupa que de le chasser. Après avoir été expulsé en dehors de la ville, il entra dans une grande forêt. Cette forêt était infestée de bêtes féroces qui marchaient en troupe et exerçaient leur rage contre les voyageurs.

En ce moment, il y eut un fidèle croyant qui, dans la crainte qu'il ne fût dévoré par les bêtes fauves, fit ses préparatifs et partit le bâton à la main. « Dans l'Inde « du midi, dit-il au *Pou-sa* (Bôdhisattva), vit un *Pou-* « *sa* (Bôdhisattva) nommé *Te-hoeï* (Gouṇamati), qui a « étendu au loin sa réputation. Il désire venir pour dis- « cuter publiquement. Voilà pourquoi le maître de cette « ville, qui craint de perdre sa brillante renommée, a

---

[1] Il y a, en chinois, 淨行 *Tsing-hing* « homme d'une conduite pure, expression qui signifie ordinairement un *Brâhmane*. (*Si-yu-ki*, liv. II, fol. 7.) Mais ici, *Gouṇamati*, qui est un *Çramaṇa*, ne peut se désigner lui-même par le nom des Brâhmanes qu'il déteste et combat à outrance. Voilà pourquoi j'ai conservé à l'expression *Tsing-hing* son sens littéral. S'il fallait rendre à cette expression sa signification habituelle, nous traduirions : « Vous autres, Brâhmanes, vous étudiez les « vérités du siècle, et moi je suis un Brâhmane qui recherche les vérités « transcendantes. Puisque je suis un Brâhmane comme vous, pourquoi « me repousser avec violence ? »

« donné les ordres les plus sévères pour qu'on ne per-
« mette à aucun *Cha-men* (Çramaṇa) de s'y arrêter. J'ai
« craint qu'on n'attentât à sa vie, et, pour ce motif, je
« suis venu lui prêter secours. Il pourra partir le cœur
« tranquille, et bannir toute inquiétude. »

— « Fidèle croyant, lui dit *Te-hoeï* (Gouṇamati),
« vous êtes un messager de bonheur! C'est moi-même
« qui suis *Te-hoeï* (Gouṇamati). »

A ces mots, le fidèle croyant sentit redoubler pour
lui son profond respect; puis, s'adressant à *Te-hoeï*
(Gouṇamati): « Si cela est bien vrai, lui dit-il, il faut
« partir au plus vite. »

Sur-le-champ, ils quittèrent la sombre forêt et se
reposèrent dans une plaine déserte. Le fidèle croyant
mettait le feu aux herbes, et, tenant un arc, faisait la
ronde à droite et à gauche. Quand la première moitié
de la nuit fut passée, il dit à *Te-hoeï* (Gouṇamati) : « Il
« est temps de partir; je crains que vos ennemis ne dé-
« couvrent votre retraite et ne viennent vous massacrer. »

Te-hoeï (Gouṇamati), le remercia et lui dit : « Je
« n'oublierai jamais un tel bienfait. »

Là-dessus, ils se mirent aussitôt en route. Dès qu'ils
furent arrivés au palais du roi, son compagnon dit au
portier : « Il y a ici un *Cha-men* (Çramaṇa) qui arrive
« d'un pays lointain. Il désire que le roi daigne lui per-
« mettre de discuter avec *Mo-ta-p'o* (Mâdhava). »

A cette nouvelle, le roi fut saisi d'émotion, et s'é-
cria : « Cet homme est un fou! » Sur-le-champ, il envoya à *Mo-ta-p'o* (Mâdhava), un messager porteur d'un

ordre royal qui était ainsi conçu : « Il y a un *Cha-men*
« (Çramaṇa) étranger qui vient pour discuter avec vous.
« La salle des conférences est déjà nettoyée et arrosée.
« J'ai annoncé de tous côtés cette nouvelle, et j'attends
« impatiemment son entrée. Je désire que vous daigniez
« prendre la peine d'y venir. »

Mo-ta-p'o (Mâdhava) interrogea le messager du roi,
et lui dit : « Ne serait-ce pas le maître des *Çâstras, Te-
hoeï* (Gouṇamati), de l'Inde du midi ? »

— « C'est lui-même, » répondit-il.

A cette nouvelle, *Mo-ta-p'o* (Mâdhava) éprouva une
vive contrariété, mais comme il lui était difficile d'é-
luder cette invitation, il se rendit sur-le-champ dans la
salle des conférences. Le roi et ses ministres, les magistrats et les grands du royaume s'y réunirent tous,
dans le désir d'assister à cette discussion éclatante. *Te-
hoeï* (Gouṇamati) commença par poser les principes de
sa doctrine, et parla jusqu'au coucher du soleil. *Mo-
ta-p'o* (Mâdhava) s'excusa sur son grand âge et sur l'af-
faiblissement de ses facultés, qui l'empêchaient de
répondre sur-le-champ. Il demanda à se retirer pour
méditer en silence, promettant de revenir bientôt et
de résoudre les difficultés qu'on lui proposerait. A
chaque question, il parlait toujours de se retirer. Quand
le matin fut venu, il monta au fauteuil, et, jusqu'au
bout, sa discussion n'offrit rien d'extraordinaire. Le
sixième jour, il eut un vomissement de sang et mourut.
Lorsqu'il vit sa fin approcher, il appela sa femme, et
lui confia ses dernières volontés. « Vous avez, lui dit-

« il, un talent distingué; n'oubliez pas de venger mon
« affront. »

Après la mort de *Mo-ta-p'o* (Mâdhava), elle cacha le
corps de son mari et ne fit point ses funérailles. Elle
changea de vêtements, et se rendit, richement parée,
dans la salle des conférences. Les assistants poussèrent
des clameurs, et se dirent entre eux : « *Mo-ta-p'o* (Mâ-
« dhava), qui se vantait de l'élévation de son talent,
« rougit de répondre à *Te-hoeï* (Gouṇamati); voilà pour-
« quoi il envoie sa femme à sa place. Il est aisé de voir
« lequel des deux a un talent supérieur ou médiocre. »

Te-hoeï-pou-sa (Gouṇamati Bôdhisattva) dit alors à
cette femme : « Celui qui était capable de vous réduire,
« a été réduit par moi. »

La femme de *Mo-ta-p'o* (Mâdhava) comprit la difficulté, et se retira. Le roi dit alors : « Que signifient ces
« mots couverts ? »

Sa question resta sans réponse. *Te-hoeï* (Gouṇamati)
s'écria : « Quel malheur ! *Mo-ta-p'o* (Mâdhava) est mort.
« Sa femme n'était venue que pour discuter avec moi. »

— « Comment le savez-vous ? dit le roi. Veuillez, je
« vous prie, me l'apprendre. »

— « Quand sa femme est venue, répondit *Te-hoeï*
« (Gouṇamati), son visage portait la pâleur de la mort,
« et ses paroles respiraient la douleur et l'indignation.
« Voilà, sire, comment je l'ai su. *Mo-ta-p'o* (Mâdhava)
« est mort. Les mots : « celui qui est capable de vous
« réduire », s'appliquaient à son mari. »

Le roi envoya vérifier le fait, et la parole de Gouṇa-

mati se trouva confirmée. Ce prince le remercia alors, et lui dit : « La loi du *Bouddha* est d'une admirable pro-
« fondeur. Des sages éminents se succèdent sans cesse ;
« étrangers à la vie active, ils persévèrent dans la vertu,
« et tous les hommes goûtent les heureux effets de leur
« exemple. D'après les anciennes lois du royaume, un
« usage constant veut que le mérite soit grandement
« honoré. »

Te-hoeï (Gouṇamati) reprit : « Si, avec mon peu d'in-
« telligence, je m'unis intimement à la vertu ; si je pra-
« tique la morale et observe ma conduite ; si je discute
« avec ardeur et m'assimile aux hommes, c'est que je
« veux les attirer en foule et leur servir de guide. Je
« commence par abaisser leur orgueil, et, ensuite, par
« divers moyens, je tâche de les convertir. C'est main-
« tenant le moment de le faire. Je désire uniquement,
« ô grand roi, que, par vos ordres, les fils et les petits-
« fils des habitants de la ville de *Mo-ta-p'o* (Mâdhava),
« soient employés, pendant mille générations, au ser-
« vice des couvents. Vos instructions se propageront
« d'âge en âge, et votre réputation sera immortelle.
« Les hommes d'une foi pure seront entourés de pro-
« tection, et leur bonheur s'étendra jusqu'aux siècles les
« plus reculés. Ils seront nourris de la même manière
« que les religieux. Par là, on encouragera les hommes
« d'une foi pure, et on honorera dignement les sages
« d'une vertu éminente. »

Alors, le roi bâtit ce couvent pour rendre un hommage solennel à la victoire de *Gouṇamati*.

Dans le commencement, après que *Mo-ta-p'o* (Mâdhava) eut été vaincu dans la discussion, dix Brâhmanes, pour échapper aux difficultés de la lutte, se retirèrent dans les royaumes voisins, et firent connaître aux hérétiques l'affront qu'ils avaient éprouvé. Ils recrutèrent des hommes d'un talent distingué, afin qu'ils vinssent laver leur injure.

Comme le roi était rempli d'estime et de respect pour *Te-hoeï* (Gouṇamati), il alla en personne lui adresser l'invitation suivante : « Maintenant, les Brâhmanes, « faute d'avoir mesuré leurs forces, ont formé une ligue « ensemble, et osent faire résonner le tambour de la « discussion [1]. Mon unique désir est que le grand maître « écrase tous ces hérétiques. »

— « Il faut, dit *Te-hoeï* (Gouṇamati), rassembler « ceux qui veulent prendre part à la discussion. »

Là-dessus, les Brâhmanes furent ravis de joie, et se consolèrent entre eux. « Aujourd'hui, dirent-ils, nous « sommes sûrs de le vaincre. »

Quand les hérétiques eurent étalé avec emphase les principes de leur doctrine, *Te-hoeï-pou-sa* (Gouṇamati Bôdhisattva) s'écria : « Les Brâhmanes se sont enfuis au « loin pour éluder les difficultés. Suivant les termes du « décret que le roi a rendu la première fois, ce sont tous « des hommes dignes du dernier mépris. Comment pour-« rais-je m'abaisser aujourd'hui jusqu'à discuter avec « eux ? » *Te-hoeï* (Gouṇamati) ajouta : « Il y a ici un jeune

[1] C'est-à-dire : montrent l'intention audacieuse de discuter publiquement.

« domestique qui, en ce moment, s'appuie contre mon
« fauteuil, et qui a l'habitude d'entendre d'abondantes
« discussions. Les questions abstraites lui sont très-fa-
« milières. Pendant qu'il se tient debout à mes côtés,
« il prête l'oreille au langage élevé des orateurs. »

En disant ces mots, *Te-hoeï* (Gouṇamati) appuya la main sur son siége, et lui dit : « Asseyez-vous; il faut « que vous discutiez. »

En lui voyant donner cet ordre, toute l'assemblée fut remplie d'étonnement et d'émotion.

Alors le domestique, qui était appuyé contre le fauteuil du docteur, se mit à expliquer les difficultés proposées; ses raisonnements profonds jaillissaient comme une source et son élocution habile répondait comme un écho. Après plusieurs reprises, les hérétiques succombèrent; deux fois, ils virent confondre leur audace et briser leurs ailes. Depuis le jour où ils avaient été battus dans la conférence, les Brâhmanes restèrent assujettis au service des couvents.

A environ vingt li au sud-ouest du couvent de *Te-hoeï* (Gouṇamati), on arrive à une montagne isolée. Il y a un *Kia-lan* (Sañghârâma) qu'on appelle le couvent de *Chi-lo-po-t'o-lo* (Çîlabhadra)[1]. Après avoir remporté la victoire dans la discussion, ce maître des *Çâstras* donna sa ville aux religieux et le fit bâtir. Au sein d'un pic élevé, qui ressemble (de loin) à un *Stoûpa*, il déposa des reliques du *Bouddha*. Ce maître des *Çâstras* appartenait à la famille du roi de *San-mo-ta-tch'a* (Sa-

[1] En chinois, *Kiaï-hien* « le sage qui a une conduite morale ».

mataṭa); il était de la race des *Po-lo-men* (Brâhmanes). Dès son enfance, il avait montré l'amour de l'étude, et jouissait d'une grande réputation. Comme il voyageait dans les Indes pour chercher et interroger les hommes les plus éclairés, il arriva dans ce royaume, et, dans le couvent de *Na-lan-t'o* (Nâlanda), il rencontra *Hou-fa-pou-sa* (Dharmapâla Bôdhisattva). Quand il l'eut entendu expliquer la loi, il ouvrit son cœur à la foi et exprima le désir de porter un vêtement de couleur[1]. Il l'interrogea sur le but final de la doctrine, et lui demanda le chemin de la délivrance. Quand il eut approfondi les principes les plus sublimes et scruté les questions les plus abstraites, il effaça, par sa réputation, les hommes de son temps, et étendit sa renommée jusque dans les autres pays.

Dans l'Inde du midi, il y avait un hérétique qui aimait à scruter les idées profondes et à rechercher les plus cachées[2], à pénétrer les questions obscures et à comprendre les plus abstruses. Ayant été informé de la haute réputation de *Hou-fa-pou-sa* (Dharmapâla Bôdhisattva), il conçut un profond sentiment d'orgueil et d'envie; et, sans se laisser arrêter par les montagnes et les rivières, il frappa le tambour[3] et demanda à discuter publiquement. « Je suis, dit-il, originaire de l'Inde du

---

[1] Le vêtement jaune-brun des religieux.
[2] En mandchou : *Choumin be kimtchame, somiskhôn be baïme*. Dictionnaire *Thsing-wen-tien-yao*, liv. II, fol. 50.
[3] Je crois qu'il s'agit ici d'un tambour placé à la porte du palais, et qu'il fallait frapper pour demander audience au roi.

« midi. J'ai appris que, dans le royaume de Votre Ma-
« jesté, il y a un grand maître des *Çâstras*[1]. Quoique j'aie
« peu d'intelligence, je désire discuter avec lui. »

« Le fait est vrai, comme vous le dites », repartit
le roi. Sur-le-champ, il envoya à *Hou-fa-pou-sa* (Dharmapâla Bôdhisattva), un officier chargé de l'invitation
suivante : « Il y a un hérétique de l'Inde du midi, qui,
« sans craindre les fatigues d'un long voyage, est venu
« ici et demande à lutter avec vous dans une discussion
« publique. Daignez, je vous prie, prendre la peine de
« vous rendre dans la salle où l'on doit se réunir pour
« la conférence. »

A cette nouvelle, *Hou-fa-pou-sa* (Dharmapâla Bôdhisattva) releva ses vêtements pour se mettre en route.
En ce moment, *Kiaï-hien* (Çilabhadra), qui était le
plus distingué de tous ses disciples, s'approcha et lui
demanda pourquoi il partait si vite. *Hou-fa* (Dharmapâla) lui dit : « Depuis que le soleil de l'intelligence a
« caché son disque brillant[2], le flambeau de la doctrine
« a perdu son éclat; les Brâhmanes s'amassent comme
« des fourmis et les hérétiques surgissent comme des

---

[1] En chinois, 大 論 師 *Ta-lun-sse*. Dans le Dictionnaire bouddhique *Mahâvyoutpatti*, en quatre langues, cette expression répond à
Mahâvâdî « un homme qui excelle à exposer et expliquer la loi, ou les
Çâstras (traités philosophiques) ». Voy. le Dictionnaire de Wilson, au
mot वादी *vâdî*. Cette expression s'applique aussi bien aux docteurs hérétiques qu'aux orthodoxes. Ainsi, dans le Dictionnaire *San-thsang fa-
sou*, liv. XLIII, fol. 24, on donne ce titre aux hommes qui professent
ou enseignent les systèmes appelés *Sañkhyâ* et *Vâiçéchika*.

[2] C'est-à-dire, depuis que le *Bouddha* est entré dans le *Nirvâṇa*.

« abeilles. C'est pour cette raison qu'aujourd'hui je veux
« réfuter son système. »

Kiaï-hien (Çilabhadra) lui dit : « Comme j'ai entendu
« avec respect vos éloquentes discussions, j'oserai, moi-
« même, terrasser cet hérétique. » *Hou-fa* (Dharmapâla), qui connaissait son brillant mérite, y consentit
sur-le-champ.

A cette époque, *Kiaï-hien* (Çilabhadra) avait juste
trente ans. Les religieux se défiaient de sa jeunesse, et
craignaient qu'il ne pût, tout seul, suffire à cette tâche.

Hou-fa (Dharmapâla) connaissant, au fond de son
cœur, l'inquiétude des religieux, se hâta de la dissiper :
« Tout le monde, dit-il, estime les hommes d'une haute
« intelligence, sans faire attention à leur âge. D'après
« ce que je vois aujourd'hui, *Çilabhadra* est sûr de le
« vaincre. »

Quand fut arrivé le jour où l'on devait se réunir
pour la conférence, on accourut de tous côtés; les
jeunes et les vieux se rassemblèrent en foule.

Le docteur hérétique étala avec emphase ses hautes
conceptions, et exposa dans les plus grands détails la
profondeur de son but.

Kiaï-hien (Çilabhadra) examina ses principes, vérifia
ses assertions, et pénétra les questions les plus abstruses jusqu'aux dernières limites. L'hérétique, réduit
au silence, fut couvert de honte et se retira.

Le roi, afin de récompenser le mérite de *Kiaï-hien*
(Çilabhadra), voulut lui donner cette ville pour apanage ; mais le maître des *Çâstras* lui dit, en refusant :

« Un homme qui porte des habits teints (un religieux)
« sait se contenter de peu, et se conserve calme et pur[1].
« Que ferait-il d'une ville? »

— « Le roi de la loi, reprit le prince, s'est enseveli
« dans l'ombre, et le vaisseau de l'intelligence a péri
« sous les flots. Si l'on ne donne pas au mérite des dis-
« tinctions éclatantes, on ne pourra plus encourager les
« disciples futurs. Dans l'intérêt de la droite loi, dai-
« gnez, je vous prie, accepter mes offres. »

Le maître des *Çâstras* se voyant dans l'impossibilité de refuser davantage, accepta cette ville. Il construisit aussitôt un couvent vaste et magnifique, donna aux religieux les habitants de la ville[2], et fit respectueusement des offrandes.

Le voyageur fit de quarante à cinquante li au sud-ouest du couvent de *Kiaï-hien* (Çilabhadra), passa la rivière *Ni-lien-chen* (Nâirañdjanâ), et arriva à la ville de *Kia-ye* (Gayâ). Cette ville est bien défendue et d'un accès difficile. Elle ne renferme qu'un petit nombre d'habitants; les *Po-lo-men* (Brâhmanes) seuls forment un millier de familles. Ils descendent d'un *Richi*. Le roi ne les traite point comme des sujets, et la multitude du peuple leur témoigne un profond respect.

A environ trente li au nord de la ville, il y a une source d'eau pure. Suivant une ancienne tradition, les

---

[1] *Thsing-tsing*, en mandchou, *bolgo ekisaka*. (Dictionnaire *Thsing-wen-tien-yao*.)

[2] On a déjà vu (page 440, ligne 17, et page 451, ligne 18), les habitants d'une ville assujettis à servir les religieux.

Indiens l'appellent l'*Eau sainte*. Toutes les fois qu'on en boit ou qu'on s'y baigne, elle lave à l'instant la souillure des crimes.

A cinq ou six li au sud-ouest de la ville, on arrive à la montagne de *Kia-ye* (Gayâ)[1], qui offre de sombres vallées et des sommets dangereux. Dans les royaumes de l'Inde, on l'appelle communément la *Montagne divine*. Depuis l'antiquité, lorsqu'un roi a hérité de la couronne et gouverne les peuples, qu'il répand au loin l'influence de ses lois, et efface, par ses vertus, les princes qui l'ont précédé, il ne manque jamais d'y monter, d'élever un autel, et d'annoncer d'une manière solennelle l'accomplissement de ses entreprises. Sur le sommet de cette montagne, il y a un *Stoûpa* en pierre, haut d'une centaine de pieds, qui a été élevé par le roi *Wou-yeou* (Açôka). Des prodiges divins y éclatent d'une manière mystérieuse, et, en tout temps, il s'en échappe une lueur céleste. Jadis, en cet endroit, *Jou-laï* (le Tathâgata) expliqua le *P'ao-yun-king* (Ratnamêgha soûtra), et d'autres livres sacrés.

Au sud-est de la montagne de *Kia-ye* (Gayâ), il y a un *Stoûpa*. Là était la ville natale de *Kia-ye-po* (Kâçyapa).

---

[1] Cette montagne est éloignée d'une vingtaine de li de l'estrade où était l'arbre *Bôdhi*, c'est-à-dire, suivant Burnouf (*Introduction au Bouddhisme*, page 387), du trône ou siége miraculeux qui passe pour s'être élevé de terre, à l'ombre de l'arbre *Bôdhi* « l'arbre de l'intelligence », lorsque *Çâkya* eut rempli les devoirs qui lui donnaient droit au titre de Bouddha. Cet endroit est connu dans les légendes sous le nom de *Bôdhimanda*; le nom chinois est *Pou-ti-tao-tch'ang*. Conf. Dictionnaire *Fan-i-ming-i-tsi*, liv. VII, fol. 11 v°.

Au sud de ce *Stoûpa*, il y en a deux autres ; c'était là que *Kia-ye-kia-ye-po* (Gayâkâçyapa) et *Naï-ti-kia-ye-po* (Nadîkâçyapa) adoraient le feu.

A l'est de l'endroit où *Kia-ye-kia-ye-po* (Gayâkâçyapa) rendait un culte au feu, on passe un grand fleuve, et l'on arrive à la montagne *Po-lo-ki-pou-ti*[1] (Prâgbôdhi). Pendant six ans, *Jou-laï* (le Tathâgata) chercha avec ardeur l'intelligence, sans avoir pu l'obtenir. Il renonça ensuite aux austérités, et reçut une bouillie de riz au lait[2]. En partant du nord-est, il promena ses yeux sur cette montagne. Il songea alors à vivre dans la solitude et le silence, et eut le désir d'obtenir l'intelligence accomplie. Depuis les hauteurs du nord-est, il continua à monter, et arriva jusqu'à la cîme de la montagne. La terre trembla et la montagne fut profondément agitée. Le dieu de la montagne fut saisi d'effroi ; puis, adressant la parole au *Pou-sa* (Bôdhisattva), il lui dit : « Cette montagne « n'est point un lieu fortuné où l'on puisse obtenir l'in- « telligence accomplie. Si vous vous arrêtez ici, et que « vous entriez dans l'extase du diamant[3] (*Vadjra samâdhi*), « on verra s'enfoncer la terre et s'écrouler la montagne. »

---

[1] En chinois, *Thsien-tching-kio* « qui est antérieur à l'intelligence complète ». Lorsque *Jou-laï* (le Tathâgata) était sur le point de voir face à face (d'obtenir) l'intelligence complète, il monta d'abord sur cette montagne. Telle est l'origine de son nom. (Note du texte chinois.)

[2] Voyez, plus haut, page 365, ligne 21.

[3] Quand un *Bôdhisattva* est fixé dans ce *samâdhi*, il pénètre toutes les lois sans rencontrer d'obstacles, semblable à une roue de diamant qui circule partout sans que rien la retarde ou l'arrête. (Dictionnaire *San-thsang-fa-sou*, liv. L, fol. 6.)

Le *Pou-sa* (Bôdhisattva) descendit, en partant du sud-ouest, et s'arrêta à mi-côte. Là, derrière une caverne, et en face d'un torrent, il y a une grande chambre creusée dans le roc. Le *Pou-sa* (Bôdhisattva) se rendit dans ce lieu et s'assit les jambes croisées. La terre trembla encore, et la montagne s'ébranla une seconde fois. Dans ce moment, les dieux qui habitent une région pure (*Çouddhâvâsas*), crièrent à haute voix du milieu des airs : « Ce n'est pas ici un lieu où *Jou-laï* (le Tathâgata) puisse obtenir l'intelligence accomplie. »

A quatorze ou quinze li au sud-ouest de cet endroit, et non loin du lieu où le *Pou-sa* renonça aux austérités, on voit l'arbre *Pi-po-lo* (Pippala), au-dessous duquel s'élève le trône de diamant (*Vadjrâsana*). C'est sur ce siége que tous les *Bouddhas* passés ont obtenu et que tous les *Bouddhas* futurs obtiendront l'intelligence accomplie.

Le *Pou-sa* (Bôdhisattva) s'étant levé dans le désir d'aller s'y asseoir, le dragon qui habitait la chambre creusée dans le roc, s'approcha, et lui dit : « Cette « chambre est d'une pureté parfaite ; vous pouvez y ob- « tenir le fruit de la sainteté. Mon unique vœu est que « vous ayez pour moi une tendre pitié, et que vous ne « m'abandonniez pas. »

Quand le *Pou-sa* (Bôdhisattva) eut reconnu que ce lieu n'était pas convenable pour obtenir l'intelligence, afin de se rendre au vœu du dragon, il y laissa son ombre et s'éloigna [1]. Les dieux ouvrirent la marche, et se ren-

[1] Dans les temps anciens, les sages et les sots pouvaient tous con-

dirent avec lui auprès de l'arbre de l'intelligence. Quand le roi *Wou-yeou* (Açôka) fut monté sur le trône, dans tous les endroits qu'avait foulés le *Pou-sa* (le Bôdhisattva) en gravissant la montagne ou en descendant, il éleva des colonnes et construisit des *Stoúpas*. Bien que leurs dimensions ne soient pas les mêmes, il n'y a point de différence dans les prodiges qui y éclatent. Tantôt, une pluie de fleurs tombe du haut des airs, tantôt une lueur brillante illumine la vallée. Chaque année, le jour où l'on quitte les demeures fixes [1], les religieux et les laïques des autres pays gravissent cette montagne et y font des offrandes. Ils s'en retournent après y avoir passé une nuit ou deux.

Il fit de quatorze à quinze li au sud-ouest du mont *Thsien-tching-kio* (Prâgbôdhi), et arriva à l'arbre de l'intelligence, qui est environné d'un mur en briques d'une grande élévation, solidement construit et d'un accès difficile. Ce mur est allongé de l'est à l'ouest, et resserré du sud au nord. Dans son enceinte, qui est d'environ cinq cents pas, des arbres extraordinaires et des fleurs renommées croissent et marient leur ombre. Ici s'élèvent de gracieux souchets, là des herbes rares tapissent la terre. La porte principale s'ouvre à l'orient, en face de la rivière *Ni-lien-chen* (Nâirañdjanâ). La porte du midi est voisine d'un grand bassin couvert de fleurs;

templer l'ombre; mais maintenant, il n'y a que quelques personnes qui obtiennent de la voir. (Note du texte chinois.)

[1] C'est-à-dire, les demeures fixes que les religieux habitent pendant le *varchás* « la saison des pluies ».

la porte de l'ouest est forte et d'un accès difficile ; la porte du nord communique avec un grand couvent. Sur tout le terrain qu'entourent les murs, les monuments sacrés semblent se toucher; tantôt ce sont des *Stoûpas*, tantôt des *Vihâras*. Des rois, des ministres et de grands personnages de tous les royaumes du *Tchen-pou-tcheou* (Djamboudvîpa), qui avaient reçu avec respect la doctrine léguée par le *Bouddha*, les ont construits pour conserver son souvenir.

Juste au milieu des murs qui entourent l'arbre de l'intelligence (*Bôdhidrouma*), s'élevait le trône de diamant (*Vadjrâsana*). Il avait été construit dans l'antiquité, au commencement du *Kalpa* des sages (Bhadrakalpa). Il s'était élevé en même temps que la vaste terre, et s'appuyait au centre des trois mille grands *Chiliocosmes*. En bas, il descendait jusqu'à l'extrémité de la roue d'or ; en haut, il atteignait aux bornes de la terre. Il était fait de diamant, et avait environ cent pas de circonférence. Les mille *Bouddhas* du *Kalpa* des sages (Bhadrakalpa) s'y étaient assis et étaient entrés dans l'extase du diamant. C'est pour ce motif qu'on l'a appelé le *Trône de diamant* (Vadjrâsana) et le lieu où l'intelligence sainte a été vue face à face ; on l'a nommé aussi l'*Estrade de l'intelligence* (Bôdhimaṇḍa). Lorsque la vaste terre s'agite et tremble, cet endroit seul reste immobile. C'est pourquoi, lorsque *Jou-laï* (le Tathâgata) était sur le point de devenir *Bouddha*, il foula la terre aux quatre angles (de ce monument). Toutes les régions tremblèrent; mais lorsque, ensuite, il fut arrivé en cet endroit, le sol resta calme et immobile. Depuis que le monde est entré dans le dernier *Kalpa*, la droite loi s'est peu à peu affaiblie; le sable et la terre ont couvert de toutes parts le trône de diamant, et il n'est plus possible de le voir.

Après le *Nirvâṇa* du *Bouddha*, les rois de tous les royaumes ayant connu, par la tradition, les dimensions du trône de diamant, telles qu'elles avaient été indiquées par le *Bouddha*, en marquèrent les limites, au sud et au nord, par deux statues de *Kouan-tseu-thsaï-pou-sa* (Avalôkitêçvara Bôdhisattva), qui étaient assises du côté de l'orient.

Voici ce que les vieillards racontent à ce sujet:

« Quand le corps de ce *Pou-sa* (Bôdhisattva) se sera enfoncé en terre et ne se verra plus, la loi du *Bouddha* devra s'éteindre. Maintenant, le *Pou-sa* (Bôdhisattva) de l'angle sud est déjà enfoncé en terre au-dessus de la poitrine. L'arbre de l'intelligence (Bôdhidrouma), qui s'élevait au-dessus du trône de diamant, était un *Pi-po-lo* (Pippala)[1]. Jadis, lorsque le *Bouddha* vivait dans le monde, cet arbre était haut de plusieurs centaines de pieds. Quoiqu'il ait été coupé bien des fois, il a encore de quarante à cinquante pieds. Le *Bouddha* ayant obtenu l'intelligence complète (Samyak sambôdhi) lorsqu'il était assis sous cet arbre, c'est pour cette raison qu'on l'a appelé l'arbre de *Pou-ti* (Bôdhi, — l'intelligence). Son tronc est d'un blanc jaune, ses branches et ses feuilles d'un vert noirâtre. En hiver et en été,

[1] Figuier sacré, *ficus religiosa*.

ses feuilles ne tombent point; elles restent fraîches et luisantes, sans éprouver aucun changement. Mais lorsque arrive le jour du *Nirvâṇa* de *Jou-laï* (du Tathâgata), elles tombent toutes, et, peu à peu, elles reparaissent dans leur premier état. Ce jour-là, les rois de tous les royaumes, les religieux et les laïques des autres pays, arrivent, sans être appelés, par milliers et par dizaines de mille. Ils l'arrosent avec des essences odorantes et du lait parfumé. Alors, une musique harmonieuse se fait entendre, des rangées de bougies odorantes et de flambeaux ornés de fleurs succèdent à la lumière du jour, et tout le monde fait à l'envi des offrandes. »

Après le *Nirvâṇa* de *Jou-laï* (du Tathâgata), le roi *Wou-yeou* (Açôka) commençait à succéder au trône. Comme il avait foi dans les fausses doctrines, il détruisait les vestiges qu'avait laissés le *Bouddha*. Il alla lui-même, à la tête d'une nombreuse armée, pour abattre l'arbre. Les racines, la tige, les branches et les feuilles furent coupées et hachées en menus morceaux; puis, à quelques dizaines de pas de là, du côté de l'ouest, on fit un monceau de ses débris. Il ordonna à un Brâhmane, adorateur du feu, de les brûler pour sacrifier à son dieu. La flamme et la fumée n'étaient pas encore dissipées, lorsque tout à coup, du milieu du brasier ardent, on vit sortir deux arbres, dont le feuillage était riche et verdoyant. Le roi *Wou-yeou* (Açôka), qui avait voulu réduire en cendres l'arbre de l'intelligence (Bôdhidrouma), fut frappé de ce prodige et se repentit de son crime. Il arrosa les racines qui restaient avec du lait parfumé, et le lendemain, aux premières lueurs du jour, l'arbre reparut dans son premier état. A la vue de ce miracle, le roi se sentit au comble de la joie et du bonheur, et fit lui-même des offrandes. Dans son allégresse, il oublia de revenir. La reine qui, jusque-là, avait eu foi dans les doctrines hérétiques, envoya secrètement des hommes qui, après minuit, abattirent l'arbre une seconde fois. Dès le matin, le roi *Wou-yeou* (Açôka) alla offrir ses hommages à l'arbre; mais il ne vit plus que les restes du tronc, et éprouva une profonde douleur. Il pria alors avec une ferveur sincère, arrosa la racine avec du lait parfumé, et, en moins d'un jour, l'arbre se trouva ressuscité. Le roi, pénétré de respect et d'admiration, l'entoura d'un mur en pierre, haut d'une dizaine de pieds. Cette enceinte subsiste encore aujourd'hui. Dans ces derniers temps, le roi *Che-chang-kia* (Çaçâñka), qui était attaché aux doctrines hérétiques, calomniait, par une basse envie, la loi du *Bouddha*, et détruisait les couvents. Il abattit l'arbre de l'intelligence, et creusa la terre jusqu'aux sources d'eau sans pouvoir extirper les plus profondes racines. Alors, il y mit le feu, et les arrosa avec du jus de canne à sucre pour les consumer entièrement et en détruire les derniers rejetons. Quelques mois après, cet événement arriva aux oreilles de *Pou-la-na-fa-mo*[1] (Poûrṇavarma),

---

[1] Le mot sanscrit signifie « celui qui a une armure pleine, complète »; mais une note de l'ouvrage chinois l'explique par *Mouan-tcheou* « qui a un casque plein ». Le Dictionnaire bouddhique *I-tsie-king-in-i*, liv. I, fol. 4, donne aussi à 胄 *Tcheou*, le sens de « casque ».

roi de *Mo-kie-to* (Magadha), et dernier descendant du roi *Wou-yeou* (Açôka). A cette nouvelle, il dit en soupirant : « Le soleil de l'intelligence était caché depuis des « siècles; il ne restait plus que l'arbre du *Bouddha*, et « voilà qu'on vient encore de l'abattre ; les hommes ne « le verront plus ! »

En disant ces mots, il se jeta à terre de tout son corps, en proie à des transports douloureux, dont la vue déchirait l'âme. Il arrosa l'arbre avec le lait de plusieurs milliers de vaches, et, au bout d'une nuit, l'arbre repoussa en entier. Sa hauteur était d'une dizaine de pieds. Dans la crainte qu'on ne voulût le couper encore, il l'environna d'un mur en pierre, haut de vingt-quatre pieds. C'est pourquoi, aujourd'hui, l'arbre de l'intelligence est protégé par un mur en pierre qu'il dépasse d'une vingtaine de pieds.

A l'est de l'arbre de l'intelligence, il y a un *Vihâra*, haut de cent soixante à cent soixante-dix pieds. Sa base est large d'une vingtaine de pas. Il est bâti avec des briques bleues, et enduit de chaux. Il offre des niches disposées par étages, qui contiennent chacune une statuette en or du *Bouddha*. Les quatre parois des murs sont couvertes de sculptures admirables; tantôt ce sont des chapelets de perles, tantôt des images de *Richis*. On a surmonté le sommet d'un fruit d'*'O-mo-lo-kia*[1] (Ama-

[1] On pourrait aussi, dit une note chinoise que j'ose ne pas approuver, expliquer ce mot par *P'ao-p'ing* « vase précieux ». Dans ce cas, la dernière syllabe 果 *ko* « fruit », perdrait sa signification habituelle, et les sons chinois *'O-mo-lo-kia-ko*, répondraient à l'expression *Amala karka* « vase pur ».

laka, — *Myrobolan emblic*) en cuivre doré. Du côté de l'est, on a construit, à la suite, un pavillon à deux étages, dont les toits saillants s'élèvent sur trois rangs. Les poutres et les colonnes, les portes et les fenêtres sont ornées de ciselures en argent et en or, et parsemées de perles et de pierres précieuses. Ses chambres profondes, ses salles mystérieuses, ont chacune trois portes qui se répètent et communiquent l'une à l'autre. A gauche et à droite de la porte extérieure, il y a deux grandes niches. Celle de gauche renferme la statue de *Kouan-tseu-thsaï-pou-sa* (Avalôkitêçvara Bôdhisattva), et celle de droite, la statue de *T'se-chi-pou-sa* (Mâitrêya Bôdhisattva). Ces statues ont été fondues en argent, et ont environ dix pieds de hauteur. Sur l'ancien emplacement du *Vihâra*, le roi *Wou-yeou* (Açôka) avait d'abord élevé un petit *Vihâra*. Dans la suite, il y eut un Brâhmane qui le reconstruisit dans de plus grandes proportions. Dans l'origine, il y avait un Brâhmane qui ne croyant pas à la loi du *Bouddha*, adorait le dieu *Ta-tseu-thsaï* (Mahêçvara Dêva). Ayant appris que ce dieu se trouvait au milieu des montagnes neigeuses (Himavat), il y alla aussitôt avec son frère cadet pour lui adresser ses vœux. Le dieu lui dit : « En général, tous ceux qui « adressent des vœux, ne réussissent qu'après avoir fait « quelque acte méritoire. Ce n'est pas moi que vous de-« vez prier, ce n'est pas moi qui puis vous exaucer. »

— « Quelle action méritoire dois-je faire, demanda « le Brâhmane, pour obtenir l'objet de mes vœux ? »

— « Si vous voulez, dit le dieu, planter la racine

« du bien, il faut chercher le champ du bonheur par-
« fait. L'arbre de l'intelligence est le lieu où l'on voit
« face à face le fruit de l'intelligence. Retournez promp-
« tement sur vos pas, et allez auprès de l'arbre de *Bô-
« dhi;* construisez un grand *Vihâra,* creusez un grand
« bassin, et faites toutes sortes d'offrandes. Vous obtien-
« drez infailliblement ce que vous désirez. »

Après avoir reçu les ordres du *Déva,* les deux Brâhmanes se sentirent pénétrés d'une foi profonde, et s'en revinrent ensemble. L'aîné construisit le *Vihâra,* et le cadet creusa le bassin. Là-dessus, ils firent de riches offrandes et cherchèrent avec ardeur l'objet de leurs vœux. Ils l'obtinrent, en effet, et devinrent, dans la suite, ministres du roi. Tout ce qu'ils recevaient comme émoluments ou récompenses, était donné par eux en aumône. Quand le *Vihâra* fut achevé, ils appelèrent des artistes habiles pour faire représenter l'image de *Joulaï* (du Tathâgata), au moment où il commença à devenir *Bouddha.* Des mois et des années se passèrent en vain, sans que personne répondît à leur appel. A la fin, il y eut un Brâhmane qui vint, et dit à la multitude des religieux :

« Je saurai représenter la merveilleuse figure de *Jou-*
« *laï* (du Tathâgata). »

Les religieux lui dirent : « Maintenant, pour fabri-
« quer cette image, que vous faut-il ? »

—— « Seulement de la pâte odorante, répondit-il.
« Qu'on la dépose au centre du *Vihâra,* avec une lampe
« pour m'éclairer. Quand j'y serai entré, j'en fermerai

« étroitement la porte, et ce n'est qu'au bout de six mois
« qu'on pourra l'ouvrir. »

La multitude des religieux se conforma à ses ordres. Lorsqu'il restait encore quatre mois, et que, par conséquent, les six mois n'étaient pas encore complets, les religieux furent remplis de surprise et d'admiration. Ayant ouvert la porte pour regarder son œuvre, ils virent, au milieu du *Vihâra,* la statue du *Bouddha,* assis les jambes croisées, dans une attitude imposante. Le pied droit était placé en dessus, la main gauche était fermée, et la droite était pendante. Il était assis du côté de l'est, et avait un air aussi majestueux que lorsqu'il était au monde. Son siége était haut de quatre pieds deux pouces et large de douze pieds cinq pouces. La statue était haute de onze pieds cinq pouces; les deux genoux étaient éloignés de huit pieds huit pouces; la distance d'une épaule à l'autre était de six pieds deux pouces; les signes d'un grand homme étaient au complet. Sa figure affectueuse paraissait vivante, seulement, le dessus du sein gauche n'était pas complétement modelé et poli. N'ayant pas vu d'artiste, ils eurent la preuve que c'était l'effet d'un miracle divin. Tous les religieux poussèrent des soupirs, et prièrent ardemment pour en connaître l'auteur. Il y avait un *Cha-men* (Çramaṇa) qui s'était toujours distingué par sa droiture et sa sincérité de cœur. Il eut un songe, dans lequel il vit le Brâhmane précédent, qui lui parla ainsi : « Je suis *T'se-chi-*
« *pou-sa* (Mâitrêya Bôdhisattva). J'ai craint qu'aucun ar-
« tiste ne pût, dans sa pensée, concevoir la figure du Saint;

« c'est pourquoi je suis venu moi-même pour représen-
« ter l'image du *Bouddha*. Si la main droite est pen-
« dante, (en voici la raison). Jadis, lorsque *Jou-laï* (le
« Tathâgata) était sur le point de voir face à face le fruit
« de *Bôdhi*, le démon vint pour le tenter. Les esprits
« de la terre s'empressèrent de l'avertir. L'un d'eux était
« sorti d'avance pour l'aider à dompter le démon. Jou-
« *laï* (le Tathâgata) lui dit : « Ne craignez point; par la
« force de la patience, je suis sûr de le vaincre. » Le
« roi des démons dit : « Qui vous servira de témoin? »
« *Jou-laï* (le Tathâgata) baissa la main, montra la terre,
« et dit : « Mon témoin est ici. » Dans ce moment, le se-
« cond esprit de la terre en sortit subitement pour lui
« servir de témoin. C'est pourquoi, maintenant, la main
« de la statue est dirigée vers la terre, pour imiter l'an-
« cien mouvement du *Bouddha*. »

Les religieux ayant appris ce miracle divin, il n'y en eut aucun qui n'éprouvât un sentiment de douleur. Sur ces entrefaites, le dessus du sein qui n'était pas achevé, fut couvert de pierres précieuses, et un magnifique diadème avec des cordons ornés de perles, vint ajouter à la richesse et à l'éclat de la statue.

Le roi *Che-chang-kia* (Çaçâñka) ayant abattu l'arbre de l'intelligence (Bôdhidrouma), voulut détruire cette statue. Mais lorsqu'il eut vu sa figure bienveillante, il n'en eut pas le courage, et prit le parti de s'en revenir. Il dit alors à l'un de ses intendants : « Il faut enlever
« cette statue du *Bouddha*, et mettre à sa place celle du
« dieu *Ta-tseu-thsaï* (Mahèçvara Dêva). »

Après avoir reçu cet ordre, l'intendant fut saisi de crainte, et dit en soupirant : « Si je détruis la statue du « *Bouddha*, je m'attirerai des malheurs dans toute la « suite des *Kalpas;* si je désobéis aux commandements « du roi, il m'ôtera la vie et exterminera ma famille. « Dans cette cruelle alternative, que faut-il que je fasse? »

Il appela alors un homme d'une fidélité éprouvée, et l'employa à son service. Sur-le-champ, il éleva devant la statue un mur en briques; et, comme il aurait eu honte de la laisser dans l'obscurité, il suspendit une lampe brillante. Ensuite, devant le mur, il représenta l'image[1] du dieu *Ta-tseu-thsaï* (Mahêçvara Dêva).

Quand son travail fut achevé, il alla en informer le roi. A cette nouvelle, le roi fut saisi d'effroi. Tout son corps se couvrit de tumeurs, sa peau se déchira, et, au bout de peu d'instants, il mourut. L'intendant étant revenu en toute hâte, démolit et enleva le mur qui masquait la statue.

Quoique bien des jours se soient écoulés depuis, la lampe n'est pas encore éteinte[2]; la statue est toujours debout, et l'œuvre du dieu n'a pas éprouvé le plus léger dommage. Comme elle est placée dans une chambre obscure, des torches et des lampes l'éclairent sans in-

[1] Il y a, en chinois, 畫 *Hoa* « peindre ». Mais comme le texte offre plus haut (fol. 20) l'expression 圖寫 *Thou-sie* « peindre avec des couleurs sur un fond blanc » (suivant le Dictionnaire *P'in-tseu-tsien*), dans le sens de *modeler une statue*, j'ai cru devoir adopter une interprétation qui pût s'appliquer aussi bien à la statuaire qu'à la peinture.

[2] Tel est le sens littéral, mais on doit supposer que les fidèles entretenaient constamment la lampe.

terruption. Cependant, ceux qui veulent voir la figure bienveillante du dieu, ne peuvent parvenir à la distinguer nettement. Il leur faut, dès le matin, tenir un grand miroir, et refléter à l'intérieur les rayons du soleil. Ils aperçoivent alors sa face divine. Les personnes qui réussissent à la voir, ne peuvent se défendre d'une émotion douloureuse. *Jou-laï* (le Tathâgata) obtint l'intelligence accomplie (Samyak sambôdhi), le huitième jour de la seconde moitié du mois appelé, dans l'Inde, *Feï-che-khie* (Vâiçâkha). Cette époque répond, en Chine, au huitième jour de la troisième lune. Mais, suivant l'école *Chang-tso-pou* (l'école des Âryasthaviras), ce fut le quinzième jour de la seconde moitié du mois *Feï-che-khie* (Vâiçâkha), qu'il obtint l'intelligence accomplie. Cette époque répond ici au quinzième jour de la troisième lune. *Jou-laï* (le Tathâgata) avait alors trente ans, et trente-cinq, suivant quelques auteurs.

Au nord de l'arbre de l'intelligence (Bôdhidrouma), il y a un endroit où le *Bouddha* s'est promené pour faire de l'exercice. Lorsque *Jou-laï* (le Tathâgata) eut obtenu l'intelligence accomplie, il ne se leva point de son siége, et resta sept jours dans la méditation. Quand il se fut levé, il alla au nord de l'arbre de l'intelligence, et marcha pendant sept jours pour faire de l'exercice, en allant et venant de l'est à l'ouest, sur un espace d'environ dix pas. Des fleurs extraordinaires, au nombre de dix-huit, surgirent sur ses traces. Dans la suite, on couvrit cet endroit d'un massif en briques de trois pieds de hauteur. D'après les anciennes descriptions du pays, ce massif en briques, posé sur les vestiges du Saint, indique la longueur ou la brièveté de la vie des hommes. On forme d'abord un vœu sincère, ensuite, on le mesure. Il paraît s'étendre ou se raccourcir, suivant que la vie d'un homme doit avoir une longue ou courte durée.

A gauche de la route qui est au nord de l'endroit où *Jou-laï* s'est promené, sur une large pierre située au centre d'un grand *Vihâra*, on voit une statue du *Bouddha* qui lève les yeux et regarde en haut. Jadis, en cet endroit, *Jou-laï* (le Tathâgata) contempla, pendant sept jours, l'arbre de l'intelligence, sans détourner les yeux un seul instant. Il voulait se montrer reconnaissant des bienfaits de cet arbre, et c'est pour cette raison qu'il le contempla avec respect.

A une petite distance, à l'ouest de l'arbre de l'intelligence, on voit, dans un grand *Vihâra,* une statue du *Bouddha* en *Teou-chi* (laiton), qui est couverte d'ornements les plus rares et les plus précieux. Le dieu est debout, et regarde du côté de l'est. Devant la statue, il y a une pierre bleue, qui offre des veines remarquables et des nuances extraordinaires. Jadis, lorsque *Jou-laï* (le Tathâgata) commençait à obtenir l'intelligence accomplie, le roi *Fan* (Brahmâ) bâtit un magnifique palais, avec sept matières précieuses, et *Chi,* le maître des dieux (Çakra Dêvêndra), construisit un siége avec sept matières précieuses. Le *Bouddha* y resta pendant sept jours en méditation. Il répandit une lumière d'un éclat merveilleux, qui éclaira l'arbre de l'intelligence. Pendant l'immense intervalle qui nous sépare du Saint, les pierres précieuses se sont changées en pierres ordinaires.

A une petite distance, au sud de l'arbre de l'intelligence, il y a un *Stoûpa*, haut d'une centaine de pieds, qui a été bâti par le roi *Wou-yeou* (Açôka). Quand le *Pou-sa* (Bôdhisattva) se fut baigné dans la rivière *Nilien* (Nâirañdjanâ), au moment de se rendre auprès de l'arbre de l'intelligence, il songea en lui-même, et se dit : « Avec quoi me ferai-je un siége? Il faut que demain matin je me procure des herbes pures. »

Chi, le maître des dieux (Çakra Dêvêndra), se métamorphosa en un faucheur, qui poursuivait son chemin, avec une botte d'herbes sur l'épaule. Le *Pou-sa* (Bôdhisattva) lui dit : « Pouvez-vous me faire présent de « cette botte d'herbes? »

A ces mots, l'homme métamorphosé la lui offrit avec respect. Le *Pou-sa* (Bôdhisattva) l'ayant reçue, la prit et continua sa route.

A une petite distance, au nord-est de l'endroit où le *Bôdhisattva* reçut les herbes, il y a un *Stoûpa*. Ce fut en cet endroit que le *Pou-sa* (Bôdhisattva), étant sur le point d'obtenir le fruit de *Bôdhi*, vit des passereaux bleus et une troupe de cerfs qui lui offraient d'heureux présages. Parmi les bons augures, les Indiens regardent ceux-ci comme les plus favorables. C'est pourquoi les dieux de la région pure (Çouddhâvâsas) l'accompagnèrent dans le monde. Tantôt le suivant en troupe, tantôt tournant autour de lui au milieu des airs, ils déployèrent leur puissance divine et firent briller leur sainteté.

A l'est de l'arbre de l'intelligence, à droite et à gauche de la grande route, il y a un *Stoûpa*. Ce sont deux endroits où le roi des démons (le Mâra) tenta le *Pou-sa* (Bôdhisattva). Quand le *Pou-sa* (Bôdhisattva) fut sur le point de voir face à face le fruit de *Bôdhi*, le roi des démons l'exhorta à recevoir la dignité de roi *Tchakravartti*[1]. Ayant échoué dans son projet, il s'en retourna la douleur dans l'âme. La fille du roi des démons demanda la permission d'aller le séduire. Mais, par l'effet de la puissance divine du *Bôdhisattva*, sa figure charmante devint vieille et décrépite. Alors, s'appuyant sur un bâton pour soutenir son corps maigre et cassé, elle se retira en donnant la main à son père.

Au milieu d'un *Vihâra* qui est situé au nord-ouest de l'arbre de l'intelligence, on voit la statue de *Kia-ye-po-fo* (Kâçyapa Bouddha). Comme il est renommé par sa puissance divine et sa sainteté, sa statue répand constamment une lueur éclatante. On lit dans les mémoires anciens : « Si un homme, animé d'une foi sincère, tourne sept fois autour de cette statue, partout où il naîtra, il obtiendra la connaissance de ses existences antérieures. »

[1] En chinois, *Lun-wang* « roi de la roue », par abréviation pour *Tch'ouen-lun-wang* « roi qui tourne la roue ». Tout en traduisant littéralement cette expression chinoise, je n'ignore pas que le mot *Tchakravartti* a, en sanscrit, un tout autre sens, que voici, d'après le Dictionnaire de Wilson : « An emperor, a sovereign of the world, the ruler of a *Chakra* or Country described as extending from sea to sea. »

Au nord-ouest du *Vihâra* de *Kia-ye-po-fo* (Kâçyapa Bouddha), il y a deux maisons en briques. Chacune d'elles renferme la statue d'un des esprits de la terre. Jadis, lorsque *Jou-laï* (le Tathâgata) était sur le point d'obtenir l'intelligence accomplie, l'un des esprits de la terre servit de témoin au *Bouddha*[1]. Dans la suite, les hommes songeant à cet acte méritoire, firent exécuter son image pour honorer sa vertu.

A une petite distance, au nord-ouest des murs de l'arbre de l'intelligence, il y a un *Stoûpa* appelé le *Stoûpa du safran* (Kouñkouma stoûpa), qui a environ quarante pieds de hauteur. Il a été construit par un chef des marchands (*Çréchṭhi*), du royaume de *Tsao-kiu-tch'a* (Tsâukouṭa). Jadis, dans ce royaume, il y avait un riche chef des marchands qui adorait les esprits du ciel, et leur offrait des sacrifices pour obtenir le bonheur et les richesses. Il méprisait la loi du *Bouddha*, et ne croyait pas à la doctrine des causes et des effets. Dans la suite, il partit avec une troupe de marchands pour faire le commerce. S'étant embarqués sur la mer du midi, ils furent assaillis par une tempête, et s'égarèrent au milieu des vagues immenses et des flots jaillissants. Au bout de trois ans, ils se trouvèrent dénués de provisions et dévorés par la faim. Les passagers ne savaient le matin ce qu'ils deviendraient le soir. S'unissant tous de cœur et de volonté, ils prièrent les dieux qu'ils adoraient; mais leur esprit se fatigua en vain, et ils n'obtinrent point l'assistance secrète qu'ils imploraient.

---

[1] Voyez plus haut, page 468, ligne 10.

Tout à coup, ils aperçurent une grande montagne, avec des bords escarpés et un sommet sourcilleux, et deux soleils dont le double éclat resplendissait au loin. Dans ce moment, les marchands se consolèrent entre eux. « Nous sommes heureux, dirent-ils, de rencontrer « cette grande montagne; il faut nous y arrêter pour « goûter le repos et la joie. »

— « Ce n'est point une montagne, dit le chef des « marchands; ce n'est que le poisson *Mo-kie* (Makara)[1]. « Ses bords escarpés et son sommet sourcilleux sont sa « nageoire dorsale et sa crinière; les deux soleils sont « ses prunelles étincelantes. »

A peine avait-il cessé de parler, que le vent emporta la voile du bateau. Alors, le chef des marchands dit à ses compagnons : « J'ai entendu dire que lorsqu'on est « au milieu du péril et du malheur, *Kouan-tseu-thsaï-* « *pou-sa* (Avalôkitêçvara Bôdhisattva) peut procurer la « paix et la joie. Il faut que chacun de nous prononce « son nom avec une foi sincère. »

Sur-le-champ, d'une voix unanime, ils prononcèrent son nom et remirent leur sort entre ses mains. La haute montagne se cacha et les deux soleils s'enfoncèrent dans l'eau. Au même instant, ils virent des *Cha-men* (Çramaṇas), qui, marchant d'un pas calme et digne, traversaient les airs, le bâton à la main, et venaient les sauver du naufrage. En moins d'une heure, ils arrivèrent dans leur royaume natal. Par suite de cet événement, son cœur

[1] Monstre marin tout à fait fabuleux, auquel les Indiens attribuent des proportions colossales.

s'affermit dans la foi, et il chercha à faire des bonnes œuvres, sans reculer d'un pas. Il construisit un *Stoûpa*, y fit respectueusement des offrandes, et l'enduisit tout autour et du haut en bas, avec une pâte de safran. Après qu'il eut ouvert son cœur à la foi, se mettant à la tête de ses compagnons, il alla lui-même adorer les monuments sacrés, et contempla l'arbre de l'intelligence, sans avoir le temps de parler de retour. Après que les marchands se furent arrêtés pendant un mois, ils se remirent à voyager ensemble, et se dirent encore : « Nous « sommes séparés par des montagnes et des rivières, « et nous sommes bien éloignés de notre pays natal. Au- « trefois, on avait bâti un *Stoûpa*; pendant que nous « sommes ici, qui est-ce qui l'arrose et le balaye? »

Après avoir fini ces mots, ils tournèrent ensemble [1]. Dans ce moment, ils virent paraître tout à coup un *Stoûpa*. Surpris de son origine subite, ils s'avancèrent pour le regarder, et reconnurent que c'était précisément le *Stoûpa* qu'on avait construit dans leur royaume natal. C'est pourquoi aujourd'hui, dans l'Inde[2], on l'appelle le *Stoûpa du safran* (Kouñkouma stoûpa).

A l'angle sud-est des murs de l'arbre de l'intelligence, à côté d'un arbre *Ni-keou-liu* (Nyagrôdha), il y a un *Stoûpa*. A côté, on voit un *Vihâra*, au centre duquel s'élève la

---

[1] C'est-à-dire, ils tournèrent de droite à gauche, pour faire la salutation circumambulatoire, appelée, en sanscrit, *Pradakchiṇa*, comme s'ils étaient en présence du *Stoûpa* dont ils venaient de parler.

[2] Il y a une faute dans le texte : 卽度 *Tsi-tou*, au lieu de 印度 *In-tou* « Inde ».

statue du *Bouddha*, qu'on a représenté assis. Jadis, en cet endroit, lorsque *Jou-laï* (le Tathâgata) commençait à obtenir le fruit de *Bôdhi*, le grand dieu *Fan* (Mahâ Brahmâ) l'exhorta à tourner la roue de la loi excellente.

Dans l'intérieur des murs de l'arbre de l'intelligence, à chacun des quatre angles, il y a un grand *Stoûpa*. Jadis, *Jou-laï* (le Tathâgata) ayant reçu des herbes de bon augure[1], se rendit auprès de l'arbre de l'intelligence. Il marcha d'abord aux quatre angles, et le grand univers trembla. Quand il fut arrivé au trône de diamant, il trouva le calme et le repos. Dans l'intérieur des murs de l'arbre de l'intelligence, les monuments sacrés se touchent les uns les autres[2]; il serait très-difficile de les citer tous.

Au sud-ouest, en dehors des murs de l'arbre de l'intelligence, il y a un *Stoûpa*. C'était là qu'était l'antique maison des deux bouvières qui avaient offert au *Bouddha* une bouillie de riz au lait[3]. A côté, il y a un autre *Stoûpa*. Ce fut là que les deux jeunes bouvières firent cuire la bouillie de riz. Le *Stoûpa* qui vient à la suite, s'élève à l'endroit où le *Bouddha* reçut la bouillie de riz.

En dehors de la porte méridionale des murs de l'arbre de l'intelligence, il y a un grand étang qui a environ sept cents pas de circuit, et dont les eaux sont

[1] Voyez plus haut, page 472, ligne 18.
[2] En chinois, *Lin-tse* « rangés comme les écailles d'un poisson ». L'auteur veut dire que ces monuments sont extrêmement nombreux.
[3] Voyez plus haut, page 365, ligne 21, et page 366, ligne 17.

pures et claires comme un miroir; des dragons et des poissons y font leur demeure. Il a été creusé par deux Brâhmanes, qui étaient frères, d'après les ordres du dieu *Ta-tseu-thsaï* (Mahêçvara Dêva).

Plus loin, au sud, il y a un autre étang. Jadis, lorsque *Jou-laï* (le Tathâgata) commençait à obtenir l'intelligence accomplie, il voulut se baigner. *Chi*, le maître des dieux (Çakra Dêvêndra), créa ce bassin en faveur du *Bouddha*.

A l'ouest de cet étang, il y a une large pierre. Quand le *Bouddha* eut fini de laver ses vêtements, il voulut les faire sécher. *Chi*, le maître des dieux (Çakra Dêvêndra), apporta cette pierre des montagnes neigeuses.

A côté de cet endroit, il y a un *Stoûpa*. Ce fut là que *Jou-laï* (le Tathâgata) mit de vieux habits.

Plus loin, au sud, au milieu d'une forêt, il y a un *Stoûpa*. Ce fut en cet endroit que *Jou-laï* (le Tathâgata) reçut en aumône de vieux habits des mains d'une femme pauvre et âgée.

A l'est de l'étang créé par *Chi*, le maître des dieux (Çakra Dêvêndra), on voit, au milieu d'une forêt, l'étang du roi des dragons, *Mou-tchi-lin-t'o* (Moutchilinda). Son eau est de couleur noir-bleu[1]; elle a une saveur douce et agréable. Sur le rivage occidental, il y a un petit *Vihâra*, au milieu duquel on a placé la statue du *Bouddha*. Jadis, lorsque *Jou-laï* (le Tathâgata) commençait

---

[1] Il y a une faute grave dans le texte : 清 *Thsing* «pur», au lieu de 青 *Tsing* «bleu», dans l'expression *He-tsing* «noir-bleu». Cf. *Peï-wen-yun-fou*, liv. CII A, fol. 19.

à obtenir l'intelligence accomplie, il s'assit tranquillement en cet endroit, et resta sept jours dans la méditation. Pendant ce temps-là, ce roi des dragons veillait à la garde de *Jou-laï* (du Tathâgata). Il entoura sept fois de ses replis le corps du *Bouddha*, et se créa subitement une multitude de têtes, qui, en retombant, lui formèrent un parasol. Sur le rivage oriental de l'ancien étang, on voit la demeure de ce dragon.

Au milieu d'une forêt qui est située à l'est de l'étang du dragon *Mou-tchi-lin-t'o* (Moutchilinda), il y a un *Vihâra*, où l'on voit une statue du *Bouddha*, qui le représente maigre et décharné.

A côté de ce monument, on voit un endroit où le *Bouddha* s'est promené pour faire de l'exercice ; sa longueur est d'environ soixante-dix pas.

Au sud et au nord, on voit un arbre *Pi-po-lo* (Pippala). C'est pourquoi, aujourd'hui, les personnes qui sont affectées de quelque maladie, sont dans l'usage[1] de frotter la statue avec de l'huile parfumée, et il y en a beaucoup qui guérissent. C'est un endroit où *Jou-laï* (le Tathâgata) s'est livré aux austérités. Après avoir dompté les hérétiques et reçu une prière du *Mâra*, il se soumit, là, à de cruelles macérations. Comme, pendant six ans, il n'avait mangé, par jour, qu'un grain de chènevis et un grain de blé[2], sa figure s'était flétrie et ses membres étaient devenus maigres et décharnés.

[1] Il y a, en chinois, 士俗 *Sse-soŭ*, mot à mot, « lettré-usage ». Je crois que c'est une faute pour 土俗 *Thou-soŭ* « usage, coutume du pays ». Cf. *Peï-wen-yun-fou*, liv. XCXI, fol. 3.

[2] Voyez, plus haut, page 365, ligne 9.

480 VOYAGES DES PÈLERINS BOUDDHISTES.

Ce fut là que, lorsqu'il allait et venait en faisant de l'exercice, il se leva à l'aide d'une branche d'arbre qu'il attira à lui [1].

A côté de l'arbre *Pi-po-lo* (Pippala), sous lequel le *Pou-sa* se livra aux austérités, il y a un *Stoûpa*. Ce fut là que s'arrêtèrent *'O-jo-kiao-tch'in-jou* (Âdjnâtakâuṇḍinya) et les autres, au nombre de cinq. Dans le commencement, le prince royal avait quitté la famille. Il errait sur les montagnes et dans les plaines ; il se reposait au milieu des forêts et au bord des fontaines. Alors, le roi *Tsing-fan* (Çouddhôdana), ordonna à ces cinq hommes de le suivre et de veiller sur lui [2]. Comme le prince royal se livrait aux austérités, *Kiao-tch'in-jou* (Âdjnâtakâuṇḍinya) et ses compagnons se mirent aussi à chercher avec ardeur (les voies du salut) [3].

[1] Il y a, en chinois, 攀樹後起 *Pan-chou-heou-khi*, ce qui semblerait signifier « il se leva après avoir grimpé au haut d'un arbre ». On trouve, en effet, dans le *Peï-wen-yun-fou*, liv. LXVI A, fol. 89, l'expression *Pan-chou*, appliquée à un singe *qui grimpe au haut d'un arbre*; mais je ne saurais adopter ce sens. J'aime mieux donner à *pan* la signification qu'il a dans l'Encyclopédie *Fo-tsou-thong-ki*, liv. I, fol. 3 : « La princesse *Mâyâ*, pour se soutenir, attira à elle une branche d'arbre du jardin de *Loumbinî*, et mit au monde le *Pou-sa* (Bôdhisattva). » 攀 *pan* est synonyme de 扳 *pan, aliquid manu ad se trahere*. Klaproth, dans un passage du *San-thsang-fa-sou*, qu'il cite (*Fo-koue-ki*, page 220, ligne 9), a entendu, comme moi, ce même mot, quoiqu'il le rende par *s'appuyer*. « La dame, *s'appuyant* sur une branche d'arbre, enfanta le *Bôdhisattva* par le côté droit. »

[2] Voyez, plus haut, page 364, ligne 17.

[3] Je tire ce sous-entendu d'un passage précédent (liv. VII, fol. 5), qui est plus développé : Ils cherchèrent avec zèle, dans le but d'échap-

Au sud-est de l'endroit où s'arrêtèrent *Kiao-tch'in-jou* (Âdjnâtakâuṇḍinya) et ses compagnons, il y a un *Stoûpa*. Ce fut là que le *Pou-sa* (Bôdhisattva) entra dans la rivière *Ni-lien-chen-na* (Nâirañdjanâ) pour se baigner.

A côté, et à une petite distance de cette rivière, le *Pou-sa* (Bôdhisattva) reçut et mangea une bouillie de riz [1].

A côté de ce monument, il y a un *Stoûpa*. Ce fut là qu'un maître de maison offrit de la farine de grains torréfiés et du miel. Le *Bouddha* s'assit sous l'arbre, les jambes croisées, dans une attitude calme et silencieuse, et goûta les joies de la délivrance. Au bout de sept jours, il sortit de la méditation. Dans ce moment, deux chefs des marchands passaient en dehors de la forêt. L'esprit de cette forêt s'adressa aux chefs des marchands, et leur dit : « Le prince royal, de la race de *Chi* (Çâkya), « est maintenant dans ce bois. Il commence à obtenir « le fruit de *Bôdhi*. Son esprit est calme et immobile ; « il y a quarante-neuf jours qu'il n'a rien mangé. Don- « nez-lui des aliments, suivant vos moyens ; cette belle « action vous procurera un grand profit. »

Sur-le-champ, les deux maîtres des marchands prirent chacun, dans leurs provisions de voyage, de la farine de blé torréfié et du miel, et les présentèrent au *Bouddha*. L'Honorable du siècle accepta leur offrande.

---

per eux-mêmes (à la vie et à la mort, c'est-à-dire, à la loi de la transmigration).

[1] Voyez, plus haut, page 466, ligne 19.

A côté de l'endroit où les deux maîtres de maison offrirent de la farine de blé torréfié, il y a un *Stoûpa*. Ce fut en cet endroit que les quatre rois du ciel [1] présentèrent des vases (*pâtras*) au *Bouddha*. Quand les chefs des marchands eurent offert de la farine de blé torréfié et du miel, l'Honorable du siècle se demanda dans quel vase il les recevrait. Dans ce moment, les quatre rois du ciel arrivèrent des quatre coins du monde, apportant chacun un vase d'or, et les lui offrirent. L'Honorable du siècle resta silencieux, et ne voulut point les recevoir ; il pensait que celui qui a quitté la famille ne doit point faire usage de tels vases. Les quatre rois du ciel laissèrent les vases d'or, et en offrirent d'argent. Ils allèrent jusqu'à des vases de cristal de roche, de *lapis-lazuli*, de cornaline, d'ambre, de rubis, etc. [2]. Quand l'Honorable du siècle les eut vus, il n'en accepta pas un seul. Les quatre rois du ciel s'en retournèrent dans leur palais, et apportèrent chacun un vase de pierre. Ces vases étaient d'une couleur violette et transparents. Ils firent au *Bouddha* cette nouvelle offrande. Comme l'Honorable du siècle avait refusé les premiers vases, il accepta ceux-ci tous ensemble. Il les mit les uns dans les autres et n'en fit qu'un seul, qui, pour cette raison, avait quatre rebords.

A côté, et tout près de l'endroit où les quatre rois du

---

[1] Ce sont Viroûdhaka, Viroûpâkcha, Dhritarâchtra et Vâiçravana.
[2] Voici les mots du texte : 1° *P'o-tchi* (Sphatika) ; 2° *Lieou-li* (Vâidoûrya) ; 3° *Ma-nao* (Asmagarbha) ; 4° *Tch'e-kiu* (Mousâragalva) ; 5° *Tch'i-tchin-tchou* (Padmarâga). (Dictionnaire Mahâvyoutpatti, fol. 209.)

ciel offrirent des vases, il y a un *Stoûpa*. Ce fut en cet endroit que *Jou-laï* (le Tathâgata) expliqua la loi à sa mère. Lorsque *Jou-laï* (le Tathâgata) eut obtenu l'intelligence accomplie, il fut appelé le *Maître des dieux et des hommes* (Çàstâ dèvamanouchyânâm). Sa mère, Mâyâ, quitta le palais du ciel et descendit dans ce lieu. L'Honorable du siècle, se conformant aux circonstances, l'instruisit dans son intérêt et pour son bonheur.

A côté de ce monument, sur le bord d'un étang desséché, il y a un *Stoûpa*. Jadis, en cet endroit, *Jou-laï* (le Tathâgata) fit éclater des prodiges divins, et convertit ceux qui étaient en rapports intimes avec lui.

A côté de l'endroit où *Jou-laï* fit éclater des prodiges divins, il y a un *Stoûpa*. Ce fut là que *Jou-laï* (le Tathâgata) convertit *Yeou-leou-p'in-lo-kia-ye-po* (Ourouvilvâkâçyapa) et ses deux frères[1], ainsi que mille de leurs disciples. *Jou-laï* (le Tathâgata) daigna les guider dans le bien, et, se conformant aux circonstances, il les soumit à sa loi. Dans ce moment, cinq cents disciples de *Yeou-leou-p'in-lo-kia-ye-po* (Ourouvilvâkâçyapa) ayant exprimé le désir de recevoir les instructions du *Bouddha*, *Kia-ye-po* (Kâçyapa) s'écria : « Nous aussi, nous « voulons tous quitter avec vous le chemin de l'erreur. » Là-dessus, ils vinrent ensemble, à la suite les uns des autres, dans l'endroit où était le *Bouddha*. *Jou-laï* (le Tathâgata) leur adressa la parole et dit : « Quittez vos « vêtements de peau de cerf, et laissez tous les usten- « siles du culte du feu. »

[1] Savoir : Gayâkâçyapa et Nadikâçyapa.

En ce moment, tous les *Fan-tchi* (Brâhmanes), obéissant avec respect à ses saintes instructions, jetèrent dans la rivière *Ni-lien* (Nâirañdjanâ) tous les objets dont ils se servaient. *Naï-ti-kia-ye-po* (Nadîkâçyapa), voyant les vases du sacrifice flotter au gré des eaux, observa avec ses disciples la conduite de son frère aîné. Quand il eut été témoin de sa conversion, il prit aussi sur-le-champ des habits de couleur. *Kia-ye-kia-ye-po* (Gayâkâçyapa), ayant appris que son frère aîné avait abjuré sa doctrine, se rendit aussi auprès du *Bouddha* avec deux cents de ses disciples, et témoigna le désir d'embrasser l'état religieux.

Au nord-ouest de l'endroit où fut converti *Kia-ye-po* (Kâçyapa) avec ses deux frères, il y a un *Stoûpa*. Ce fut en ce lieu que *Jou-laï* (le Tathâgata) dompta le dragon du feu qu'adorait *Kia-ye-po* (Kâçyapa). *Jou-laï* (le Tathâgata), étant sur le point de convertir ces trois hommes, commença par dompter celui qui était l'objet de leur culte. Il s'arrêta dans la maison du dragon du feu, qu'adoraient ces *Fan-tchi* (Brâhmanes). Après minuit, le dragon vomit des flammes et de la fumée. Le *Bouddha* s'étant plongé dans la méditation (*Samâdhi*), fit naître aussi un feu éclatant, et la maison entière parut en proie à un violent incendie. Les Brâhmanes craignirent que le feu ne fît périr le *Bouddha*. Ils accoururent tous précipitamment, en poussant des cris de douleur et de pitié. *Yeou-leou-p'in-lo-kia-ye-po* (Ourouvilvâkâçyapa) s'adressa à ses disciples, et leur dit : « D'après ce que je vois, ce n'est certainement pas

« un incendie. Je suis sûr que c'est seulement le *Cha-*
« *men* (le Çramaṇa) qui dompte le dragon du feu. »

Jou-laï (le Tathâgata) enferma le dragon du feu dans son vase, et, le lendemain matin, il le prit et le montra aux disciples des hérétiques.

A côté de ce monument, il y a un *Stoûpa*. Ce fut en cet endroit que cinq cents *To-kio* (Pratyêkabouddhas) entrèrent ensemble dans le *Ni-pan* (Nirvâṇa).

Au sud de l'étang du dragon *Mou-tchi-lin-t'o* (Mou-tchilinda), il y a un *Stoûpa*. Ce fut en cet endroit que *Kia-ye-po* (Kâçyapa) sauva *Jou-laï* (le Tathâgata), au moment où il se noyait[1].

A cette époque, *Kia-ye-po* (Kâçyapa) et ses frères ayant adopté la doctrine sublime du *Bouddha*, les hommes des pays voisins et éloignés admirèrent leur vertu, et tous les peuples se soumirent sincèrement à eux. Alors l'Honorable du siècle, pour devenir le guide des hommes égarés, et les convertir par l'effet de sa grande puissance, répandit de sombres nuages et fit tomber des torrents de pluie; mais tout autour de l'endroit où se trouvait le *Bouddha*, il n'y avait pas une goutte d'eau. Dans ce moment, *Kia-ye-po* (Kâçyapa) voyant les nuages et la pluie, dit à ses disciples : « L'endroit où réside le *Boud-*
« *dha* doit être inondé. »

Il monta sur un bateau, et courut à son secours; mais il vit l'Honorable du siècle qui marchait sur l'eau comme

[1] Tel est le sens du texte; mais nous voyons plus bas qu'en ce moment, *Jou-laï* n'était nullement exposé au danger de se noyer. *Kâçyapa* se figura qu'il allait se noyer, et vola à son secours.

sur la terre ferme. Pendant qu'il s'avançait au milieu du courant, les eaux, se séparant d'elles-mêmes, laissèrent voir le sable à découvert. Kâçyapa ayant été témoin de ce miracle, se soumit du fond du cœur et se retira.

A deux ou trois li en dehors de la porte orientale des murs de l'arbre de l'intelligence, on voit la demeure du dragon aveugle. Ce dragon ayant accumulé sur lui le malheur dans son existence précédente, naquit aveugle, en punition de ses crimes. *Jou-laï* (le Tathâgata), après avoir quitté la montagne *Thsien-tching-kio* (Prâgbôdhi), voulut se rendre auprès de l'arbre de l'intelligence. Comme il passait à côté de cette maison, les yeux du dragon s'ouvrirent tout à coup à la lumière. Il vit alors le *Pou-sa* (Bôdhisattva) qui se dirigeait vers l'arbre de l'intelligence. Il adressa la parole au *Pou-sa* (Bôdhisattva), et lui dit : « Ô homme plein d'humanité! bientôt vous allez « obtenir l'intelligence accomplie. Il y avait longtemps « que mes yeux étaient plongés dans les ténèbres. Dès « qu'un *Bouddha* apparaît dans le monde, mes yeux « s'ouvrent subitement. Dans le *Kalpa* des sages, lors- « que les trois *Bouddhas* passés ont paru dans le monde, « j'ai déjà obtenu de voir le jour. Ô homme plein d'hu- « manité! lorsque vous êtes arrivé par ici, mes yeux se « sont subitement ouverts. C'est par là que j'ai appris « votre avénement. Vous devez devenir *Bouddha*. »

A côté de la porte orientale des murs de l'arbre de l'intelligence, il y a un *Stoûpa*. Ce fut là que le roi des démons voulut effrayer le *Pou-sa* (Bôdhisattva). Dans l'origine, lorsque le roi des démons eut appris que le

Pou-sa (Bôdhisattva) allait obtenir l'intelligence accomplie, il chercha vainement à le séduire et à troubler son esprit. En proie au chagrin et à la crainte, et à bout de ressources, il convoqua la multitude des esprits, rangea l'armée des démons, fit apprêter les armes et déploya ses troupes, afin d'épouvanter le *Pou-sa* (Bôdhisattva). En ce moment, le vent souffla avec violence, et la pluie tomba par torrents; le tonnerre gronda dans l'espace, et des éclairs menaçants sillonnèrent les sombres nues. Des jets de feu et des tourbillons de fumée, un déluge de sable et une grêle de pierres remplacèrent les boucliers et les lances, et tinrent lieu d'arcs et de flèches.

Sur ces entrefaites, le *Pou-sa* (Bôdhisattva) se plongea dans l'extase de la grande bienveillance (*Mahâmâitrî samâdhi*). Toutes les armes des ennemis se changèrent en lotus. L'armée des démons fut remplie de terreur; elle s'enfuit précipitamment, et se dispersa en un clin d'œil.

A côté, et à une petite distance de cet endroit, il y a deux *Stoûpas* qui ont été bâtis par *Chi*, le maître des dieux (Çakra Dêvêndra) et le roi *Fan* (Brahmâ).

En dehors de la porte septentrionale (des murs) de l'arbre de l'intelligence, s'élève un couvent appelé *Moho-pou-ti-seng-kia-lan* (Mahâbôdhi sañghârâma)[1]. Il a été bâti par le premier roi du royaume de *Seng-kia-lo* (Siñhala — Ceylan). Cet édifice a six salles, des belvédères, des pavillons à trois étages, et une enceinte de

[1] Le couvent de la grande intelligence.

murs, hauts de trente à quarante pieds. Il est construit avec un art admirable, et la peinture y a déployé toutes ses merveilles. Quant à la statue du *Bouddha*, elle est fondue en or et en argent; tous ses ornements sont couverts de pierres précieuses. Les *Stoûpas* ont des proportions grandioses, et sont richement décorés. Ils renferment des reliques du *Bouddha*. Celles qui proviennent de ses os, sont grosses comme les articulations des doigts de la main; elles sont luisantes, d'un blanc pur, et complétement transparentes. Les reliques de sa chair sont comme de grosses perles, et d'une teinte bleue-rougeâtre. Chaque année, lorsqu'on est arrivé au jour de la pleine lune où *Jou-laï* fit éclater des prodiges divins [1], on tire ces reliques des *Stoûpas*, et on les montre à la multitude. Tantôt elles répandent une lueur brillante, tantôt il tombe une pluie de fleurs. Les religieux de ce couvent, dont le nombre est au-dessous de mille, étudient la doctrine de l'école *Chang-tso-pou* (l'école des Âryasthaviras), qui se rattache au *grand Véhicule*. Ils observent avec respect les règles de la discipline, et se distinguent par la pureté de leur conduite. Jadis, le royaume de *Seng-kia-lo* (Siṁhala), que baigne la mer du midi, avait un roi qui avait une foi sincère dans la loi du *Bouddha*, et cette foi était naturelle chez lui. Il avait un frère cadet qui avait quitté la famille. Ce dernier, songeant avec amour aux monuments sacrés du *Bouddha*, voyagea au loin dans l'Inde, et logea dans les couvents.

[1] C'est le trentième jour du douzième mois, qui répond, en Chine, au quinzième jour de la première lune. (Note de l'ouvrage.)

Mais tout le monde le traitait avec mépris, comme appartenant à un pays frontière. Là-dessus, il s'en revint dans son royaume natal. Le roi alla au-devant de lui à une grande distance. Le *Cha-men* (Çramaṇa) poussa des sanglots, comme s'il n'avait pas la force de parler. Le roi lui dit :

« Quel malheur vous est-il arrivé, pour que vous « soyez ainsi accablé de douleur ? »

— « Sire, répondit le *Cha-men* (Çramaṇa), me con-« fiant dans la puissance imposante de votre royaume, « j'ai parcouru le monde, et j'ai voyagé dans les pays « étrangers. Mais, pendant plusieurs années, toutes mes « démarches ont été suivies d'outrages, et mes paroles « ont été accueillies par des sarcasmes et des railleries. « Après avoir éprouvé tant de chagrins et d'affronts, « comment pourrais-je avoir le cœur gai ? »

Le roi lui dit : « S'il en est ainsi, quel est votre sen-« timent ? »

— « Sire, répondit-il, je désire que Votre Majesté « songe à cultiver le champ des bonnes œuvres, et « qu'elle bâtisse des couvents dans toutes les parties de « l'Inde. Non-seulement vous honorerez les vestiges sa-« crés du *Bouddha*, mais encore vous acquerrez une « brillante réputation. Vous ferez le bonheur de nos « premiers rois, et vos bienfaits s'étendront sur tous « vos descendants. »

— « Ce projet est admirable, reprit le roi ; pourquoi « l'ai-je connu si tard ? »

Alors, il offrit au roi de l'Inde les trésors de son

royaume. Quand le roi (de l'Inde) eut reçu ce tribut, par amour pour la justice et par un sentiment d'affection pour le prince étranger, il dit à l'envoyé : « Que « puis-je faire aujourd'hui pour répondre dignement à « votre message ? »

L'envoyé répondit : « Le roi de *Seng-kia-lo* (Siṅhala) « s'incline jusqu'à terre devant le grand et heureux roi « de l'Inde. La puissance de Votre Majesté s'est étendue « au loin, et vos bienfaits se sont répandus à une grande « distance. Les *Cha-men* (Çramaṇas) de notre humble « pays respectent vos instructions, et désirent en rece- « voir l'influence. Ayant osé voyager dans votre noble « royaume pour adorer les monuments sacrés, j'ai logé « dans les couvents, car personne ne voulait me donner « asile. Accablé de fatigue et abreuvé d'affronts, j'ai « pris le parti de revenir. J'ai formé, en secret, de vastes « projets, pour laisser mon exemple à mes descendants. « Je désire construire un couvent dans chaque royaume « de l'Inde, afin que les religieux mendiants (*Bhikchous*) « qui vont de côté et d'autre, aient un lieu pour se re- « poser. Les deux royaumes en ressentiront une joie ré- « ciproque, et les voyageurs se succéderont sans inter- « ruption. »

Le roi lui dit : « Depuis que *Jou-laï* (le Tathâgata) « est entré dans le *Nirvâṇa*, la tradition de sa doctrine « subsiste dans ce royaume. Pour ce qui regarde les mo- « numents sacrés, je me charge d'en prendre un [1]. »

---

[1] C'est-à-dire, j'accepte pour mon royaume un des couvents que vous voulez construire à vos frais.

L'envoyé prit congé du roi[1], et alla rendre compte de sa mission. Les ministres l'accueillirent avec des félicitations. Le roi rassembla aussitôt tous les *Cha-men* (Çramaṇas), et délibéra avec eux sur la construction des *Stoûpas*.

Les *Cha-men* (Çramaṇas) lui dirent : « C'est sous « l'arbre de l'intelligence que les *Bouddhas* passés ont « obtenu, et que les *Bouddhas* futurs obtiendront (le « fruit de) la sainteté[2]. Si l'on examine les différentes « opinions, il n'y a point de projet supérieur à celui-ci[3]. »

Là-dessus, il donna en aumône les trésors de son royaume pour construire ce couvent, et le fit desservir par des religieux pris dans ses États. Par son ordre, on grava sur cuivre une inscription ainsi conçue : « Secou- « rir tous les hommes, sans partialité, c'est la doctrine « sublime des *Bouddhas;* combler de bienfaits ceux qui « ont une vocation, c'est un précepte lumineux des an- « ciens saints. Aujourd'hui, moi qui, malgré mon peu « de vertu, ai reçu l'héritage d'un grand royaume, je « veux fonder respectueusement des couvents pour ho- « norer dans l'Inde entière les vestiges du Saint, pro- « curer le bonheur à mes aïeux, et répandre des bien- « faits sur le peuple. Les religieux de mon royaume « pourront s'y trouver à l'aise, et, s'il se présente des

---

[1] L'envoyé quitta le roi de *Magadha,* et s'en retourna auprès du roi de Ceylan.

[2] C'est-à-dire, l'intelligence accomplie.

[3] Il veut parler du projet de bâtir des couvents dans toutes les parties de l'Inde, en commençant par celui du royaume de *Magadha.*

« voyageurs venant de mes États, ils seront traités comme
« les religieux. Ce bienfait se transmettra aux généra-
« tions futures, et subsistera sans interruption. » C'est
pour cette raison que ce couvent renferme beaucoup
de religieux du royaume de *Tchi-sse-tseu* (Ceylan).

A environ dix li au midi de l'arbre de l'intelligence,
les monuments sacrés sont tellement nombreux, qu'il
serait difficile de les citer tous. Chaque année, lorsque
les *Pi-tsou* (Bhikchous) habitent des demeures fixes pendant la saison des pluies [1], les religieux et les laïcs arrivent de tous côtés par centaines, par milliers et par
dizaines de mille. Pendant sept jours et sept nuits, ils
se promènent dans le bois [2] avec des fleurs odorantes,
aux sons d'une musique harmonieuse, rendent leurs
hommages (aux reliques) et font des offrandes.

Les religieux de l'Inde, pour obéir aux saints préceptes du *Bouddha*, entrent, à l'époque des pluies [3],
dans des demeures fixes, le premier jour de la première moitié du mois *Chi-lo-fa-na* (Çrâvaṇa), époque qui
répond, en Chine, au seizième jour de la cinquième
lune; ils les quittent le quinzième jour de la seconde
moitié du mois *'An-chi-po-yu-che* (Âçvayoudja), époque
qui répond ici au quinzième jour de la huitième lune.

---

[1] Il y a une faute dans le texte, 兩 *Liang* « deux », au lieu de 雨 *Yu* « pluie ». Voyez page 64, note 1.

[2] Je crois qu'il s'agit du bois au milieu duquel était construit le couvent.

[3] Le texte présente ici la même faute que ci-dessus, 兩 *Liang* « deux », au lieu de 雨 *Yu* « pluie ».

Dans l'Inde, les noms des mois sont basés sur ceux des astérismes; depuis l'antiquité, jusqu'à nos jours, cet usage s'est invariablement conservé, et les diverses écoles n'y ont rien changé. Mais comme (dans le commencement) les expressions locales n'étaient pas encore bien comprises, les traducteurs se sont souvent trompés. Il en est résulté, dans les divisions des saisons et le calcul des mois, des différences[1] et des contradictions. De là vient que (suivant quelques auteurs) les religieux entrent, le seizième jour du quatrième mois, dans des demeures fixes, et en sortent le quinzième jour du septième mois.

[1] Voyez page 64, lignes 5 à 15.

FIN
DU TOME PREMIER DES MÉMOIRES DE HIOUEN-THSANG.

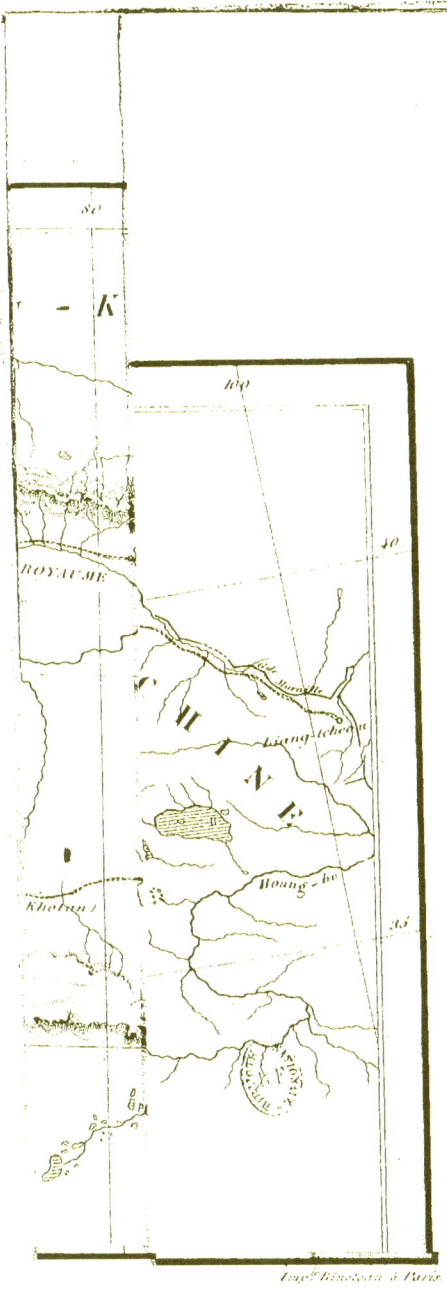

L'ASIE CENTRALE
ET
L'INDE
au septième siècle de notre ère

d'après...

DE
HIOUEN-THSANG

PAR
M. VIVIEN DE SAINT-MARTIN
1857

Pour paraître prochainement :

Mémoires sur les contrées occidentales ; tome II, formant le troisième volume du Recueil des Voyages des Pèlerins bouddhistes.

OUVRAGES DE M. STANISLAS JULIEN

qui se trouvent dans les Librairies de Benjamin Duprat et d'Auguste Durand.

Histoire et fabrication de la porcelaine chinoise ; 1 vol. in-8° de cxxii et 320 pages, avec une Carte de la géologie céramique de la Chine et quatorze planches relatives aux procédés de fabrication. *Paris*, 1856.

PUBLICATIONS ANCIENNES.

ΚΟΛΟΥΘΟΥ ΕΛΕΝΗΣ ΑΡΠΑΓΗ. L'Enlèvement d'Hélène, poëme de Coluthus, revu sur les meilleures éditions critiques, traduit en français et en latin, accompagné de notes philologiques et critiques sur le texte, d'un fac-simile entier des deux manuscrits de la Bibliothèque royale, etc. *Paris*, 1823; in-8°, fig.

La lyre patriotique de la Grèce. Odes traduites du grec moderne de Kalvos, de Zante. *Paris*, 1824; in-18.

Meng-tseu vel Mencium, inter Sinenses philosophos ingenio, doctrina, nominisque claritate Confucio proximum, edidit, latina interpretatione ad interpretationem tartaricam utramque recensita instruxit, et perpetuo commentario e sinicis depromptu illustravit Stanislaus Julien. *Lutetiæ Parisiorum*, 1824; 2 vol. in-8°.

Hoei-lan-ki ou l'Histoire du Cercle de craie; drame en prose et en vers, traduit du chinois et accompagné de notes. *Londres*, 1832; in-8°, fig.

Tchao-chi-kou-eul ou l'Orphelin de la Chine; drame en prose et en vers, suivi de nouvelles et de poésies traduites du chinois. *Paris*, 1834; in-8°.

Pé-ché-thsing-ki. Blanche et Bleue ou les Deux Couleuvres Fées, roman traduit du chinois. *Paris*, 1834; in-8°.

K'an-ing-pien. Le Livre des Récompenses et des Peines, en chinois et en français; accompagné de quatre cents légendes, etc. *Paris*, 1835; in-8°.

Résumé des principaux traités chinois sur la culture des mûriers et l'éducation des vers à soie, traduit par M. Stanislas Julien, et publié par ordre du Ministre de l'agriculture et du commerce. *Paris*, 1837; in-8°.

Discussions grammaticales sur certaines règles de position qui, en chinois, jouent le même rôle que les inflexions dans les autres langues. *Paris*, 1841; in-8°.

Lao-tseu Tao-te-king. Le Livre de la Voie et de la Vertu, du philosophe Lao-tseu, traduit en français et publié avec le texte chinois et un commentaire perpétuel. *Paris*, 1841; in-8°.

Exercices pratiques d'analyse, de syntaxe et de lexigraphie chinoise. *Paris*, 1842; in-8°.

Simple exposé, etc. Observations sur la grammaire chinoise. *Paris*, 1842; in-8°.

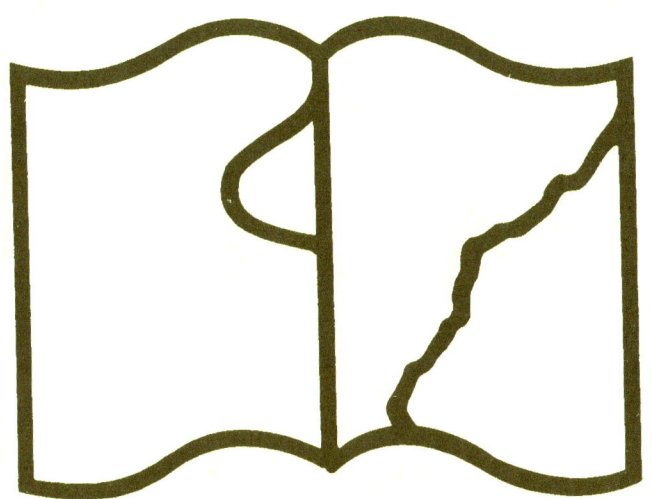
Texte détérioré — reliure défectueuse
NF Z 43-120-11

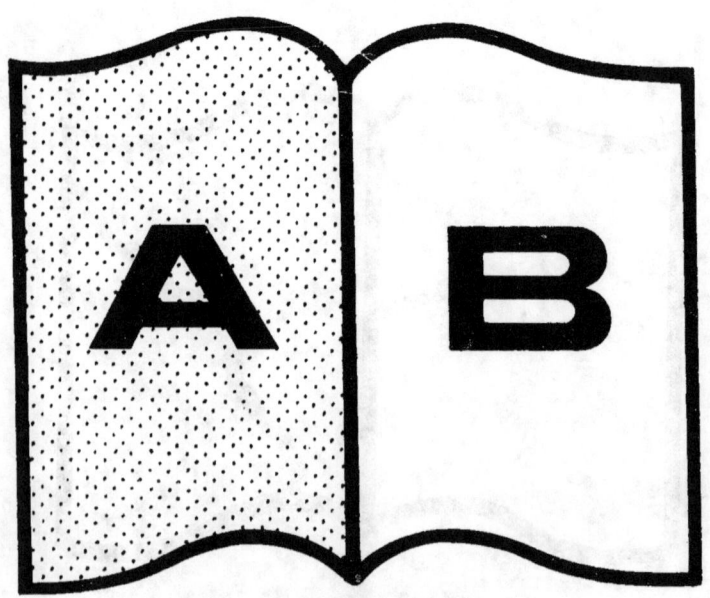

Contraste insuffisant
NF Z 43-120-14

www.ingramcontent.com/pod-product-compliance
Lightning Source LLC
Chambersburg PA
CBHW050418240426

43661CB00055B/2199